JILIN FAYUAN
YOUXIU CAIPAN WENSHU

吉林法院
优秀裁判文书

附裁判要旨和推荐意见

吉林省高级人民法院／编

法律出版社 LAW PRESS · CHINA

编辑委员会

参与“2019 年全省法院优秀裁判文书”评选的内部评委

（按姓氏笔画排序）

王竹云	王晓洪	王　斓	历　丽	刘吉红
刘海英	孙　冰	杨丽娜	杨继兰	杨　敏
吴科春	何　妍	张　刚	陈昊天	岳　航
赵希洋	赵星天	姜　雷	祝　佳	黄一鸣
慎哲珠	廖　卉	薄海燕		

参与“2019年全省法院优秀裁判文书”评选的外部评委

王　哲　吉林省第十三届人民代表大会代表、吉林省律师协会会长、北京大成(长春)律师事务所主任

王子清　吉林省第十三届人民代表大会代表、吉林省人大监察司法委员会委员、吉林巨石律师事务所主任

田大原　长春市第十五届人民代表大会代表、吉林省律师协会副会长、长春市律师协会会长

李建华　吉林大学法学院教授、博士生导师、《当代法学》杂志主编

孙学致　吉林大学法学院教授、博士生导师、中国法学会民法研究会常务理事、吉林省民法研究会、仲裁法研究会副会长、长春市政协常委、长春市政协社法委副主任、吉林省人民政府法律顾问

孙良国　吉林大学法学院教授、博士生导师、吉林大学司法数据应用研究中心副主任

李晓倩　吉林大学法学院副教授、吉林大学司法数据应用研究中心研究员

侯德斌　长春理工大学法学院副教授、长春仲裁委仲裁员、吉林兢诚律师事务所管委会副主任

李雪田　吉林财经大学法律硕士教育中心兼职硕士研究生导师、北京盈科(长春)律师事务所高级顾问

郭珂琼　长春师范大学政法学院讲师、法理学专业负责人、长春师范大学科学技术委员会委员

张　欣　吉林警察学院法律系讲师、吉林警察学院法治研究中心委员、吉林省刑事诉讼法学会理事

刘　晶　吉林省律师协会民事专业委员会副主任、吉林创一律师事务所高级合伙人

王佰成　北京大成（长春）律师事务所合伙人、吉林省财政厅政府和社会资本合作（PPP）专家库成员、吉林省律协破产与清算法律专业委员会委员

吴鸿飞　吉林泉商律师事务所高级合伙人

序　　言

最高人民法院首席大法官周强曾言："伟大的时代必然会有伟大的判决。"裁判文书是法官的名片，是人民法院诉讼活动的最终载体，是明确当事人法律权利义务的重要凭证，也是人民法院司法能力、司法水平和审判质效的集中体现。

近年来，吉林省高级人民法院高度重视裁判文书质量管理，通过持续开展全省法院裁判文书质量评查、优秀裁判文书评选、裁判文书公开等多项措施全方位、多角度加强裁判文书质量管理，取得良好成效。尤其是2019年度全省法院优秀裁判文书评选活动开展以来，按照公开、公平、公正的原则，坚持"法官全员参与、内外评价结合"的要求，全省各级法院认真组织，三级法院广大法官干警积极响应，整体活动反响热烈，省市人大代表、高校学者、律师等外部评委全力支持，内外互动，有机结合，提升了评选活动的公信力和影响力，借此机会，对他们的辛勤付出表示由衷的谢意。优秀裁判文书评选营造了良好氛围，具有重要的导向价值和推动作用：一是充分发挥优秀裁判文书的示范引领作用，为法官检验司法能力和比拼专业水平提供"擂台"。评选出来的优秀裁判文书凝聚着广大法官干警的智慧，是全省法院审判工作的重要成果，能够调动广大法官学习优秀文书、制作精品文书的积极性，有效提升全省法院裁判文书的整体制作水平。二是推动法官司法能力和业务素质不断提升。通过开展优秀裁判文书评选工作，有针对性地开展裁判文书制作研究、交流和培训，不断深化全省法院法官队伍的业务素质建设。三是推动司法公信力不断提升。优秀裁判文书评选过程中注重接受法律职业共同体的评价，注重听取人民群众和社会各界的意见，提高了裁判文书的公信力和社会认可度。2019年，全省法院共评选出44篇优秀裁判文书,这些优秀裁判文书集中展现全省法院法官的业务素质和司法能力,充分发挥优秀裁判文书在事实归纳、证据列举、理由论述、文书规范等方面的示范作用,以点带面,必将带动全省法院裁判文书制作水平的整体提升。

文以载道,以用为贵。优秀裁判文书既是学习的"活教材",也是实践的"指南针",现辑录成册,供广大法官在审判实践中相互借鉴,相互学习,共同提高,借此发轫之作愿全省法院不断提升审判体系和审判能力现代化水平,期待产生更多数量、更高质量的优秀裁判文书作品,树立更多的"吉林品牌",贡献更多的"吉林智慧",让司法公平正义之光普照吉林大地。

是为序!

编委会

2020年4月28日

目　录

一 等 奖

刑　事

民　事

行　政

二等奖

刑　事

民　事

行　政

三 等 奖

刑　事

民 事

行　政

一等奖

刑事

苏明伟

吉林省高级人民法院

毕业于中国政法大学，法学硕士，先后任吉林省高级人民法院刑事审判第一庭副庭长，刑事审判第五庭副庭长、庭长，现任刑事审判第一庭庭长。

曾作为访问学者到美国约翰·马歇尔法学院学习六个月；下派敦化市人民法院挂职锻炼一年六个月；借调最高人民法院从事死刑复核工作六个月。承办过李海峰、王平、刘克明等数起涉黑犯罪案件及一些重大疑难复杂案件。参与编写书籍《中国刑法读本》，撰写《出国考察报告》等，多次给全省刑事法官讲授关于刑事裁判文书制作方面的问题。

【裁判要旨】

1. 要结合被告人的主观故意、使用的凶器特征、加害部位、加害次数、造成的后果及事后的表现等，综合认定案件的性质，即构成故意杀人罪还是故意伤害（致死）罪。

2. 犯罪以后被告人主动到公安机关投案，能够如实供述主要犯罪事实的，构成自首。被告人对行为性质的辩解不影响自首的成立。

3. 除法律规定应当开庭审理的情形外，如果案件事实清楚，证据确实、充分，二审期间在事实没有发生变化，亦没有新的证据的情况下，考虑节约司法资源及提高审判效率，二审法院有权决定不开庭审理。

4. 2012 年《中华人民共和国刑事诉讼法》修改后，死亡赔偿金、被抚养人生活费已不属于刑事附带民事诉讼赔偿范围，附带民事诉讼原告人提出此方面诉求的，法院依法不予保护。

【裁判文书】

吉林省高级人民法院
刑事附带民事裁定书

（2019）吉刑终 28 号

原公诉机关吉林省通化市人民检察院。

上诉人（原审附带民事诉讼原告人）林德海，男，1975 年 9 月 16 日出生，汉族，农民，住吉林省梅河口市××镇××村×组。系被害人林如月之父。

上诉人（原审附带民事诉讼原告人）张秀英，女，1977 年 2 月 20 日出生，汉族，农民，住址同上。系林如月之母。

诉讼代理人曲晓宇、乔刚，吉林阳光博舟（通化）律师事务所律师。

上诉人（原审被告人）张洪雨，男，1997 年 3 月 24 日出生于吉林省梅河口市，汉族，初中文化，农民，住梅河口市××镇××村×组。因涉嫌犯故意伤害罪，于 2017 年 10 月 3 日被刑事拘留；因涉嫌犯故意杀人罪，同月 13 日被逮捕。现羁押于梅河口市看守所。

辩护人王红光,吉林宗吉律师事务所律师。

吉林省通化市中级人民法院审理通化市人民检察院指控原审被告人张洪雨犯故意杀人罪,原审附带民事诉讼原告人林德海、张秀英提起附带民事诉讼一案,于2018年11月13日作出(2018)吉05刑初17号刑事附带民事判决。宣判后,张洪雨及林德海、张秀英均不服,提出上诉。本院依法组成合议庭,经过阅卷,询问上诉人林德海、张秀英并听取诉讼代理人的意见,讯问上诉人张洪雨并听取辩护人的意见,认为本案事实清楚,决定不开庭审理。现已审理终结。

原审判决认定:2017年9月,被告人张洪雨与被害人林如月(妊娠,殁年19岁)开始共同生活,未办理结婚登记手续。同年10月2日17时许,在吉林省梅河口市××镇××村×组崔莹家的房屋东侧,酒后的张洪雨因琐事与林如月发生争执,张洪雨从地上捡起砖块击打林如月头部数次,致林如月倒地后,张洪雨逃离现场。林如月被他人送往医院抢救,同年10月6日经救治无效死亡。经鉴定,林如月系被他人用接触面较平坦的且有棱角的钝性物体打击头部致重度颅脑损伤、脑疝死亡。案发次日,张洪雨主动到公安机关投案。

另查明:因被害人林如月死亡,附带民事诉讼原告人林德海、张秀英的合理经济损失为丧葬费人民币(以下币种同)30,725.5元。

认定上述事实的主要证据有公安机关在现场提取的砖块等物证,到案经过、住院病历及超声检查报告、通话记录、户籍材料及身份证复印件、梅河口市××镇××村村民委员会出具的证明等书证,证人崔莹、曹春艳、吴桂芳、董玉琴、张伟、张明、王宇航、潘航、邱学会、李裕锋、吕晓欣证言,尸检鉴定意见、DNA鉴定意见、精神病司法鉴定意见,现场勘查、指认笔录,被告人张洪雨供述。

原审法院认为,被告人张洪雨与被害人林如月因琐事发生争执,张洪雨持砖块击打妊娠期的林如月头部数下,致林如月倒地后,张洪雨离开案发现场,林如月被他人送往医院抢救无效死亡,其行为已构成故意杀人罪。公诉机关指控的事实清楚,罪名成立,予以支持。张洪雨作案后能够主动到公安机关投案，并如实供述案件事实，系自首，可从轻处罚。张洪雨犯罪情节及后果严重，犯罪手段残忍，社会危害极大，应予严惩。因张洪雨的犯罪行为给附带民事诉讼原告人造成的经济损失，依法应予赔偿。据此，依照《中华人民共和国刑法》第二百三十二条、第六十七条第一款、第五十七条第一款、第四十八条、第三十六条第一款及《最高人民法院关于适用〈中华人民共和国刑事诉讼法〉的解释》第一百五十五条之规定，以故意杀人罪判处被告人张洪雨死刑，缓期二年执行，剥夺政治权利终身；张洪雨赔偿附带民事诉讼原告人林德海、张秀英合理经济损失30，725.5元。

附带民事诉讼原告人林德海、张秀英的上诉理由是：张洪雨的行为不构成自首，应判处死刑立即执行；请求撤销原判第二项，改判张洪雨赔偿上诉人死亡赔偿金259，000元，丧葬费30，725.5元，被抚养人生活费401，020元，交通、住宿、误工等费用10，000元，合计700，745.5元；本案属于被告人被判处死刑的上诉案件，根据刑事诉讼法的规定，恳请二审开庭审理。

诉讼代理人的代理意见是：被告人张洪雨在犯罪动机上是故意杀人；张洪雨犯罪后投案，但没有如实交代自己的犯罪事实，缺乏悔罪诚意，不构成自首，原判认定事实有误；张洪雨在犯罪后因害怕而逃离现场，没有积极主动抢救被害人，且造成“一死两命”的犯罪后果，应从重处罚；张洪雨及其家人只是在口头上同意给被害人家属赔偿，但并没有实际履行。综上，恳请二审依据事实和法律严惩罪犯。

被告人张洪雨的上诉理由是：上诉人不具有故意杀人的动机和主观故意；原判认定上诉人“未采取施救措施而逃离现场”与证据不符，认定上诉人“犯罪手段残忍，社会危害极大”与事实不符；原判对上诉人的坦白情节未予考虑；恳请二审法院考虑上诉人没有前科，系初犯，有自首情节及悔罪表现，家属愿意尽力赔偿，依法改判。

辩护人的辩护意见是：原判认定张洪雨构成故意杀人罪定性错误；张洪雨有自首情节，认罪悔罪，无前科劣迹，本案系因家庭矛盾引发，上诉人的主观恶性及社会危害性较轻，请求二审重新作出公正判决。

经审理查明：2017年9月，上诉人张洪雨与已怀孕数月的林如月（被害人,殁年19岁)开始共同生活,未办理结婚登记手续。同年10月2日17时许,在吉林省梅河口市××镇××村×组二人的朋友崔莹家房屋东侧,张洪雨欲外出与他人喝酒,林如月不同意,二人发生争执,张洪雨从地上捡起砖块击打林如月头部数下,致林如月倒地,后张洪雨逃离现场。林如月被他人送往医院抢救,因重度颅脑损伤、脑疝经抢救无效于同月6日死亡。案发次日,张洪雨在家人的陪同下到公安机关投案。

上述事实,有在原审庭审中举证、质证并经本院审核确认的下列证据证明:

1. 受案登记表、立案决定书、到案经过:证实案发次日,张洪雨在家人的陪同下到公安机关投案,公安机关遂立案侦查。张洪雨供认用砖块击打林如月头部的事实。

2. 物证

公安人员在案发现场提取红砖13块的物证照片,经原审庭审出示,张洪雨确认系作案所用案发现场的红砖。

3. 书证

(1)梅河口市中心医院住院病案:证实被害人林如月于2017年10月2日18时许因颅脑损伤入院治疗,同月6日8时57分死亡,住院4天;中期妊娠,胎死宫内。

(2)梅河口市妇幼保健院于2017年8月5日出具的超声检查报告单、数字化超声影像报告单:证实林如月妊娠13周零4天。

(3)通话记录:证实被告人张洪雨案发当天手机的通话情况。

(4)梅河口市公安局××派出所出具的违法犯罪记录核查证明:证实被告人张洪雨在该辖区居住期间未发现有违法犯罪记录。

(5)公民户籍信息证明:证实被告人张洪雨、被害人林如月的自然情况,张洪雨犯罪已达完全刑事责任年龄。

4. 鉴定意见

(1)尸检鉴定意见

梅河口市公安司法鉴定中心出具的梅公鉴(尸检)字[2017]0012号法医

学尸体检验鉴定书、尸检照片、说明，证实被害人林如月系被他人用接触面较平坦的且有棱角的钝性物体打击头部致重度颅脑损伤、脑疝死亡；子宫膨隆，内见一死胎；头部损伤系至少两次打击造成。

（2）DNA 鉴定意见

吉林省公安厅物证鉴定中心出具的吉公鉴（法物）字［2017］423 号法庭科学 DNA 鉴定书、吉公鉴（法物）字［2018］285 号鉴定书：证实送检的被告人张洪雨左手拇指指甲缝擦拭棉签上检出的 STR 分型与张洪雨血样的 STR 分型一致；送检的硬币向北 1.5 厘米处血迹、现场地面滴落血擦拭棉签上检出的 STR 分型与林如月血样的 STR 分型均一致；张洪雨血样的 STR 分型、林如月腹中胎儿脑组织的 STR 分型、林如月血样的 STR 分型符合三联体亲子遗传关系；林德海、张秀英是林如月的生物学父亲、生物学母亲。

（3）精神病司法鉴定意见

吉林省公安厅安康医院出具的吉公安康［2017］法精鉴字第476 号法医精神病司法鉴定意见书：证实被告人张洪雨作案时精神状态正常，具有完全刑事责任能力。

5. 勘验、检查、提取笔录

现场勘验笔录及照片，证实现场位于吉林省梅河口市××镇××村崔莹家院内住宅东侧过道，从现场提取红砖 13 块、血迹三处、硬币二枚及毛发等。

6. 证人证言

（1）证人崔莹（被告人、被害人的朋友）证言：案发当天，其驾车载张洪雨、林如月到其家吃饺子，张洪雨、林如月到其家房东侧聊天，其在房西侧卸玉米，不久其听见房东侧有喊声，其赶到现场发现林如月满脸是血躺在地上，张洪雨从其家南面小门离开，离开前让其帮助救治林如月。后其驾车与母亲及张洪雨父亲将林如月送到梅河口爱民医院救治。张洪雨和林如月平时感情挺好。

（2）证人曹春艳（崔莹母亲）证言：案发当天，张洪雨、林如月到其家准备吃晚饭，二人未进屋，其在屋内与家人包饺子时，听见儿子崔莹喊其，其到房头看见林如月受伤躺在地上，后与儿子崔莹将林如月送到医院。

（3）证人吴桂芳（崔莹亲属）、董玉琴（崔莹奶奶）证言：案发当天，在崔莹家帮忙包饺子时，崔莹带两个朋友回来准备吃饺子，二人始终未进屋。后听说崔莹的两个朋友打起来了，崔莹和崔莹的母亲曹春艳给送医院去了。

（4）证人张伟（张洪雨父亲）证言：案发当天，张洪雨给其打电话，说他在崔莹家将林如月打伤，并让其将林如月送医院救治。后其与崔莹一同将林如月送医院救治。其与妻子离婚后发现张洪雨的精神有点不正常，尤其是有人跟他说话带"妈"字或者喝酒后情绪不稳定，其申请对张洪雨做精神鉴定。

（5）证人张明（张洪雨外公）证言：2017 年 10 月 2 日晚 12 时左右，其听张洪雨说他把他媳妇给抡倒了，整一手血，他怕他爸打他，让其陪他去派出所投案。10 月 3 日凌晨3 时许，其陪同张洪雨到梅河口市公安局××派出所投案。

（6）证人王宇航（张洪雨同学）证言：案发当天下午，其与张洪雨、林如月等八人在××镇烧烤店吃串喝酒，后张洪雨、林如月离开烧烤店，乘坐崔莹的车到崔莹家吃饺子。约半小时后，其接到张洪雨电话，电话中张洪雨一直在哭泣，称他用砖块打林如月头部四五下。与张洪雨见面后，张洪雨说因他媳妇骂他而打起来的。

（7）证人潘航、邱学会、李裕锋、吕晓欢（均系张洪雨同学）证言内容与王宇航证实的内容基本一致。

7. 被告人供述

被告人张洪雨供述：2017 年 10 月 2 日 19 时许，在梅河口市××镇其朋友崔莹家院内，因其想回××镇找朋友喝酒，林如月不同意，二人发生口角，其随手捡起一砖块击打林如月头部，林如月倒地，其喊屋内的崔莹将林如月送往医院，后逃离现场。其将打伤林如月一事告诉父亲张伟，后在外公张明的陪同下到公安机关投案。

另查明：上诉人林德海、张秀英系夫妻关系，被害人林如月系二人长女。2018 年度，吉林省丧葬费执行标准为 30,725.5 元。

上述事实，有在原审庭审中举证、质证并经本院审核确认的下列证据证明：

户口簿复印件、身份证复印件、梅河口市××镇××村村民委员会出具的证明:证实林德海与张秀英系夫妻关系,林如月系林德海、张秀英长女。

上述刑事及附带民事部分的证据已经原审庭审控辩双方举证、质证,可以作为定案的根据,证据确实、充分,足资认定。

结合案件事实、证据及相关法律规定,对上诉人的上诉理由、辩护人的辩护意见及代理人的代理意见综合评析如下:

一、关于程序方面二审是否应该开庭审理的问题。根据《最高人民法院关于适用〈中华人民共和国刑事诉讼法〉的解释》第三百一十七条之规定,应当开庭审理的案件包括被告人被判处死刑立即执行的上诉案件,被告人被判处死刑缓期执行的上诉案件不属于必须开庭审理的案件。而且,本案事实清楚,认定证据确实、充分,定案证据在原审庭审过程中已经控辩双方举证、质证,二审期间在事实没有发生变化,亦没有新的证据的情况下,从节约司法资源,提高审判效率的角度考虑,不开庭审理符合法律规定。故对于林德海、张秀英提出"本案属于被告人被判处死刑的上诉案件,根据刑诉法的规定,恳请二审开庭审理"的上诉理由,不予支持。

二、关于张洪雨的行为性质问题。经查,张洪雨因被害人林如月不同意其外出喝酒而发生争执后,情绪失控,持随手捡起的砖块击打被害人头部数下,后未积极施救而离开现场,致被害人重度颅脑损伤、脑疝经抢救无效死亡。足以证明其主观上对被害人的死亡结果至少持放任态度,客观上实施了持足以致命的工具击打致命部位(头部)的行为,造成被害人死亡的实际后果,其行为符合故意杀人罪的构成要件。原判以故意杀人罪追究其刑事责任定性准确,并无不当。故张洪雨提出"其不具有故意杀人的动机和主观故意"的上诉理由及辩护人提出"原判认定张洪雨构成故意杀人罪定性错误"的辩护意见与案件事实不符,本院不予支持。诉讼代理人提出"张洪雨在犯罪动机上是故意杀人"的代理意见有理,予以支持。

三、关于张洪雨是否构成自首的问题。经查,张洪雨作案后在其外公的陪同下到公安机关投案,其在侦查阶段关于施害过程除第一次供述系将林如月抡倒在地,导致林如月从台阶上摔下来受伤外,其他供述均承认系用砖块击打了林如月头部，虽然对打击次数前后供述不完全一致，但对林如月施害的基本事实及所造成的后果并不否认，而且在侦查阶段的后两次供述及原审庭审过程中对击打次数能够如实供述，根据相关规定，属于能够如实供述主要犯罪事实，符合自首的条件。原判据此认定张洪雨构成自首并作为量刑情节考虑，适用法律正确。故张洪雨提出“原判对上诉人的坦白情节未予考虑”及林德海、张秀英提出“张洪雨的行为不构成自首”的上诉理由，以及诉讼代理人提出“张洪雨犯罪后投案，但没有如实交代自己的犯罪事实，缺乏悔罪诚意，不构成自首，原审认定事实有误”的代理意见均不能成立，不予支持。

四、关于附民原告人及代理人的上诉权限问题。根据《中华人民共和国刑事诉讼法》第二百二十七条第二款“附带民事诉讼的当事人和他们的法定代理人，可以对地方各级人民法院第一审的判决、裁定中的附带民事诉讼部分，提出上诉”之规定，附民原告人及代理人无权就一审判决、裁定的刑事判决部分提出上诉。如果对刑事判决部分不服，可以根据《中华人民共和国刑事诉讼法》第二百二十九条之规定，请求检察机关提出抗诉。另，根据上诉不加刑原则，二审法院亦无权加重被告人的刑罚。故林德海、张秀英提出“应判处张洪雨死刑立即执行”的上诉理由及诉讼代理人提出“张洪雨在犯罪后因害怕而逃离现场，没有积极主动抢救被害人，且造成‘一尸两命’的犯罪后果，应从重处罚”的代理意见于法无据，不予支持。

五、关于附民诉讼的赔偿范围问题。根据《最高人民法院关于适用〈中华人民共和国刑事诉讼法〉的解释》第一百五十五条第二款“犯罪行为造成被害人人身损害的，应当赔偿医疗费、护理费、交通费等为治疗和康复支付的合理费用，以及因误工减少的收入。造成被害人死亡的，还应当赔偿丧葬等费用”之规定，死亡赔偿金、被抚养人生活费不属于附带民事诉讼赔偿范围，故林德海、张秀英提出“请求改判张洪雨赔偿死亡赔偿金 259,000 元、被抚养人生活费 401,020 元”的上诉理由于法无据，不予支持；关于“请求赔偿丧葬费 30,725.5元”的上诉理由，因原判已对丧葬费用依法予以保护，不再重复考虑；关于“请求赔偿交通、住宿、误工等费用 10,000 元”的上诉理由，原判已考虑办理丧葬事宜而产生的交通、住宿、误工费包含在丧葬费内，因此未予保护，至于在被害人住院期间是否产生上述费用，因上诉人在原审期间未提出此方面诉求，二审期间亦未提供相关证据证明，故不予支持。

本院认为，上诉人张洪雨故意非法剥夺他人生命的行为已构成故意杀人罪。张洪雨不能正确处理生活矛盾，亦不能很好地控制自己的情绪，仅因琐事而持砖块击打同居女友头部数下，致怀孕数月的女友死亡及胎死腹中，造成“一尸两命”的严重后果，犯罪情节恶劣，本应依法严惩，鉴于张洪雨作案后主动到公安机关投案，能够如实供述主要犯罪事实，系自首，对其判处死刑，可不立即执行。张洪雨作案后在逃离现场过程中虽能让他人抢救女友，但其有条件施救而不积极实施，离开现场，逃避责任，且其本人及家属虽有赔偿意愿，但未能就赔偿数额与被害人父母达成协议，亦未能取得对方谅解，本院均不作为量刑情节考虑。对于张洪雨提出“原判认定上诉人未采取施救措施而逃离现场与证据不符，认定犯罪手段残忍，社会危害极大与事实不符，恳请二审考虑上诉人没有前科，系初犯，有自首情节及悔罪表现，家属愿意尽力赔偿，依法改判”的上诉理由及辩护人提出“张洪雨有自首情节，认罪悔罪，无前科劣迹，本案系因家庭矛盾引发，上诉人的主观恶性及社会危害性较轻，请求二审重新作出公正判决”的辩护意见，本院均不予采纳。张洪雨因其犯罪行为给上诉人林德海、张秀英造成的经济损失合理部分应依法承担民事赔偿责任。原审判决认定的事实清楚，证据确实、充分，定罪准确，量刑适当。审判程序合法。附带民事判决部分适用法律正确。依照《中华人民共和国刑事诉讼法》第二百三十六条第一款第（一）项，《中华人民共和国民事诉讼法》第一百七十条第一款第（一）项和《中华人民共和国刑法》第二百三十二条、第六十七条第一款、第五十七条第一款、第四十八条第一款、第三十六条第一款、第五十一条及《最高人民法院关于适用〈中华人民共和国刑事诉讼法〉的解释》第一百五十五条第二款之规定，裁定如下：

驳回上诉，维持原判。

本裁定为终审裁定。

根据《中华人民共和国刑事诉讼法》第二百四十八条之规定，本裁定即为核准以故意杀人罪判处被告人张洪雨死刑，缓期二年执行，剥夺政治权利终身的刑事裁定。

审　判　长　苏明伟
代理审判员　尉增辉
代理审判员　齐东妍

二〇一九年三月七日

书　记　员　田洪涛

【推荐意见】

此份二审刑事附带民事裁判文书体例完整，结构严谨，格式规范。案件事实认定准确，要素齐备，用语规范、凝练。证据引用繁简得当，按照刑事诉讼法规定的证据种类进行归纳总结，层次清晰、流畅，与事实认定及说理前后呼应。对案件争议焦点概括全面，说理充分具体，针对性强，娓娓道来，令人信服。法条引用详细准确，裁判主文表述正确，是一篇值得学习借鉴的优秀的二审刑事附带民事裁判文书。

吴应书

长春市中级人民法院

长春市中级人民法院刑事审判第二庭审判员。先后在九台法院、长春市委政法委和长春市中级人民法院等多部门工作。曾参加最高人民法院审判理论重大课题研究，完成各种调查研究三十余项，在《中国审判》《人民法院报》等刊物发表文章十余篇，荣获二十一届全国法院系统学术研讨会三等奖、全省法院调研优秀奖等多个奖项。审理了被告人李凤良受贿等多起重大职务犯罪案件、被告人安康与李升辉恶势力犯罪集团等多起上诉案件和多件有社会影响力的经济犯罪案件。

【裁判要旨】

1. 为向他人索要债务，假意与他人签订买卖合同后，将他人居间介绍的第三人财物扣留，强行“以物抵债”，拒不支付货款或返还财物，构成强拿硬要类型的寻衅滋事罪。

2. 采取上访施压的威胁方式，不与被害人谋面，而是通过中间人索取他人财物，主观上具有非法占有的目的和对行为对象认识不明确的概括的犯罪故意，构成敲诈勒索罪。

【裁判文书】

吉林省长春市中级人民法院
刑事裁定书

(2018)吉01刑终357号

原公诉机关吉林省农安县人民检察院。

上诉人(原审被告人)刘井新，男，1967年5月15日出生，汉族，吉林省农安县人，初中文化，农民，住农安县××乡××村×组。因涉嫌犯敲诈勒索罪、寻衅滋事罪，于2017年9月7日被刑事拘留，同年10月1日被逮捕。现羁押于农安县看守所。

辩护人徐旸、庄立武，吉林阳光博舟律师事务所律师。

上诉人(原审被告人)叶春红，女，1975年10月10日出生，汉族，吉林省梅河口市人，初中文化，无职业，住长春市××区××大街和××路交会。因涉嫌犯寻衅滋事罪，于2017年8月31日被刑事拘留，同年10月1日被逮捕。现羁押于德惠市看守所。

辩护人张媛静，吉林行远律师事务所律师。

上诉人(原审被告人)刘景龙，男，1971年12月23日出生，汉族，吉林省农安县人，无职业，住长春市××区××小区。因涉嫌犯寻衅滋事罪，于2017年9月1日被刑事拘留，同年10月1日被逮捕。现羁押于农安县看守所。

辩护人于圣泽,吉林良伟律师事务所律师。

上诉人(原审被告人)孙晓东,男,1972年2月21日出生,汉族,吉林省农安县人,小学文化,农民,住农安县××乡××村×组。因涉嫌犯敲诈勒索罪,于2017年8月31日被刑事拘留,同年10月1日被逮捕。现羁押于农安县看守所。

辩护人王晓旭,上海市海华永泰(沈阳)律师事务所律师。

上诉人(原审被告人)孙少德,男,1973年12月17日出生,汉族,吉林省农安县人,小学文化,农民,住农安县××乡××村×组。因涉嫌犯敲诈勒索罪,于2017年9月8日被刑事拘留,同年10月1日被逮捕。现羁押于农安县看守所。

上诉人(原审被告人)隋国庆,男,1966年8月13日出生,汉族,吉林省农安县人,初中文化,农民,住农安县××乡××村×组。因涉嫌犯敲诈勒索罪,于2017年9月8日被刑事拘留,同年10月1日被逮捕。现羁押于农安县看守所。

吉林省农安县人民法院审理吉林省农安县人民检察院指控原审被告人刘井新犯寻衅滋事罪、敲诈勒索罪,被告人叶春红、刘景龙犯寻衅滋事罪和被告人孙晓东、孙少德、隋国庆犯敲诈勒索罪一案,于2018年8月3日作出(2018)吉0122刑初107号刑事判决。宣判后,原审被告人刘井新、叶春红、刘景龙、孙晓东、孙少德、隋国庆不服,提出上诉。本院依法组成合议庭,公开开庭审理了本案。吉林省长春市人民检察院指派检察员张艳丽出庭履行职务,上诉人刘井新及辩护人徐旸、庄立武,上诉人叶春红及辩护人张媛静,上诉人刘景龙及辩护人于圣泽,上诉人孙晓东及辩护人王晓旭,上诉人隋国庆、孙少德到庭参加诉讼。现已审理终结。

原审判决认定:

(一)寻衅滋事事实

2010年6月22日,农安县人民法院(2010)吉农民初字第108号民事判决书判决纪海龙、陈江返还、赔偿刘井新人民币20,042.50元。2012年6月13日,被告人刘井新、叶春红、刘景龙预谋后,在农安县群众村租赁猪舍,由被告人叶春红在农安县农安镇内通过陈江联系、购买吉林市昌邑区橡皮厂镇乐园村居民兰宝祥仔猪63头，商谈价格为人民币36,000元。被告人叶春红与兰宝祥、陈江等人于当日晚将仔猪拉到租赁的猪舍后，被告人刘井新、刘景龙、叶春红明知仔猪是兰宝祥所有，仍以陈江欠钱为由，以语言相威胁强行扣留仔猪63头，并由刘井新、车丽华（另案处理）拉至刘井新家据为己有。经鉴定，仔猪价值人民币30,870元。

（二）敲诈勒索事实

农安县农安镇居民张福德于2011年承建农安县永安乡中心小学教学楼，年底竣工并投入使用，2015年年初发现教学楼楼板有轻颤现象，2015年8月至2015年年末，被告人刘井新、孙晓东、孙少德、隋国庆伙同贯井平（在逃）合谋后，以教学楼质量有问题为名多次到农安县教育局上访，并在农安县农安镇文腾小区物业办公室滞留，谎称二三十人上访相威胁，通过赵洪志向张福德索要人民币150,000元。其中隋国庆分得10,000元，孙少德、贯井平各分得5000元，余款由刘井新、孙晓东均分。案发后，被告人隋国庆于2017年9月8日到农安县公安局投案。

原审法院认为，被告人刘井新与陈江因债务关系，陈江拒不偿还欠款，被告人刘井新、叶春红、刘景龙经预谋，叶春红通过陈江联系购买兰宝祥仔猪，被告人刘井新、刘景龙、叶春红明知仔猪是兰宝祥所有，仍以陈江欠钱为由，以语言相威胁强行扣留仔猪63头，并由刘井新等人拉至其家据为己有，情节严重的事实，有公诉机关提供的书证、证人证言、被害人陈述、被告人供述、辨认笔录、价格认定书予以证实，被告人刘井新、叶春红、刘景龙的行为符合寻衅滋事罪的犯罪构成，均构成寻衅滋事罪。被告人刘井新、孙晓东、孙少德、隋国庆经合谋后，以农安县永安乡中心小学教学楼质量有问题为名，以拆楼相威胁，向张福德索要人民币15万元，数额巨大的事实，有公诉机关提供的书证、证人证言、被害人陈述、被告人供述予以证实，其行为均符合敲诈勒索罪的犯罪构成，均构成敲诈勒索罪。被告人隋国庆系自首，可对其从轻处罚。依照《中华人民共和国刑法》第二百九十三条第一款第（三）项、第二百七十四条、第二十五条、第六十七条第一款、第六十九条、第五十二条、第五十三条、第六十四条之规定,判决如下:一、被告人刘井新犯寻衅滋事罪,判处有期徒刑四年;犯敲诈勒索罪,判处有期徒刑六年四个月,并处罚金人民币七万五千元。数罪并罚,决定执行有期徒刑九年,并处罚金人民币七万五千元。二、被告人孙晓东犯敲诈勒索罪,判处有期徒刑六年,并处罚金人民币七万五千元。三、被告人孙少德犯敲诈勒索罪,判处有期徒刑五年六个月,并处罚金人民币七万五千元。四、被告人隋国庆犯敲诈勒索罪,判处有期徒刑四年六个月,并处罚金人民币七万五千元。五、被告人叶春红犯寻衅滋事罪,判处有期徒刑四年。六、被告人刘景龙犯寻衅滋事罪,判处有期徒刑四年。七、责令被告人刘井新、叶春红、刘景龙退赔被害人兰宝祥人民币三万零八百七十元。八、责令被告人刘井新、孙晓东、孙少德、隋国庆共同退赔被害人张福德人民币十五万元。

上诉人刘井新上诉及其辩护人提出:

1. 刘井新是在寻求合法执行程序未果后,为了解决陈江拖欠其赔偿款的问题才扣下陈江的仔猪,农安县公安局出具的《告知书》不具备确认民事权利的法律效力,刘井新没有非法占有的意图,不具有寻衅滋事的故意,其行为系自力救济,不属于强拿硬要,不构成寻衅滋事罪。

2. 刘井新寻衅滋事一案已经过了追诉时效,农安县公安局再次决定立案侦查程序违法,再次立案后又对当年的同一批人进行了重复的讯问或询问,证明力较低,应以2012年的笔录作为判断本案事实的证据材料,对2017年所制作的笔录不应采信。

3. 刘井新因为担心孩子的人身安全向教育局信访,没有通过要挟或威胁的手段向张福德索取钱款,刘井新等人得到的15万元并非通过敲诈勒索行为而获得,张福德向刘井新等人支付补偿款是合法补偿,其行为不构成敲诈勒索罪。

上诉人叶春红上诉及其辩护人提出:

1. 叶春红只是代刘井新与陈江签订买卖协议,也多次确认了财产主体是陈江,兰宝祥并没有向叶春红言明是仔猪所有人,叶春红没有强拿硬要他人财物,是追索债权的合法行为,不构成寻衅滋事罪。

2. 本案已经超过了寻衅滋事罪的追诉时效。证人曲矫、程贵武2017年的证言与2012年的证言及陈江、兰宝祥2017年的陈述与2012年的陈述存在矛盾，应以全部涉案人员2012年的询问笔录、证言为准。

上诉人刘景龙上诉及其辩护人提出：

1. 刘景龙协助刘井新购买仔猪的行为是民事行为，签订买卖协议时，兰宝祥没有就交易仔猪的所有权提出异议，陈江自动将猪交付，刘景龙不存在强拿硬要行为。

2. 公诉机关不出具公安机关接到报警后的现场执法记录仪的相关视听资料，无法排除公安人员让刘井新处理仔猪的客观现实，定罪证据不足。

3. 本案已经过了追诉时效，应宣告刘景龙无罪。

上诉人孙晓东上诉及其辩护人提出：孙晓东的孩子在永安乡中心小学上学，去教育局举报是合法行为，孙晓东等人未与被害人谋过面，接受涉案财物系被害人为息事宁人，阻止孙晓东等人上访而强行给付的，孙晓东不具有非法占有的主观故意和威胁、要挟、强行索要他人财物的客观行为，不构成敲诈勒索罪。

上诉人隋国庆上诉提出：其系从犯，有自首情节，原审判决量刑过重。

上诉人孙少德上诉提出：原审判决量刑过重。

吉林省长春市人民检察院出庭意见：刘井新、叶春红、刘景龙通过从陈江处买猪的方式，强行折抵双方之前的债务，强迫对方交付财物的行为，构成强拿硬要类型的寻衅滋事罪。侦查机关针对同一事实再次立案侦查，符合程序要求。本案最高法定刑为有期徒刑五年，追诉时效为十年，没有超过追诉时效。刘井新、孙晓东、孙少德、隋国庆等人以农安县永安乡中心小学教学楼质量有问题为名，多次去教育局上访，以拆楼相威胁，在开发商张福德出面沟通时，索要张福德15万元，其行为构成敲诈勒索罪。原审判决认定事实清楚，证据确实充分，量刑适当，建议驳回上诉，维持原判。

经二审审理查明的本案事实与原审判决认定的事实一致，认定该事实的相关证据均已在原审庭审举证、质证，合议庭经依法全面审查，对原审判决认定的事实及所列证据予以确认。

针对各上诉人所提上诉理由及辩护人所提辩护意见，根据本案的事实、证

据及相关法律规定,合议庭评判如下:

1. 关于上诉人刘井新及辩护人提出“刘井新是在寻求合法执行程序未果后,为了解决陈江拖欠其赔偿款的问题才扣下陈江的仔猪,农安县公安局出具的《告知书》不具备确认民事权利的法律效力,刘井新没有非法占有的意图,不具有寻衅滋事的故意,其行为系自力救济,不属于强拿硬要,不构成寻衅滋事罪”。上诉人叶春红及辩护人提出“叶春红只是代刘井新与陈江签订买卖协议,多次确认了财产主体是陈江,兰宝祥并没有向叶春红言明其是仔猪所有人,叶春红没有强拿硬要他人财物,是追索债权的合法行为,不构成寻衅滋事罪”和上诉人刘景龙及辩护人提出“刘景龙协助刘井新购买仔猪的行为是民事行为,签订买卖协议时,兰宝祥没有就交易仔猪的所有权提出异议,陈江自动将猪交付,刘景龙不存在强拿硬要行为”的上诉理由和辩护意见。

经查,民事法律行为是自然人或法人设立、变更、终止民事权利和民事义务的合法行为,设立民事法律行为不能违反法律或者社会公共利益,不得损害他人的权利或破坏公共秩序。自助行为是权利人为保证自己请求权的实现,在情势紧迫而又不能及时请求国家机关予以救助的情况下,对他人的财产或自由施加扣押、拘束或其他相应措施,而为法律或社会公德所认可的行为。本案现有证据证实,陈江与上诉人刘井新因买卖仔猪产生纠纷后,经法院判决陈江应当偿还刘井新26,000元,案件已经进入了法院强制执行程序。但是,刘井新却以陈江未履行债务为借口,与其妻子车丽华作出了“伪装成别人向陈江买猪,然后将猪扣留,迫使陈江履行债务”的决意,并指使叶春红与陈江联系买猪事宜,后陈江居间联系兰宝祥收购了仔猪63头用于交易。叶春红与陈江达成口头协议后,在仔猪交付过程中,叶春红拟定“买卖协议”,让陈江先在协议上签名,而后刘井新、刘景龙出场,由刘井新在协议上签名,刘井新、刘景龙、叶春红等人单方面强行要求陈江以仔猪抵债。经陈江、兰宝祥现场解释,在已经知道该批仔猪是兰宝祥所有,陈江只是居间介绍的情况下,却拒绝向兰宝祥支付货款或返还仔猪。待猪的实际卖主兰宝祥报警后,三人仍以买卖协议的卖方是陈江为由,强行将仔猪拉走,经农安县公安局调查并作出书面告知后,仍然拒不退还。刘井新等人系采用欺骗的方式与陈江交易,刘井新与陈江签订的“买卖合同”,并非陈江的真实意思表示,陈江在协议上签字之前并不知晓真实的买家是刘井新。刘井新、刘景龙、叶春红以陈江欠刘井新欠款为借口,强行扣留兰宝祥所有的仔猪抵债,拒不支付货款或退还,主观上具有公然蔑视国家法纪和社会公德的故意,客观上实施了强行占有他人财物的行为,三人的行为并非合法买卖行为,也不是民法意义上的自助行为,已构成寻衅滋事罪。故对上述各上诉人的上诉理由和各辩护人的辩护意见不予支持。吉林省长春市人民检察院关于“刘井新、叶春红、刘景龙通过从陈江处买猪的方式,强行折抵双方之前的债务,强迫对方交付财物的行为,构成强拿硬要类型的寻衅滋事罪”的出庭意见应予采纳。

2. 关于上诉人刘井新及辩护人提出“刘井新寻衅滋事一案已经过了追诉时效,农安县公安局再次决定立案侦查程序违法,再次立案后又对当年的同一批人进行了重复的讯问或询问,证明力较低,应以 2012 年的笔录作为判断本案事实的证据材料,对 2017 年所制作的笔录不应采信”、上诉人叶春红及辩护人提出“本案已经超过了寻衅滋事罪的追诉时效。证人曲娇、程贵武 2017 年的证言与 2012 年的证言及陈江、兰宝祥 2017 年的陈述与 2012 年的陈述存在矛盾,应以全部涉案人员 2012 年的询问笔录、证言为准”和上诉人刘景龙及辩护人提出“本案已经过了追诉时效,应宣告刘景龙无罪”的上诉理由和辩护意见。

经查,案发后,公安机关接到的报案是诈骗,与本案的寻衅滋事是两个法律关系。公安机关不予立案针对的是被害人兰宝祥报其被诈骗一案,再次立案所针对的是被害人兰宝祥报刘井新等寻衅滋事一案,公安机关再次作出立案决定符合《公安机关办理刑事案件程序规定》的相关办案程序。本案立案后,公安机关对本案相关的当事人和证人进行了侦查取证,取证程序合法,应当作为定案的依据。2012 年陈江、王增军、程贵武、曲娇的证言和兰宝祥的陈述均已在原审庭审中出示,原审判决也对上诉证言和陈述予以确认,且证人陈江、程贵武、曲娇于 2017 年和 2012 年所作证言并不矛盾,被害人兰宝祥陈述其所有的 63 头猪被三上诉人强行拉走的事实情节与上述证人证实的情节能够吻合,原审判决采信证据并无不当。根据刘井新、叶春红、刘景龙寻衅滋事的犯罪情节，应当适用的法定最高刑为五年，而根据我国刑法相关规定，法定最高刑为五年以上不满十年有期徒刑的，经过十年不再追诉。因此，本案尚在追诉时效期限内，应当依法追究刘井新、叶春红、刘景龙刑事责任。故对上述各上诉人的上诉理由和各辩护人的辩护意见不予支持。吉林省长春市人民检察院关于"侦查机关针对同一事实再次立案侦查，符合程序要求。本案最高法定刑为有期徒刑五年，追诉时效为十年，没有超过追诉时效"的出庭意见应予采纳。

3. 关于上诉人刘景龙及辩护人提出"公诉机关不出具公安机关接到报警后的现场执法记录仪的相关视听资料，无法排除公安人员让刘井新处理仔猪的客观现实，定罪证据不足"的上诉理由和辩护意见。

经查，证人陈江、王增军和被害人兰宝祥证实公安机关在现场做出了"在没查清猪是何人所有的情况下，谁也不行把猪拉走"的出警工作意见。本案现有证据足以证实刘景龙在已经知道该批仔猪是兰宝祥所有，兰宝祥报警并经农安县公安局现场调查确认后，仍与刘井新等人强行将仔猪拉走的事实，且本案仔猪的所有权归属和是否存在现场执法记录仪并不影响三上诉人的犯罪成立。故对此上诉理由和辩护意见不予支持。

4. 关于上诉人刘井新及辩护人提出"刘井新因为担心孩子的人身安全向教育局信访，没有通过要挟或威胁的手段向张福德索取钱款，刘井新等人得到的15万元并非通过敲诈勒索行为而获得，张福德向刘井新等人支付补偿款是合法补偿，其行为不构成敲诈勒索罪"和上诉人孙晓东及辩护人提出"孙晓东的孩子在永安乡中心小学上学，去教育局举报是合法行为，孙晓东等人未与被害人谋过面，接受涉案财物系被害人为息事宁人，阻止孙晓东等人上访而强行给付的，孙晓东不具有非法占有的主观故意和威胁、要挟、强行索要他人财物的客观行为，不构成敲诈勒索罪"的上诉理由和辩护意见。

经查，根据上诉人孙晓东、隋国庆、孙少德的原始供述，刘井新召集三人上访时提出"不要提钱的事，教育局也不可能将楼拆除，会找人给他们钱"，四人均知道之前还有其他人因此事上访而得到过钱款的事实，四人均意识到其上访行为可能给教育局或他人造成压力或影响。证人赵立超、赵贵仁、林长山证实林长山曾让张福德处理刘井新等人上访告状的事情。被害人张福德陈述其为了息事宁人，找到赵洪志当中间人与刘井新协商如何才能不上访的事情。证人赵洪志证实张福德是在被涉案人员举报工程质量有问题的情况下，怕其信誉受影响，不得已的情况下找中间人赵洪志给付刘井新等人15万元。虽然刘井新与孙晓东辩解未与被害人谋过面，但是在本案中，农安县教育局发现永安中心校存在安全隐患的问题后，及时责令该校承建商张福德采取加固措施，加固完成后经吉林省建筑工程质量检测中心检验合格。在安全隐患已经消除，刘井新、孙晓东等人没有实际相关损失的情况下，刘井新、孙晓东没有任何理由或依据向教育局或开发商索要相关赔偿。四人继续采取上访手段，以拆楼相威胁，其主观上具有非法占有的目的和对行为对象认识不明确的概括故意，目的只是索取财物，至于交付财物的主体是教育局、张福德还是其他人则在所不问。四人上访行为不是单纯的维权行为，而是将上访作为与行为对象讨价还价的筹码，将其作为要挟对方、威胁对方的一种工具，迫使其给付补偿款，实质是索要"封口费"，是一种扰乱正常信访秩序的行为，具有取财手段的不正当性，其行为符合敲诈勒索罪的构成要件。故对上述各上诉人的上诉理由和各辩护人的辩护意见不予支持。吉林省长春市人民检察院关于"刘井新、孙晓东、孙少德、隋国庆等人，以农安县永安乡中心小学教学楼质量有问题为名，多次去教育局上访，以拆楼相威胁，在开发商张福德出面沟通时，索要张福德15万元，其行为构成敲诈勒索罪"的出庭意见予以采纳。

5. 关于上诉人隋国庆提出"其系从犯，有自首情节，原审判决量刑过重"和上诉人孙少德上诉提出"原审判决量刑过重"的上诉理由。

经查，上诉人隋国庆在共同犯罪中积极参与，不应认定为从犯，而原审判决已经认定隋国庆具有自首情节并予以了从轻处罚，原审判决充分考虑了各上诉人的犯罪情节和作用，量刑并无不当。故对此上诉理由不予支持。

合议庭评议认为，上诉人刘井新因与陈江发生债务纠纷，借故生非，与上诉人叶春红、刘景龙合谋，强行占有他人财物，情节严重，刘井新、叶春红、刘景龙的行为均构成寻衅滋事罪。上诉人刘井新、孙晓东、孙少德、隋国庆以非法占有为目的，合谋并采用要挟的方式，索要他人财物，数额巨大，刘井新、孙晓东、孙少德、隋国庆的行为均构成敲诈勒索罪。刘井新犯寻衅滋事罪、敲诈勒索罪，应依法惩处，并数罪并罚。隋国庆系自首，可从轻处罚。原审判决认定事实清楚，证据确实充分，定罪准确，量刑适当。审判程序合法。吉林省长春市人民检察院建议驳回上诉，维持原判的意见应予支持。依照《中华人民共和国刑事诉讼法》第二百三十六条第一款第（一）项之规定，裁定如下：

驳回上诉，维持原判。

本裁定为终审裁定。

审　判　长　李冬冬
代理审判员　何　福
代理审判员　吴应书

二〇一八年十一月十三日

书　记　员　常　乐

【推荐意见】

1. 该案的审理，为理论界与实务界对此类案件的思考和判断提供了有益的借鉴，对类似案件的审判具有指导意义。

2. 该二审裁判文书格式规范、文辞凝练、逻辑严密、论理充分。对一审判决认定的事实和采信的证据，以浓缩的语言予以确认，简练干脆，避免了重复啰唆；针对各上诉理由、辩护意见及检察机关出庭意见，结合在案证据，综合运用法律法规、法学理论、社会常识等，予以详尽的分析和批驳，既对不予采纳的相关上诉理由和辩护意见深入论证，又对予以支持的检察机关出庭意见逐一予以回应，理据充分、令人信服，是一份优秀的二审裁判文书。

周明鑫

吉林市中级人民法院

毕业于中国政法大学，先后在吉林市船营区人民法院、吉林市中级人民法院工作，现任吉林市中级人民法院刑事审判第二庭审判员。先后办理过在吉林地区有重大影响的王刚等人敲诈勒索案，王书东、韩迎新滥用职权、贪污、受贿案。在扫黑除恶工作中，审理并指导了一批在辖区内有重大影响的黑恶势力犯罪案件。在《司法研究》《松花江审判》等刊物上发表调研文章十余篇。

【裁判要旨】

以虚假身份证明骗领信用卡构成信用卡诈骗罪需要具备非法占有的主观目的，单纯使用而没有非法占有目的的，构成妨害信用卡管理罪。

【裁判文书】

吉林省吉林市中级人民法院
刑事判决书

（2019）吉02刑终3号

原公诉机关吉林省吉林市龙潭区人民检察院。

上诉人（原审被告人）罗丁赫，男，1987年5月31日出生，满族，吉林省吉林市人，大学本科文化，原系吉林市××汽车销售服务有限公司销售顾问，住吉林省吉林市××区××小区××号，公民身份号码××××。因涉嫌犯信用卡诈骗罪，于2018年3月29日被取保候审，同年12月18日被逮捕。现羁押于吉林市看守所。

辩护人张学会，吉林丁凤礼律师事务所律师。

辩护人李晓光，吉林泰旺律师事务所律师。

吉林省吉林市龙潭区人民法院审理吉林省吉林市龙潭区人民检察院指控原审被告人罗丁赫犯信用卡诈骗罪一案，于2018年12月18日作出（2018）吉0203刑初458号刑事判决。宣判后，罗丁赫不服，提出上诉。本院受理后，依法组成合议庭，公开开庭审理了本案。吉林省吉林市人民检察院指派检察员贺英、代理检察员张淞源出庭履行职务。上诉人罗丁赫及其辩护人张学会、李晓光到庭参加诉讼。现已审理终结。

原审判决认定：被告人罗丁赫于2017年4月至2018年3月27日间，冒用钟伟臣身份证明，在吉林市龙潭区交通银行铁东支行骗领信用卡一张，并通过刷卡、提现等方式诈骗人民币81,748元，全部用于个人花销。案发后，被告人罗丁赫系主动投案，并返还全部违法所得。

认定上述事实的证据，有被告人供述、证人证言、被害人陈述、身份证复印件、信用卡申请表、银行流水明细、谅解协议书等证据证实。

原审法院认为：被告人罗丁赫冒用他人信用卡，进行信用卡诈骗活动，数额巨大，其行为已构成信用卡诈骗罪。公诉机关指控的事实清楚，罪名成立。对辩护人提出，罗丁赫冒用他人身份办理信用卡使用期间，陆续返还部分钱款，截至案发前尚有人民币50,313元未返还，应按此认定犯罪数额的辩护意见，经查，罗丁赫冒用他人身份信息，骗领信用卡，实施信用卡诈骗活动，其犯罪数额应当按其使用信用卡提现、透支的本金予以认定，即人民币81,748元，故对辩护人的上述意见，不予采信。对公诉机关及辩护人认为，被告人罗丁赫系自首，具有法定的减轻处罚情节；罗丁赫已返还全部违法所得，亦具有酌定的从轻处罚情节的意见，予以采信。依照《中华人民共和国刑法》第一百九十六条第一款第（三）项、第六十七条第一款、第四十五条、第四十七条、第五十二条、第五十三条、第六十一条、第六十二条之规定，判决：被告人罗丁赫犯信用卡诈骗罪，判处有期徒刑二年六个月，并处罚金人民币八万元。

上诉人罗丁赫及其辩护人提出如下上诉理由和辩护意见：1. 原审适用法律不当，因上诉人不具有非法占有的目的，故不符合信用卡诈骗罪的犯罪构成，应改判妨害信用卡管理罪；2. 上诉人案发前已经归还了信用卡内全部剩余金额，请求法院对其从轻处罚。

吉林省吉林市人民检察院认为：原审判决认定上诉人罗丁赫主观具有非法占有目的，现有事实不清，证据不足，且认定犯罪数额不准确，建议二审法院将该案发回重审。

二审经审理查明：2017年4月16日，上诉人罗丁赫以为其开办的培训教育机构老师办理信用卡为由，利用曾在其培训机构工作过的钟伟臣留下的身份证复印件，在吉林市龙潭区交通银行铁东支行（以下简称铁东支行）填报钟伟臣个人身份信息成功申领了一张户名为钟伟臣的信用卡，卡号为××××。自2017年5月2日起，上诉人罗丁赫利用该信用卡消费、提现、使用36笔，共计款项人民币81,748元。自2017年7月3日起，上诉人罗丁赫开始陆续归还卡内款项，截至2018年3月25日，其已返还28笔，共计人民币38,947元。

2018年3月26日,钟伟臣在使用交通银行客服热线申请信用卡时被银行方面告知其名下已经存在一张交行信用卡(即涉案信用卡,卡号为××××),该卡尚有欠款未还清且存在逾期记录。钟伟臣随即与该信用卡的开户行铁东支行取得联系,铁东支行工作人员在得知真实情形后立即敦促罗丁赫归还账户欠款。3月27日,上诉人罗丁赫来到铁东支行将该卡包括利息、手续费在内的剩余欠款50,313元全部还清。3月28日,钟伟臣到公安机关报案,3月29日公安机关对本案立案侦查。同日,公安机关电话传唤上诉人罗丁赫接受调查,其于当日来到公安机关并如实供述了上述犯罪事实。

二审查明上述事实的证据与原审所采信的证据一致。

关于上诉人罗丁赫及其辩护人提出的上诉人不具有非法占有的目的,不符合信用卡诈骗罪的犯罪构成,应构成妨害信用卡管理罪的上诉理由和辩护意见以及吉林省吉林市人民检察提出的认定上诉人罗丁赫主观上具有非法占有目的的事实不清、证据不足的出庭意见,本院综合评判如下:

第一,本案中上诉人罗丁赫利用钟伟臣的身份信息办理信用卡后,自2017年5月2日起利用该信用卡消费、提现、使用36笔,共计人民币81,748元;从以上事实可知,在客观行为方面上诉人罗丁赫的确以虚假的身份证明骗领了信用卡并实际使用,符合信用卡诈骗罪客观方面的犯罪表现形式,即"使用以虚假的身份证明骗领的信用卡的"。但能否成立该罪,同时要考察行为人主观上是否具备非法占有的犯罪目的:自2017年7月3日起,上诉人罗丁赫即开始陆续归还卡内款项,截至2018年3月25日,其已返还28笔,共计人民币38,947元。同年3月27日,在钟伟臣、铁东支行发现罗丁赫的犯罪事实并与之联系后,罗丁赫能够主动来到银行将剩余款项全部偿还。以上事实能够说明上诉人罗丁赫主观上并不具备信用卡诈骗罪要求的"非法占有的犯罪目的",其并不想非法占有不属于自己的他人财物。根据犯罪构成理论,在判断行为人是否构成犯罪时应当坚持主客观相一致的原则,因此上诉人罗丁赫不构成信用卡诈骗罪。

第二,从犯罪行为侵害的客体来看,上诉人的行为也未侵害信用卡诈骗罪所保护公私财物所有权这一法益:上诉人虽以虚假的身份证明骗领了信用卡但却作为“自己的卡”而予以正常使用，其在提交信用卡的申请时虽然填报了钟伟臣的身份信息，但在申请材料上所预留的邮寄地址、联系电话以及接收电子账单邮箱均是其本人真实信息；虽然在账户明细上存在数次逾期还款记录，但上诉人在使用过程中仍然多次归还卡内欠款，银行方面也从未对其进行过催收，而是在系统上自动增加对该卡的逾期利息、违约金计算数额；开卡银行铁东支行一直以为该卡的持有人、使用人是钟伟臣，但钟伟臣本人实际上却根本没有使用过该卡也从未偿还过卡上的任何一笔账单而受有损失，因为银行一直将账单信息、使用明细等全部信息发送给上诉人罗丁赫；直至银行及钟伟臣发现上诉人的犯罪行为后，上诉人及时归还了卡内剩余全部款项，因此上诉人的上述行为并未给银行及信用卡的有关关系人的公私财物所有权造成损害，并未侵害信用卡诈骗罪所保护的公私财物所有权这一法益。但不能否认的是上诉人骗领信用卡及长达近一年时间的使用行为已经侵害了国家对有关金融票证制度即信用卡制度的管理，破坏了金融机构的信誉及金融秩序，已然侵犯了妨害信用卡管理罪所保护的法益。

第三，上诉人罗丁赫违背他人意愿，使用事先准备的他人居民身份证件，填写虚假的身份信息骗领信用卡，并实际使用该卡近一年时间，期间其虽有多次偿还行为，不能据此认定上诉人具备非法占有的犯罪目的，但因其持事先准备好的他人身份证明，成功骗领信用卡后又长时间使用，说明在认识层面：上诉人主观上明知其使用的并非本人真实身份证明而是他人身份证明骗领信用卡，其对自己行为的内容、社会意义与危害后果均有清楚地认识；在意志层面：由于上诉人事先准备犯罪工具，其系有计划地实施犯罪行为，能够看出其积极追求本罪危害后果的发生。上诉人的客观不法行为与主观罪过特征符合妨害信用卡管理罪的犯罪构成。

综上，上诉人的犯罪行为、主观罪过及侵害的法益符合妨害信用卡管理罪的犯罪构成而不构成信用卡诈骗罪。原审未能全面、充分地考察行为人的客观行为表现、主观罪过特征以及所侵害的法益种类，遽尔认定行为人的行为构成信用卡诈骗罪显有不当，本院在查明事实的基础上依法改判。上诉人及其辩护人的该项上诉理由、辩护意见及检察机关的出庭意见本院依法予以支持。

本院认为,上诉人罗丁赫使用虚假的身份证明骗领信用卡,其行为已构成妨害信用卡管理罪。上诉人罗丁赫在公安机关电话传唤到案后,能够如实供述其相关犯罪事实,系自首,可予以从轻处罚。上诉人罗丁赫骗领该信用卡后使用、消费以及在案发前全部归还的情节,本院在量刑时一并考虑。关于上诉人罗丁赫及其辩护人以及检察机关提出的罗丁赫使用信用卡后归还的数额问题,本院在二审查明事实中已经依据在案证据依法予以认定,故该项上诉理由、辩护意见及出庭意见本院依法予以支持。综上,本院在查清事实的基础上依法改判。依照《中华人民共和国刑法》第一百七十七条之一第(三)项、第六十七条第一款、第五十二条、第五十三条、《中华人民共和国刑事诉讼法》第二百三十六条第一款第(三)项之规定,判决如下:

一、撤销吉林省吉林市龙潭区人民法院(2018)吉0203刑初458号刑事判决,即被告人罗丁赫犯信用卡诈骗罪,判处有期徒刑二年六个月,并处罚金人民币八万元。

二、上诉人(原审被告人)罗丁赫犯妨害信用卡管理罪,判处拘役四个月,并处罚金人民币一万元。

(刑期自判决执行之日起计算。判决执行以前先行羁押的,羁押一日折抵刑期一日,即自2018年12月18日起至2019年4月17日止;罚金已缴纳。)

本判决为终审判决。

审　判　长　杨伟华
代理审判员　栾红英
代理审判员　周明鑫

二〇一九年三月十二日

书　记　员　邵馨瑶

【推荐意见】

根据犯罪构成理论,在判断行为人是否构成犯罪时应当坚持主客观相一致的原则,但在本案中,由于一审法院对行为人主观故意及客观构成要件要素均未能详加评判,导致得出的结论与在案的证据相互矛盾,因此二审法院在查明事实的基础上依法改判。

(1)信用卡诈骗罪与妨害信用卡管理罪的客观犯罪行为往往表现为"使用以虚假的身份证明骗领的信用卡",对于客观上相同或类似的行为如何进行此罪与彼罪的划分,就需要法官具备透过现象看到本质的能力:在主观不法层面,判断行为人是具有非法占有的目的还是仅将他人的卡作为自己的卡来使用从而妨害信用卡管理秩序的故意;在客观不法层面,需要区分行为人的行为到底是侵害了刑法需要保护的财产法益还是单纯侵害了国家对信用卡制度的管理秩序。

(2)本判决文字虽朴素、平实,但内容却丰满、深邃,充分展现了作者多年审判实践及理论研究的经验成果。最难能可贵的是,在犯罪事实的认定上,作者吸收、借鉴了国内外先进的"犯罪阶层体系概念""行为无价值与结果无价值"等最新理论成果,并成功运用在具体案件的裁判之中,充分表明吉林省刑事法官在刑法学理论的研究与创新上从未懈怠并已然走在了时代前列! 本判决的裁判思路也为今后审判实践中如何认定犯罪事实提供了方法论上的有力支撑。

一等奖

民事

白金城

吉林省高级人民法院

吉林省高级人民法院民事审判第一庭庭长、审判委员会委员，二级高级法官，吉林省第二届法官、检察官遴选委员会委员。1995 年参与编撰中国大百科全书出版社出版的《公民法律全书》;2003 年、2004 年在《审判纵横》发表《抵押权与用益物权并存的处理》《抵押权法律关系初探》《浅谈缔约过失责任的适用范围》。2015 年参与省法院农村土地承包和劳动争议两个专题调研，获得吉林省高级人民法院嘉奖。2017 年参与撰写了《吉林省高级人民法院关于审理劳动争议案件法律适用问题的解答(一)》，下发全省，指导审判实践。其撰写的(2017)吉民再 296 号民事判决书在 2018 年获得全国法院首届“百篇优秀裁判文书”，(2018)吉民再 111 号民事判决书在 2019 年荣获第二届全国法院“百篇优秀裁判文书”。2018 年、2019 年在《人民司法》发表《用人单位改变内部组织架构不属于客观情况发生重大变化》《保理商是否尽到审慎义务与承担保理合同责任无关》。

【裁判要旨】

保理合同中既包含债权转让法律关系,也包含金融借款、应收账款催收等法律关系,并非单一的债权转让,此类案件不应确定为债权转让合同纠纷。保理合同中的基础债权是否真实,属于是否能够履行合同问题,与保理合同效力无关。保理商不存在缔约过错问题,且没有违反合同约定,不能以是否尽到审慎义务而判令其承担责任。

【裁判文书】

吉林省高级人民法院
民事判决书

(2018)吉民再111号

再审申请人(一审被告、二审上诉人):中央储备粮长春直属库有限公司。住所:吉林省长春市××区××镇××村××号。

法定代表人:尉胜金,该公司总经理。

委托诉讼代理人:李国平,北京市君泽君(长春)律师事务所律师。

被申请人(一审原告、二审被上诉人):前郭县阳光村镇银行股份有限公司。住所:吉林省前郭尔罗斯蒙古族自治县××街。

法定代表人:周学声,该公司行长。

委托诉讼代理人:于雷,男,该公司员工。

委托诉讼代理人:焦鲁博,山东众成清泰(淄博)律师事务所律师。

被申请人(一审被告、二审被上诉人):松原市隆瑞祥贸易有限公司。住所:吉林省松原市××区××大街(××小区)。

法定代表人:李国峰,该公司执行董事兼总经理。

再审申请人中央储备粮长春直属库有限公司(原中央储备粮长春直属库,以下简称长春直属库)因与被申请人前郭县阳光村镇银行股份有限公司(以下简称阳光村镇银行)、松原市隆瑞祥贸易有限公司(以下简称隆瑞祥公司)合同纠纷一案,不服吉林省松原市中级人民法院(2017)吉07民终1532号民事判决,向本院申请再审。本院于2018年3月23日作出(2018)吉民申248号民事裁定,提审本案。本院依法组成合议庭,开庭审理了本案。再审申请人长春直属库委托诉讼代理人李国平、阳光村镇银行委托诉讼代理人于雷、焦鲁博到庭参加诉讼。隆瑞祥公司经传票传唤无正当理由拒不到庭参加诉讼。本案现已审理终结。

长春直属库申请再审称,(一)本案保理业务中转让的《中储粮食采购合同》项下隆瑞祥公司对长春直属库的应收账款债权并不存在,应驳回阳光村镇银行对长春直属库的诉讼请求。(二)阳光村镇银行不应当向长春直属库主张合同之债,即使主张侵权责任之债,但由于阳光村镇银行自身存在重大过错,也由于长春直属库并不是有意编造虚构债权,所以应当由阳光村镇银行承担全部责任。1. 阳光村镇银行没有按照保理业务的规范和惯例要求进行尽职调查,没有对申请客户的资信状况及交易的真实性进行从严审查和审慎地核实,存在重大过错。2. 长春直属库与隆瑞祥公司签订《中储粮食采购合同》是受到欺诈所致,就此公安机关已经进行了刑事立案。长春直属库出具发票收妥确认函等文件时,没有识破卢某的骗局,并不是有意地编造虚构债权,也没有证据证明长春直属库与隆瑞祥公司(卢某)存在共同故意,因此不应由长春直属库承担侵权责任。(三)在诉讼之前,长春直属库向阳光村镇银行支付的610万元不应算作隆瑞祥公司归还的借款,应为长春直属库对阳光村镇银行的预赔偿款。即使判决长春直属库承担责任,也应当在重新核定阳光村镇银行的损失基础上,根据过错改判各方当事人承担相应责任。(四)由于《国内保理业务合同》被认定为无效,就不应按照其约定的利息及罚息标准来计算阳光村镇银行的利息损失,可按照人民银行同期同类存款利率计算的利息作为损失予以改判。即使按照合同约定的利息及罚息计算损失,一审、二审判决确定的计息方式也存在错误。应当按照月利11.6‰计算到借款合同期满,之后再按月利率上浮50%计算利息及罚息。请求再审本案并改判驳回阳光村镇银行对长春直属库的诉讼请求。

阳光村镇银行辩称,(一)长春直属库在涉案保理业务办理过程中,在没有收到货物的情况下,向阳光村镇银行出具了《发票收妥确认函》,确认其已收到货物及发票,同时在《应收账款转让通知书》中确认债权真实存在并承诺向阳光村镇银行支付上述货款。该行为属于欺诈,应当承担赔偿责任。(二)阳光村镇银行在办理涉案保理业务时,已经严格按照融资程序进行审查、放款,同时向长春直属库与隆瑞祥公司之间基于《中储粮粮食采购合同》所产生的20,092,280.00元应收账款的真实性进行了调查核实,履行了审慎审查义务,并无过错行为。(三)本案利息计算确实存在错误,经法庭确认后,同意返还。

隆瑞祥公司未参加庭审活动,也未提交答辩意见。

阳光村镇银行向一审法院起诉请求:1.长春直属库支付给阳光村镇银行欠款共计795,130.08元,并自2014年8月5日起按月利率11.6‰给付利息,自2015年1月4日起按月利率上浮50%计算罚息;2.隆瑞祥公司在500万元融资本金范围内对长春直属库的795,130.08元应收账款承担回购责任;3.长春直属库及隆瑞祥公司负担诉讼费用。一审法院认定事实:2014年7月12日,长春直属库与隆瑞祥公司签订《中储粮粮食采购合同》,约定长春直属库向隆瑞祥公司采购2013年产水稻,合同价款为20,092,800.00元,同时约定长春直属库在收到隆瑞祥公司开具的增值税专用发票后,六个月内支付货款给隆瑞祥公司。2014年7月22日,长春直属库向隆瑞祥公司出具《发票收妥确认函》,确认函中注明长春直属库收到隆瑞祥公司价值20,092,800.00元货物,货款未付,且确认收到编号为001155536、00155538~00155558号发票共21张。2014年7月25日,阳光村镇银行与隆瑞祥公司签订《国内保理业务合同》,约定由阳光村镇银行向隆瑞祥公司提供保理融资500万元,融资额以应收账款20,092,800.00元为基础,融资比例为24.89%,该保理业务为有追索权的明保理业务。同时约定借款利率为月利率11.6‰,隆瑞祥公司逾期还款从逾期日按执行利率基础上浮50%计收罚息。2014年7月25日,阳光村镇银行依据该《国内保理业务合同》向隆瑞祥公司放款500万元。2014年7月25日,阳光村镇银行与长春直属库、隆瑞祥公司签订《应收账款转让通知书》,确认隆瑞祥公司已将其对长春直属库的20,092,800.00元应收账款转让给阳光村镇银行的事实通知长春直属库,长春直属库承诺按照《应收账款转让通知书》内容向阳光村镇银行支付债权下的所有款项。截止至起诉之日,阳光村镇银行尚有本金795,130.08元未得到清偿,经阳光村镇银行向长春直属库、隆瑞祥公司索要未果,形成本案诉讼。一审法院另查明:隆瑞祥公司由吉林市万隆粮食有限公司独资设立,李国峰为隆瑞祥公司执行董事兼经理,系法定代表人,卢某为公司监事。卢某系吉林市万隆粮食有限公司法定代表人。因长春直属库控告卢某及阳光村镇银行涉嫌诈骗,2015年10月26日吉林市公安局对案外人卢某涉嫌诈骗予以立案,未对阳光村镇银行以涉嫌犯罪立案。长春直属库实际上至今未收到隆瑞祥公司上述水稻。一审法院判决:(一)合同编号为30002140725122678号的《国内保理业务合同》无效;(二)隆瑞祥公司于本判决生效后十日内返还阳光村镇银行贷款795,130.08元及赔偿相应利息、罚息(利息按月利率11.6‰自2014年8月5日起计算至实际给付之日,罚息按月利率11.6‰上浮50%自2015年1月4日起计算至实际给付之日);(三)对上述第二项隆瑞祥公司不能清偿的部分,长春直属库承担赔偿责任。案件受理费46,800.00元由长春直属库、隆瑞祥公司负担。

长春直属库不服一审判决,上诉请求:1. 撤销吉林省前郭尔罗斯蒙古族自治县人民法院(2016)吉0721民初5573民事判决主文第三项,判令长春直属库不承担赔偿责任;2. 判令一、二审诉讼费由阳光村镇银行、隆瑞祥公司负担。二审法院认定的事实与一审法院相同。二审法院认为,1. 关于一审法院是否存在程序违法问题。一审中,阳光村镇银行依据《国内保理业务合同》以及《债权转让通知书》要求长春直属库承当相应责任。根据《中华人民共和国合同法》第八条关于"依法成立的合同,对当事人具有法律约束力。当事人应当按照约定履行自己的义务,不得擅自变更或者解除合同。依法成立的合同,受法律保护"以及第四十四条关于"依法成立的合同,自成立时生效"的规定,依法成立并发生法律效力的合同对双方当事人具有约束力。适用以上法律规则的逻辑前提为合同依法成立并发生法律效力。一审法院审查合同是否成立、有效,进而确定各方权利义务如何履行正确,长春直属库该部分上诉请求不成立。2. 关于《国内保理业务合同》是否有效问题。本案争议的保理合同的法律关系是一个动态的法律关系,是各方当事人在签订合同过程中一系列法律行为引起权利义务变化的总称,并非一个静态的法律事件。在隆瑞祥公司与长春直属库之间并未存在真正的买卖合同关系且长春直属库与隆瑞祥公司之间并不存在有效债权债务的情况下,以此为基础而签订的《国内保理业务合同》因失去事实基础而被一审法院认定无效正确。3. 关于长春直属库是否应该承担赔偿责任问题。根据一审查明以及长春直属库的上诉理由,可以确认长春直属库自始至终并未收到隆瑞祥公司的货物,双方也不存在有效的债权债务。但是隆瑞祥公司 2014 年 7 月 22 日出具的发票确认函却明确标注已经收到了货物且货款未付,并且在 2014 年 7 月 25 日收到阳光村镇银行《应收账款转让通知书》时承诺支付债权下的所有款项。以上行为明显属编造事实,违背了诚实信用原则,根据《中华人民共和国合同法》第四十二条规定,隆瑞祥公司应该对于阳光村镇银行的损失承担赔偿责任。4. 关于阳光村镇银行在保理合同法律关系中是否存在过错问题。经审查,在合同磋商以及订立过程中,阳光村镇银行已经履行了相应的审慎义务,根据《中华人民共和国民事诉讼法》第六十五条关于"当事人对自己提出的主张应当及时提供证据"的规定,长春直属库主张阳光村镇银行存在明显的过错应该提供相应的证据予以证明。而一审、二审期间,长春直属库并未就阳光村镇银行是否存在过程提供任何证据予以证明,故根据《最高人民法院关于适用〈中华人民共和国民事诉讼法〉的解释》第九十条关于"当事人对于自己提出的诉讼请求或者反驳对方提出的诉讼请求所依据的事实,应当提供证据加以证明,但法律另有规定的除外。在判决作出前当事人未能提供证据或者证据不足以证明其事实主张,由负有举证证明责任的当事人承担不利的后果"的规定,在没有有效证据证明阳光村镇银行存在过错的情况下,该部分上诉理由不成立。本案争议的《国内保理业务合同》并未发生法律效力,故一审法院依据该事实确认各方法律责任进而适用《中华人民共和国合同法》第四十五条、第五十八条正确。二审法院判决:驳回上诉,维持原判。二审案件受理费由长春直属库负担。

本院再审审理查明:2014 年 7 月 12 日,长春直属库与隆瑞祥公司签订《中储粮粮食采购合同》一份。约定长春直属库向隆瑞祥公司采购 2013 年产水稻,合同总价款为20,092,800.00元,同时约定长春直属库在收到隆瑞祥公司开具的增值税专用发票后,六个月内支付货款给隆瑞祥公司。

2014年7月25日,长春直属库向隆瑞祥公司出具一份《发票收妥确认函》。确认函中载明:"本公司于2014年7月22日至2014年7月22日共计收到贵公司销售的货物价值2,009.28万元,我公司尚未付款。现本公司收到如下发票……"下面附表格,表格内列明编号为001155536、00155538~00155556、00155558号发票共21张,发票总金额为20,092,800.00元。

同日,阳光村镇银行与隆瑞祥公司签订《国内保理业务合同》一份(合同编号:30002140725122678)。约定由阳光村镇银行向隆瑞祥公司提供保理融资500万元,融资额以应收账款20,092,800.00元为基础,融资比例为24.89%,该保理业务为有追索权的明保理业务。也在同一天,隆瑞祥公司与阳光村镇银行签订《流动资金借款合同》(合同编号:30002140725122678)一份。约定隆瑞祥公司向阳光村镇银行借款500万元,借款期限为自2014年7月25日起至2014年12月24日止。借款利率为月利率11.6‰,"贷款人对逾期借款从逾期之日起在本合同约定的借款执行利率基础上上浮百分之伍拾(大写)计收罚息,直至本息清偿为止。"阳光村镇银行在《流动资金借款合同》签订当日,向隆瑞祥公司发放了贷款500万元。

还是同一天,隆瑞祥公司向长春直属库发出了一份加盖其公章的《应收账款转让通知书》,将隆瑞祥公司与阳光村镇银行签订30002140725122678号《国内保理业务合同》和把其在长春直属库总计20,092,800.00元应收账款及该部分应收账款所享有的权利转让给阳光村镇银行的事实通知给了长春直属库。长春直属库和阳光村镇银行均在该《应收账款转让通知书》上加盖了公章。截止至起诉之日,阳光村镇银行尚有本金795,130.08元及相应利息、罚息未得到清偿,经阳光村镇银行向长春直属库、隆瑞祥公司索要未果,形成本案诉讼。

隆瑞祥公司由吉林市万隆粮食有限公司独资设立。李国峰为隆瑞祥公司执行董事兼经理,系法定代表人,卢某为公司监事。卢某系吉林市万隆粮食有限公司法定代表人。因长春直属库控告卢某、阳光村镇银行涉嫌诈骗,吉林市公安局于2015年10月26日受案,并于2015年11月2日对卢某涉嫌合同诈骗案予以立案侦查,未对阳光村镇银行进行立案侦查。

本案再审申请人原名称为"中央储备粮长春直属库",现经工商行政管理局批准,已经更名为"中央储备粮长春直属库有限公司"。

在再审开庭审理过程中,阳光村镇银行承认一审、二审判决在利息及罚息的表述上存在错误,罚息中不应该包括正常利息,应为50%的正常利息。

本院再审认为,本案的争议焦点为:(一)长春直属库对阳光村镇银行在隆瑞祥公司处的贷款损失是否应当承担赔偿责任。(二)原审判决对于本案所涉利息、罚息表述是否存在错误。

在评析双方争议焦点之前,考虑到民事案件的案由是民事案件法律关系性质的集中体现,是对诉讼争议所包含法律关系的准确概括,正确确定民事案件的案由能够更加准确地适用相关法律,更加有针对性解决当事人的纠纷,所以应当首先对一、二审法院确定的本案案由所存在的问题进行一下说明和论证。保理合同在《中华人民共和国合同法》中并没有相关规定,属于无名合同,在最高人民法院《民事案件案由规定》中也没有规定"保理合同纠纷"这一案由。中国银监会于2014年4月10日公布实施的《商业银行保理业务管理暂行办法》第六条规定:"本办法所称保理业务是以债权人转让其应收账款为前提,集应收账款催收、管理、坏账担保及融资于一体的综合性金融服务。债权人将其应收账款转让给商业银行,由商业银行向其提供下列服务中至少一项的,即为保理业务:(一)应收账款催收:商业银行根据应收账款账期,主动或应债权人要求,采取电话、函件、上门等方式或运用法律手段等对债务人进行催收。(二)应收账款管理:商业银行根据债权人的要求,定期或不定期向其提供关于应收账款的回收情况、逾期账款情况、对账单等财务和统计报表,协助其进行应收账款管理。(三)坏账担保:商业银行与债权人签订保理协议后,为债务人核定信用额度,并在核准额度内,对债权人无商业纠纷的应收账款,提供约定的付款担保。(四)保理融资:以应收账款合法、有效转让为前提的银行融资服务。以应收账款为质押的贷款,不属于保理业务范围。"本案《国内保理业务合同》包含以下基本事实:隆瑞祥公司将其在长春直属库销售粮食所得应收账款转让给阳光村镇银行，阳光村镇银行向隆瑞祥公司提供500万元的保理融资款，阳光村镇银行不承担长春直属库信用风险担保。该《国内保理业务合同》同时包含了债权转让、金融借款、应收账款催收等多种法律关系，是同时包含多个有名合同和无名合同关系的混合合同，并非单一的债权转让合同，故案由应当确定为合同纠纷。原审确定本案为债权转让合同纠纷是只看到了保理合同中债权转让的单方面特征，对于保理合同的以商品销售为基础、以提供融资服务为合同目的的其他属性没有全面涵盖，应予纠正。

针对当事人的争议焦点，评判如下：

（一）关于长春直属库对阳光村镇银行在隆瑞祥公司处的贷款损失是否应当承担赔偿责任问题

1. 关于合同效力问题。《中华人民共和国合同法》第一百二十四条规定："本法分则或者其他法律没有明文规定的合同，适用本法总则的规定，并可以参照本法分则或者其他法律最相类似的规定。"因此，判断本案《国内保理业务合同》的效力以及确定当事人的权利义务，可以直接适用《中华人民共和国合同法》总则的相关规定。《中华人民共和国合同法》第五十二条规定："有下列情形之一的，合同无效：（一）一方以欺诈、胁迫的手段订立合同，损害国家利益；（二）恶意串通，损害国家、集体或者第三人利益；（三）以合法形式掩盖非法目的；（四）损害社会公共利益；（五）违反法律、行政法规的强制性规定。"《最高人民法院关于适用〈中华人民共和国合同法〉若干问题的解释（一）》第四条规定："合同法实施以后，人民法院确认合同无效，应当以全国人大及其常委会制定的法律和国务院制定的行政法规为依据，不得以地方性法规、行政规章为依据。"本案中，长春直属库与隆瑞祥公司于2014年7月12日签订的《中储粮粮食采购合同》、阳光村镇银行与隆瑞祥公司于2014年7月25日签订的《国内保理业务合同》和《流动资金借款合同》并不存在上述法律规定的合同无效的情形，中国银监会下发的《商业银行保理业务管理暂行办法》和《村镇银行管理暂行规定》及相关监管文件不属于法律法规，而是部门或行业规章制度，故上述合同均合法有效。至于长春直属库与隆瑞祥公司之间是否进行了真实交易，是合同履行过程中发生的事实，该事实只能是确认双方是否违约的基础，并不能对《中储粮粮食采购合同》的效力产生任何影响。至于基础债权是否真实，是否会导致保理合同履行不能，也同样属于合同履行及是否构成违约问题，与合同效力无关。原审法院以阳光村镇银行、隆瑞祥公司、长春直属库之间成立保理合同法律关系的基础债权并不存在为由，认定阳光村镇银行与隆瑞祥公司签订的保理合同无效，适用法律错误，本院予以纠正。

2. 关于长春直属库是否应当承担偿还本息责任问题。本案阳光村镇银行与隆瑞祥公司签订的《保理业务合同》是以隆瑞祥公司转让其在长春直属库的债权为基础的一种金融服务合同，该合同的订立以隆瑞祥公司在长春直属库有到期债权并将该债权转让给阳光村镇银行为前提，所以在隆瑞祥公司与阳光村镇银行签订《保理业务合同》，向长春直属库发出的《应收账款转让通知书》，并得到了长春直属库盖章确认后，阳光村镇银行即取得了应收账款的相关权益。在该笔保理业务中，存在三个法律关系：一是长春直属库与隆瑞祥公司之间因订立《中储粮食采购合同》而形成的买卖合同法律关系；二是阳光村镇银行与隆瑞祥公司基于《国内保理业务合同》和《流动资金借款合同》而产生的借款合同法律关系；三是阳光村镇银行与长春直属库基于《应收账款转让通知书》和《国内保理业务合同》而形成的买卖合同债权转让法律关系。在这三个法律关系中，隆瑞祥公司将其对长春直属库的债权转让给阳光村镇银行，表象目的在于清偿保理借款本息，真实目的在于能够获取阳光村镇银行的贷款支持。阳光村镇银行之所以能够将贷款发放给隆瑞祥公司，也是基于隆瑞祥公司已经将对长春直属库的应收账款进行了转让，并得到了长春直属库的确认。长春直属库在收到隆瑞祥公司向其发出的《应收账款转让通知书》后，阳光村镇银行与隆瑞祥公司签订的《国内保理业务合同》即对其产生约束力。所以阳光村镇银行在与隆瑞祥公司签订《流动资金借款合同》并向其发放贷款后，有权基于《国内保理业务合同》向长春直属库主张偿还借款本息的权利。长春直属库提出其与隆瑞祥公司签订《粮食采购合同》后并没有实际履行，《国内保理业务合同》中的基础债权不存在，但其在本案一、二审中均未提供充分证据加以证明。并且，《粮食采购合同》《发票收妥确认函》《应收账款转让通知书》上均加盖了长春直属库的公章，作为保理商阳光村镇银行有理由相信案涉应收账款真实存在，故长春直属库应当在其确认的应收账款金额范围内，向阳光村镇银行履行偿还隆瑞祥公司保理融资款本息的责任。

3. 关于阳光村镇银行是否应当承担相应责任问题。首先，阳光村镇银行提起本案的诉讼请求依据的是《国内保理业务合同》和《应收账款转让通知书》，要求长春直属库和隆瑞祥公司支付相关欠款，实际上是要求长春直属库和隆瑞祥公司继续履行合同义务，其主张的是合同之诉，并非侵权之诉。所以本案不能审理当事人在合同履行过程中的过错责任问题，只能在查明事实的基础上确认当事人的违约责任或者缔约过错责任。如前所述，本案诉涉《国内保理业务合同》合法有效，不存在缔约过错问题，所以对于长春直属库关于阳光村镇银行因其在订立合同时未尽审慎义务存在过错应当承担相应责任的主张，本院无法支持。其次，在阳光村镇银行与隆瑞祥公司签订的《国内保理业务合同》中，对于阳光村镇银行应当审查以及如何审查应收账款的真实性、合法性问题并没有进行约定，即阳光村镇银行没有审查隆瑞祥公司用以转让的应收账款真实性、合法性的约定义务，所以不存在阳光村镇银行在履行合同过程中有相关违约行为，并因此应当承担相应违约责任问题。最后，长春直属库提及阳光村镇银行违反了中国银监会下发的《商业银行保理业务管理暂行办法》和《村镇银行管理暂行规定》及相关监管文件在对外发放贷款和借款使用监管方面的诸多义务，但这些相关规定均旨在引导金融机构能够更好地控制经营风险，减少在提供贷款或其他金融服务过程中的商业利益损失。其作为银行业内部的管理性规定，并不产生域外效力，也不能因此而产生域外责任。本案阳光村镇银行如有违反上述规定，在行业内部可能会受到行业监管部门的相应处罚，但在行业之外，只能以其不能足额收回融资贷款的商业风险来承担其相关违规责任，别无其他，更不能由此产生相关的合同责任。所以，长春直属库关于阳光村镇银行应当因未尽审慎审查义务、违法发放贷款而承担相应责任的主张，没有事实和法律依据，本院不予支持。

（二）关于原审判决对于本案所涉利息、罚息表述是否存在错误问题

在阳光村镇银行与隆瑞祥公司签订的《流动资金借款合同》第 10.1 条约

定："借款人未按本合同约定期限归还借款本金的，借款人对逾期借款从逾期之日起在本合同约定的借款执行利率基础上上浮百分之伍拾（大写）计收罚息，直至本息清偿为止……"本案一审判决第二项表述为："松原市隆瑞祥贸易有限公司于本判决生效后十日内返还前郭县阳光村镇银行股份有限公司贷款795，130.08元及赔偿相应利息、罚息（利息按月利率11.6‰自2014年8月5日起计算至实际给付之日，罚息按月利率11.6‰上浮50%自2015年1月4日起计算至实际给付之日）。"依据该判决内容，一审法院实际执行罚息的计算方法为：以795，130.08元为本金，以17.4%（11.6% ×150%）为利率，从2015年1月4日开始计算至实际扣划款项之日止。对此，本院向阳光村镇银行进行了询问，阳光村镇银行承认原审判决内容与双方约定的罚息计算标准不符，对于前述第10.1条约定的理解应当为：罚息不应包括正常利息，仅应为正常利息的50%，故本院对长春直属库关于原审判决确定的计息方式错误的主张予以支持。

另外，本院在审理过程中注意到原审判决存在以下几个问题：（一）民事判决的主文部分是人民法院针对当事人的诉求而作出的支持或者不支持的明确回应。本案阳光村镇银行在2017年4月17日开庭审理时明确其诉讼请求为：1.长春直属库支付给阳光村镇银行欠款共计795，130.08元，并自2014年8月5日起按月利率11.6‰给付利息，自2015年1月4日起按月利率上浮50%计算罚息；2.隆瑞祥公司在500万元融资本金范围内对长春直属库的795，130.08元应收账款承担回购责任；3.长春直属库及隆瑞祥公司负担诉讼费用。其中并不包括要求确认涉案《国内保理业务合同》的效力问题，所以一审法院在判决主文中的第一项确定"合同编号为30002140725122678号的《国内保理业务合同》无效"，属于超过当事人的诉讼请求范围进行判决，存在不当。（二）涉案《国内保理业务合同》约定，隆瑞祥公司将其在长春直属库销售粮食所得应收账款转让给阳光村镇银行，长春直属库在《应收账款转让通知书》上加盖了公章予以确认，故相应的债权转让行为对长春直属库发生法律效力，阳光村镇银行通过诉讼方式请求长春直属库支付其银行欠款795，130.08元及相关利息、罚息的主张成立。一审法院判决由隆瑞祥公司直接偿还借款本金并赔偿相应利息、罚息及长春直属库对隆瑞祥公司不能清偿的部分承担赔偿责任，判项顺序存在错误，内容存在瑕疵。但鉴于阳光村镇银行并未提出上诉，也未申请再审，且一审判决结果对阳光村镇银行实体权利没有造成不利影响，故本院对一审该判决结论予以维持。（三）阳光村镇银行诉讼请求隆瑞祥公司在500万元融资本金范围内对长春直属库的795,130.08元的应收账款承担回购责任，但并没有提供相关证据加以证明，双方签订的《国内保理业务合同》对此也没有进行约定，故一审法院对阳光村镇银行的该项主张未予支持，并无不当，但在判决主文中没有体现，应予纠正。

综上所述，一、二审判决认定事实不清，适用法律错误。依照《中华人民共和国民事诉讼法》第一百七十条第一款第二项、第二百零七条第一款的规定，判决如下：

一、撤销吉林省松原市中级人民法院（2017）吉07民终1532号民事判决；

二、撤销吉林省前郭尔罗斯蒙古族自治县人民法院（2016）吉0721民初5573民事判决第一项；

三、变更吉林省前郭尔罗斯蒙古族自治县人民法院（2016）吉0721民初5573民事判决第二项为松原市隆瑞祥贸易有限公司于本判决生效后十日内偿还前郭县阳光村镇银行股份有限公司贷款795,130.08元及赔偿相应利息、罚息[利息按月利率11.6‰自2014年8月5日起计算至实际给付之日，罚息按月利率5.8‰（11.6‰×50%）自2015年1月4日起计算至实际给付之日]；

四、变更吉林省前郭尔罗斯蒙古族自治县人民法院（2016）吉0721民初5573民事判决第三项为对松原市隆瑞祥贸易有限公司不能清偿的部分，由中央储备粮长春直属库有限公司承担赔偿责任；

五、驳回前郭县阳光村镇银行股份有限公司的其他诉讼请求。

如果未按本判决指定的期间履行给付金钱义务，应当依照《中华人民共和国民事诉讼法》第二百五十三条规定，加倍支付迟延履行期间的债务利息。

二审案件受理费46,800.00元，由中央储备粮长春直属库有限公司负担。

本判决为终审判决。

审　判　长　白金城
审　判　员　林丽艳
代理审判员　李　丽

二〇一八年八月二十九日

书　记　员　于　水

【推荐意见】

1. 保理合同同时包含了债权转让、金融借款、应收账款催收等多种法律关系，本判决结合案情厘清各个法律关系，认定本案并非单一的债权转让合同，进而确定本案案由为合同纠纷，具有一定的指导意义。

2. 保理合同当事人之间是否进行了真实交易是合同履行的事实，并不决定合同效力，原审法院以当事人之间成立保理合同法律关系的基础债权并不存在为由，认定保理合同无效，适用法律错误，本判决对此进行了纠正。

3. 本判决对金融机构因违反银监会的规定及相关监管文件而未尽审慎审查义务，只应承担不能足额收回贷款的商业风险进行了比较充分的论述，进一步确定了金融机构违规放贷不产生域外责任。

4. 本判决对生效裁判存在的诸多瑕疵问题进行了指出或纠正。一是原告诉讼请求不包括要求确认合同效力，但在判决主文中却作出了合同无效的判项；二是原告请求判令被告对应收账款承担回购责任，但判决主文中却没有体现；三是原告基于债权转让的事实要求债务受让方承担还款责任，而生效判决却判令原债务人偿还借款本息，判决结果存在错误。

综上，本判决叙述事实清楚明了，说理论述充分透彻，语言表述准确精练，结构紧凑，逻辑性强，最终得出了更符合保理合同法律特征的裁判结果。

张云江

吉林市中级人民法院

先后任舒兰县人民法院书记员、助理审判员、政工科副科长、朝阳法庭副庭长、朝阳法庭庭长、审判监督庭庭长、立案庭庭长，1999 年 3 月调舒兰市信访办任副主任，2005 年 7 月至 2006 年 4 月任舒兰市人民政府法制办公室副主任（主持工作），2006 年 4 月至今任吉林市中级人民法院副院长，三级高级法官。

【裁判要旨】

1. 夫妻二人于离婚时对夫妻财产的分割达成协议，后对该协议约定的财产内容产生争议，系对夫妻财产协议本身有争议，因此案由应当确定为夫妻财产约定纠纷。

2. 夫妻财产分割协议中约定一切财产归一方，在没有充分证据证明双方在协商处理财产时包含了夫或妻个人财产的情况下，应认定协议中所称一切财产所指向的是夫妻共同财产。

3.《最高人民法院关于适用〈中华人民共和国婚姻法〉若干问题的解释（三）》是对婚姻法的释明，其施行时间本应与被解释的婚姻法同步，而婚姻法已先于该司法解释生效，故该司法解释适用于尚未审结的一、二审婚姻纠纷案件。

【裁判文书】

吉林省吉林市中级人民法院
民事判决书

（2018）吉02民再13号

抗诉机关：吉林省人民检察院。

申诉人（一审原告、二审上诉人）：于某，女，1978年11月29日出生，汉族，住吉林省吉林市丰满区长江街××号楼×单元×层××号。

被申诉人（一审被告、二审被上诉人）：李某1，男，1972年2月24日出生，汉族，住吉林省吉林市丰满区朝阳花园××号楼×单元×楼右门。

申诉人于某因与被申诉人李某1夫妻财产约定纠纷一案，不服本院（2016）吉02民终403号民事判决，向吉林省人民检察院申诉。吉林省人民检察院作出吉检民（行）复查［2017］22000000041号民事抗诉书，向吉林省高级人民法院提出抗诉。吉林省高级人民法院作出（2018）吉民抗8号民事裁定，指令本院再审本案。本院依法另行组成合议庭，开庭审理了本案。吉林市人民检察院指派检察员傅婷出庭。申诉人于某、被申诉人李某1到庭参加诉讼。本案现已审理终结。

吉林省人民检察院抗诉认为,本案争议焦点为:1. 位于吉林市丰满区长江街××号楼×单元×层××号房屋(以下简称讼争房屋)是否为于某与李某1夫妻共同财产,2003年12月31日及2008年11月28日于某与李某1协议离婚时约定"一切财产归于某"是否包含讼争房屋;2. 本案是否适用《最高人民法院关于适用〈中华人民共和国婚姻法〉若干问题的解释(三)》(以下简称婚姻法解释三)第七条第一款的规定。(一)讼争房屋应为于某与李某1共有财产。2003年和2008年于某与李某1签订离婚协议时,婚姻法解释三还没有出台,该解释是2011年8月9日公布并于同年8月13日起才施行的。而于某与李某1分别于2003年和2008年签订有效的离婚协议书,约定儿子李某2归于某抚养,李某1给付抚养费,一切财产归于某,以及李某1于2007年4月5日为于某出具的"李某1净身出户"的书面《说明》,应该包括该争议房屋。对此,机械地认为"本案所涉登记在李某1名下的房屋是在于某与李某1登记结婚后购买的,出资人为李某1的父亲,就认定该房屋为李某1的个人财产"显属不当。况且婚姻法解释三已经释明,该司法解释自2011年8月13日起施行。这就已经明确该司法解释不溯及既往。虽然该司法解释第十九条规定:"本解释施行后,最高人民法院此前作出的相关司法解释与本解释相抵触的,以本解释为准",但该条规定只是法律规范发生冲突时如何适用法律规定的"规则"的规定,并非溯及力的规定。(二)讼争房屋系"房改房"性质,依据国家和当地对购买和分配"房改房"的政策要求和具体规定,必须先经审核批准有权购买,然后才能出资购买。依据《国务院关于深化城镇住房制度改革的决定》(国发[1994]43号)第十八条规定精神,职工按成本价或标准价购买公有住房,每个家庭只能享受一次,购房的数量必须严格按照国家和各级人民政府规定的分配住房的控制标准执行。具体本案,依据吉林市住房制度改革办公室1999年12月20日出具的《职工购买公有住房申请审批书》和吉林市市政建设总公司于1999年7月2日出具的《关于集资兴建兴隆小区丙栋楼的报告》,以及证人王庆和、王立群、唐志英出具的证言,证明三个事实:一是李某1

所购房屋位于丰满区长江街××号楼×单元×层××号,系与于某争议的房屋。二是有关李某1购买该房屋所在的××小区×栋楼的分配原则及所购房性质:经职工个人申请,由总公司组织专项调查,报集资建房领导小组审议决定;以公司男性已婚固定职工中的无房户和拥挤户为主;不属于福利分房,是所在单位职工按成本价购房,亦即"房改房"。三是讼争房屋系李某1以婚后无房名义申请购买,经所在单位吉林市市政建设总公司审查,因李某1符合婚后无房条件才被批准购买该房屋。讼争房屋有权购买人为李某1与于某。李某1父亲的出资如不能认定为对李某1与于某双方的赠与,则应认定为债权。(三)本案应直接适用婚姻法的规定。本案并非一般意义上的婚姻家族纠纷,系于某与李某1已经离婚后的对财产约定产生的纠纷。依据《中华人民共和国婚姻法》第十八条第三项规定,遗嘱或者赠与合同中只确定归夫或妻一方的财产为夫妻一方的财产。而本案即便认定讼争房屋为李某1父亲出资购买的财产,在该房屋争议及诉讼发生前,亦无充分证据表明李某1的父亲在其遗嘱或者赠与合同中明确只将该争议房屋赠与了李某1,因而并非李某1个人财产。结合李某1所购房屋系"房改房"的性质及规定,该争议房屋应为李某1与于某共同申请购买的共同财产。而根据于某与李某1二人签订的两次离婚协议及婚姻法的基本精神,该争议房屋应归属于某。综上,原判决认定基本事实缺乏证据证明,适用法律确有错误。

于某述称,原判决证据不足,适用法律错误。讼争房屋于2003年就已经约定成就,是依据当时婚姻法的规定生效的。2011年婚姻法解释三当时没有出台,第七条的规定没有溯及力。争议房屋的性质是单位的房改房,具有特定性,不由出资决定产权。

李某1辩称,关于单位说的房改房,其实是集资房。讼争房屋是李某1父母出资。证人王庆和是于某的亲属,王庆和与王立群有利益关系。李某1父亲不是1999年退休,而是2001年退休。单位有文件是集资房。吉林市人民检察院已经作出不支持监督决定书。李某1已经将共同财产全部交给了于某,讼争房屋不是夫妻共同财产,不包括在内。本案已经超过了诉讼时效。

于某向一审法院起诉请求:1.判令李某1将讼争房屋登记所有权人变更

为于某;2. 李某1配合办理更名过户手续。事实与理由:于某、李某1经人介绍相识,于1999年5月登记结婚。2001年7月11日,生育一子。2001年7月,共同购买了讼争房屋。2008年11月28日,于某、李某1协议离婚,双方约定"一切财产归女方"。离婚后,于某多次要求李某1配合将讼争房屋更名过户,李某1拒绝配合。

李某1一审辩称,李某1与于某于1999年5月21日登记结婚,婚生子李某2于2001年7月11日出生。2003年12月31日协议离婚,2007年2月13日复婚,2008年11月28日再次离婚。讼争房屋是李某1父亲所在吉林市市政建设总公司的集资房。李某1父亲在该公司工作多年,是市劳动模范,该公司为了照顾李某1父亲,给了他这个待遇。房款是李某1父亲出的。在交款前,李某1与父母签订了协议,约定讼争房屋归父母所有,李某1只有居住权,父母去世后讼争房屋才归李某1所有。李某1、于某是暂住在讼争房屋内,没有权利处分讼争房屋。离婚协议中的"一切财产"不包括讼争房屋。请求驳回于某诉讼请求。

一审法院认定事实:于某与李某1于1999年5月登记结婚。1999年6月14日,李某1父亲出资购买了吉林市市政建设总公司集资兴建的坐落于丰满区长江街××号楼×单元×层××号房屋。2000年于某与李某1举行了婚礼,婚后二人一直在该房屋居住。2001年7月11日,婚生子李某2出生。2001年7月24日下发房证,讼争房屋登记所有人为李某1。2003年12月31日,于某与李某1协议离婚,约定婚生子由于某抚养,李某1给付抚养费,一切财产归于某。离婚后,二人与婚生子仍在讼争房屋共同生活。2007年2月17日,二人复婚,2008年11月28日,再次协议离婚,约定婚生子由于某抚养,李某1给付抚养费,一切财产归于某,债务由李某1负担。再次离婚后,二人仍在讼争房屋共同生活了两年左右。现讼争房屋被于某出租,讼争房屋的房证一直由于某保管。2014年李某1登报挂失重新办理了房证。2015年李某1办理了房屋抵押借款手续。

一审法院认为,《中华人民共和国婚姻法》第三十九条第一款规定:"离婚时,夫妻的共同财产由双方协议处理;协议不成时,由人民法院根据财产的具体情况,照顾子女和女方权益的原则判决。”法律已明确规定,离婚时处理的财产应为夫妻共同财产,故于某、李某1在离婚协议书上约定的“一切财产”应指夫妻共同财产。婚姻法解释三第七条第一款规定:“婚后由一方父母出资为子女购买的不动产,产权登记在出资人子女名下的,可按照婚姻法第十八条第三项的规定,视为只对自己子女一方的赠与,该不动产应认定为夫妻一方的个人财产。”本案讼争登记在李某1名下的房屋,是在于某、李某1登记结婚后购买的,出资人为李某1的父亲,因于某、李某1均未举证证实双方对讼争房屋另有约定,故应认定讼争房屋为李某1的个人财产。因讼争房屋是李某1的个人财产,不在夫妻共同财产范围内,且在离婚协议书上亦未有关于讼争房屋的相关约定,故于某无权依据离婚协议主张讼争房屋归其所有,对于某的诉讼请求无法支持。依照《中华人民共和国婚姻法》第十七条、第十八条,《最高人民法院关于适用〈中华人民共和国婚姻法〉若干问题的解释(三)》第七条,《最高人民法院关于适用〈中华人民共和国民事诉讼法〉的解释》第九十条之规定,作出判决。

一审法院判决:驳回于某的诉讼请求。一审案件受理费4750元,由于某负担。

于某不服一审判决,上诉请求:撤销一审判决,依法确认2003年12月31日双方签订的离婚财产分割协议有效,认定于某为讼争房屋所有权人,李某1协助于某办理房屋产权过户手续。事实与理由:2003年12月31日,于某与李某1协议离婚时对夫妻共同财产的分配协议已经生效并实际履行完毕。2008年11月28日双方再次离婚时,讼争房屋已经是于某的婚前个人财产。本案系确认合同效力且要求李某1履行合同义务之诉,一审法院以离婚后财产分割进行审理,属案由错误。

李某1辩称,一审判决认定事实清楚,适用法律正确,请求驳回上诉,维持原判。

本院二审查明的事实与一审判决认定的事实一致。

本院二审认为,本案争议焦点为讼争房屋是否为于某与李某1夫妻共同财产,2003年12月31日于某与李某1协议离婚时约定“一切财产归于某”是否包含讼争房屋。本案系于某与李某1办理离婚登记后,因夫妻财产约定的履行和效力发生争议而引发的纠纷,故案由应当确定为夫妻财产约定纠纷。(一)关于本案是否应当适用婚姻法解释三第七条进行审理的问题。首先,根据婚姻法解释三第十九条"本解释施行后,最高人民法院此前作出的相关司法解释与本解释相抵触的,以本解释为准"之规定,适用婚姻法解释三应当具备三个条件,即第一,在婚姻法解释三已经正式公布并施行,开始发生法律效力;第二,适用于婚姻纠纷案件;第三,适用于尚未审结的一、二审婚姻纠纷案件。本案系2015年9月30日提起告诉,且基础法律关系是于某与李某1婚后取得讼争房产的产权归属问题,符合适用婚姻法解释三的条件。其次,本案双方当事人的家庭关系具有一定的延续性,于某主张其与李某1于2003年12月31日离婚,于2007年2月13日复婚,于2008年11月28日再次离婚,但是在2003年二人第一次离婚以后直至2013年,于某与李某1及其子李某2均在讼争房屋共同生活,期间对讼争房屋的产权问题并未发生争议。综上,讼争房屋的权属问题应当适用婚姻法解释三第七条。因讼争房屋为李某1父亲出资购买,且产权登记在李某1名下,讼争房屋应当认定为李某1的个人财产。(二)关于2003年12月31日于某与李某1协议离婚时约定"一切财产归于某"是否包含了讼争房屋的问题。于某与李某1约定"一切财产归于某"属于约定不明,双方并未明确具体是指哪些财产,也并未明确一切财产是指夫妻共同财产还是也包含李某1的个人财产。而根据《中华人民共和国婚姻法》第三十九条第一款"离婚时,夫妻的共同财产由双方协议处理;协议不成时,由人民法院根据财产的具体情况,照顾子女和女方权益的原则判决"之规定,因于某与李某1在2003年离婚时对财产进行约定时,并未明确表示是否包含双方的个人财产,故应当认为是对夫妻二人共同财产的约定,因讼争房屋应系李某1的个人财产,故于某与李某1在2003年离婚时的财产约定不包含讼争房屋。综上,于某的上诉请求本院不予支持。原判决认定事实清楚,适用法律正确,应予维持。依照《中华人民共和国民事诉讼法》第一百七十条第一款第一项之规定,作出判决。

本院二审判决:驳回上诉,维持原判。一审案件受理费4750元,二审案件受理费4750元,合计9500元,由于某负担。

再审过程中,于某提供《职工购买公有住房申请审批书》《吉林市市政建设总公司关于集资兴建××小区×栋楼的报告》及三份书面证人证言,证明讼争房屋是因婚后无房分给于某与李某1的,是夫妻共同财产。讼争房屋是房改房,是以成本价购买。证人王庆和与王立群出庭作证。王庆和称,讼争房屋是市政公司分配给李某1的,这是集资内部处理房,分房原则一是无房户,二是困难户。李某1于1999年定为无房户,因为李某1已经结婚了,因为登记结婚才分配住房。王立群称,当时房屋分配的时候班子沟通一下,房屋给结婚后的李某1,因为结婚后没有房子。

李某1质证称,对证据有异议,讼争房屋是集资房。对出庭的两位证人证言没有异议。

对于上述证据,因李某1对于《职工购买公有住房申请审批表》和《吉林市市政建设总公司关于集资兴建××小区×栋楼的报告》两份证据的真实性无异议,本院对真实性予以确认。证人唐志英未出庭,对其出具的书面证言不予采信。对出庭两位证人的证言李某1无异议,本院予以采信。

本院再审查明:1999年4月20日,吉林市市政建设总公司为解决职工的住房困难及改善职工住房条件,决定以集资形式兴建××小区×栋楼,并制定《兴建××小区×栋楼集资方案》。根据该方案,李某1向吉林市市政建设总公司提出申请,以每平方米700元的集资价购得讼争房屋,房屋总价款53,550元。其他事实与原一审判决认定的事实无异。

本院再审认为,本案争议焦点为:1.讼争房屋是否为于某与李某1的夫妻共同财产,2003年与2008年于某与李某1两次约定一切财产归于某是否包含讼争房屋;2.本案是否适用婚姻法解释三第七条。

(一)关于本案案由。原一审判决认定为离婚后财产纠纷,原二审判决认定为夫妻财产约定纠纷。所谓离婚后财产纠纷,是指男女双方当事人在解除婚姻关系时,由于未对双方婚姻关系存续期间的夫妻全部或部分财产进行分割,在离婚后针对前述财产的分割引起纠纷,人民法院按照离婚后财产纠纷案件受理。所谓夫妻财产约定纠纷,是指夫妻双方对于夫妻财产的分割已经达成协议，但由于在履行分割协议时产生关于内容或者效力等诸多纠纷，诉至法院后，人民法院按照夫妻财产约定纠纷案件受理。本案中，于某与李某1在2003年和2008年两次离婚时均对夫妻财产的分割达成协议，即一切财产归于某，于某主张协议约定的财产包含讼争房屋，李某1抗辩称不包含讼争房屋，双方当事人争议的是财产协议内容，即协议本身。故本案案由应当确定为夫妻财产约定纠纷。原二审判决确定案由理由成立，本案再审予以确认。

（二）2003年12月31日与2008年11月28日两份离婚财产协议中约定一切财产归于某所称财产均指夫妻共同财产。依据《中华人民共和国婚姻法》第三十九条第一款“离婚时，夫妻的共同财产由双方协议处理，协议不成时，由人民法院根据财产的具体情况，照顾子女和女方权益的原则判决”之规定，案涉两份财产协议均系于某与李某1离婚之时协商达成，在没有充分证据证明双方在协商处理财产时包含了李某1个人财产的情况下，本院依法确认两份离婚财产协议中所称一切财产均指夫妻共同财产。

（三）本案应当适用婚姻法解释三。本案系婚姻家庭纠纷案件，适用婚姻法调整。2001年以来，针对审判实践中遇到的有关法律适用疑难问题，最高人民法院陆续制定了婚姻法解释一、解释二和解释三，为各级人民法院审理此类案件提供更具有操作性的裁判依据。婚姻法解释三是对法律的释明，其施行时间本应与被解释的法律同步，而法律已先于司法解释生效，故婚姻法解释三适用于尚未审结的一、二审婚姻纠纷案件。于某起诉本案的时间是2015年，而婚姻法解释三已于2011年颁布施行，开始发生法律效力，本案依法应当适用。其他理由原二审判决已作论述，本院再审不赘述。讼争房屋系于某与李某1婚后购买，由李某1父亲出资，登记在李某1名下，依据婚姻法解释三第七条“婚后由一方父母出资为子女购买的不动产，产权登记在出资人子女名下的，可按照婚姻法第十八条第（三）项的规定，视为只对自己子女一方的赠与，该不动产应认定为夫妻一方的个人财产”之规定，讼争房屋应当认定为李某1的个人财产。于某再审时主张2003年协议约定时婚姻法解释三没有出台故不具有溯及力于法无据，不予采信。

（四）鉴于前述理由，于某与李某1在2003年离婚时约定一切夫妻共同财产归于某,因讼争房屋系李某1个人财产,不包含在二人离婚财产协议当中。2007年于某与李某1复婚,又于2008年再次离婚,再次约定一切夫妻共同财产归于某,整个过程中于某与李某1并未就讼争房屋达成新的协议,不能改变讼争房屋仍系李某1个人所有的权属性质,故2008年二人离婚财产协议当中亦不包含讼争房屋。于某在原二审上诉时曾主张:2003年12月31日,于某与李某1协议离婚时对夫妻共同财产的分配协议已经生效并实际履行完毕,2008年11月28日,双方再次离婚时,讼争房屋已经是于某的婚前个人财产。因讼争房屋系不动产,根据不动产物权变动依法经登记发生法律效力的规定,2003年于某与李某1达成离婚财产协议后,双方并未到房屋管理部门办理过产权变更登记,于某主张已经履行完毕与事实不符,于某主张2008年再次离婚时讼争房屋已经是其婚前个人财产依法不能成立。于某在再审过程中又主张:讼争房屋于2003年就已经约定成就。因2003年约定的财产内容中不包含讼争房屋,于某的前述主张缺乏证据支持,不能成立。

(五)于某在再审过程中提供的证据不足以认定讼争房屋为房改房。依据于某提供的《职工购买公有住房申请审批表》《吉林市市政建设总公司关于集资兴建兴隆小区丙栋楼的报告》以及证人证言、购房票据,均能证实讼争房屋是单位的集资房,而集资房不同于房改房,不影响本案的法律适用。另,李某1抗辩称本案超过诉讼时效,因本案争议标的系房屋权属,依法不受诉讼时效限制,李某1此点抗辩主张不成立。

综上所述,原一、二审判决认定事实基本清楚,适用法律正确。于某的诉讼请求缺乏事实和法律依据,本院无法支持。本案经本院2018年度第3次审判委员会讨论决定,依据《中华人民共和国民事诉讼法》第二百零七条第一款、《最高人民法院关于适用〈中华人民共和国民事诉讼法〉的解释》第四百零七条第一款之规定,判决如下:

维持本院(2016)吉02民终403号民事判决。

本判决为终审判决。

审　判　长　张云江
审　判　员　卢亚城
代理审判员　丛军霞

二〇一八年三月二十三日

代理书记员　刘　城

【推荐意见】

本文书体例及用语规范,内容要素齐全;语言文字流畅;说理透彻,层次分明,逻辑严谨;程序合法,观点正确,引用法律条文完整规范;裁判结果明确、具体、无歧义。对于类案的审理具有指导性意义。

孙海波

吉林市中级人民法院

毕业于中国政法大学法学院，后获得吉林大学在职法律硕士。历任书记员、助理审判员、监察室副主任、劳动争议专业合议庭审判长，现任吉林市中级人民法院民事审判第三庭庭长。工作中恪守职业道德，脚踏实地地履行了人民法官的神圣职责，在平凡的岗位上取得了突出的工作成绩，在法院重大活动中表现突出。曾获得个人三等功、嘉奖等，并连续三年被评为市直机关优秀党员。撰写的《案外人执行异议诉讼之权属裁决焦点问题分析》被《法制与经济》刊登。

【裁判要旨】

用人单位对其保管的职工档案应尽到必要的注意义务，妥善保管。虽然职工档案可以在一定范围、程度上补办，但是部分档案因历史或其他问题已不具备补办条件，因此造成的损失，用人单位应承担相应的民事责任。

1. 矿业公司作为用人单位，违反关于妥善保存档案的法律规定，致职工工资单遗失，应当承担相应的民事赔偿责任。

2. 职工为确认劳动关系进行诉讼，未能及时领取养老保险金，确存在一定的经济损失，同时又因此延迟退休，工龄有所增加，人民法院酌情支持了职工的部分诉讼请求，平衡劳动者利益和企业利益。

【裁判文书】

吉林省吉林市中级人民法院
民事判决书

（2019）吉 02 民终 164 号

上诉人（原审被告）：舒兰矿业（集团）有限责任公司，住所地吉林省舒兰市吉舒街内。

法定代表人：杨士录，董事长。

委托诉讼代理人：孟凡坤，男，该公司职员。

被上诉人（原审原告）：李秀海，男，1961 年 12 月 17 日出生，汉族，舒兰矿务局退休职工，住吉林省舒兰市 × × 街中心委 × 组。

上诉人舒兰矿业（集团）有限责任公司（以下简称矿业公司）因与被上诉人李秀海劳动争议一案，不服吉林省舒兰市人民法院（2018）吉 0283 民初 2550 号民事判决，向本院提起上诉。本院于 2019 年 1 月 10 日立案后，依法组成合议庭，公开开庭进行了审理。上诉人矿业公司的委托诉讼代理人孟凡坤，被上诉人李秀海到庭参加诉讼。本案现已审理终结。

矿业公司上诉请求：撤销一审判决，改判矿业公司不赔偿李秀海经济损失

46,357.47 元。事实和理由:一、李秀海应于 2016 年 12 月退休,其请求按照 2018 年 3 月核定的养老金作为赔偿标准没有依据,应核定 2016 年 12 月的养老金作为补偿依据。二、如果人力资源和社会保障部门不能核定李秀海 2016 年 12 月的养老金,李秀海工龄增加了 15 个月,其应将多得养老金的差额返还给矿业公司,补齐矿业公司多缴 15 个月的社会保险费用。综上,一审判决认定事实错误,请求依法改判。

李秀海辩称,一、李秀海系井下特殊工种,应于 2016 年 12 月退休。人力资源和社会保障部门在审查档案时发现李秀海部分档案丢失,需要司法认定。为此,李秀海起诉矿业公司,要求确认劳动关系。李秀海退休与矿业公司没有利益冲突,矿业公司无故对确认劳动关系的案件进行上诉,导致李秀海跨年度退休,所造成的损失应由矿业公司承担。二、2003 年李秀海买断工龄后,始终自行缴纳社会保险。三、李秀海办理退休事宜所发生的误工费、车费等损失,亦应由矿业公司承担。

李秀海向一审法院起诉请求:矿业公司赔偿因丢失李秀海工资档案,无理由拖延时间造成跨年度延迟退休的经济损失 51,394.62 元。

一审法院认定事实:李秀海于 2018 年 10 月 8 日向舒兰市劳动人事争议仲裁委员会申请仲裁,要求矿业公司造成的因工资档案丢失、无理由拖延时间造成跨年度迟延退休的经济损失 51,394.62 元。舒兰市劳动人事争议仲裁委员会于 2018 年 10 月 8 日作出舒劳人仲字[2018]第 134 号不予受理通知书。

一审法院认为,人事档案是公民取得就业资格、缴纳社会保险、享受相关待遇所需的重要凭证。矿业公司于 2017 年 11 月 13 日出具证明,自认李秀海系其职工且 1991 年 8 月至 1993 年 8 月由于其他原因致李秀海工资单遗失。矿业公司作为用工单位,负有妥善保管李秀海档案的义务,现李秀海档案中部分工资单遗失,致使其无法以特殊工种按时退休,故矿业公司应对李秀海的档案丢失承担赔偿责任。由于工资单遗失,导致李秀海在 2017 年无法及时领取退休金,李秀海未能领取的 2017 年 1 月至 2018 年 3 月退休金,矿业公司应承担赔偿责任。李秀海对该损失数额未能提供充分的证据予以证实,其以 2018 年退休的工资为标准主张 39,537.15 元过高,一审法院酌情支持 34,500 元。

李秀海为确保其能领取退休金而自行缴纳2017年1月至2018年3月的社保费用11,857.47元,矿业公司应承担赔偿责任。故矿业公司应赔偿李秀海损失共计46,357.47元。综上,一审法院依照《中华人民共和国侵权责任法》第六条、《中华人民共和国民事诉讼法》第六十四条作出判决。

一审法院判决:一、矿业公司于判决生效后立即赔偿李秀海经济损失46,357.47元;二、驳回李秀海的其他诉讼请求。案件受理费5元,由矿业公司负担。

本院二审期间,李秀海围绕上诉请求依法提交了证据。本院组织当事人进行了质证。

李秀海提交证据《解除劳动关系通知书》,证明李秀海是固定正式工人。

矿业公司质证称,对《解除劳动关系通知书》的真实性无异议,但与本案没有关联性。

本院经审查认为,李秀海提供的证据与本案没有关联性,不予采信。

本院对一审查明的事实予以确认。

本院认为,在李秀海诉矿业公司确认劳动关系一案的审理过程中,矿业公司出具《证明》,承认李秀海系其公司职工,且1991年8月至1993年8月由于其他原因致李秀海工资单遗失。二审中,矿业公司未说明系何原因导致李秀海的工资单遗失,作为用人单位应对遗失李秀海部分档案所造成的损失承担赔偿责任。李秀海为确认劳动关系进行诉讼,在2017年1月至2018年3月无法及时领取养老金,存在养老金损失,矿业公司应予赔偿。李秀海主张以2018年4月发放的月基本养老金2635.81元为标准计算15个月的损失39,537.15元,鉴于其确实延迟退休15个月,工龄有所增加,且矿业公司未举证证明该期间李秀海应发养老金数额,一审法院酌情支持34,500元并无不当。矿业公司上诉主张应按照2016年12月李秀海正常退休时的养老金标准计算损失,以及李秀海应返还多领取的养老金,但未举证证明2016年12月李秀海正常退休时的养老金待遇以及应返还的数额,应由其承担举证不能的不利后果,故本院对矿业公司的上诉请求不予支持。李秀海为确保其能领取退休金而自行缴纳2017年1月至2018年3月的社会保险费用11,857.47元,矿业公司应承担给付责任。

综上所述,矿业公司的上诉请求不能成立,应予驳回;一审判决认定事实清楚,适用法律正确,应予维持。依照《中华人民共和国民事诉讼法》第一百七十条第一款第一项规定,判决如下:

驳回上诉,维持原判。

二审案件受理费10元,由上诉人舒兰矿业(集团)有限责任公司负担。

本判决为终审判决。

审 判 长　孙海波
审 判 员　孙　伟
代理审判员　陈　卓

二〇一九年一月二十五日

法官助理　周　宁
书 记 员　李玉娇

【推荐意见】

本案原告是一名退休职工,因用人单位的疏漏以及对劳动者档案保管意识的淡薄,造成原告档案丢失、缺失,影响了原告的正常退休,原告为维护权益提起系列诉讼。庭审中,主审法官紧紧围绕案件的焦点问题展开庭审调查,让用人单位对自己遗失李秀海工资单的行为有正确认识以及对裁判结果有正确预判,程序严谨流畅、合法规范,认定事实清楚明了。经审理合议庭认为用人单位的上诉理由不能成立,依法作出公正的判决,让当事人赢得堂堂正正,输得明明白白。该判决撰写规范,对当事人的观点总结清晰,简明扼要,判决论理部分逻辑严谨,且案件实际处理效果较好,对构建和谐劳动关系、强调企业规范用工具有一定的指引作用。

陈传冬

辽源市中级人民法院

吉林省辽源市中级人民法院民事审判第一庭庭长，四级高级法官。1989 年 7 月毕业于东北林业大学，获工学学士学位，1994 年 12 月考入吉林省辽源市中级人民法院工作至今。2003 年获得吉林大学民商法学硕士学位，2004 年入选吉林省赴美法官检察官培训班，美国马歇尔法学院访问学者。2000 年年初任法官，一直从事民商事审判工作 19 年，处理案件近千件，多次参加本辖区重大疑难复杂案件的审理工作，先后荣立个人三等功七次，全国法院办案标兵候选人，2002 年被评为吉林省人民满意法官，2011 年被评为吉林省审判业务专家，多次被评为市优秀公务员，积极参加调研工作，所撰写的《民事审前程序制度改革的探讨》等调研文章获省法院奖励。

【裁判要旨】

本案为案外人执行异议之诉案件,案外人梨树农联社对法院执行的被执行人荣桦担保公司银行账户的资金主张保证金质权优先权,以对抗法院的强制执行。依照《最高人民法院关于适用〈中华人民共和国担保法〉若干问题的解释》第八十五条规定,将金钱作为特殊动产进行质押应具备两个条件才能优先于其他一般债权:一是双方签订书面质押合同;二是将作为质押物的金钱移交债权人占有并予以特定化。本案保证金特定化要求只能用于保证贷款未还时扣划,不能作为其他结算。现查明,保证金账户的资金虽已经移转占有,由梨树农联社控制,但在实际使用过程中已经超出双方签订的《贷款担保合作协议》设定的使用范围,用作荣桦公司及其关联人的借款保证,梨树农联社参与并与荣桦公司串通,违规使用该账户保证金,多笔转款用于他项支出,已经失去了保证金特定化性质,与普通存款账户无异。梨树农联社放任串通荣桦担保公司挪用该账户款项,已不再享有账户资金的质权,不能对抗法院的强制执行,故判决驳回案外人梨树农联社的诉讼请求。

【裁判文书】

吉林省辽源市中级人民法院
民事判决书

(2018)吉04民初16号

原告(案外人):梨树县农村信用合作联社,住所地吉林省梨树县××镇××小区×号楼。

法定代表人:杜春伟,理事长。

委托诉讼代理人:孙学信,吉林中瀚律师事务所律师。

委托诉讼代理人:王东,吉林中瀚律师事务所律师。

被告(申请执行人):辽源市亿嘉小额贷款有限责任公司,住所地吉林省辽源市××区××街××号。

法定代表人:郝玲玲,该公司总经理。

委托诉讼代理人:徐晓群,该公司副总经理。

委托诉讼代理人:原野,北京大成(长春)律师事务所律师。

第三人(被执行人):吉林省荣桦担保有限公司,住所地吉林省梨树县××区×园区。

法定代表人:李南蛸,该公司总经理。

委托诉讼代理人:王树玉,该公司职员。

原告梨树县农村信用合作联社(以下简称梨树农联社)与被告辽源市亿嘉小额贷款有限责任公司(以下简称亿嘉公司)、第三人吉林省荣桦担保有限公司(以下简称荣桦公司)案外人执行异议之诉一案,本院于2018年2月26日立案后,依法适用普通程序,于2018年4月8日、2018年6月24日公开开庭进行了审理。原告梨树农联社的委托诉讼代理人孙学信、王东,被告亿嘉公司的委托诉讼代理人徐晓群、原野,第三人荣桦公司的委托诉讼代理人王树玉到庭参加诉讼。本案现已审理终结。

梨树农联社向本院提出诉讼请求:1.不得对(2017)吉04执71号-2执行裁定书扣划的第三人荣桦公司在梨树农联社处××××账户(以下简称017账户)内资金12,630,732.57元执行;2.请求确认梨树农联社对第三人荣桦公司在017账户内资金(包括已经扣划至法院账户的12,630,732.57元)享有优先受偿权。事实和理由:2017年11月24日,辽源市中级人民法院做出了(2017)吉04执71号-2执行裁定书,裁定扣划第三人荣桦公司在梨树农联社处017账户内资金12,630,732.57元至该院执行账户。2017年12月4日,梨树农联社对执行标的提出异议。辽源市中级人民法院于2018年1月12日做出(2017)吉04执异16号执行裁定书,认为"案外人提出其享有优先受偿权的异议理由,应当通过诉讼程序予以确认"。裁定驳回梨树农联社的异议,故提起本次诉讼。梨树农联社与荣桦公司分别于2014年1月19日、2016年1月19日及2016年9月1日签订了《贷款担保业务合作协议》,上述协议均约定由荣桦公司在梨树农联社开立账号为××××的保证金账户,并在该账户内存缴保证金。未经梨树农联社同意,荣桦公司不得支取保证金账户内资金。

当荣桦公司所担保借款的借款人未按期还款时,梨树农联社可直接从保证金账户中扣划资金偿还欠款。该保证金账户只用于保证金的存缴、扣划和退还,未用于其他业务结算。上述事实符合《最高人民法院关于〈中华人民共和国担保法〉若干问题的解释》第八十五条关于金钱质押的规定,梨树农联社对保证金账户内资金享有优先受偿权,人民法院不应扣划保证金账户内资金,请求人民法院依法支持梨树农联社的诉讼请求。

亿嘉公司辩称:一、梨树农联社对其主张的诉讼请求负有举证责任,如第三人担保的借款合同、担保合同、贷款发放情况、借款人支取贷款情况等。如证明不了其主张则应承担不利后果。二、《最高人民法院关于适用〈中华人民共和国担保法〉若干问题的解释》已经明确了金钱质押成立的必要条件,本案也应按此标准确认。结合《最高人民法院关于适用〈中华人民共和国担保法〉若干问题的解释》第八十五条规定,可以明确金钱质押成立的必要条件有以下三点:1. 是否订立书面的质押合同;2. 账户资金是否符合特定化要求;3. 资金是否移交债权人占有。三、梨树农联社在执行异议中提供的证据11《荣桦担保公司担保贷款欠款明细》所列126笔贷款均不属于质押担保的债权。1. 梨树农联社在执行异议中提供的证据7《贷款担保业务合作协议》性质上是最高额质押合同。《中华人民共和国物权法》第五条规定:"物权的种类和内容,由法律规定。"根据物权法定原则,质押分为普通质押和最高额质押。《贷款担保业务合作协议》是为了对一定时期内将要发生的债权提供担保财产,最高债权额为存入的保证金金额的5倍,其性质实质上是最高额质押合同。2. 最高额质押财产被法院查封、扣押的,查封、扣押之时最高额质押担保的债权确定,此后发生的债权不属于质押担保的范围。《中华人民共和国物权法》第二百零六条第一款第四项规定,抵押财产被查封、扣押的,抵押权人的债权确定。《中华人民共和国物权法》第二百二十二条规定,最高额质权参照最高额抵押权的规定。3.《荣桦担保公司担保贷款欠款明细》所列126笔贷款起始时间是2015年9月,在最高额质押担保的债权确定之后,四平市中级人民法院(2016)吉03民初22号民事判决书确认,根据吉林省信用担保投资集团有限公司四平分公司的申请,四平市中级人民法院于2014年1月13日冻结了第三人在梨树农联社开设的保证金账户(即017账户)内的资金1800万元。基于上述法律规定及客观事实,017账户被法院于2014年1月13日冻结之后发生的债权,均不属于017账户内金钱质押担保的范围,本案所涉及的126笔债权均发生在2014年1月13日之后,均不属于该账户内金钱质押担保的范围,梨树农联社对该账户内的金钱不享有优先受偿权。四、除梨树农联社及其营业部以外,郭家店信用社等经营主体所发放的贷款均不属于质押担保的债权。1.未订立书面质押合同,梨树农联社郭家店信用社等经营主体与第三人荣桦公司既未签订书面质押合同,也未签订保证金之类的合同,并且《贷款担保业务合作协议》是梨树农联社与第三人签订。郭家店信用社等经营主体作为《营业执照》的经营机构,当然不受《贷款担保业务合作协议》的约束,并且《贷款担保业务合作协议》中也未约定适用于郭家店信用社等经营主体,因此郭家店信用社等经营主体与第三人并未建立质押关系。2.资金未移交债权人占有,如前文所述,《贷款担保业务合作协议》不适用于郭家店信用社等经营主体。另外第三人017账户开立在梨树农联社营业部,由梨树农联社营业部实际控制,而郭家店信用社等经营主体对017账户没有控制权,不占有相对应的保证金。五、超出第三人存入保证金5倍以外部分的贷款,均不属于质押担保的债权。《贷款担保业务合作协议》第二条明确约定,担保额度:梨树农联社与荣桦公司合作的担保贷款额度不得超过荣桦公司存入的保证金总额的5倍,梨树农联社超出标准继续发放的贷款应当由梨树农联社自行承担经营风险及法律责任。六、梨树农联社所提供证据不足以证明017账户内资金特定化。首先,梨树农联社并未提供017账户自2010年6月2日(开立日期)起至2017年12月4日(执行法院扣划之日)全部的存款明细账,仅提供了2015年至2017年存款明细账。其次,梨树农联社未就017账户内每笔资金进出的事由进行举证,并且其提供的2015年至2017年保证金存款明细账显示资金有各种用途(包括转保证金、扣划保证金、偿还利息、偿还贷款等),与普通账户没有区别。最后,梨树农联社未提供与017账户内资金相关的每笔贷款的贷款合同、放款情况、借款人支取情况、借款人账户流水、还款明细等证据,仅提供单方统计的贷款信息,不能证明账户内资金与对应的贷款相关联。综上,梨树农联社的诉讼请求没有事实及法律依据,请求驳回梨树农联社的全部诉讼请求。

荣桦公司没有答辩。

当事人围绕诉讼请求依法提交了证据,本院组织当事人进行了证据交换和质证。

梨树农联社提交了如下证据:

第一组证据:

证据一:2014 年 1 月 19 日《贷款担保业务合作协议》(复印件一份)。证明:协议第一条约定:"保证金管理:乙方(荣桦公司)在甲方(梨树农联社)开立保证金账户,根据业务发展需要,应存入一定比例的代偿保证金,首次保证金须一次性存入 500 万元,代偿保证金专款专用,在提供保证期间不得挪用。"第二条约定:"担保额度不得超过存入保证金总额的 5 倍。"证明荣桦公司在梨树农联社设立保证金专户并缴存保证金,梨树农联社对账户的保证金取得控制权,未经同意,荣桦公司不能自由使用该账户内的资金。荣桦公司未履行保证责任,梨树农联社有权从该账户中扣划相应款项。双方具有金钱质押的合意。

证据二:2016 年 1 月 19 日《贷款担保业务合作协议》(原件一份)。内容与证据一一致,同样说明梨树农联社与荣桦公司之间金钱质押的合意。

证据三:2016 年 9 月 1 日《贷款担保业务合作协议》(原件一份)。内容与证据二除担保额度一款有所变更外,其他内容一致,同样能够说明梨树农联社与荣桦公司之间具有金钱质押的合意。

对第一组证据,亿嘉公司质证称,对证据一有异议,协议是复印件,没有提供相应的判决书,无法核实真实性。对证据二、三真实性没有异议。梨树农联社预证明的内容都是协议条款,对所涉及的 017 账户中的资金特定化需进一步举证。

荣桦公司没有质证意见。

本院经审查认为,对证据一《贷款担保业务合作协议》(2014 年 1 月 19 日),原件在第二次庭审已经出示。双方对以上三份协议的真实性没有异议,本院予以采信。

第二组证据：

证据四：《开立单位银行结算账户申请书》一份。证明2010年6月2日，荣桦公司向梨树农联社申请开立017号账户，申请书记载账户性质为“专用存款账户”，资金性质为“保证金”，账号为××××。

证据五：吉林省高级人民法院（2017）吉民终140号民事判决书。该判决是梨树农联社与吉林省信用担保投资集团有限公司四平分公司案外人执行异议之诉纠纷案件的终审判决，一审法院认为017账户为专用存款账户，资金性质为保证金。二审法院对该事实予以确认。

由此说明，017账户及其资金性质已经由生效法律文书予以确认。该账户资金未做日常结算，均用于保证金的存缴、退还和扣划，符合特定化的要求。

对第二组证据，亿嘉公司质证称：对二份证据的真实性没有异议，但对证明问题有异议。证据四仅能证明017账户设立之初是作为保证金账户，但不能证明在日后履行过程中该账户内资金全部用于保证金所对应的贷款业务，梨树农联社对保证金账户内款项进出与保证金相关，且未做其他结算负有举证责任，如举证不能，应承担不利法律后果。对于证据五，该份判决是针对2014年1月13日之前017账户资金性质的定性，而本案所涉期间并不局限于2014年1月13日之前。另外对该判决所认定的017账户内资金特定化的认定，亿嘉公司有异议。因为，从梨树农联社在执行阶段提交的该账户资金流水可以看出，其账户内资金用途多样，梨树农联社应对每一笔款项进出向法庭进行说明，同时提供证据证明，包括款项所对应的借款合同、担保合同、还款事由及银行流水贷款流向，共同证明017账户内资金与梨树农联社所主张的贷款具有关联性。

荣桦公司没有质证意见。

本院经审查认为，对该组证据的真实性，双方没有异议，本院予以采信，至于能否证明017账户的资金特定化，本院将结合本案其他证据，在本院认为部分详细阐述。

第三组证据：

证据六:017 账户 2014 年、2015 年、2016 年、2017 年存款明细账。证明:明细账记载了从 2014 年至 2017 年 017 账户内资金的变动情况。从“摘要”一栏可以看出,该账户资金的变动均用于保证金的存缴、扣划和退还,未做日常结算,符合特定化的要求。

证据七:017 账户 2014 年、2015 年、2016 年、2017 年资金变动传票。证明:此证据均为资金变动的原始传票,结合证据六,该份证据能够佐证案涉 017 账户内资金未做日常结算,符合特定化的要求。

亿嘉公司质证称:对证据六真实性没有异议,对证明问题有异议。从证据六中存款明细中可以看出,在 2014 年 1 月 27 日该账户转入 200 万元,摘要部分标注为购楼款,说明该笔款项与保证金无关。另外,2016 年 6 月 30 日转出费用 5,017,036.53 元,摘要标注为“代偿申达汽车售后维”,该款项是否与保证金相关无法判断。证据中虽然在摘要中大部分均标注为保证金、退保证金、偿还贷款、代偿利息,但无法对该笔款项对应的哪一笔贷款进行判断,梨树农联社应进一步举证每笔款项的转出和转入都与相关贷款关联,梨树农联社有义务向法庭提供案涉 126 笔贷款的具体的贷款合同、担保合同、还款明细、贷款流向来确定证据与贷款的关联性。证据六不能证明梨树农联社的待证内容。对证据七真实性没有异议,但对证明问题有异议。第三组证据仅能证明梨树农联社所提供的存款明细账的具体资金流向,无法证明其账户内资金符合特定化的要求。

荣桦公司没有质证意见,但称 2014 年 1 月 27 日该账户转入 200 万元购楼款是会计笔误,写错了。

梨树农联社解释说明,2014 年 1 月 27 日摘要记载“购楼款”,实际上是操作人员填写失误造成,该笔交易实际是保证金业务,此事实已经被四平市中级人民法院(2016)吉 03 民初 22 号民事判决所确认,荣桦公司和吉林省霍家店房地产开发公司联合出具的《情况说明》已经解释了购楼款的问题,四平市中级人民法院已经认定。另外,2016 年 6 月 30 日摘要记载“代偿申达汽车售后维”问题,因明细账摘要填写空间有限,详细内容在原始传票中有记载,实际是扣划申达公司尚欠的贷款。

本院经审查认为，双方对于证据的真实性没有异议，第一次庭审后，组织亿嘉公司到梨树农联社对原始传票进行了查看，传票记载为“代偿申达汽车售后维修贷款本息”亿嘉公司没有异议，因此对第三组证据予以采信。

第四组证据：

证据八：存量贷款明细表。证明：该份证据记载自 2015 年以来，017 账户内保证金担保的存量贷款，这些贷款均未还清，本金共计 712,374,599.56 元。根据《贷款担保业务合作协议》的约定，梨树农联社就存量贷款的债权数额对 017 账户内资金享有优先受偿权。原始贷款资料数量庞大，如有异议，可到梨树农联社档案中心实际查看。

证据九：长春市广富建筑机械设备有限公司、梨树县长宇榆树台汽车驾驶员培训有限公司、吉林金土地肥业有限公司的借款合同、保证合同、贷款凭证及利息清单。证明：该证据是存量贷款其中的三笔公司类贷款，借款本金依次分别为 2000 万元、500 万元、2500 万元，上述贷款均由荣桦公司担保，贷款至今未还，梨树农联社就相应的借款本息对 017 账户内资金享有优先受偿权。

亿嘉公司质证称：对证据八的真实性、关联性均有异议。首先，梨树农联社在执行阶段所提供的 126 笔担保贷款明细确定的贷款余额为 721,834,599.56 元，而本次庭审同样的 126 笔贷款，其统计贷款余额为 712,374,599.56 元。说明证据内容不真实。另外，证据八仅为单方统计数据，仅能显示客户名称、合同签订日期、到期日期和借款发放日期，但无法证明 126 笔贷款的具体履行情况，不能证明梨树农联社待证事实主张。对证据九的真实性无异议，对证明问题有异议。所举证据尚不能证明截至今日其贷款是否清偿，另外其借款合同的签订时间均在 2014 年 1 月 13 日之后，三笔贷款均不在金钱质押担保范围。

荣桦公司没有质证意见。

本院经审查认为，证据八统计的存量贷款余额为 712,374,599.56 元，与执行阶段存量贷款余额 721,834,599.56 元相差 946 万元系吉林省保利建材有限公司于 2017 年 12 月 6 日偿还的贷款本金，亿嘉公司在梨树农联社对账后对此已无异议，本院予以采信。对证据九的真实性，亿嘉公司没有提出异议,本院予以采信。

第五组证据:

证据十:辽源市中级人民法院(2017)吉04执71号-2执行裁定书、(2017)吉04执异16号执行裁定书。证明:梨树农联社依据上述两份裁定书,提起了本案的案外人执行异议之诉的诉讼。

亿嘉公司对证据真实性及证明问题没有异议,荣桦公司没有质证意见。

本院经审查认为,对证据十双方没有异议,本院予以采信。

梨树农联社在第二次庭审时提及了证据十一、公司类贷款余额汇总及十笔公司类贷款借款合同、保证合同、贷款凭证、利息试算清单。证明:在梨树农联社存量贷款中除个人贷款外,尚有十笔公司类贷款,贷款本金余额为164,414,599.90元,而案涉保证金余额加上已经扣划至法院账户的部分共计26,343,324.20元,该数额远远低于梨树农联社享有的公司类贷款数额,即使将个人贷款排除在外,按照合同协议的约定,梨树农联社仅就存量的公司类贷款余额也应就保证金账户内现存全部保证金(包括扣划至法院账户部分)享有优先受偿权。

亿嘉公司质证称:对证据真实性没有异议,对证明问题有异议。案涉保证金账户因梨树农联社与荣桦公司恶意串通,通过向115名自然人借名借款的方式完成了5.585亿元贷款的违规发放,而导致无效。退一步讲,即便保证金账户有效,根据梨树农联社与荣桦公司签订的《贷款担保业务合作协议》第二条约定,每个公司或者自然人所借款的最高额为500万元,而本案十家公司除梨树县金晖燃料有限责任公司借款余额为400万元符合协议约定外,其余九家公司均超过约定标准,对于超出标准的贷款不应当计入保证金担保范围。只有4900万元属于保证金担保范围,按照2016年12月16日法院冻结保证金账户时余额9000余万元,其账户内资金足以清偿亿嘉公司的1200万元债务。

本院经审查认为,双方对该证据的真实性没有异议,且与本案相关联,本院予以采信。

亿嘉公司提交了四平市中级人民法院(2016)吉03民初22号民事判决

书、吉林省高级人民法院(2017)吉民终140号民事判决书各一份。证明:1.四平市中级人民法院于2014年1月13日冻结了017账户内的资金1800万元,在2014年1月13日之后,所发生的债权均不属于017账户内金钱质押担保范围;2.梨树农联社自认在四平市中级人民法院采取保全措施时,荣桦公司担保的贷款已经全部偿还,应当与梨树农联社所举126笔贷款进行查明和核对。

梨树农联社质证称,对两份判决书的真实性没有异议,对证明问题有异议。首先四平市中级人民法院(2016)吉03民初22号民事判决书中,判决载明"梨树农联社对017账户内除1800万元的保证金,借款合同债务人不履行债务时在担保贷款业务合作协议书约定范围内,梨树农联社享有优先受偿权。"说明在017账户内除1800万元外,梨树农联社仍对该账户内保证金享有优先受偿权,而且案涉贷款担保业务是双方基于2014年1月19日及2016年的两份合作协议产生的,而四平市中级人民法院冻结1800万元发生在2014年1月13日,与本诉争事实无关,而且1800万元已经从017账户内扣划。所以,现剩余的保证金梨树农联社均对其享有优先受偿权。

荣桦公司没有质证意见。

本院经审查认为,两份判决书系法院生效法律文书,双方无异议,本院予以采信。

根据亿嘉公司的申请本院调取了如下三组证据:

申调证据一:梨树农联社向法庭出具的《关于2016年12月16日后荣桦公司担保贷款的情况说明》《关于2016年12月16日之后荣桦公司担保贷款还款情况的说明》《关于梨树农联社在执行异议期间提交的存量贷款表格总额在本次诉讼中提交的存量贷款表格总额》各一份。

梨树农联社以此证明:1.2016年12月16日之后发生贷款6笔,尚欠本金2200万元。2.2016年12月16日之后,正常收回贷款2笔,12,086.59元,其中收回舒兰澳东商品混凝土有限公司本金75.23元、收回梨树县金晖燃料有限责任公司本金12,011.36元;2016年12月16日之后扣收保证金收回贷款11笔,金额50,944,175.84元。其中包括广富借款利息33,767.34元、保利借款利息506,505.50元、李亚辉借款本息5,131,865.97元、李亚忠借款本息5,131,865.97

元、常秀波借款本息5,136,901.32元、郭长明借款本息5,464,788.64元、张勤借款本息5,246,197.15元、武晚成借款本息4,152,262.76元、李凤仁借款本息5,135,534.01元、谢亮借款本息5,240,584.18元、吉林省保利建材有限公司本金946万元。3.执行异议期间的存量贷款明细表的截止时间是2017年12月4日,本次诉讼提交的存量贷款明细表截止时间是2018年2月28日。在2017年12月6日,梨树农联社收回了由荣桦公司担保的吉林省保利建材有限公司的贷款本金946万元,所以出现了两张表格的贷款笔数相同但总额不同的情况。

亿嘉公司质证称,对三方说明的真实性无异议,对证明问题有异议。对梨树农联社主张对2016年12月16日之后发生的贷款同样对保证金账户内的资金享有优先受偿权,以及截止到2016年12月16日该账户内尚有的73,202,717.35元可用于设立质押担保,亿嘉公司不予认可。

本院经审查认为,该三份说明,亿嘉公司对其真实性并无异议,本院予以采信。

申调证据二:荣桦公司《企业信用报告》一份。

亿嘉公司对证据真实性没有异议,认为该证据能证明:1.韩伟在2015年7月14日经工商登记备案成为荣桦公司大股东,出资占比为80%,另外一个股东及荣桦公司法定代表人李南蛹出资占比20%。2.本案涉及的十家公司的报告出具时间为2018年5月22日,结合梨树农联社提供的待偿贷款明细表,仅吉林省保利建材有限公司偿还946万元,其他九家公司没有偿还。3.按照梨树农联社和荣桦公司签订的《贷款担保业务合作协议》第二条约定,荣桦公司注册资本5000万元均视为净资产,荣桦公司对每户借款人借款不得超过500万元(10%),同时对每户借款人担保责任不超过500万元。除梨树县金晖燃料有限公司贷款400万元符合合同约定以外,其他九家公司均违反协议约定。对于超过该部分的贷款,梨树农联社无权主张超出部分的贷款在保证金担保范围内。4.从征信记录中明显可以看出,荣桦公司的韩伟和所有贷款户都是关联的,能证明贷款的担保不真实。

梨树农联社认为:1.对报告真实性做一下说明,征信报告的信息都是通过金融机构在办理业务过程中获取的信息,经汇总之后录入征信系统,其信息的准确性应与本案相关证据结合审查。征信报告说明中明确记载除征信中心标注外,报告中的信息均由相关报数机构和信息主体提供,征信中心不保证其真实性和准确性。该报告信息与本案相关证据冲突,应以相关证据为准。2. 报告载明的与荣桦公司有关联关系的其他企业,并没有涉及本案争议的公司类贷款。3. 征信报告不能证明梨树农联社与荣桦公司的贷款业务突破了合作协议的约定。梨树农联社仍就存量贷款对保证金享有优先受偿权。4. 该报告不能证明韩伟为其关联企业提供保证担保贷款,报告中记载的关联企业和报告记载的担保贷款企业并无重叠,不存在韩伟为其关联企业担保贷款这一事实。

本院经审查认为,中国人民银行征信中心提供的荣桦公司《企业信用报告》具有公信效力,真实可信,本院予以采信。

申调证据三:中国银行行业监督管理委员会四平监管分局《梨树农联社与荣桦担保公司 115 笔贷款情况的说明》、四银监罚决字(2017)16、17、18、19、20、21 号《行政处罚决定书》六份。

亿嘉公司认为该证据证明:1. 梨树农联社为了降低贷款不良率完成自身改制,经过集体决议,同荣桦公司大股东即实际控制人韩伟恶意串通,借用 115 个自然人之名在梨树农联社借款共计 5.585 亿元,荣桦公司取得借款后,用 4 亿元左右代霍家店房地产公司清偿了全部贷款,将其中的 1.117 亿元存入其在梨树农联社开立的保证金账户。实质上是双方恶意串通,利用保证金账户,将梨树农联社对荣桦公司 5.585 亿元的违规贷款在形式上合法化。2. 梨树农联社的相关负责人因与荣桦公司恶意串通,向荣桦公司违规发放贷款 5.585 亿元,被四平银监局行政处罚。3. 按照梨树农联社和荣桦公司签订的《贷款担保合作协议》约定和行业规范,荣桦公司应将自有资金先存入保证金账户内,梨树农联社再发放贷款,而事实上荣桦公司存入保证金账户内的 1.117 亿元不是自有资金,是其向梨树农联社违规取得的 5.585 亿元借款中的一部分,该 1.117 亿元即便存入保证金账户中,也不能作为保证金使用,保证金账户虽然形式上看没有问题,但实质上因双方的违规操作已经丧失其保证金账户的性质。

梨树农联社认为：一、1. 对六份《行政处罚决定书》的真实性有异议，该证据为复印件，未加盖出具该证据的单位印章。2. 对证据的关联性有异议，处罚决定书违法行为有借名（个人）贷款用途不合理，不具备资质，违规办理同业业务。上述违法行为所依据的处罚条款中并未指明与本案有关联，所以该证据与本案没有关联性。3. 对证明问题有异议。亿嘉公司所陈述的相关转贷，包括相关证明问题均为主观臆断，没有明确证据予以支持。二、对四平银监局关于 115 笔贷款的情况说明有异议：1. 对真实性有异议，该份说明与事实不符，首先案涉借款均为正常贷款，四平银监局关于贷款的说明没有事实依据。2. 2015—2016 年案涉的保证金并不是来源于案涉的个人贷款资金，因为梨树农联社提供过存款明细账和资金变动传票，可以看出资金并不是来源于个人贷款账户，而且亿嘉公司也对上述证据的真实性予以认可，并明确表示该证据可以证明真实的资金来源。3. 案涉个人贷款均发放至借款人账户，不存在上述贷款直接用于支付土地出让金和偿还转贷前利息的情形。126 笔贷款均是按照正常贷款发放程序进行，相关贷款凭证均有借款人签字，贷款实际发放给贷款人。不存在支付土地出让金和偿还转贷前利息的情形。4. 对证据关联性有异议。该份情况说明并未明确指出 115 笔借名贷款与本案所涉 126 笔存量贷款有关联，并未指出是哪几笔贷款存在借名贷款问题。5. 对合法性有异议。该证据不具有公文书证和单位出具证明材料的法定程序。6. 即使存在借名贷款行为也无法否认案涉个人贷款的合法性，梨树农联社仍就案涉个人借款对保证金账户内的资金享有优先受偿权。

本院经审查认为，中国银行行业监督管理委员会四平监管分局《梨树农联社与荣桦担保公司 115 笔贷款情况说明》及四银监罚决字（2017）16、17、18、19、20、21 号《行政处罚决定书》系行政机关对相关行业违规行为的处罚的决定和说明，本院工作人员亲自查看了原始档案凭证，内容真实可信，本院予以采信。

根据以上采信的证据，本院审理认定如下案件事实：2010 年 6 月 2 日，荣桦公司向梨树农联社申请，设立××××（以下简称 017）专用存款账户，资金性质为保证金。申请书记载荣桦公司注册资金 2.6 亿元，经营范围为：“为各类中小企业、个体工商户、农业产业化及农民提供贷款担保,管理咨询,中介服务。"2014 年 1 月 19 日,梨树农联社(甲方)与荣桦公司(乙方)签订了《贷款担保业务合作协议》,协议第一条约定"保证金管理":乙方在甲方开立保证金账户,根据业务需要,应存入一定比例的代偿保证金,首次保证金须一次性存入 500 万元,代偿保证金专款专用,在提供保证期间不得挪用。保证金账户 017,乙方不得要求借款人缴存保证金;第二条约定"担保额度":甲方与乙方合作的担保贷款额度不得超过乙方担保公司存入保证金总额的 5 倍。如果贷款金额达到或超过保证金的 5 倍时,乙方应当追加适当保证金。乙方公司总体担保金额不得超过其净资产的 10 倍。对单个借款人担保贷款额度不应超过乙方公司存入的担保保证金总额,并应同时满足对单户借款人担保责任金额不超过担保公司净资产 10% 以及对单户借款人及其关联方担保责任金额不超过其净资产的 15% 的条件;第四条约定"甲方为乙方承办的信贷业务的范围":甲方为具备贷款条件的中小企业、个体工商户或自然人提供的各类贷款,该贷款由乙方作为连带责任保证担保人。贷款期限由甲乙双方和借款人约定。不予办理展期业务;第五条约定:对单一借款企业只要出现一次没有按照约定期限偿还借款本息的情况,经双方协商,或由甲方直接在乙方保证金账户中扣收保证金或由乙方直接代偿,代偿借款人部分本息。不足部分由乙方在 30 日内一次性偿还该借款人未偿还的剩余部分借款本息,乙方没有在期限内偿还该借款本息时,甲方有权对乙方在本机构或其他合作金融机构的保证金存款或其他账户存款进行扣划,用以偿还该借款人的借款本息。如果仍不能足额偿还贷款本息,剩余部分由乙方承担全部偿还义务,直至本息还清为止。乙方代偿后,如果担保金不足,乙方要在 7 日内补足保证金,否则甲方暂停向乙方所担保的借款人发放贷款,直至担保金补足为止,如果乙方在约定期限内无法补足保证金的,甲方可以单方面解除或终止合作协议,由此所产生的一切法律后果由乙方依法承担;第九条约定:本协议有效期为 2 年。2016 年 1 月 19 日,双方续期了《贷款担保业务合作协议》。2016 年 9 月 1 日,双方协议变更了《贷款担保业务合作协议》,将第二条的"担保额度"变更为"担保贷款额度不得超过乙方担保公司存入保证金总额的 8 倍"。其他条款没有改变。

另查明,2016年12月16日,应亿嘉公司的申请,本院对荣桦公司的017账户进行诉前保全冻结,冻结金额22,084,787.65元,当时017账户余额为95,287,500.00元。荣桦公司没有按照本院生效的(2017)吉04民初1号民事判决书履行义务,本院执行局于2017年12月4日,将017账户内的存款12,630,732.57元扣划至本院执行账户。梨树农联社提出执行异议,本院于2018年1月18日作出了(2017)吉04执异16号执行裁定书,驳回了梨树农联社的异议,梨树农联社在法定期限内向本院提出了案外人执行异议之诉,即为本案。

再查明,截至2018年2月28日,梨树农联社提供的由荣桦公司担保的存量贷款126笔(详见证据八"存量贷款列表"),其中发生在2016年12月16日本院冻结017账户前的存量贷款120笔,贷款本金尚欠690,374,599.86元;2016年12月16日之后发生的贷款6笔(详见申调证据一),尚欠本金2200万元。2016年12月16日后,梨树农联社通过扣收保证金账户内资金收回贷款11笔,其中公司类借款本息10,304,775.84元、个人(李亚辉等11人)类借款本息40,640,000.00元,合计50,944,175.84元。2015年至2016年,荣桦公司(实际控制人韩伟)借115个自然人之名在梨树农联社贷款55,850万元,以荣桦公司提供担保,其中11,170万元存入017保证金账户,4360万元用于荣桦公司实际控制人韩伟开办的霍家店北方巴厘岛及百合香湾的土地出让金,有790万元用于偿还转贷前贷款利息(详见四平银监局情况说明申调证据三)。因借名(个人)贷款用途不合理,中国银监会四平监管分局分别对梨树农联社及其主要负责人杜春伟等人进行了行政处罚。

再查明,2018年5月22日,本院调取的荣桦公司《企业信用报告》中记载荣桦公司担保借款的债务人有19家公司,包含梨树农联社提交的吉林省保利建材有限公司等10家公司,但债权数额存在差异。梨树农联社提交的115个自然人存量贷款债务在该报告中没有体现(详见荣桦公司《企业信用报告》申调证据二、《存量贷款明细表》梨树农联社证据八)。

本案争议焦点问题:1.梨树农联社对017账户本院扣划的款项(12,630,732.57元)是否享有质权即优先受偿权;2.梨树农联社对本院扣划的款项（12,630,732.57 元）所享有的权益能否对抗法院的强制执行。

针对本案的争议焦点问题，本院综合评析如下：一、关于梨树农联社对017 账户本院扣划的款项（12,630,732.57 元）是否享有质权即优先受偿权的问题。荣桦公司申请设立的017 账户为保证金账户，目的在于为梨树农联社对外贷款提供担保服务。荣桦公司与梨树农联社所签订的《贷款担保业务合作协议》第四条约定："甲方（梨树农联社）为乙方（荣桦公司）承办的信贷业务的范围：甲方为具备贷款条件的中小企业、个体工商户或自然人提供的各类贷款，该贷款由乙方作为连带责任保证人。"根据双方签订的《贷款担保业务合作协议》的约定和荣桦公司的账户设立申请可以证明，荣桦公司在梨树农联社设立017 保证金账户是为了以荣桦公司存入的金钱作为质押物担保梨树农联社对外贷款的质押担保，且为最高额质押担保。动产质押，是债务人或第三人将其动产移交债权人占有，将该动产作为债权的担保。金钱作为特殊动产，一般规则是占有即所有，金钱作为质押物，必须保证保证金账户金钱的特定化，方能产生质押效力，形成有效质权。《最高人民法院关于适用〈中华人民共和国担保法〉若干问题的解释》第八十五条规定："债务人或者第三人将其金钱以特户、封金、保证金等形式特定化后，移交债权人占有作为债权的担保，债务人不履行债务时，债权人可以以金钱优先受偿。"此时的货币所有权并未转移，但要保证账户内保证金的特定担保用途。根据双方《贷款担保合作协议》的约定，017 账户资金的质权属性，要求该资金只能用作对梨树农联社与荣桦公司之外的第三人与梨树农联社贷款的担保。对于该账户资金的使用是否具有保证贷款的特定化属性，梨树农联社负有举证责任。通过查明的017 账户资金使用情况的事实可以发现，该账户的资金使用不符合资金特定化的要求。梨树农联社所举证的存量贷款明细和荣桦公司《企业信用报告》所体现的荣桦公司所担保的贷款户及贷款债务数额并不一致，正如《企业信用报告》报告说明第一条所记载的那样："本报告由中国人民银行征信中心出具，依据截止报告时间企业征信系统记录的信息生成。除征信中心标注外，报告中的信息均由相关数据机构和信息主体提供，征信中心不保证其真实性和准确性，但承诺在信息整合、汇总、展示的全过程中保持客观、中立的地位。"该报告有关荣桦公司贷款担保债务信息由梨树农联社提供,相关信息不符,说明梨树农联社没有如实向征信机构提供全部真实信息,特别是115个自然人的存量贷款信息债务信息在征信报告中没有任何体现。通过对中国银行业监督管理委员会四平监管分局的调查取证,115个自然人借款系梨树农联社与荣桦公司串通以115个自然人名义为荣桦公司及其实际控制人韩伟的贷款。115个自然人与梨树农联社并无借款的意思表示,只是为荣桦公司借款代名而已。依据《中华人民共和国民法总则》第一百四十六条规定:“行为人与相对人以虚假的意思表示实施的民事法律行为无效。以虚假的意思表示隐藏的民事法律关系的效力,依照相关法律处理。”梨树农联社所举存量贷款中的115个自然人的借款因缺乏真实借款意思表示借款合同无效,所谓荣桦公司对115笔借款债务的担保债务自然无效。通过梨树农联社所举证据可知,在梨树农联社的其他担保的公司类借贷债务仍然存在的情况下,梨树农联社从017保证金账户中扣划了相当数额的保证金用于偿还此虚假的115笔贷款债务,实际是荣桦公司间接使用保证金账户资金的行为,从017保证金账户的实际使用走向,该保证金账户已经失去了担保贷款特定化的法定要求,不再具有优先于他人的保证金作用。因此,梨树农联社对017账户本院扣划的款项(12,630,732.57元)不再享有质权,即不再享有优先受偿权。二、对梨树农联社对本院扣划的款项(12,630,732.57元)所享有的权益能否对抗法院的强制执行的问题。017账户设立之初为专用存款账户,为保证金性质,是荣桦公司为梨树农联社贷款发放提供的担保服务而设立。保证金账户的资金虽已经移转占有由梨树农联社控制,但在实际使用过程中,已经超出双方签订的《贷款担保合作协议》设定的使用范围,用作荣桦公司及其关联人的借款保证,梨树农联社参与并与荣桦公司串通违规使用该账户保证金,已经丧失了保证金的特定化要求,与普通存款账户无异,不再享有资金的质权优先受偿权,因此,对本院扣划的款项(12,630,732.57元)所享有的权益不能对抗法院的强制执行。

综上所述,依照《中华人民共和国物权法》第二百零八条、第二百二十二条,《中华人民共和国民法总则》第一百四十六条,《中华人民共和国担保法》

第七十四条,《中华人民共和国民事诉讼法》第一百五十二条、第二百二十七条,《最高人民法院关于适用〈中华人民共和国担保法〉若干问题的解释》第八十五条,《最高人民法院关于适用〈中华人民共和国民事诉讼法〉的解释》第三百一十二条的规定,判决如下:

驳回梨树县农村信用合作联社的诉讼请求。

案件受理费97,584.40元(梨树农联社垫付),由梨树县农村信用合作联社负担。

如不服本判决,可以在判决书送达之日起十五日内,向本院递交上诉状,并按对方当事人或者代表人的人数提出副本,上诉于吉林省高级人民法院。

审 判 长 陈传冬
审 判 员 李 爽
审 判 员 温桂杰

二〇一八年七月十六日

书 记 员 邵雅卓

【推荐意见】

根据2018年6月1日最高人民法院发布的法发〔2018〕10号《最高人民法院关于加强和规范裁判文书释法说理的指导意见》,对于裁判文书的释法说理提出的要求,推荐本判决书参选主要基于以下考虑:

1. 该判决的释法说理性强。该文书通过对裁判结论的证成过程和正当性理由进行的详细阐述,提高了裁判文书的可接受性,吉林省高级人民法院二审维持了一审判决,判决结果正确,取得法律效果和社会效果的统一。

2. 裁判文书体现了程序公正透明。该案为执行异议之诉案件,举证责任在案外人,因案外人举证材料数量大,比较庞杂,法庭组织双方交换证据,对符合法定条件的调取证据申请及时处理，充分保证双方的举证质证权利，保证了案件事实准确认定。

3. 裁判文书争议焦点归纳准确，论述得体。认定事实清楚，证据采信准确，适用法律得当。特别是对双方当事人举证质证意见、证据采信情况、裁判理由的陈述，采取逐级递进式论理方式，逻辑性强，法律规定引用完整，证据采信情况论述详细清楚，着重论述了保证金账户资金特定化产生变异的情况，为裁判结果的正确性提供了充足的事实和法律依据。

范　涛

长白朝鲜族自治县人民法院

长白朝鲜族自治县人民法院审判委员会委员、八道沟人民法庭庭长，自考吉林大学法学学士，中国政法大学在职法律硕士（证据科学方向）。所撰写的《丁某与长白县交通局等生命权赔偿案》被白山市普法办制作成宣传画册用于普法宣讲，2012 年所撰写的法律文书被评为“全市法院优秀裁判文书”。

【裁判要旨】

网络竞价具有即时性和公开性的特点,竞买人、竞买组织方均应严格遵守以最高出价成交的交易规则。网络竞拍是拍卖的一种特殊形式,在其有特别规定时依其规定,在无特别规定时,可以适用《中华人民共和国拍卖法》的一般规定。在网络竞拍时,如果竞买人因网络异常无法加价,其他竞买人拍得的物品不能形成有效承诺,拍卖活动应属无效。本案是竞买人在竞买加价过程中因网络异常无法加价,浙江淘宝网络有限公司对当时拍卖的网络情况作了说明,该案是最高人民法院2015年审判的类似案件后发生在基层法院的网络竞拍案件,确立了大数据时代下网络竞拍的规则。

【裁判文书】

吉林省长白朝鲜族自治县人民法院
民事判决书

(2018)吉0623民初216号

原告:王纪霞,女,1985年2月28日出生,汉族,个体工商户,住所:吉林省长白朝鲜族自治县××镇。

委托诉讼代理人:鞠文华,吉林仁博律师事务所律师。

被告:长白朝鲜族自治县农村信用合作联社,住所:吉林省长白朝鲜族自治县××镇××路×号。

法定代表人:耿德宝,该社理事长。

委托诉讼代理人:刘春玉,吉林刘春玉律师事务所律师。

委托诉讼代理人:张广泉,该社职员。

原告王纪霞与被告长白朝鲜族自治县农村信用合作联社(以下简称长白县信用社)确认合同有效纠纷一案,本院于2018年5月14日立案后,依法适用简易程序,公开开庭进行了审理。原告王纪霞及其委托诉讼代理人鞠文华、被告长白县信用社的委托诉讼代理人刘春玉、张广泉到庭参加诉讼。本案现已审理终结。

王纪霞向本院提出诉讼请求：一、要求依法确认王纪霞与长白县信用社的拍卖合同有效；二、要求长白县信用社继续履行拍卖合同并停止侵权行为。事实与理由：2018 年4 月27 日，王纪霞在淘宝网资产竞价网络平台上通过竞拍，拍得长白县信用社在该网络平台上挂拍的位于长白朝鲜族自治县××镇××花园××号楼××号，面积153.3 平方米的房产。在平台显示王纪霞竞拍成功后，王纪霞找长白县信用社协商交款及办理手续的相关事宜时，长白县信用社却称此次拍卖无效，需要重新拍卖此房屋。王纪霞认为完全按照拍卖程序及竞买公告操作，并没有无效的情形，长白县信用社应当为王纪霞办理相关手续，交付该房屋。但长白县信用社不但不配合，却称拍卖无效，严重损害了王纪霞的合法权益。

长白县信用社辩称：2018 年4 月27 日的网络拍卖因网络异常而中断，王纪霞主张的拍卖结果不是最终有效的拍卖结果，网络公司于2018 年5 月19 日对争议的标的进行续拍，最终保磊以52 万元拍得争议标的，该次拍卖结果有效，王纪霞的诉讼请求不成立，应予驳回。

本案经审理认定事实如下：2018 年4 月19 日，李大成将坐落于××镇××花园××号楼××号房屋委托长白县信用社出售，长白县信用社通过淘宝网资产竞价网络平台对该房屋进行拍卖，并在淘宝网发布了拍卖公告。拍卖日期为2018 年4 月26 日10 时至2018 年4 月27 日10 时，起拍价为48 万元，保证金为5 万元，王纪霞缴纳了5 万元保证金并参加竞拍。2018 年4 月27 日10 时7 分28 秒，经延时，淘宝网显示王纪霞的竞买号F5800“恭喜你拍得此品”。2018 年5 月7 日，竞买人李荣向淘宝网、长白县信用社提出异议，2018 年4 月27 日参与竞拍进行出价时，显示网络崩溃，要求对该房屋予以续拍。同日，浙江淘宝网络有限公司给长白县信用社出具《关于2018 年4 月27 日阿里资产拍卖系统出价问题的说明》：“长白县信用社：2018 年4 月27 日上午，阿里拍卖平台因网络异常，导致贵行部分正在进行竞价的标的物的出价、报名受到一定影响，我司已于4 月27 日上午紧急修复了网络异常，目前系统各项功能已经恢复正常。对贵行所提标的，经查属网络异常受影响标的，请贵行按有关规定决定处置方式,特此说明。”5月11日淘宝网将该原因通知了王纪霞并告知5月19日进行二次拍卖。2018年5月8日,王纪霞到长白县信用社签订合同缴纳尾款时,被告知因网络原因不能签订合同,王纪霞将尾款43.6万元转入长白县信用社的账户中。2018年5月11日长白县信用社将王纪霞缴纳的5万元保证金及43.6万元尾款退还给王纪霞。2018年5月19日淘宝网进行二次拍卖时,王纪霞没有参加竞拍,该房屋由保磊拍得。

通过庭审举证、质证,下列证据能够证明上述事实:李大成的房屋所有权证、房产委托处置协议、长白县信用社拍卖档案、浙江淘宝网络有限公司《关于2018年4月27日阿里资产拍卖系统出价问题的说明》、王纪霞的行内转账凭证、阿里拍卖详细截图、吉林省农村信用社进账单、李荣的异议申请书等。

根据王纪霞的诉讼请求和长白县信用社的答辩意见,归纳本案的争议焦点:王纪霞要求确认拍卖合同有效,履行拍卖合同,并要求长白县信用社停止侵权行为的主张是否合理,应否支持。王纪霞与长白县信用社对本案的争议焦点无异议和补充。

本院认为,网络竞拍是拍卖的一种特殊形式,在其有特别规定时依其规定,在无特别规定时,可以适用《中华人民共和国拍卖法》的一般规定。《中华人民共和国拍卖法》第三条规定:“拍卖是指以公开竞价的形式,将特定物品或者财产权利转让给最高应价者的买卖方式。”第三十八条规定:“买受人是指以最高应价购得拍卖标的的竞买人。”第五十一条规定:“竞买人的最高应价经拍卖师落槌或者以其他公开表示买定的方式确认后,拍卖成交。”《中华人民共和国合同法》第二十五条规定:“承诺生效时合同成立。”长白县信用社通过淘宝网资产竞价网络平台发布《竞价公告》和《竞买须知》,其中《竞价公告》第五条规定:“本次线上竞价活动设置延时出价功能,在竞价活动结束前,每最后2分钟如果有竞买人出价,自动延迟5分钟。”虽然王纪霞的竞买号F5800在2018年4月27日10时7分28秒以48.6万元拍得该房屋,网络平台显示“恭喜你拍得此品”,但李荣作为竞买人参与竞拍,因网络异常无法加价,对此李荣于2018年5月7日提出异议,浙江淘宝网络有限公司为此出具了《关于2018年4月27日阿里资产拍卖系统出价问题的说明》,该次拍卖因网络异常影响了李荣的正常加价，淘宝网通知了王纪霞，因此王纪霞的拍卖价格并不是该次拍卖活动的最高出价。网络竞价具有即时性和公开性的特点，竞买人、竞买组织方均应严格遵守以最高出价成交的交易规则，淘宝网资产竞价网络平台自动生成的王纪霞竞买号 F5800 显示“恭喜你拍得此品”不能形成有效承诺，对于王纪霞不具有约束力，王纪霞与长白县信用社的拍卖合同不成立，故其要求依法确认与长白县信用社的拍卖合同有效，要求长白县信用社继续履行拍卖合同并停止侵权行为的诉讼请求不能得到支持。

综上所述，王纪霞的诉讼请求不予支持。依照《中华人民共和国合同法》第二十五条、《中华人民共和国拍卖法》第三条、第三十八条、第五十一条的规定，判决如下：

驳回王纪霞的诉讼请求。

案件受理费 100 元，减半收取 50 元，由王纪霞负担。

如不服本判决，可以在判决书送达之日起十五日内，向本院递交上诉状，并按对方当事人或者代表人的人数提出副本，上诉于吉林省白山市中级人民法院。

审 判 员 范 涛

二〇一八年六月十五日

书 记 员 李建胜

【推荐意见】

1. 该案件类型比较新颖。最高人民法院在 2015 年审理过网络司法拍卖案件，并撤销了青海省高级人民法院的判决，对网络司法拍卖规则的确立具有启示作用。该案是继最高人民法院审理的上述案件后又一起发生在基层法院的网络司法拍卖案件，在信息化、智能化的大数据时代，司法拍卖也充分运用大数据平台进行交易,对人们的生活方式产生极大的影响,正在改变着人们的交易方式与规则。该案的亮点是,在没有先例可循的情况下,法官结合浙江淘宝网络有限公司出具的证明,就竞买人的出价情况、报名时的网络状态作出回应,从而明确了网络竞拍的出价规则,作出了公正判决。此判决的出台,对网络司法拍卖健康有序运行有启示意义。

2. 裁判文书释法说理,阐明事理,对裁判所依据的法律规范运用得当,逻辑清晰。着重论述了因网络异常延时而导致竞买人不能出价时的拍卖规则,在对网络司法拍卖没有规定的情况下,适用《中华人民共和国拍卖法》的规定。该裁判文书证据采信全面客观,对王纪霞提出的网络平台显示竞拍成功作了明确阐述,对双方分歧较大的焦点问题逐项回应,合法、合情、合理、公正、审慎,是一份优秀裁判文书,值得推荐。

行政

一等奖

李丽英

延边朝鲜族自治州中级人民法院

延边朝鲜族自治州中级人民法院行政审判庭庭长，一级法官。参与审理过赔偿总额近2000万元的敦化市雁鸣湖镇人民政府为被告的行政登记及赔偿系列案件，妥善化解曾经“焦点访谈”报道的王艳俊等人国家赔偿系列案件。执笔撰写的《行政案件“裁执分离”情况数据分析报告》在“最高法院第二届司法大数据专题协作研究”中被评为“优秀（一等奖）”，作为第二作者的案例分析《房屋登记机构与第三人承担连带赔偿责任》被刊登在最高法院行政审判庭主编的《行政执法与行政审判》第69集。

【裁判要旨】

根据《中华人民共和国立法法》的规定,规范性文件应符合上位法即法律、行政法规及部门规章的规定,如无上位法依据或与上位法相抵触,则规范性文件不应被适用。根据《中华人民共和国劳动合同法》第九十二条和人力资源和社会保障部《劳务派遣暂行规定》第二十条、第二十二条及《劳务派遣行政许可实施办法》第三十一条、第三十二条之规定,对违反《中华人民共和国劳动合同法》及相关部门规章关于劳务派遣规定的劳务派遣单位及用工单位,应处以相应的行政处罚,即上述法律、部门规章对劳务派遣的相关规定系管理性规定,并非效力性强制性规定,违反相关规定的并不必然导致劳动派遣行为无效,用工单位也并不必然与被派遣人员成立劳动关系。吉林省人力资源和社会保障厅《吉林省劳务派遣管理办法》第二十一条规定的"未经人力资源和社会保障行政部门核准,用工单位使用的劳务派遣用工视为其直接用工"之内容,与上述法律及部门规章之规定相抵触,不应被适用。故在劳务派遣纠纷中,应当具体分析劳动合同的订立及劳动报酬的发放情况来综合判断劳动者与谁建立了劳动关系。

【裁判文书】

吉林省延边朝鲜族自治州中级人民法院
行政判决书

(2019)吉24行终15号

上诉人(原审原告)国家税务总局和龙市税务局(原和龙市地方税务局),住所地和龙市××街东路××号。

法定代表人张宏,局长。

参加诉讼的行政机关负责人李志东,副局长。

委托代理人王蕴婷,吉林由正律师事务所律师。

被上诉人(原审被告)和龙市人力资源和社会保障局,住所地和龙市××

大街××号。

法定代表人杨虹玉,局长。

委托代理人张学红,该局法规科科长。

委托代理人安立岩,吉林华耀律师事务所律师。

原审第三人姜莉,女,1991年11月13日出生,汉族,无职业,现住和龙市××街××社区××组。

委托代理人韩继强,吉林华耀律师事务所律师。

上诉人国家税务总局和龙市税务局(以下简称和龙税务局)因与被上诉人和龙市人力资源和社会保障局(以下简称和龙市人社局)、原审第三人姜莉工伤行政确认一案,不服和龙市人民法院(2018)吉2406行初40号行政判决,向本院提起上诉。本院依法组成合议庭,对本案进行了审理,现已审理终结。

原审经审理查明:姜莉于2014年3月4日被和龙市地方税务局(以下简称和龙市地税)正式招聘,于和龙市地税八家子分局担任税收专管员一职。2014年7月被调回和龙市地税纳税服务科(大厅)任职办理企业税收等相关业务。后因上级要求基层单位不得直接聘用临时工,和龙市地税进行整改。从2015年10月开始,和龙市地税部分临时工以劳务派遣形式派遣至其单位工作。2016年10月28日,和龙市吉林大姐家政服务社(以下简称吉林大姐家政)与和龙市地税签订劳务派遣协议,服务期限自2016年11月1日起至2017年10月21日止。此时,由于吉林大姐家政成立年限不够申请劳务派遣条件,尚不具有劳务派遣资质。2017年7月1日,姜莉参加和龙市地税组织的"七一重走红色路线"活动,活动结束后姜莉在返回延吉住处时发生交通事故,造成其受伤。2018年1月,姜莉向和龙市人社局申请工伤认定,该局于2018年4月12日作出《工伤认定决定书》(编号:2018005),认定姜莉为工伤。和龙市地税不服和龙市人社局作出的该工伤认定决定书,起诉至法院,请求依法予以撤销。

原审认为:2017年7月1日,姜莉参加和龙市地税组织的"七一重走红色路线"活动,活动结束后,姜莉在返回延吉住处时发生交通事故,造成其受伤。2018年1月18日,和龙市人社局收到姜莉父亲姜春宏提交的《工伤认定申请书》,该局于2018年4月12日作出《工伤认定决定书》(编号:2018005),认定姜莉为工伤。和龙市人社局作出的《认定工伤决定书》认定事实清楚,证据确凿,程序合法,适用法律正确。对于和龙市地税提出的延吉市无琼花城1211号不是姜莉的经常居住地和返回延吉市无琼花城1211号不属于合理的上下班路线的辩解意见,根据《工伤保险条例》第十四条第一款第(六)项"职工有下列情形之一的,应当认定为工伤:(六)在上下班途中,受到非本人主要责任的交通事故或者城市轨道交通、客运轮渡、火车事故伤害的"、《最高人民法院关于审理工伤保险行政案件若干问题的规定》第四条第一款第(二)项"职工参加用人单位组织或者受用人单位指派参加其他单位组织的活动受到伤害的"、第六条第一款第(一)项"对社会保险行政部门认定下列情形为'上下班途中的',人民法院应予支持:(一)在合理时间内往返于工作地和住所地、经常居住地、单位宿舍的合理路线的上下班途中"之规定,延吉市无琼花城A座1211系姜莉的经常居住地,姜莉在结束单位组织的活动后返回延吉市无琼花城A座1211,系在上下班途中发生交通事故,应予认定为工伤。对于和龙市地税提出姜莉与该单位之间不存在合同关系亦不存在劳务关系,和龙市地税为姜莉的用工单位的辩解意见,和龙市妇联牵手家政服务中心(以下简称妇联牵手家政)在未取得劳务派遣许可证的情况下,于2016年11月14日与姜莉签订《家政服务合同》,将姜莉派遣至和龙市地税大厅工作,和龙市地税与吉林大姐家政(到目前为止,一直没有取得劳务派遣许可证)于2016年10月28日签订《劳务派遣协议书》,和龙市地税没能审查派遣单位派遣资质,与无劳务派遣资质的单位签订《劳务派遣协议书》,也未能到和龙市人社局办理核准手续,根据《吉林省劳务派遣管理办法》第二十一条的规定:未经人力资源和社会保障部门核准,用人单位使用的劳务派遣用工视为直接用工的规定,工伤责任主体应为和龙市地税。和龙市地税提出的上述辩解意见没有事实根据和法律依据,本院不予采纳。根据《中华人民共和国行政诉讼法》第六十九条"行政行为证据确凿,适用法律、法规正确,符合法定程序的,或者原告申请被告履行法定职责或者给付义务理由不成立的,人民法院判决驳回原告的诉讼请求"之规定,和龙市人社局作出的行政行为认定事实清楚,证据确凿,程序合法。和龙市地税认为和龙市人社局的行政行为认定事实错误、证据不足，应予撤销的诉讼请求没有依据，应予以驳回。

原审判决：驳回原告和龙市地税请求撤销被告和龙市人社局作出的《认定工伤决定书》（编号:2018005）的诉讼请求。

和龙税务局上诉称：一、原审判决遗漏案件事实。（一）妇联牵手家政具备劳务派遣资质，有权劳务派遣，并且承认“和龙市吉林大姐家政服务社”系代为与上诉人签订的合同，事实上姜莉与妇联牵手家政之间亦有劳务派遣协议证明上述事实。上诉人与和妇联牵手家政成立派遣用工关系，妇联牵手家政系原审第三人的用人单位。（二）第三人事故当天已经返回自己住所，是离开住所前往延吉途中发生的事故。二、原审判决适用法律、法规错误。吉林省人力资源与社会保障厅（以下简称吉林省人社厅）《吉林省劳务派遣管理办法》已被中华人民共和国人力资源和社会保障部（以下简称人社部）于2013年7月1日颁布的《劳务派遣行政许可实施办法》（施行时间为2013年7月1日）、2014年1月24日颁布的《劳务派遣暂行规定》（施行时间为2014年3月1日）所取代，不应当适用于本案。另，《吉林省劳务派遣管理办法》只是规范性文件，根据《中华人民共和国行政诉讼法》第五十三条之规定，该办法也不应当成为定案直接依据。鉴于此，原审判决依据该办法第二十一条规定，以上诉人未能到和龙市人社局办理核准手续为由，认定“工伤责任应为和龙税务局”，属于适用法律、法规错误。三、妇联牵手家政与本案的处理结果有利害关系，人民法院应当通知参加诉讼。

和龙市人社局答辩称：第一，妇联牵手家政与和龙税务局不存在劳务派遣协议。第二，原审第三人姜莉也没有和吉林大姐家政签订过所谓的劳动合同，但是与和龙税务局签订劳务派遣协议的却是吉林大姐家政。吉林大姐家政与姜莉并没有任何的劳动合同。所以姜莉、妇联牵手家政、吉林大姐家政与和龙税务局之间根本不存在任何劳动派遣协议的关系。这都是和龙市地税局为了规避法律责任作出的一种行为。这种行为本身应该是无效的。第三，到目前为止，《吉林省劳务派遣管理办法》仍然在生效，没有文件明确规定该办法废止。第四，姜莉先回和龙的住处再回延吉的住处是合理范围内，应该属于上下班途中的自然延伸。

原审第三人姜莉陈述称:1. 姜莉是2014年3月10日被和龙市地税正式招聘的,一直在和龙市地税工作。所谓的妇联牵手家政服务中心根本就不认识姜莉,也没有联系过姜莉,没有跟姜莉有任何协商,没有任何实质的劳动合同签订和派遣的行为。姜莉始终就是在那个位置,跟大家一样穿着制服,去从事税收工作。2.《劳务派遣暂行规定》(2014年3月1日实施)第三条规定,劳务派遣用工范围和用工比例,用工单位只能在临时性、辅助性或替代性的工作岗位上使用派遣劳动者。姜莉是税务局的一个税收专管员,不属于这种岗位,所以说不存在的一个劳务派遣的情况。3. 跟姜莉一同乘车发生事故的和龙税务局在编职工李云,就被认定了工伤,不能因为身份不同而进行区别对待。

二审期间,各方当事人未提交新证据。本院对原审查明的事实予以确认。本院根据各方当事人在原审中提交的证据及陈述另查明:2016年11月14日,姜莉与妇联牵手家政签订了《家政服务合同》,其中约定家政服务内容为地税大厅,工资总计2600元,合同期限自2016年11月1日起至2017年10月31日止等内容,姜莉本人在合同上签字。2016年12月12日,妇联牵手家政取得了《劳务派遣经营许可证》,有效期限为2016年12月12日至2019年12月11日。和龙市地税与吉林大姐家政于2016年10月28日签订了《劳务派遣协议书》,约定吉林大姐家政向和龙地税提供厨师人员3名,保洁人员1名,大厅服务人员1名,服务期限自2016年11月1日起至2017年10月31日止,和龙市地税每月支付给吉林大姐上述劳务派遣人员劳务费用,姜莉在劳务派遣人员名单中为大厅服务人员。自该合同签订之后,和龙税务局将上述劳务派遣人员的劳务费以银行转账的方式转给吉林大姐家政,未再直接向姜莉支付工资。吉林大姐家政系个体工商户,经营者是李丽;妇联牵手家政是普通型合伙企业,执行事务合伙人是李丽、李秀娟,在《劳务派遣经营许可证》上记载的妇联牵手家政的法定代表人是李丽。上述两位"李丽"为同一人。2016年12月13日,两个家政服务社共同出具《情况说明书》,说明两个家政服务社实质是一家,法人是同一人。

另查明,2018年7月20日,因体制改革,国家税务总局和龙市税务局成立,承继和龙市国家税务局及和龙市地方税务局的税费征管等职能。《吉林省劳务派遣管理办法》由吉林省人社厅作出并自2012年1月1日起施行;《劳务派遣行政许可实施办法》与《劳务派遣暂行规定》由人社部作出,并分别于2013年7月1日及2014年3月1日颁布实施。

本院认为,根据《工伤认定办法》相关规定,认定工伤的前提是工伤认定申请人与被申请人之间存在劳动关系。故本案中,姜莉与哪个单位建立了劳动关系应是被告和龙市人社局首先需要查清的问题。

《吉林省劳务派遣管理办法》第二十一条规定:“未经人力资源和社会保障行政部门核准,用工单位使用的劳务派遣用工视为其直接用工,应当及时与劳动者补签劳动合同。”该办法为吉林省人社厅2012年施行的规范性文件。《中华人民共和国劳动合同法》(以下简称《劳动合同法》)(2013年7月1日生效)第五十七条第二款规定:“经营劳务派遣业务,应当向劳动行政部门依法申请行政许可;经许可的,依法办理相应的公司登记。未经许可,任何单位和个人不得经营劳务派遣业务。”该法第九十二条第一款规定:“违反本法规定,未经许可,擅自经营劳务派遣业务的,由劳动行政部门责令停止违法行为,没收违法所得,并处违法所得一倍以上五倍以下的罚款;没有违法所得的,可以处五万元以下的罚款。”第二款规定:“劳务派遣单位、用工单位违反本法有关劳务派遣规定的,由劳动行政部门责令限期改正;逾期不改正的,以每人五千元以上一万元以下的标准处以罚款,对劳务派遣单位,吊销其劳务派遣业务经营许可证。用工单位给被派遣劳动者造成损害的,劳务派遣单位与用工单位承担连带赔偿责任。”2013年7月1日及2014年3月1日,人社部分别实施了《劳务派遣行政许可实施办法》及《劳务派遣暂行规定》。《劳务派遣暂行规定》第二十条规定:“劳务派遣单位、用工单位违反劳动合同法和劳动合同法实施条例有关劳务派遣规定,按照劳动合同法第九十二条规定执行。”该规定第二十二条规定:“用工单位违反本规定第三条第三款规定的,由人力资源社会保障行政部门责令改正,给予警告;给被派遣劳动者造成损害的,依法承担赔偿责任。”《劳务派遣行政许可实施办法》第六条规定:“经营劳务派遣业务,应当向所在地有许可管辖权的人力资源社会保障行政部门依法申请行政许可。未经许可，任何单位和个人不得经营劳务派遣业务。”另根据该办法第三十一条及第三十二条之规定，任何单位和个人违反《劳动合同法》有关劳务派遣规定的，应进行相应的行政处罚。本院认为，根据上述法律规定，对违反《劳动合同法》及相关部门规章关于劳务派遣规定的劳务派遣单位及用工单位，应处以相应的行政处罚，即上述《劳动合同法》《劳务派遣行政许可实施办法》《劳务派遣暂行规定》对劳务派遣的相关规定系管理性规定，并非效力性强制性规定，违反相关规定的并不必然导致劳动派遣行为无效，用工单位也并不必然与被派遣人员成立劳动关系。故根据上述法律规定，不能因和龙税务局与没有取得劳务派遣许可的家政公司签订了劳务派遣合同，就视为其直接与被派遣人员建立了劳动关系。同时，根据《劳动合同法》第十条第一款之规定，用人单位与劳动者建立劳动关系，应当订立书面劳动合同。根据原劳动和社会保障部《关于确立劳动关系有关事项的通知》第一条、第二条之规定，向劳动者支付报酬是成立事实劳动关系必要条件。本案中，姜莉于 2014 年 3 月开始在和龙税务局工作，由该局直接支付工资。但是，自 2016 年 10 月 28 日和龙市地税与吉林大姐家政签订合同之后，该局便按合同约定将包括姜莉在内的派遣人员的劳动报酬支付给吉林大姐家政，未再直接向姜莉本人支付过工资报酬，姜莉亦在 2016 年 11 月 14 日与其他单位签订了书面劳动合同，故根据上述法律规定，和龙税务局与姜莉并未建立事实劳动关系，该局不应是姜莉的用人单位。《吉林省劳务派遣管理办法》第二十一条“未经人力资源和社会保障行政部门核准，用工单位使用的劳务派遣用工视为其直接用工”之规定无上位法依据，且与上位法相抵触，不应适用，对和龙市人社局提出的该办法没有被废止，仍然有效的主张，法律依据不足，不予支持；和龙市人社局提出和龙税务局与家政公司签订合同系规避法律，合同应该无效的主张，事实及法律依据不足，不予支持。对第三人姜莉提出的其一直作为税收专管员在和龙税务局工作，其岗位并非临时性、辅助性或替代性工作，其与和龙税务局之间存在劳动关系的主张，因与《劳务派遣暂行规定》第二十二条之规定不符，法律依据不足，不予支持。综上，和龙市人社局认为和龙税务局与姜莉之间形成劳动关系，法律及事实依据不足，本院不予支持。

综上，原审认定事实基本清楚、适用法律错误，依照《中华人民共和国行政诉讼法》第八十九条第一款第（二）项之规定，判决如下：

一、撤销和龙市人民法院（2018）吉2406行初40号行政判决；

二、撤销和龙市人力资源与社会保障局2018年4月12日作出的《认定工伤决定书》（编号为2018005）；

三、责令和龙市人力资源与社会保障局在本判决生效之日起60日内重新作出决定。

一、二审案件诉讼费各50元，由和龙市人力资源和社会保障局负担。

本判决为终审判决。

审　判　长　李红广
审　判　员　李彩莲
审　判　员　李丽英

二〇一九年三月二十六日

书　记　员　蔡熙玲

附相关法律规定：

1.《中华人民共和国行政诉讼法》

第八十九条：人民法院审理上诉案件，按照下列情形，分别处理：

（一）原判决、裁定认定事实清楚，适用法律、法规正确的，判决或者裁定驳回上诉，维持原判决、裁定；

（二）原判决、裁定认定事实错误或者适用法律、法规错误的，依法改判、撤销或者变更；

（三）原判决认定基本事实不清、证据不足的，发回原审人民法院重审，或者查清事实后改判；

（四）原判决遗漏当事人或者违法缺席判决等严重违反法定程序的，裁定撤销原判决,发回原审人民法院重审。

原审人民法院对发回重审的案件作出判决后,当事人提起上诉的,第二审人民法院不得再次发回重审。

人民法院审理上诉案件,需要改变原审判决的,应当同时对被诉行政行为作出判决。

2.《中华人民共和国劳动合同法》

第十条第一款:用人单位与劳动者建立劳动关系,应当订立书面劳动合同。

第五十七条第二款:经营劳务派遣业务,应当向劳动行政部门依法申请行政许可;经许可的,依法办理相应的公司登记。未经许可,任何单位和个人不得经营劳务派遣业务。

第九十二条:违反本法规定,未经许可,擅自经营劳务派遣业务的,由劳动行政部门责令停止违法行为,没收违法所得,并处违法所得一倍以上五倍以下的罚款;没有违法所得的,可以处五万元以下的罚款。

劳务派遣单位、用工单位违反本法有关劳务派遣规定的,由劳动行政部门责令限期改正;逾期不改正的,以每人五千元以上一万元以下的标准处以罚款,对劳务派遣单位,吊销其劳务派遣业务经营许可证。用工单位给被派遣劳动者造成损害的,劳务派遣单位与用工单位承担连带赔偿责任。

3.《劳动和社会保障部关于确立劳动关系有关事项的通知》

一、用人单位招用劳动者未订立书面劳动合同,但同时具备下列情形的,劳动关系成立。

(一)用人单位和劳动者符合法律、法规规定的主体资格;

(二)用人单位依法制定的各项劳动规章制度适用于劳动者,劳动者受用人单位的劳动管理,从事用人单位安排的有报酬的劳动;

(三)劳动者提供的劳动是用人单位业务的组成部分。

二、用人单位未与劳动者签订劳动合同,认定双方存在劳动关系时可参照下列凭证:

(一)工资支付凭证或记录(职工工资发放花名册)、缴纳各项社会保险费

的记录;

……

4.《劳务派遣行政许可实施办法》

第六条:经营劳务派遣业务,应当向所在地有许可管辖权的人力资源社会保障行政部门(以下称许可机关)依法申请行政许可。

未经许可,任何单位和个人不得经营劳务派遣业务。

第三十一条:任何单位和个人违反《中华人民共和国劳动合同法》的规定,未经许可,擅自经营劳务派遣业务的,由人力资源社会保障行政部门责令停止违法行为,没收违法所得,并处违法所得1倍以上5倍以下的罚款;没有违法所得的,可以处5万元以下的罚款。

第三十二条:劳务派遣单位违反《中华人民共和国劳动合同法》有关劳务派遣规定的,由人力资源社会保障行政部门责令限期改正;逾期不改正的,以每人5000元以上1万元以下的标准处以罚款,并吊销其《劳务派遣经营许可证》。

5.《劳务派遣暂行规定》

第三条:用工单位只能在临时性、辅助性或者替代性的工作岗位上使用被派遣劳动者。

前款规定的临时性工作岗位是指存续时间不超过6个月的岗位;辅助性工作岗位是指为主营业务岗位提供服务的非主营业务岗位;替代性工作岗位是指用工单位的劳动者因脱产学习、休假等原因无法工作的一定期间内,可以由其他劳动者替代工作的岗位。

用工单位决定使用被派遣劳动者的辅助性岗位,应当经职工代表大会或者全体职工讨论,提出方案和意见,与工会或者职工代表平等协商确定,并在用工单位内公示。

第二十条:劳务派遣单位、用工单位违反劳动合同法和劳动合同法实施条例有关劳务派遣规定的,按照劳动合同法第九十二条规定执行。

第二十二条:用工单位违反本规定第三条第三款规定的,由人力资源社会保障行政部门责令改正,给予警告;给被派遣劳动者造成损害的,依法承担赔偿责任。

【推荐意见】

随着经济的发展，劳务派遣活动日趋活跃，涉及劳务派遣的纠纷也随之增多。实践中关于劳务派遣中各方劳动关系的认定存在不同观点，特别是吉林省还存在人社厅出台的规范性文件部分内容与《中华人民共和国劳动合同法》及人社部颁布的部门规章相关规定相抵触的情形。本案系在劳务派遣活动中产生的工伤行政确认纠纷，涉及劳务派遣单位、用工单位与被派遣劳动者三方劳动关系的认定问题。本案裁判明确了吉林省人社厅作出的规范性文件中“未经人力资源和社会保障行政部门核准，用工单位使用的劳务派遣用工视为其直接用工”之规定因无上位法依据，且与上位法相抵触而不应被适用，指出劳务派遣中各方劳动关系的认定应综合考虑劳动合同的签订、劳动报酬的发放等具体情况来进行，为人社部门在劳务派遣纠纷中正确认定各方劳动关系提供了法律上的指引，对在实践中明晰劳务派遣中各方当事人的法律关系起到了积极作用。

吕相峰

扶余市人民法院

扶余市人民法院行政审判庭副庭长、审判员，一级法官。多年来一直从事行政审判工作，审结行政案件 277 件，非诉行政执行案件 723 件，所承办的案件全部在审限内结案，每年的行政审判结案率均为 100%。多次被评为扶余市人民法院优秀法官、先进工作者，2009 年被扶余县直属机关工作委员会评为优秀共产党员，2010 年被松原市中级人民法院评为优秀法官，2016 年被评为扶余市"三八红旗手"。

【裁判要旨】

1. 持续以先行登记保存的形式对案涉产品予以控制，致使原告丧失对涉案产品的占有和使用，采取的先行登记保存行为已对原告的财产权益产生实际影响，原告对该行为提起行政诉讼符合法律规定，具有可诉性。

2.《中华人民共和国行政处罚法》第三十七条第二款规定："行政机关在收集证据时，可以采取抽样取证的方法；在证据可能灭失或者以后难以取得的情况下，经行政机关负责人批准，可以先行登记保存，并应当在七日内及时作出处理决定，在此期间，当事人或者有关人员不得销毁或者转移证据。"该条规定的是紧急情况下行政机关对证据采取保全措施的规定，目的是将登记保存的物品作为证据用记录、复制、拍照等方式及时固定，以避免事后难以取证，但是七日内必须对被登记保存的证据作出扣押或放行的决定。且《中华人民共和国行政处罚法》并没有规定先行登记保存行为可以延期的规定。先行登记保存行为超过法定期限，在没有证据证明行政相对人存在违法行为时，应及时解除先行登记保存；如果持续以先行登记保存的方式变相扣押相对人财产的，依法应予确认违法。

【裁判文书】

吉林省扶余市人民法院
行政判决书

（2018）吉0781行初31号

原告瓦房店五岛粉洗盐厂，住所地辽宁省瓦房店市××镇××村，代码号：××××。

法定代表人张凯航，总经理。

委托代理人曹亚彬，男，1958年3月15日出生，汉族，住松原市××区××街×委。

委托代理人徐保华，男，1975年5月10日出生，汉族，住榆树市××乡×

×村×组。

被告扶余市盐务管理局。

法定代表人李丹,局长。

委托代理人赵伟,扶余市盐务管理局副局长。

委托代理人李祎,吉林省吉林金证律师事务所律师。

原告瓦房店五岛粉洗盐厂不服被告扶余市盐务管理局(以下简称扶余市盐务局)先行登记保存行政行为一案,于2018年4月23日向本院提起行政诉讼。本院于2018年5月8日作出(2018)吉0781行初7号行政裁定书。原告不服上诉至吉林省松原市中级人民法院。松原市中级人民法院于2018年8月13日作出(2018)吉07行终80号行政裁定书指定本院继续审理。本院依法组成合议庭于2018年9月29日公开开庭审理了本案。原告瓦房店五岛粉洗盐厂委托代理人曹亚彬、徐保华,被告扶余市盐务局委托代理人赵伟、李祎到庭参加诉讼。本案现已审理终结。

原告瓦房店五岛粉洗盐厂诉称:1. 撤销被告于2018年3月28日作出的先行登记保存通知书;2. 立即返还原告盐产品加碘精制盐11,960公斤、天然洗涤盐22,816.5公斤、精制加碘盐6000公斤,合计40,776.5公斤;3. 赔偿原告的经济损失381,000元。事实和理由:原告于1997年4月17日成立了瓦房店五岛粉洗盐厂,2017年1月1日,国家将盐业经销推向市场化,原告依法依规在吉林省扶余市成立销售网点,并聘任徐保华为负责人。原告跨区域的经营行为并在省盐务管理局办理许可,原告的企业经营行为符合法律规定。2018年3月28日扶余市盐务管理局作出《先行登记保存通知书》,以原告违规经营为由非法查扣原告所经营的食盐。原告认为,一、被告的行政强制行为认定的事实于法无效。1. 原告瓦房店五岛粉洗盐厂是国家食盐生产企业和国家定点食盐批发企业,其从事食盐生产批发行为合法合规。湖北长舟盐化有限公司同样为国家企业定点生产企业和国家定点食盐批发企业,同样在吉林省盐务管理局备案,这两家企业具有依法依规跨区域在吉林省境内从事食盐销售资质。况且,依据《食盐专营办法》第十四条第一项“食盐定点批发企业应当从食盐定点生产企业或者其他食盐定点批发企业购进食盐,在国家规定的范围内销售”的规定,原告的行为完全合法合规。2.原告依法依规依国家盐改的相关政策在吉林省扶余市食盐市场设立销售网点进行食盐销售行为,符合工信厅联消费〔2016〕211号第一项,关于食盐企业销售第(三)项“通过自建销售网点直接开展食盐销售业务”的规定。3.原告的盐产品从原告的厂家移库调拨到原告在扶余市所设的销售网点(分部)进行销售,根本不存在违规经营行为。4.徐保华本人是原告所聘员工,有原告与徐保华本人签订的劳动合同书、社会保险缴费证明、任职书、医疗保险证等。5.按照《中华人民共和国民法通则》第七十五条第二项“公民的合法财产受法律保护,禁止任何组织或者个人侵占、哄抢、破坏或者非法查扣、冻结、没收”的规定,原告的财产是合法财产,原告的经营行为合法合规,被告的查扣行为非法无效。二、被告的行政强制措施理由荒唐、违法。1.原告将本厂生产的盐产品以及从湖北长舟盐化有限公司购进的盐产品移库调拨到其在吉林省扶余市所设的销售网点进行销售,定性为违法经营行为,没有证据支持。2.依据《中华人民共和国行政处罚法》第三十七条第二款“行政机关在收集证据时,可以采取抽样取证的方法;在证据可能灭失或者难以取得的情况下,经行政机关负责人批准,可以先行登记保存,并应当在七日内及时作出处理决定,在此期间,当事人或者有关人员不得销毁或者转移证据”的规定,原告的盐产品被被告依法先行登记保存至今已经183天,被告仍未作出处理决定,其行政强制行为的程序违法。被告的行为违反了《中华人民共和国行政处罚法》第三十七条第二款和第三条第二项“没有法定依据或者不遵守法定程序的,行政处罚无效”的规定。三、被告的行为违反国家相关的法律法规,违反《中华人民共和国行政强制法》第七条、《食盐专营办法》第十四条第二项规定的“食盐定点批发企业在国家规定的范围内销售食盐,任何单位或者个人不得阻止或者限制”。被告的行为同时违反了国务院令第303号《国务院关于禁止在市场经济活动中实行地区封锁的规定》第三条。综上,原告依法依规、依国家相关的盐改方针政策将被告诉至法院,请依法保护原告的合法诉求。

原告瓦房店五岛粉洗盐厂向本院提供了以下证据:第一组证据,先行登记保存通知书、先行登记保存物品清单。证明被告查扣至今已经183天,以行政强制措施代替行政处罚，违反了相关法律法规规定，并给原告造成经济损失381,000元。第二组证据，光盘一个。证明类似案例违法。第三组证据，营业执照复印件二份、食盐定点生产企业证书副本复印件、食盐批发企业许可证复印件、移库调拨单二份、质检报告三份、增值税发票一张、销售凭证一张、供销合同一份、在吉林省盐务局备案材料、租房租库协议各一份、营业场所牌匾照片一张。证明原告及成立的销售部所有的经销活动合法合规。第四组证据，相关的法规及盐改政策文件。

被告扶余市盐务局辩称：一、原告主体不适格。2018年3月28日，被告对瓦房店五岛粉洗盐厂扶余市分部制发《先行登记保存通知书》，行政相对人不是本案原告瓦房店五岛粉洗盐厂。瓦房店五岛粉洗盐厂扶余市分部与原告分别在不同的工商行政部门注册，不享有食盐专营体制内批发食盐的许可证照，在因食盐经营诉讼过程中不能享有同一的诉讼主体权利，故原告主体不适格，应驳回原告的起诉。二、原告所述与事实不符，被告的行政行为事实清楚，程序合法，适用法律适当。2018年3月28日，被告对瓦房店五岛粉洗盐厂扶余市分部制发了《先行登记保存通知书》。2018年2月期间，被告检查市场时发现有扶余市老醋厂姜德军在实施批发五岛牌食盐的情况，于2018年2月6日询问调查姜德军，姜德军陈述其确实送了被告检查到的盐品，是为五岛粉洗盐厂送的，盐厂租了老醋厂的车，送货时徐保华随车收款的情况。2018年3月28日，被告检查市场在扶余市道西街老醋酿造有限公司库房内有外包装为五岛粉洗盐厂天然洗涤盐22,816.5公斤（912包，每包50小袋，500g/小袋，另有零散33小袋），加碘精制盐11,960公斤（598包，每包50小袋，400g/小袋），湖北长舟盐化有限公司精制加碘盐6000公斤（120包，每包50公斤）。经询问徐保华称涉案盐品是瓦房店五岛粉洗盐厂移库到扶余分部的，他本人是盐厂的职工，经营时租扶余老醋厂的车送货，但没有提供涉案盐品的检测报告，未提供根据《食盐专营办法》和《中华人民共和国食品安全法》规定应提供的保存不少于二年的任何相关经营食品的证明文件和销售记录。被告认为其行为涉嫌违反《食盐专营办法》食盐零售单位应当从食盐定点批发企业购进食盐的规定，涉案盐品作为证据，如不对其进行证据保全不能排除以后可能灭失或者难以取得的情况发生，被告依据《中华人民共和国行政处罚法》第三十七条第二款的规定，对涉案盐品进行了先行登记保存的证据保全行为。2018年3月29日，被告再次到上述地点检查时，发现瓦房店五岛粉洗盐厂商品盐调拨单一份，同日对该单据进行了先行登记保存。2018年4月4日，依据《中华人民共和国行政处罚法》第三十七条第二款的规定制发了《先行登记保存证据的处理决定通知书》，通知了我局决定对涉案经销行为进行立案和调查，先行登记保存物品作为涉嫌的证据，暂由我局保存，待涉嫌行为调查清楚后再行依法处理。2018年4月3日，因涉案盐品中五岛粉洗盐厂加碘精制盐涉嫌侵犯商标专用权，将其移送给了扶余市市场监督管理局处理。此后，徐保华拒绝配合被告的调查工作。瓦房店五岛粉洗盐厂扶余市分部在扶余市税务局没有办理税务登记。2018年7月3日，发现了扶余市三丰超市于2018年6月20日批发了瓦房店五岛粉洗盐厂粉洗盐给扶余市福膳斋食品有限公司。2018年7月4日，发现了扶余市老醋厂姜德军于2018年7月1日批发了五岛粉洗盐厂天然洗涤盐和加碘精制盐给扶余市三丰超市的事实。以上的食盐经营行为违反了《食盐专营办法》和相关政策的规定，也与徐保华的陈述不符，2018年8月21日，被告接到工业和信息化部的《关于调查处理瓦房店五岛粉洗盐厂、铁岭市盐业专营有限公司等企业违法生产销售食盐的函》，调查2014年8月至今瓦房店五岛粉洗盐厂一直未能正常生产，资质证书未按规定由省级盐业主管部门缴回；张正波将资质证书以年40万元的价格出借给非食盐定点生产、批发企业潍坊龙飞化工有限公司；潍坊龙飞化工有限公司用工业盐灌装食用鱼盐、食用腌制盐，盐品流入吉林省，吉林省的经销人员姓徐的情况。目前该案仍处继续调查阶段。三、被告执法是以国务院《食盐专营办法》、《中华人民共和国食品安全法》和《中华人民共和国行政处罚法》等法律、法规为依据，贯彻落实《工业和信息化部办公厅关于加强食盐质量安全管理工作的通知》（工信明电〔2017〕3号）关于按照《中华人民共和国食品安全法》和《食盐专营办法》检查市场的相关规定，依法行政，打击各类涉盐违法活动，确保我市食盐安全。被告行政执法收集证据时，在涉案盐品可能灭失或者以后难以取得的情况下，进行先行登记保存是一种保全证据程序，其仅为行政处罚法中调查程序的一个环节，不是一个完整的行政行为，不具有可诉性。被告的调查行为依法应予支持。

综上所述，原告主体不适格，被告对瓦房店五岛粉洗盐厂扶余市分部制发的《先行保存通知书》为保全证据程序，不具有可诉性，应驳回原告的起诉。

被告扶余市盐务局向本院提供了以下证据：第一组证据，姜德军询问笔录、勘验检查笔录、徐保华询问笔录、先行登记保存审批表二份、先行登记保存通知书二份、先行登记保存物品清单二份、重大（情节复杂）案件集体讨论记录、先行登记保存证据的处理决定通知书二份、瓦房店五岛粉洗盐厂商品盐调拨单二份、徐保华拒绝配合调查的通话记录及录像。第二组证据，扶余市盐务管理局案件移送函、说明、证明。第三组证据，扶余市福膳斋食品有限公司刘敬岩询问笔录、扶余市三丰超市李玉兰询问笔录、扶余市老醋酿造有限公司工商注册表、扶余市三丰超市工商注册表。第四组证据，《辽宁省盐业体制改革实施方案的通知》（辽政发〔2016〕89 号）、《关于调查处理瓦房店五岛粉洗盐厂、铁岭市盐业专营有限公司等企业违法生产销售食盐的函》（工消费函〔2018〕357 号）。第五组证据，《食盐专营办法》、《中华人民共和国食品安全法》、《中华人民共和国行政处罚法》和《工业和信息化部办公厅关于加强食盐质量安全管理工作的通知》（工信明电〔2017〕3 号）。

本院对经过庭审质证的上述证据认证如下：先行登记保存通知书是被诉行政行为。先行登记保存物品清单、先行登记保存证据的处理决定通知书是被告在作出先行登记保存过程中的文书，本院予以确认。对瓦房店五岛粉洗盐厂及瓦房店五岛粉洗盐厂扶余市分部的营业执照的真实性本院予以确认。本案系对被告采取的证据先行登记保存措施是否合法进行审查，至于原告是否存在被告所认定的违法事实不是本案的审查范围，故对原、被告提供的其他证据本院不予审查。

经审理查明，2018 年 3 月 28 日扶余市盐务局对瓦房店五岛粉洗盐厂扶余分部作出《先行登记保存通知书》，认定瓦房店五岛粉洗盐厂扶余分部涉嫌违规经营瓦房店五岛粉洗盐厂盐产品、湖北长舟盐化有限公司盐产品等问题，为防止证据灭失或以后难以取得，根据《中华人民共和国行政处罚法》第三十七条第二款对瓦房店五岛粉洗盐厂扶余分部经营销售的瓦房店五岛粉洗盐厂生产的天然洗涤盐22,816.5公斤、加碘精制盐11,960公斤、湖北长舟盐化有限公司生产的精制加碘盐6000公斤予以登记保存,先行登记保存物品的保存期限为2018年3月28日至4月4日共7天,保存地点在扶余市盐业公司库房内。2018年3月29日扶余市盐务局对瓦房店五岛粉洗盐厂扶余分部又作出先行登记保存通知书,对瓦房店五岛粉洗盐厂商品盐调拨单先行登记保存,保存的期限为2018年3月29日至4月5日,保存地点为扶余市盐务局稽查大队。2018年4月4日扶余市盐务局对瓦房店五岛粉洗盐厂扶余分部作出(扶)盐通〔2018〕1号、2号《先行登记保存证据的处理决定通知书》,内容为2018年3月28日、3月29日经现场勘验、调查并向瓦房店五岛粉洗盐厂扶余分部送达了先行登记保存通知书后,经调查得知瓦房店五岛粉洗盐厂扶余分部从事的销售(批发)食盐行为涉嫌违反《食盐专营办法》,我局决定对涉嫌销售行为进行立案和调查,先行登记保存物品作为涉嫌的证据,暂由我局保存,待涉嫌行为调查清楚后再行依法处理。原告瓦房店五岛粉洗盐厂不服被告的证据先行登记保存行为,向本院提起行政诉讼。

本院认为,关于瓦房店五岛粉洗盐厂是否具备行政诉讼原告主体资格的问题。《中华人民共和国行政诉讼法》第二十五条规定行政行为的相对人以及其他与行政行为有利害关系的公民、法人或者其他组织,有权提起诉讼。本案中被诉先行登记保存行为虽然是对瓦房店五岛粉洗盐厂扶余分部作出,但瓦房店五岛粉洗盐厂扶余分部是原告瓦房店五岛粉洗盐厂在扶余市设立的分支机构,作为设立分支机构的瓦房店五岛粉洗盐厂与被诉行政行为具有法律上的利害关系,其有权以原告身份对被诉行政行为提起诉讼。故被告认为原告不具有行政诉讼主体资格的辩称本院不予采纳。

关于被告采取的先行登记保存行为是否可诉的问题。本院认为,本案中被告对原告作出先行登记保存行为后至原告起诉时,仍然没有对原告是否存在违法行为以及是否应予处罚作出实体认定,却对原告所有的案涉盐产品持续以先行登记保存的形式保存在其仓库,对案涉产品予以控制,致使原告丧失对涉案盐产品的占有和使用。被告实施的采取先行登记保存行为是否合法对原告的财产权益产生实际影响，原告对该行为提起行政诉讼符合法律规定，具有可诉性。故对被告主张被诉行政行为不具有可诉性的辩称本院不予采信。

关于被告作出的先行登记保存行为是否违法问题。依据《中华人民共和国行政处罚法》第三十七条第二款的规定："行政机关在收集证据时，可以采取抽样取证的方法；在证据可能灭失或者以后难以取得的情况下，经行政机关负责人批准，可以先行登记保存，并应当在七日内及时作出处理决定，在此期间，当事人或者有关人员不得销毁或者转移证据。"该条规定的是紧急情况下行政机关对证据采取保全措施的规定，目的是将登记保存的物品作为证据用记录、复制、拍照等方式及时固定，以避免事后难以取证，但是七日内必须对被登记保存的证据作出扣押或放行的决定。扶余市盐务局于2018年3月28日对瓦房店五岛粉洗盐厂扶余分部作出《先行登记保存通知书》，2018年4月4日作出（扶）盐通〔2018〕1号、2号先行登记保存证据的处理决定通知书，名称虽是处理决定通知书，但仍是决定将案涉盐产品作为物证保存，故其实质是决定继续登记保存案涉盐产品。《中华人民共和国行政处罚法》并没有规定先行登记保存行为可以延期的规定。本案中，至原告起诉时案涉盐产品仍处于登记保存状态仍处于被告的控制下，扶余市盐务局先行登记保存案涉盐产品的期限明显超出《中华人民共和国行政处罚法》规定的七日法定期限，依法应予确认违法。

关于原告要求被告赔偿其经济损失381,000元的诉讼请求。本院认为，按照《中华人民共和国国家赔偿法》的规定对财产权造成其他损害的，按照直接损失给予赔偿。原告要求被告赔偿的经济损失381,000元是可期待利益为间接损失，且原告没有提供相关证据予以证实其直接的经济损失为381,000元。故对原告要求被告赔偿其经济损失381,000元的诉讼请求，本院不予支持。

综上，依照《中华人民共和国行政诉讼法》第七十四条第二款第（一）项、《中华人民共和国国家赔偿法》第四条、第三十六条的规定，判决如下：

一、确认被告扶余市盐务管理局对原告瓦房店五岛粉洗盐厂扶余分部涉案盐产品（瓦房店五岛粉洗盐厂生产的天然洗涤盐22,816.5公斤、加碘精制盐11,960公斤、湖北长舟盐化有限公司生产的精制加碘盐6000公斤）予以先行登记保存的行政行为违法；

二、被告扶余市盐务管理局于判决生效后七日内将保存的瓦房店五岛粉洗盐厂生产的天然洗涤盐22,816.5公斤、加碘精制盐11,960公斤、湖北长舟盐化有限公司生产的精制加碘盐6000公斤返还给瓦房店五岛粉洗盐厂扶余分部；

三、驳回原告瓦房店五岛粉洗盐厂的其他诉讼请求。

案件受理费100元，由被告扶余市盐务管理局承担。

如不服本判决，可以在判决书送达之日起十五日内向本院递交上诉状，并按对方当事人的人数提出副本，上诉于吉林省松原市中级人民法院。

审　判　长　吕相峰
人民陪审员　贾晶雯
人民陪审员　梅长君

二〇一八年十月二十三日

书　记　员　孙婷婷

【推荐意见】

先行登记保存是法律为保障调查顺利进行而设置的一种调查手段，重在以登记的形式对证据进行保存，其适用对象是可能灭失或者以后难以取得的证据，主要是针对物证、书证两类，也有可能是涉案物品，涉案物品作为证据时也可以成为先行登记保存的对象。但是对先行登记保存后法律规定应当在7日内及时作出处理决定，因此有的行政机关认为作出了处理决定就万事大吉。实际上，这是一种片面的错误理解，认为行政机关只要履行了作出处理决定的形式就可以无限期限制当事人的物权。《行政处罚法》只授予了行政机关7

日的先行登记保存时间，超出该期限则无权限，通过调查，对违法事实清楚、需要立案调查的，可以对先行登记保存的证据转为查封或者扣押；对不需要立案调查，或者不需要继续控制该证据的，应当在7日内及进解除先行登记保存。本案是对超过法定先行登记保存期限后继续以先行登记保存的形式扣押行政相对人的财物的行为确认违法，实质是对行政机关而言，法无授权即禁止，行政机关超过法定期限的先行登记保存行为属于违法行为。该案认定事实清楚、适用法律正确，裁判说理充分，既监督了行政机关依法行政，同时又保护了行政相对人的合法权益不受损害，该案例在司法实践中具有一定的指导意义。

刑事

二等奖

张洪尧
吉林省高级人民法院

1988 年至 1992 年吉林工程技术师范学院任教，1992 年到吉林省高级人民法院工作，历任书记员、助理审判员、刑事审判第二庭副庭长、现任刑事审判第三庭副庭长、三级高级法官。

近年来，审理了通化市委原副书记、市长田玉林受贿上诉案，指导受案法院审理了最高人民法院指定管辖的重庆市南岸区委原书记夏某某受贿、非法持有弹药案，黑龙江省委原常委、大庆市委原书记韩某某受贿案，辽宁省人大常委会原副主任李某某受贿、行贿案，北京市政协原党组副书记、副主席李某某受贿案等重大职务犯罪案件，均收到了良好的法律效果、社会效果和政治效果。

【裁判要旨】

在资不抵债、没有偿还能力的情况下,被告人隐瞒公司真实情况,借用他人黄金饰品和金条,骗得中东担保公司为其担保向银行贷款;后又采用虚假抵押等手段,向张威、薛成吉骗取借款,达到非法占有的目的,均应认定构成合同诈骗罪。

【裁判文书】

吉林省高级人民法院
刑事裁定书

(2017)吉刑终159号

原公诉机关吉林省长春市人民检察院。

上诉人(原审被告人)戴国章,男,1975年4月19日出生于福建省莆田市,汉族,初中文化,榆树市戴尼尔珠宝城法定代表人,户籍地莆田市××区××镇××村××号,住吉林省榆树市××小区。因涉嫌犯合同诈骗罪,于2016年3月9日被刑事拘留,同年4月13日被逮捕。现羁押于吉林省榆树市看守所。

吉林省长春市中级人民法院审理长春市人民检察院指控原审被告人戴国章犯合同诈骗罪一案,于2017年5月15日作出(2017)吉01刑初46号刑事判决。原审被告人戴国章不服,提出上诉。本院依法组成合议庭,经过阅卷,讯问原审被告人,认为事实清楚,决定不开庭审理。现已审理终结。

原审判决认定:

一、被告人戴国章系榆树市新时代广场长白山金店(以下简称长白山金店)实际控制人、榆树市戴尼尔珠宝城(以下简称戴尼尔珠宝城)法定代表人。2015年1月13日,戴国章向吉林市中东信用担保有限责任公司(以下简称中东担保公司)谎称其借来的大量黄金饰品为其自有黄金,并以该部分黄金及两家金店内库存的黄金饰品作为质押,骗取中东担保公司信任,由中东担保公司提供担保以长白山金店名义在中国银行榆树支行贷款人民币(以下币种相同)700万元,戴国章将其中500余万元用于偿还债务。

2016年年初,该笔贷款到期,戴国章向中东担保公司谎称其具有偿债能力,因货物积压没有足够现金偿还到期贷款,骗取中东担保公司代为偿还到期的700万元贷款。

2016年2月3日,戴国章谎称其代为保管的他人黄金饰品为其所有、谎称此前其购买的大量样品金条为黄金足金,并伪造黄金进货单,质押黄金饰品、金条价值1790.9万元(其中戴国章自有黄金饰品等物品价值294.7823万元)给中东担保公司,并交纳70万元保证金,骗取该公司信任,由中东担保公司担保以长白山金店名义在中国银行榆树支行贷款700万元。2016年2月6日戴国章将该笔钱款用于偿还此前中东担保公司代其偿还的700万元到期贷款。

案发后,中东担保公司于2016年8月9日向中国银行榆树支行代为偿还贷款本息合计721.336397万元。戴国章质押给中东担保公司的自有黄金饰品等物品价值294.7823万元,案发后返还中东担保公司,戴国章诈骗中东担保公司335.2177万元。中东担保公司实际经济损失356.554097万元。2016年3月8日,被告人戴国章在榆树市银丰信贷公司被抓获。

二、2015年7月至9月,被告人戴国章在资不抵债的情况下,谎称需要资金进货,承诺高息,以已经质押给中东担保公司的长白山金店和戴尼尔金店的库存黄金及珠宝作为抵押,向张威借款200万元、100万元,共计借款300万元。戴国章将上述钱款用于清偿债务。案发前,戴国章向张威偿还57万元,张威实际经济损失243万元。

三、2015年12月,被告人戴国章在资不抵债的情况下,谎称需要资金进货,承诺高息,并以已经质押给中东担保公司的长白山金店和戴尼尔金店的库存黄金及珠宝作为抵押,向薛成吉借款200万元。戴国章将上述钱款用于清偿债务。案发前,戴国章向薛成吉偿还24万元,薛成吉实际损失176万元。

原审判决认为,被告人戴国章以非法占有为目的,采用虚假抵押物或部分履行合同方式骗取他人财物,数额特别巨大,其行为已构成合同诈骗罪,应依法惩处。据此,依照《中华人民共和国刑法》第二百二十四条第(二)项、第(三)项、第六十七条第三款、第五十二条、第五十三条、第六十四条之规定,认定被告人戴国章犯合同诈骗罪判处有期徒刑十五年,并处罚金人民币五十万元;责令被告人戴国章退赔被害单位吉林市中东信用担保有限责任公司人民币叁佰伍拾陆万伍仟伍佰肆拾元玖角柒分;退赔被害人张威人民币贰佰肆拾叁万元;退赔被害人薛成吉人民币壹佰柒拾陆万元。

戴国章上诉称:没有非法占有目的,钱款均用于公司经营,其行为是民间借贷,不构成犯罪。

经审理查明,原审判决认定戴国章犯合同诈骗罪的事实清楚。有书证、鉴定意见、证人陈国章、陈叔清、戴美珠、陈伟、董志武、杨丽娜、邹程、孙艳丽、孙利、赵杨、范鹏程、唐冬媛、王建平、关善猛、董晓辉的证言、被害人张威、薛成吉的陈述等证据证实,戴国章亦供认。以上证据均经原审庭审控辩双方举证、质证,可以作为定案的根据。证据确实充分,足以认定。

关于戴国章提出没有非法占有目的,钱款均用于公司经营,其行为是民间借贷,不构成犯罪的上诉理由。经查,戴国章在资不抵债的情况下,采取借用他人黄金饰品谎称自有黄金饰品,样品金条谎称真品金条,伪造黄金制品进货单的方法,骗取中东担保公司信任,由中东担保公司提供担保在中国银行榆树支行贷款700万元,致使中东担保公司造成重大经济损失;戴国章在资不抵债的情况下,虚构需要资金进货,承诺高息,以已经质押给中东担保公司的长白山金店和戴尼尔珠宝城的库存黄金及珠宝作为抵押,骗取张威、薛成吉财物,证明其具有非法占有的故意,其行为构成合同诈骗罪。上诉理由不能成立,不予采纳。

本院认为,上诉人戴国章以非法占有为目的,采用虚假抵押或部分履行合同方法骗取他人财物,数额特别巨大,其行为已构成合同诈骗罪,应依法惩处。原审判决定罪准确,量刑适当,审判程序合法。根据《中华人民共和国刑事诉讼法》第二百二十五条第一款第(一)项之规定,裁定如下:

驳回上诉,维持原判。

本裁定为终审裁定。

审　判　长　张洪尧
代理审判员　魏竞哲
代理审判员　孙陶轶

二〇一七年十一月十日

书　记　员　李　镇

【推荐意见】

在司法实践中,经常遇到行为人向银行提供虚假证明文件,同时又骗取担保人的信任,以申请贷款的方式获取银行资金后,自己没有偿还贷款的能力,而由担保人代为偿还部分或者全部贷款的情况,对此究竟应当以何罪论处存在一定争议。通过向银行贷款的方式骗取担保人财产的行为,表面上看是骗取银行贷款,实际上侵害的是担保人的财产权益,犯罪对象并非银行贷款而是担保合同一方当事人的财产,对此种行为应以合同诈骗罪论处。银行等金融机构为了确保所贷出的款项安全可靠,一般均要求借款人在申请贷款时提供必要的担保。担保人作为借款合同中的第三人,在借贷人不能偿还贷款本息时,负责偿还贷款本息或承担与借款人共同偿还贷款的连带责任。行为人虚构事实骗取银行与担保人的信任,非法占有借款后,银行可依据担保合同从担保人处获取担保,而担保人则是银行债务的实际承担者,受侵害的往往是担保人。只要担保人与银行之间所订立的担保合同具有法律效力,银行与担保人之间就成立债权、债务关系,法律关系的最终落脚点和行为侵害对象就应认定是担保人而非银行。结合本案,戴国章在资不抵债的情况下,隐瞒公司真实情况,采用虚假抵押等手段,骗得中东担保公司为其担保向银行贷款,向张威、薛成吉骗取借款,均应认定构成合同诈骗罪。

郎　玲

吉林市中级人民法院

2010年考入吉林市中级人民法院，先后在办公室、刑事审判第一庭、宣传教育处工作，曾任办公室副主任，刑事审判第一庭副庭长，现任宣传教育处处长。曾办理吉林省投资集团有限公司董事长刘保威受贿等重大职务犯罪案件。

【裁判要旨】

1. 争吵、厮打中持尖刀刺被害人要害部位的应定性为故意杀人而不是故意伤害；

2. 被告人作案后虽没有立即向公安机关投案，但事后经亲友规劝并在亲友陪同下投案，且能如实供述的，应认定为自首。

【裁判文书】

吉林省吉林市中级人民法院
刑事判决书

（2018）吉02刑初31号

公诉机关吉林省吉林市人民检察院。

被告人谷林喜，男，1967年2月20日出生于吉林省桦甸市，公民身份号码××××，汉族，文盲，农民，住桦甸市××乡××村××社。因涉嫌犯故意杀人罪，于2017年9月9日被刑事拘留，同年9月21日被逮捕。现羁押于桦甸市看守所。

指定辩护人李晓森，吉林大龙律师事务所律师。

吉林省吉林市人民检察院以吉市检刑检刑诉（2018）30号起诉书指控被告人谷林喜犯故意杀人罪，于2018年4月23日向本院提起公诉。附带民事诉讼原告人刘某1、谷某3、谷某2向本院提起附带民事诉讼。本院于2018年5月2日受理，并依法组成合议庭，同年5月23日依法公开开庭进行了合并审理。吉林市人民检察院指派检察员李倩、徐华良出庭支持公诉。附带民事诉讼原告人刘某1、谷某3、谷某2，被告人谷林喜及其辩护人李晓森到庭参加诉讼。庭审后，经本院主持调解，附带民事诉讼原告人刘某1、谷某3、谷某2与被告人谷林喜达成调解协议，本院已制作刑事附带民事调解书并已送达。本案现已审理终结。

吉林省吉林市人民检察院指控，被告人谷林喜于2017年9月8日18时许,因土地使用权纠纷,在桦甸市××乡××村××社屯小桥附近与被害人谷某1发生争吵。后谷林喜回家取来一把木把尖刀揣入上衣口袋返回桥头,与谷某1厮打,谷林喜拿出尖刀照谷某1右胸部攮刺一刀,谷某1倒地后不久死亡,谷林喜逃离现场。经鉴定,被害人谷某1系因一面刃锐器刺伤右胸部,造成主动脉破裂,导致失血性休克死亡。

被告人谷林喜于案发当日向公安机关投案。

吉林市人民检察院指控上述犯罪事实所列举的证据有物证、书证、证人证言、被告人供述与辩解、现场勘验检查笔录、鉴定意见、辨认笔录等。并认为被告人之行为已构成故意杀人罪,应依法惩处。

被告人谷林喜对公诉机关指控的事实及罪名无异议。

辩护人意见:1. 本案应定性为故意伤害罪;2. 被告人谷林喜具有自首情节;3. 本案因邻里纠纷激化引发。

经审理查明:被告人谷林喜与被害人谷某1(殁年57岁)居住在吉林省桦甸市××乡××村××社,因相邻土地使用权问题产生矛盾。2017年9月8日13时许,谷林喜发现相邻土地被谷某1用网圈上,遂到谷某1家与独自在家的谷某1妻子刘某1发生争吵,后离开。当日19时许,谷林喜见谷某1夫妇坐在村中桥上,便上前与谷某1理论继而争吵,后回家取一尖刀置于上衣口袋内,返回桥头与谷某1厮打,其间掏出尖刀刺谷某1前胸一刀,谷某1因锐器刺伤右胸部,造成主动脉破裂,导致失血性休克当场死亡。

被告人谷林喜于案发当日向公安机关投案。

上述事实,有经庭审举证、质证的下列证据予以证明:

1. 案件提起及抓获经过、受案登记表、立案决定书,证明:被告人谷林喜系自动投案。

2. 现场勘验检查笔录及照片,证明:中心现场位于桦甸市××乡××村××社南侧,经被告人谷林喜当庭确认,确系作案现场。现场提取血迹5处,尖刀一把及刀把粘取物。

3. 扣押决定书、扣押清单,证明:公安机关扣押持有人谷林喜木把尖刀一把,半截袖上衣一件,鞋一双,蓝色上衣一件,牛仔裤一条。

4. 物证及照片，证明：经被告人谷林喜当庭质证，尖刀一把，系其作案工具；半截袖上衣一件，鞋一双，蓝色上衣一件，牛仔裤一条，系其作案时所穿。

5. 常住人口基本信息，证明：被告人谷林喜、被害人谷某1自然情况。

6. 火化证明，证明：被害人谷某1遗体于2017年9月12日在桦甸市殡葬管理所火化。

7. 辨认笔录、指认笔录及照片，证明：经法定程序，被告人谷林喜辨认作案工具尖刀一把，指认作案地点；证人孙某、谷某4辨认出作案工作系其家之物。

8. 桦甸市公安司法鉴定中心（桦）公（刑技）鉴（法医）字（2017）059号法医学尸体检验鉴定书，证明：被害人谷某1系因一面刃锐器刺伤右胸部，造成主动脉破裂，导致失血性休克死亡。

9. 吉林市公安司法鉴定中心（吉市）公（刑）鉴（法物）字［2017］826号法庭科学DNA鉴定书，证明：现场提取血迹、被告人谷林喜鞋及裤子上提取血迹STR分型与被害人谷某1血样STR分型一致；谷林喜外衣袖口及衣领上提取血迹STR分型与其本人血样STR分型一致；谷某1血样STR分型与刘某1（谷某1妻子）、谷某3（谷某1女儿）血样STR分型符合三联体亲子遗传关系，证明本案死者系谷某1。

10. 桦甸市公安司法鉴定中心（桦）公（刑技）鉴（法临）字（2017）165号法医学人体损伤程度鉴定书，证明：被告人谷林喜右额顶部头皮挫伤，损伤程度构成轻微伤。

11. 证人刘某1（被害人谷某1妻子）证言，证明：其与谷林喜是邻居。2017年9月8日15时许，谷林喜到其家因土地争议与其发生争吵，因谷某1不在家，二人争吵无果，谷林喜离开。当日19时许，其与谷某1到村中桥上散步，谷林喜上前与谷某1争吵继而厮打，后谷某1倒地，胸前插着一把尖刀，谷林喜逃离现场。

12. 证人张某1、许某（均系村民）证言，证明：2017年9月8日18时许，二人与刘某1、谷某1在村中桥头聊天，见谷林喜过来与谷某1因为玉米地问题发生争吵，张、许即离开。

13. 证人许某2证言，证明：其系被告人谷林喜外甥，亦是桦甸市某派出所民警。2017年9月8日晚，其接到亲属电话称谷林喜将一人攮死，其赶到谷林喜家，对出警人员称可规劝谷林喜自首，其用大喇叭规劝谷林喜自首。当日23时许，其回到谷林喜家，村民姜某说她受谷林喜之托找其投案自首。其赶往姜某家途中，见村民王某（姜某丈夫）陪同谷林喜正朝其方向走，后谷林喜被警察带走。

14. 证人王某（村民）证言，证明：谷林喜和谷某1是邻居，两家曾因相邻土地使用权问题多次发生争吵。2017年9月8日23时许，其在家听见许某2用喇叭规劝谷林喜自首。约20分钟后，谷林喜到其家，说要找许某2自首。其和妻子姜某陪同谷林喜去找许某2，快到谷林喜家时，谷林喜因害怕而全身发抖，其让姜某先去报信儿，其和谷林喜在原地等候，稍后许某2和警察赶到将谷林喜带走。

15. 证人姜某（村民）证言，证明内容与王某证言基本一致。

16. 证人何某（村民）证言，证明：2017年9月8日19时许，刘某1到其家哭诉称谷林喜将谷某1杀害。其跑到桥上见谷某1躺在地上已经死亡。其给村书记刘某2打电话让对方报警。

17. 证人谷某4（被告人谷林喜儿子）证言，证明：其家与谷某1家系邻居，两家土地间用一个杖子隔开，两家因为土地之事有矛盾。案发后，其发现家中一把木把杀猪刀不见了。

18. 证人孙某（被告人谷林喜妻子）证言，证明：2017年9月8日下午，因谷某1钉杖子往其家土地扩张了一些，谷林喜曾与刘某1争吵过。

19. 被告人谷林喜供述，供认：其是谷某1叔伯叔叔，两家系邻居，平日因相邻土地使用权问题有矛盾。2017年9月8日13时许，其发现相邻土地已被谷某1用网圈上，便去谷某1家，谷某1不在家，其与谷某1妻子刘某1发生争吵，后离开。当日17时许，其看到谷某1夫妇坐在村中桥上，上前与谷某1理论继而争吵。其回家取一把尖刀揣在上衣兜内返回桥上，与谷某1再次争吵继而厮打，其掏出尖刀刺谷某1前胸一刀，后松开刀离开现场躲藏在自家烟地里，当日半夜，其听到亲属喊其名字劝其投案，其便出来投案。

综上，被告人谷林喜到案后，供述的作案过程及手段与现场勘验笔录及法医鉴定意见一致；现场目击证人刘某1证实谷某1与被告人厮打后倒地，胸前插有尖刀；被告人作案时所穿衣物上检出被害人血，并有其他证人证言、书证、辨认笔录、指认笔录等证据予以佐证，足以认定被告人谷林喜故意杀人的事实。

本院认为，被告人谷林喜持尖刀刺被害人要害部位，致被害人失血性休克当场死亡，其行为已构成故意杀人罪。公诉机关指控事实清楚，证据确实、充分，指控罪名成立。辩护人所提被告人应当构成故意伤害罪的意见无事实及法律依据，本院不予采纳。辩护人所提被告人系自首的意见，经查，被告人作案后躲藏于村中，经亲属规劝后由村民陪同自动向公安机关投案，到案后如实供述自己的罪行，依法构成自首，故辩护人该意见成立，本院予以采纳。辩护人所提本案系因邻里纠纷激化引发的意见，经查，被告人因与被害人间存在的相邻土地使用权纠纷而故意杀人犯罪，故辩护人该意见成立，本院予以采纳。被告人谷林喜故意杀人致一人死亡，犯罪后果严重，应依法惩处。鉴于被告人谷林喜具有自首情节，积极赔偿被害人亲属经济损失且取得被害人亲属谅解，结合案发起因及本案具体情节，可对其从轻处罚。

根据被告人谷林喜犯罪的事实、犯罪的性质、情节和对于社会的危害程度，依照《中华人民共和国刑法》第二百三十二条、第五十五条第一款、第五十六条第一款、第六十七条第一款、第六十四条、第四十七条之规定，判决如下：

一、被告人谷林喜犯故意杀人罪，判处有期徒刑十五年，剥夺政治权利四年。（刑期从判决执行之日起计算。判决执行前先行羁押的，羁押一日折抵刑期一日，即自2017年9月9日至2032年9月8日止。）

二、作案工具尖刀一把依法予以没收。

如不服本判决，可在接到判决书的第二日起十日内，通过本院或者直接向吉林省高级人民法院提出上诉。书面上诉的，应提交上诉状正本一份，副本二份。

审 判 长 郎 玲
审 判 员 陈 刚
代理审判员 张鸿鹏

二〇一八年五月三十日

书 记 员 刘 赫

【推荐意见】

1. 众所周知,故意杀人罪系重罪,且本案由地区检察院提起公诉,按照级别管辖相关规定,一般应当判处无期徒刑以上刑罚。本判决根据被告人具有的法定、酌定情节,结合法律规定和刑事政策,兼顾法律效果和社会效果,作出了罪、责、刑相适应的判决。被告人息诉服判,被害人亲属亦表示认同,从根本上化解了社会矛盾,修复了被犯罪行为破坏的社会关系,具有一定的指导意义。

2. 本案被告人的投案过程相对比较复杂:其作案后逃离现场;规劝其投案的张某某既是其亲属,又系当地民警,这种情形,极易引发民众对投案过程真实性的质疑。本判决不仅通过详细列举张某某证言证明此情节,且通过无利害关系的证人王某的证言予以有力佐证,令人信服。

3. 案件起因在一定程度上能够体现被害人的主观恶性、人身危险性、社会危害性,也是较为重要的量刑情节。本判决在事实认定及论理过程中对此均给予足够重视,明确被告人与被害人因相邻土地使用权争议产生纠纷,矛盾激化,后引发本案,论理充分、扎实,最后的判决结果有水到渠成之感。

4. 本判决按照先客观证据后主观证据的顺序列举,体现了对客观证据的尊崇和不轻信言辞证据特别是不轻信口供的司法理念,应当给予肯定。

综上,本判决格式规范,层次清晰,语言简洁,论理充分,详略得当。判决结果得到了控辩双方及被害人亲属的一致认可。

钱红英

四平市中级人民法院

四平市中级人民法院刑二庭员额法官。办理过綦志华、綦志峰抢劫杀七人案件，陈科言等 25 人电信诈骗(适用认罪认罚程序审理)一案。2018 年撰写的《以虚假的身份骗领信用卡的认定》入选最高人民法院编撰的《人民法院案例选》。

【裁判要旨】

1. 以生产经营为借口集资，集资后用于生产经营活动与集资资金规模明显不成比例，绝大部分集资款并未投入生产经营，不能交待其他钱款具体去向的，应认定为非法占有目的。

2. 被告人虽然提供了其主张的将集资款投入生产经营主张的证据，但因为其投资的公司注册后，其将用集资款投入的注册资金抽回，或者投入公司经营后没赚没赔将公司卖出，在此种情况下，应认定其是用合法生产经营的名义掩盖其对投资款非法占有的事实。

【裁判文书】

吉林省四平市中级人民法院
刑事判决书

(2018)吉03刑初4号

公诉机关吉林省四平市人民检察院。

被告人高占彬，男，1963年5月1日出生，身份号码××××，汉族，小学文化，户籍所在地吉林省双辽市，捕前住双辽市××街××委×组。因涉嫌犯非法吸收公众存款罪，于2017年3月18日被刑事拘留，同年4月19日被逮捕。现羁押于双辽市看守所。

辩护人刘文玉，吉林吉鼎律师事务所律师。

吉林省四平市人民检察院以四检刑检刑诉(2017)73号起诉书指控被告人高占彬犯集资诈骗罪，于2018年1月4日向本院提起公诉，并于2018年9月25日追加起诉。本院受理后依法组成合议庭，公开开庭进行了审理。吉林省四平人民检察院指派检察员谭彧、孙排军出庭支持公诉。被告人高占彬及其辩护人刘文玉到庭参加诉讼。本案现已审理终结。

吉林省四平市人民检察院指控：2010年7月至2015年7月，被告人高占彬隐瞒其没有还款能力和经济来源入不敷出的情况，在其位于双辽市老检察院家属楼开设的广源中介所内，以高息为诱饵，大肆向社会不特定人员葛桂玲、葛桂琴、葛桂英、王渝等81人非法吸收资金共计1295.398万元，所吸资金被其占有使用，拒不归还，共造成被害人直接经济损失1174.443万元。

认定上述事实的证据有：身份信息、到案经过、借款合同书复印件、房屋档案信息、银行查询单及银行流水等书证；证人高福全、王洪等人的证言；被害人陈忠岩、楚金山、邓璐等人的陈述；被告人高占彬的供述与辩解；房地产估价报告。

吉林省四平市检察院认为，被告人高占彬以非法占有为目的，使用诈骗方法非法集资，数额特别巨大，其行为触犯了《中华人民共和国刑法》第一百九十二条之规定，犯罪事实清楚，证据确实、充分，应当以集资诈骗罪追究其刑事责任。

被告人高占彬针对起诉的事实辩解称，我有能力偿还借款，我现有财产足以偿还借款，所以我不构成集资诈骗罪。

高占彬的辩护人的辩护意见是，1. 本案不应定性为集资诈骗罪，高占彬不具有非法占有目的。2. 认定被告人的犯罪金额应扣除被告人的返还数额。3. 先行支付的和已经支付利息的应该从犯罪数额中扣除。综上，请求法院对高占彬以非法吸收公众存款罪定罪量刑。

经审理查明：

一、关于高占彬非法集资的事实和证据

（一）被告人高占彬向吕志武集资4.5万元，造成其损失3.72万元。

1. 被害人吕志武的陈述，在2014年4月和2014年8月我分两次共计往高占彬的中介所放了4.5万元，高占彬给我月利二分，借款期限是一年。月利2分。我得到过7800元的利息，一共损失了37,200元。

2. 书证，借款合同，证明吕志武和高占彬之间的借款和还款事实。

3. 被告人供述，对提供的借款合同无异议。

（二）被告人高占彬向张德发集资5万元，造成其损失5万元。

1. 被害人张德发的陈述，2014年期间，我曾往高占彬的中介所放了5万元，他跟我说月利2分，借款期限是一年，之后我的钱到期了，高占彬也没有把钱给我。我一共损失了5万元,一分钱的利息都没有得到过。

2. 书证,借款合同书,证明张德发和高占彬之间的借款和还款事实。

3. 被告人供述,对提供的借款合同无异议。

(三)被告人高占彬向张淑杰集资13万元,造成其损失了12.44万元。

1. 被害人张淑杰的陈述,我在2014年7月15日,放给高占彬7万元,到了11月15日,我从高占彬的中介所领取了7万元的四个月利息钱5600元。在这以后就没再领取过利息,后来我有事急用钱,找高占彬都找不到了,所以我就来报案了。现在损失12.44万元。

2. 书证,借款合同书,证明张淑杰和高占彬之间的借款和还款事实。

3. 被告人供述,对提供的借款合同无异议。

(四)被告人高占彬向张书国集资10万元,造成其损失5.2万元。

1. 被害人张书国的陈述,我姐姐张淑杰跟高占彬以前是一个单位的同事,后来我听我姐姐说,高占彬开个中介所,往出放钱,挣利息,并且还有不少人往高占彬的中介所放钱,我姐姐也往高占彬的中介所放钱了,还跟我说让我有闲钱也放在高占彬的中介所,挣点利息,所以我才把钱放给高占彬。高占彬给我出具了一份借款合同书,上面约定月利2分,六个月一结息,后来我还领过四次利息48,000元后,高占彬就再也不支付我利息了,后来听说逃跑了,所以我就来报案了,现在损失9.52万元。

2. 书证,借款合同书,证明张书国和高占彬之间的借款和还款事实。借款合同记载已结利息四笔共计48,000元,系张书国提供。

3. 被告人供述,对提供的借款合同无异议。

对事实和证据的分析与认定:张书国认可领过四次利息,和借款合同记载一致,因此应认定已偿还数额为48,000元。

(五)被告人高占彬向张影集资1.5万元,造成其损失1.38万元。

1. 被害人张影的陈述,我母亲张淑杰跟我说,她跟高占彬以前是同事,听说高占彬开中介所,还有不少人往高占彬的中介所放钱,我妈妈就把钱放给高占彬了,还跟我说让我有闲钱也放在高占彬的中介所,挣点利息,所以我才把钱放给高占彬。结果我得到一次利息后,高占彬就再也不支付我利息了,后来听说逃跑了，所以我就来报案了，现在损失 1.38 万元。

2. 书证，借款合同书，证明张影和高占彬的借款和还款事实。

3. 被告人供述，对提供的借款合同无异议。

（六）被告人高占彬向冯力勇集资 50 万元，损失其损失 43.4 万元。

1. 被害人冯力勇的陈述，高占彬向我借款 50 万元，我一共得到过 6.6 万元的利息，损失了 43.4 万元。

2. 书证，借款合同书，证明冯力勇与高占彬的借款和还款事实。

3. 被告人供述，对提供的借款合同无异议。

（七）被告人高占彬向陈忠岩集资 8 万元，造成其损失 6.84 万元。

1. 被害人陈忠岩的陈述，2014 年 4 月 10 日的时候，彭力君带着我到了高占彬的中介，我拿着 5 万元给了高占彬，高占彬说我随时用钱随时都可以把钱取走，接着高占彬给我出了一个借款合同书，上面写着借款 5 万元，月利 2 分，借款日期是 2014 年 4 月 10 日，还款日期是 2014 年 10 月 10 日，并且高占彬在借款合同书上。签了字并按了手印。在 2014 年 12 月 10 日的时候，高占彬支付给我 8000 元的利息。2014 年 6 月 12 日时，我又拿着 3 万元到了高占彬的中介所，我把钱给了高占彬后他给我出了一个借据，上面写着借款 3 万元，月利 2 分，借款日期是 2014 年 6 月 2 日，还款日期是 2014 年 12 月 12 日，高占彬在借款合同书上签了字并按了手印。2014 年 12 月 12 日时，高占彬支付给我 3600 元的利息。在这之后，高占彬就不再支付给我利息，我多次找到他要本金和利息钱，高占彬就说没钱还给我，始终以过两天给我钱为由推托我，一直到现在钱也没给我。

2. 书证，借款合同，证明陈中岩和高占彬之间的借款和还款事实。

3. 被告人供述，对提供的借款合同无异议。

（八）被告人高占彬向楚金山 26 万元，造成其损失 169,500 元。

1. 被害人楚金山的陈述，2013 年 2 月 28 日，我拿着 15 万元到了高占彬的中介，我把钱给了高占彬之后，他给我一个人借款合同书，上面写着借款 15 万元，月利 2 分，借款日期是 2013 年 2 月 28 日，还款日期是 2014 年 2 月 28 日，并且高占彬在借款合同书上签了字并按了手印。2013 年 4 月的时候，高占彬给我打电话问我有钱没,让我放在他那里点,我就说行。2013 年4 月7 日的时候,我又拿着5 万元到了高占彬的中介,我把钱给了高占彬之后,高占彬给我出了一个借款合同书,上面写着借款5 万元,月利 1.5 分,借款日期是2013 年4 月 7 日,还款日期是2013 年 10 月 7 日,高占彬在借款合同书上签了字并按了手印。2014 年 10 月,我又接到了高占彬的电话,还是问我有钱没,让我把钱放在他那,我也答应了。2014 年 10 月 3 日,我拿着6 万元到了高占彬的中介,我把钱给了高占彬之后高占彬就给我出了一个借款合同书,上面写着借款6 万元,月利2 分,借款日期是2014 年 10 月 3 日,还款日期是2015 年4 月3 日,高占彬在借款合同书上签了字并按了手印。我一共取回了9 万元钱的本息,损失是17 万元。高占彬一直到现在钱也没给我。

2. 书证,借款合同,证明楚金山和高占彬的借款和还款事实。证明楚金山一共从高占彬处取回本息90,500 元。

3. 被告人供述,对提供的借款合同无异议。

对事实和证据的分析与认定:辩护人称根据借款合同计算得利息9.95 万元计算错误,实际得利息9.05 万元。

(九)被告人高占彬向邓璐集资8 万元,造成其损失8 万元。

1. 被害人邓璐的陈述,我认识高占彬的姐姐高亚凤,高亚凤在高占彬的中介所工作,在2014 年3 月的时候,高亚凤问我有钱没,有钱的话可以把钱放在高占彬那里,钱随时用随时拿,然后给我点利息,我就说行。2014 年3 月22 日我拿着3 万元到了高占彬的中介所,我把钱给了高占彬,他拿了钱后给我出了一个借款合同书,上面写着借款3 万元,月利2 分,借款日期是2014 年3 月22 日,还款日期是2015 年3 月22 日,高占彬在借款合同书上签了自己的名字并按了手印。之后,高占彬一直没支付给我利息和本金,我多次找他要,高占彬就说没钱还我,始终以过几天给我钱为借口推托我,一直到现在钱也没给我。

2. 书证,借款合同,证明邓璐和高占彬之间的借款和还款事实。

3. 被告人供述,对提供的借款合同无异议。

(十)被告人高占彬向邓兴汉集资15 万元,造成其损失15 万元。

1. 被害人邓兴汉陈述,高占彬向我借款15 万元,一分钱也没偿还给我。

2. 书证,借款合同,证明邓兴汉和高占彬之间的借款和还款事实。

3. 被告人供述,对提供的借款合同无异议。

(十一)被告人高占彬向王喜廷集资9万元,造成其损失79,200元。

1. 被害人王喜廷的陈述,2014年12月,有一天我在双辽市街内遇见高占彬了,高占彬就跟我说他要装修宾馆需要钱,让我借他10万元。我在2014年12月22日,拿了9万元到高占彬的广源中介所,当时高占彬给我打了一张借款合同书,高占彬在合同书上签字按了指印,约定利息是2分。到了2015年6月22日,高占彬给我结算了一次利息,利息钱是10,800元,到后来高占彬就不再支付给我利息,本金也不给我了。现在就连高占彬的人都找不到了。

2. 书证,借款合同书,证明王喜廷和高占彬之间的借款和还款事实。

3. 被告人供述,对提供的借款合同无异议。

(十二)被告人高占彬向赵凤山集资20万元,造成其损失19.4万元。

1. 被害人赵凤山的陈述,高占彬向我借款20万元,高占彬给我结算了一次6000元的利息钱。后来我再去要钱,就不再给我了,每次高占彬还以各种借口推托我,有一次我去高占彬家要钱,还让高占彬的儿子把我骂了出来,现在高占彬人都见不到了。没有介绍别人往高占彬的中介所放过钱。

2. 书证,借款合同,证明赵凤山和高占彬之间的借款和还款事实。

3. 被告人供述,对提供的借款合同无异议。

(十三)被告人高占彬向肖国环集资8万元,造成其损失7.4万元。

1. 被害人肖国环的陈述,我借给高占彬一共8万元,其给过两次3000元,共计6000元利息,其余就说没钱给我了。

2. 书证,借款合同,证明肖国环和高占彬之间的借款和还款事实。

3. 被告人供述,对提供的借款合同无异议。

(十四)被告人高占彬向刘锡智集资10万元,造成其损失6.4万元。

1. 被害人刘锡智的陈述,高占彬向我借款10万元,我一共得到过六次利息,每次是6000元,后来他就不给我利息了,到现在本金也不给我,我也找不到他人了。

2. 书证,借款合同,证明刘锡智和高占彬之间的借款和还款事实。

3. 被告人供述,对提供的借款合同无异议。

(十五)被告人高占彬向王亚娟集资10万元,造成其损失7万元。

1. 被害人王亚娟的陈述,高占彬向我借款10万元钱,高占彬还给我三次共计3万元。

2. 书证,借款合同,证明王亚娟和高占彬之间的借款和还款事实。

3. 被告人供述,对提供的借款合同无异议。

(十六)被告人高占彬向冯杰集资12万元,造成其损失12万元。

1. 被害人冯杰的陈述,我以前通过我朋友认识了高占彬,慢慢地我就和高占彬熟悉了,我在高占彬那一共集资12万元,我多次找到了高占彬,向他要钱,但他就是不给我,始终以过几天给我钱为借口推托我,一直到现在钱也没给我。

2. 书证,借款合同,证明冯杰和高占彬之间的借款事实。

3. 被告人供述,对提供的借款合同无异议。

(十七)被告人高占彬向刘玉成集资5万元,造成其损失4.5万元。

1. 被告人刘玉成的陈述,我放到高占彬那5万元,高占彬支付给过我一次5000元的利息,之后我多次找高占彬要钱,高占彬都说没钱给我,始终以过几天给我钱为借口推托我,一直到现在钱也没给我。我把钱抬给高占彬后,他再以更高的利息把钱抬给别人。

2. 书证,借款合同,证明刘玉成和高占彬之间的借款事实。

3. 被告人供述,对提供的借款合同无异议。

(十八)被告人高占彬向杨松山集资15.32万元,造成损失15.32万元。

1. 被害人杨松山的陈述,我通过高亚凤把钱放到高占彬的中介所,我一共在高占彬的中介所放了17万元,第一次放了14万元,当时是通过高亚凤把钱放到高占彬的中介所,因为我和高亚凤是邻居关系,高亚凤找到我跟我说她弟弟高占彬开了一家宾馆,现在正在装修需要用钱,问我手里有闲钱没,放给高占彬。我看我们是多年邻居,关系不错,我就相信了。第二次我在高占彬的中介所放了1.32万元,当时是我放的14万元到期了,得了1.68万元的利息,我想凑整,就又放了1.32万元,高占彬给我做了一张3万元的欠条。我每次把钱放到中介所,高占彬都在场。每次我送钱都是现金,我把钱给高亚凤,然后高占彬在给我的借款合同书上签上名按手印,剩余的在借款合同书上的内容就是他们中介所的一个女的填写的,这个女的叫什么名字我不知道,做完合同后,我就走了。

2. 书证,借款合同,证明高占彬向杨松山之间的借款和还款事实。

3. 被告人供述,对提供的借款合同无异议。

对事实和证据的分析与认定:杨松山陈述第一次放在高占彬处 14 万元,得利息 1.68 万元,后又放入 1.32 万元,形成 17 万元。也就是说,杨松山实际放入高占彬处本金为 15.32 万元。辩护人称偿还额 6800 元(借款合同上偿还数额大写 6800 元,小写 16,800 元),根据所有证据综合分析,其偿还数额应为 16,800 元,这时偿还数额不应在本金中再次扣除,因此该利息已计入本金再次支付给高占彬。而杨松山自身实际投入为 15.32 万元。

(十九)被告人高占彬通过董凡海向董淑霞和董凡海本人共计集资 48 万元,造成损失 46 万元。

1. 董凡海的陈述,高占彬通过我向董淑霞和我共计集资 48 万元,造成损失 46 万元。我一共得到过 2 万元左右的利息,我妹妹放在高占彬那里的钱没得到过利息。

2. 书证,借款合同书,证明董淑霞和高占彬之间的借款和还款事实。

3. 被告人供述,对提供的借款合同无异议。

(二十)被告人高占彬向王桂荣集资 27 万元,造成其损失 22.92 万元。

1. 被害人王桂荣的陈述,2014 年 6 月 3 日的时候,我拿着 12 万元到了高占彬的中介所,我把钱给了高占彬之后高占彬给我出了一个借款合同书,上面写着借款 12 万元,月利 2 分,借款日期是 2014 年 6 月 3 日,并且高占彬在借款合同书上签了自己的名字并摁了手印。2014 年 12 月的时候,我当时手头还有点钱,还想得点利息,我就和高占彬说还想把钱放在他那里,高占彬说行。在 2014 年 12 月 13 日的时候,我拿着 15 万元到了高占彬的中介所,我把钱给了高占彬之后高占彬又给我出了一个借款合同书,上面写着借款 15 万元,月利 2 分,借款日期是 2014 年 12 月 13 日,还款日期是 2015 年 12 月 13 日,并且高占彬在借款合同书上也签了自己的名字并摁了手印。在我这两次借钱给高占彬之后,刚开始的时候高占彬还支付给我利息,但后来就不支付给我利息了,我多次找高占彬要利息和本金,但高占彬一直不给我。我一共得到过4万元利息。

2. 书证,借款合同,证明王桂荣和高占彬之间的借款和还款事实,证明偿还四次7200元,一次9000元,一次3000元。共计偿还4.08万元。

3. 被告人供述,对提供的借款合同无异议。

对事实和证据的分析与认定:公诉机关计算偿还利息数额有误,根据借款合同偿还数额应为4.08万元。

(二十一)被告人高占彬通过王永生向李淑香集资14万元,造成其损失12.56万元。

1. 被害人王永生的陈述,我是通过李淑香把钱放在高占彬那里的。2014年6月11日时,我交给李淑香3万元,由李淑香替我办理把钱放在高占彬那里。李淑香把钱放在高占彬那里之后,他给我拿回来一张借款合同书,上面写着借款3万元,借款日期是2014年6月11日,还款日期是2014年12月11日,月利2分,并且借款合同上有高占彬的签字和摁的手印。过了2个月左右,李淑香又找到我,说高占彬现在还用钱,让我有钱的话还可以放在高占彬那里吃利息,在2014年8月13日和2014年8月14日,我又委托李淑香分别把3万元和6万元放在了高占彬那里,同样李淑香又给我捎回两张3万元与6万元的借款合同书。到了2015年1月,当时我放在高占彬那里的钱都拿到了利息,本金仍就放在高占彬那里,我看高占彬也不差事,我手里还有点闲钱,在2015年1月25日,我又托李淑香放在高占彬那里1万元,同样也是李淑香给我捎回带有高占彬签字画押的1万元借款合同书。之后到了还款日期,我多次找高占彬要钱,但他就是不给我,始终找理由推托我,到现在为止,我放在高占彬那里的钱本金都没要回来。

2. 书证,借款合同,证明王永生和高占彬之间的借款和还款事实。

3. 被告人供述,对提供的借款合同无异议。

(二十二)被告人高占彬向杜桂芹集资5万元,通过杜桂芹向杜桂霞集资

3 万元,两人共损失 8 万元。

1. 被害人杜桂芹的陈述,我通过我家邻居王淑艳认识的高占彬,王淑艳和高占彬是同事关系。2014 年 12 月的时候,我看我们家邻居都往高占彬的中介所放钱,都按时得到利息,利息给的还挺高,挺准成的,还说高占彬挺有实力的,平时不抽烟不喝酒,在双辽市开了挺多年的中介没什么问题。在 2014 年 12 月 4 日我和王淑艳就带着我的 5 万元和我妹妹杜桂霞的 3 万元现金,到了高占彬的中介所,高占彬跟我说钱随时用随时取走。到了还款日期,我着急用钱,多次找高占彬要钱,追的比较紧,在 2015 年 11 月 11 日,高占彬重新打了一张借款合同书,后来我找高占彬要钱就找不到了。

2. 书证,借款合同书,证明杜桂芹和高占彬之间的借款和还款事实。

3. 被告人供述,对提供的借款合同无异议。

(二十三)被告人高占彬向胡井慧集资 2 万元,造成其损失 1.76 万元。

1. 被害人胡井慧的陈述,2014 年的时候我听说了双辽有个叫高占彬的人开了一家广源中介,大家都往那放钱。2014 年 6 月 24 日的时候,我也拿了 2 万元去了广源中介,我把这 2 万元借给高占彬,交给了他本人。当时高占彬当场给我写的借款合同,并且在上面签的字捺的手印。高占彬承诺我月利 2 分,用一年,利息半年一给。2014 年 12 月 24 日的时候,高占彬给了我 2400 元利息,2015 年 6 月 24 日的时候,我再去取利息,他说手头现在有点紧张没有钱,让我过两天再找他,我过两天再找他就找不到他了,一直到现在我打电话也联系不上他了。

2. 书证,借款合同书,证明胡井慧和高占彬之间的借款和还款事实,证明高占彬给付胡井慧利息 2400 元。

3. 被告人供述,对提供的借款合同无异议。

(二十四)被告人高占彬向吴桂兰集资 2 万元,造成其损失 0.8 万元。

1. 被害人吴桂兰的陈述,2013 年的时候我听说双辽有个叫高占彬的人开了一家广源中介,大家都往那放钱。2013 年 1 月 6 日的时候,我也拿了 2 万元去了广源中介,我把这 2 万元借了高占彬,交给了高占彬本人,当时高占彬当场给我写的借款合同,并且在上面签的字捺的手印。高占彬承诺我月利 2 分,用一年,利息半年一给。2013 年 7 月 6 日的时候,高占彬给了我 2400 元利息,2014 年 1 月 6 日的时候,当时我也不着急用钱,我就寻思把这 2 万元继续放在高占彬那里吃点利息,然后我只取了 2400 元利息,就继续把钱放在高占彬那了,2014 年 7 月 6 日、2015 年 1 月 6 日、2015 年 7 月 6 日我都取了 2400 元利息,后来我再去取利息,他说手头现在有点紧张没有钱,让我过两天再找他,我过两天再找就找不到他了,一直到现在也联系不上他。

2. 书证,借款合同书,证明吴桂兰和高占彬之间的借款和还款事实。(卷四 104 页)

3. 被告人供述,对提供的借款合同无异议。

(二十五)被告人高占彬向张玉英集资 5 万元,造成其实际损失 3.08 万元。

1. 被害人张玉英的陈述,在 2012 年 9 月的时候,高占彬主动找到我问我手里有没有闲钱,亲戚朋友谁有闲钱也可以放在他那里,我对这个人印象还不错,感觉把钱放在他那里挺准成,这样我在 2012 年 9 月,带着 3 万元现金去了高占彬的中介所,他知道我是去往他那里放钱,我俩见面也没说什么,就说钱随时用随时就可以取走,他给我出了一张借款合同书,上面有高占彬的签名和手印。在 2013 年 4 月 28 日,我将平时攒的 1 万元又给送到了高占彬的中介所,高占彬也是给我出了一张借款合同书,利息 2 分,半年一支付利息。在 2014 年 5 月 12 日我又把 1 万元现金送到了中介所,情况和上两次都一样,也是给我 2 分钱,半年一给我利息。到 2015 年 3 月高占彬开始不支付利息了,我去找他,他就开始托我,后来打电话也不接也找不到这个人了。他是开中介所的,他把钱以更高的利息去放给别人。我一共得到了 1.5 万元左右的利息。我的实际损失是 3.5 万元。我介绍我妹妹往高占彬的中介所放钱了。我妹妹张春英也把钱放到了高占彬的中介所。我妹妹张春英在 2014 年 6 月 12 日她往高占彬的中介所放了 11 万元,没拿到过利息,她的情况和我基本一样,她实际损失 11 万元。

2. 书证,借款合同,证明张玉英和高占彬之间的借款和还款事实。记载偿还利息共计 1.92 万元。

3. 被告人供述,对提供的借款合同无异议。

对事实和证据的分析与认定:公诉机关计算偿还利息数额有误,根据借款合同记载偿还利息数额为1.92万元。

(二十六)被告人高占彬向张春英集资11万元,造成其损失11万元。

1. 被害人陈述,我在高占彬那集资11万元,我实际损失11万元。

2. 书证,借款合同,证明张春英和高占彬之间的借款和还款事实。

3. 被告人供述,对提供的借款合同无异议。

(二十七)被告人高占彬向赵来福集资15万元,造成其损失13.2万元。

1. 被害人陈述,我来报案,我和高占彬是朋友,认识很多年了,在2014年5月,高占彬跟我说他要用点钱去买楼,向我借钱,说是给我2分利,在2014年5月27日,我打了一张借款合同书,约定月利2分,半年一结息,后来我得到半年的利息1.8万元。后来一直到现在他也不给我支付利息,也不还我本金,到现在人我也见不到,所以我就报案了。

2. 书证,借款合同,证明赵来福和高占彬之间的借款事实。

3. 被告人供述,对提供的借款合同无异议。

(二十八)被告人高占彬向苑颖华集资20万元,造成其损失18.44万元。

1. 被害人陈述,我在高占彬那集资20万元,给我15,600元的利息。损失能有184,400元。

2. 书证,借款合同,证明苑颖华和高占彬之间的借款和还款事实。

3. 被告人供述,对提供的借款合同无异议。

(二十九)被告人高占彬向孙丽芳集资10万元,造成其损失10万元。

1. 被害人陈述,我来报案,反映高占彬非法集资的事。他原来在双辽市郑家屯街老检察院楼下开了一家中介所,后来不干了,现在变成古镇土特产商店了。他跟我丈夫认识,是朋友关系。我借给高占彬10万元。月利2分。我没得到过利息钱。

2. 书证,借款合同,证明孙丽芳和高占彬之间的借款事实。

3. 被告人供述,对提供的借款合同无异议。

(三十)被告人高占彬向马飞集资10万元,造成其损失8.8万元。

1. 被害人陈述我来报案,反映高占彬非法集资的事。他原来在双辽市郑家屯街老检察院楼下来了一家中介所,后来不干了,现在变成古镇土特产商店了。我是通过孙丽芳认识的高占彬,孙丽芳的丈夫和高占彬是朋友。我借给高占彬10万元。月利2分。我得到1.2万元的利息。

2. 书证,借款合同,证明马飞和高占彬之间的借款事实和还款事实。

3. 被告人供述,对提供的借款合同无异议。

(三十一)被告人高占彬向罗文海集资15万元,造成其损失12.7万元。

1. 被害人陈述,我来报案,来反映高占彬非法集资的事。他没有固定工作,2012年至2015年在双辽市郑家屯街老检察院楼下开了一家广源中介所,他就是干中介的。我家是开牙科诊所的,和高占彬家的宾馆挨着,就这样认识了。我一共放了两次,2013年12月17日,放了5万元;2014年9月18日放了10万元,一共15万元。月利2分。我利息钱一共得到2.3万元利息。

2. 书证,借款合同,证明罗文海和高占彬之间的借款事实和还款事实。

3. 被告人供述,对提供的借款合同无异议。

(三十二)被告人高占彬向高杰集资10万元,造成其损失10万元。

1. 被害人陈述,我来报案我被高占彬骗了10万元钱我就知道他在双辽市开中介的,在双辽市老检察院楼下,我是通过高占彬的表妹王亚坤认识的。我和王亚坤是一个村的。

2. 书证,借款合同,证明高杰和高占彬之间的借款事实。

3. 被告人供述,对提供的借款合同无异议。

(三十三)被告人高占彬向黄桂华集资13万元,造成其损失10万元。

1. 被害人陈述,我来报案,我被高占彬骗了10万元。高占彬在老检察院开中介的时候,和我打工的药店挨着,高占彬总去药店,一来一去我们就认识了。中介叫广源中介。是原始借据,在2014年3月15日的时候,我带着13万元现金送到了高占彬的中介所。在2015年4月25日的时候,我家里有事情急需用钱我在高占彬那里要回了3万元。

2. 书证,借款合同,证明黄桂华和高占彬之间的借款和还款事实。

3. 被告人供述,对提供的借款合同无异议。

（三十四）被告人高占彬向张光静集资8万元，造成其损失7.02万元。

1. 被害人陈述，我来报案，我被高占彬骗了8万元。高占彬是开中介的，我是通过高占彬儿媳妇张明月认识高占彬的。在双辽市老检察院楼下，中介叫作广源中介。我的借据不是原始借据，在2016年1月16日的时候高占彬把我的借据改了，我放钱的时间是2014年2月。中间取回一次利息减去了0.96万元。

2. 书证，借款合同，证明张光静和高占彬之间的借款和还款事实。

3. 被告人供述，对提供的借款合同无异议。

（三十五）被告人高占彬向韩雪松集资4万元，造成其损失3万元。

1. 被害人陈述，高占彬这个人原来我并不认识，我和张明月是好朋友，我是通过高占彬的儿媳妇张明月知道的高占彬，张明月跟我说高占彬守信用，有实力。在双辽市有不少的房产，还有宾馆、公司、你把钱放在高占彬那指定准成，什么时候想用什么时候都能取走。在2013年七八月的时候，我带着3万元现金，到了高占彬的中介所，高占彬说你把钱放到我这里你就放心吧，指定不差事，就你和张明月的关系，谁的钱不给，你的钱也还给你，并且什么时候用钱你提前跟我说你就可以把钱取走。高占彬有现成的借据，高占彬在借据上签的名，按的手印，约定月利两分，利息一年一取，到了2014年七八月的时候利息我没取出来，我又往里放了一部分，钱一共放了7万元。到2015年1月的时候，我就找张明月，我跟张明月说我着急用钱，张明月跟我说现在高占彬没有钱，让我等等。再后来我直接找到高占彬跟他说我着急用钱，高占彬就还我3万元，把我的借据也改成了现在的2015年11月3日，在之后我找高占彬要钱，高占彬就开始拖我，再后来高占彬就跑了。我没有取回过利息，我把利息又放进去了。我一共损失了3万元。

2. 书证，借款合同，证明韩雪松和高占彬之间的借款数额为4万元。

3. 被告人供述，对提供的借款合同无异议。

对事实和证据的分析与认定：借款合同为4万元，韩雪松虽然说是2015年偿还1万元，但是该1万元系在现有借据形成时间（2015年11月3日）之前形成，而根据韩雪松的陈述，月利2分，从2013年七八月到2014年七八月，3

万元的利息 6000 元左右,那么到 2014 年七八月如果加到 7 万元,其投入的本金应为 6 万多元,高占彬偿还其 3 万元,剩余本金加利息打 4 万元借据,并实际造成韩雪松 3 万元损失符合客观情况,辩护人关于损失数额在后打的欠条基础上减去欠条形成前的 3 万元不符合常理,不应予以支持。

(三十六)被告人高占彬向陈伟霞集资 48 万元,造成其损失 44 万元。

1. 被害人陈述我来报案,我被高占彬骗了 48 万元。我没有得到利息。我的实际损失是 48 万元,都损失了。

2. 书证,(1)借款合同,证明陈伟霞和高占彬之间的借款事实和还款事实,证明 2014 年 8 月 30 日还本金 4 万元。(2)私有房屋使用权证和土地使用权证,证明高占彬用有争议的房屋和土地向陈伟霞抵押借款。

3. 被告人供述,我用电厂东大墙外废旧水泥厂院内的楼照在陈伟霞处抵押借款 48 万元,后来我还了陈伟霞 4 万元,现在还欠陈伟霞 44 万元,到现在没有还她呢。

对事实和证据的分析与认定,根据借款合同和被告人供述一致的地方应认定被害人损失为 44 万元。

(三十七)被告人高占彬向李利军集资 23 万元,造成其损失 23 万元。

1. 被害人陈述,在 2017 年 2 月左右,具体时间我也记不清楚了,高亚凤给我打电话让我到双辽市位于紫荆花园的一个小胡同内叫海燕小酒馆里,她跟我说她现在没钱给我了,把一个楼房的房照给我,我也同意了,当时闫志春也在场,他可以证明这个楼照就是高亚凤给我的。房屋所有人姓名是高静,位于双辽市辽西街巨丰村一组的二层住宅,房屋所有权号是双农字第 0010757。我没问,我一直以为高亚凤就叫高静,以为这个楼是高亚凤的呢。在 2014 年 11 月 16 日的这笔高亚凤向我借的这 21 万元,是高亚凤签的高亚斌的名字,高亚凤签的时候我也没注意,之后我也没问过这个事,在 2015 年 1 月 1 日的时候高占彬向我借的这 2 万元是高占彬本人签的,这笔钱也是他使用的。没说做什么用了。没我放在高占彬那的钱到期了,高占彬跟我说让我和他二姐高亚凤一起到建设银行去取钱,这样我和高亚凤认识的。高亚凤跟我说,把钱借给她指定准成,她在双辽市有房子,有宾馆,钱要是还不上能给我一个楼照,我看她这么说也差不了，也就答应了，我和高亚凤把钱取回来之后，在高占彬的中介所把21万元给了她，高亚凤在高占彬那给我拿了一张借款合同书，她在借款合同书上进行了填写，这张借款合同书的所有签字都是高亚凤写的，手印好像是高占彬按的，具体是谁按的我也记不清了，但是她跟我说月利息2分，用款时间6个月。这样我就把这21万元给了高亚凤。到了2015年1月1日的时候，高占彬给我打电话问我手里有没有闲钱，有的话借给他两万元，我跟他说有，就这样当天我把两万元现金拿到了高占彬的中介所，高亚凤当时也在场，也是由高亚凤拿出了一张借款合同书，借款合同书的内容都是由高亚凤填写的，在借款人处的签名是由高占彬本人签的，手印也是高占彬按的，后来这两笔钱到期后，我就开始找高亚凤要钱，她就一直在拖我，让我等等，跟我说钱马上就回来了，回来了就给我，直到最近我找高亚凤要钱，高亚凤说给我一个楼照，之后我按照楼照上的信息到双辽市辽西街巨丰村去找这个楼，发现根本没有这个楼，我看我都没有得到过利息高亚凤向我借的这21万元都损失了，高占彬向我借的这2万元也都损失了。

2. 书证，(1)借款合同，证明李利军和高占彬之间的借款事实。

(2)房屋所有权证，证明高占彬用不存在的楼房向李利军抵押借款。

3. (1)证人高亚凤证言，李利军我不认识。在2017年2月，在双辽市紫金花园一胡同内的海燕小酒馆内，我没有将一本房屋所有人姓名为高静，房屋坐落在双辽市辽西街巨丰村一组，房屋所有权号为双农字第××××号的房屋所有权证交给李利军，我不认识李利军。我不知道他为什么这么说，我和李利军都不认识，我给他送啥东西。我没有从高占彬的中介所借过钱。我以上说的属实。

(2)证人闫志春证言，高亚凤我认识，李利军是我姐夫，我姐夫李利军在2014年的时候曾往高亚凤那放过钱，这两年一直都是我姐夫李利军向高亚凤要钱，高亚凤这两年也一直没给上我姐夫，就这样总找高亚凤要钱。因为之前是我一直给我姐夫李利军向高亚凤要钱，高亚凤也一直没给上，在2017年2月的时候，具体时间我记不清了，高亚凤给我拿了一本房照，说这本房照是一名叫高静的人的，这个叫高静的人欠高亚凤的钱，这本房照就是高静给的她，高亚凤跟我说她现在把这个房照要给我姐夫李利军,她把欠我姐夫李利军的外债转给这个叫高静的人了,让我姐夫李利军去找这个叫高静的人要钱,之后我拿着这个房照到相关部门去问过,都说这个房照是假的。高亚凤是在双辽市位于紫金花园的小胡同内,在我开的海燕小酒馆给的我的这本房照。

4. 被告人供述,高占彬庭审称对该笔借款无异议。

(三十八)被告人高占彬向兰财集资5.4万元,造成其损失5.4万元。

1. 被害人陈述,我来报案,我在2015年7月2日,往高占彬那一共放了本金能有5万元,当时跟高占彬约定借款期限是半年,利息是月利2分,到了2016年1月2日钱到期后,我找高占彬要钱,高占彬跟我说他现在没有钱,让我再借给他半年,因为当时借款半年的利息是6000元,我就又借给高占彬4000元,凑成1万元,他把这1万元打到本金里,重新给打了6万元的借据。

2. 书证,借款合同,证明兰财和高占彬之间的借款事实。

3. 被告人供述,对提供的借款合同无异议。

(三十九)被告人高占彬向高丽集资8万元,造成其损失4.56万元。

1. 我来报案,我往高占彬的中介所那放了8万元钱,2012年5月22日,我就拿着现金3万元,去了老检察院楼下的高占彬的中介所,把3万元现金给了高占彬,后来到了2013年5月22日和2014年5月22日,我取回两次利息,每次7200元,后来在2015年3月10日,我要用钱,就从高占彬那拿回来2万元本金,之后还有一次他给我本金5000元,就在2014年4月13日我又拿着5万元去高占彬的粮店。

2. 书证,借款合同,证明高丽和高占彬之间的借款和还款事实。

3. 被告人供述,对提供的借款合同无异议。

对事实和证据的分析与认定:被害人说还5000元,但被告人辩护人并未将此5000元计算在还款数额内,也就是未认可偿还5000元,因此偿还数额应按借款合同书认定两次7200元和一次2万元。

(四十)被告人高占彬向高静集资5万元,造成高静损失2.96万元。

1. 被害人陈述,我在高占彬那集资5万元,得到过利息,我一共得到2.04

万元的利息。我一共损失了 2.96 万元。

2. 书证,借款合同,证明高静和高占彬之间的借款和还款事实。

3. 被告人供述,对提供的借款合同无异议。

(四十一)被告人高占彬向郝凤山集资 35 万元,造成其损失 33.92 万元。

1. 被害人陈述,我被高占彬骗了 37 万元。不全是本金,日期是 2014 年 6 月 10 日的这 27 万元的借款合同书中有 25 万元本金,有 2 万元是利息,在 2015 年 11 月 5 日借款 10 万元的这张借据是本金。在 2014 年 6 月 10 日的这张借据不是原始的,是改过的,我是在 2013 年的时候把钱借给高占彬的,因为钱到期后,有 2 万元的利息钱没有给结清,这样在 2014 年 6 月 10 日的时候,高占彬又重新给我改的借据把这 2 万元的利息加在本金中了,所以形成这张 27 万元的借款借据。在 2015 年 11 月 5 日的 10 万元的借据是原始借据。后来高占彬也给我结过一次利息,给了我 1.08 万元。

2. 书证,借款合同书,证明二人之间的借款和还款事实。

3. 被告人供述,对提供的借款合同无异议。

对事实和证据的分析与认定:根据郝凤山陈述两次借款本金为 35 万元,同时根据借款合同偿还了 10,800 元。

(四十二)被告人高占彬向王艳华集资 2 万元,造成其损失 2 万元。

1. 被害人陈述,在 2015 年 10 月的时候,我带着 2 万元现金,到了高占彬的中介所,高占彬说你把钱放到我这里你就放心吧,指定不差事,什么时候用钱你提前跟我说你就可以把钱取走。我把钱直接给了高占彬,当时高亚凤也在场,高亚凤在一张借款合同书上进行了填写,在借款合同书上除了借款人是高占彬本人写的其余都是高亚凤写的,当时约定利息是 1.5 分,约定借款期限是一年。钱到期之后,我就找高占彬要钱,高占彬跟我说让我等等,他一直拖我,后来我知道高占彬因为逃避外债逃跑了。我一分钱的利息也没得到过。我一共损失了 2 万元。

2. 书证,借款合同,证明二人之间的借款事实。

3. 被告人供述,对提供的借款合同无异议。

(四十三)被告人高占彬向孟志集资 15 万元,造成其损失 5.5 万元。

1. 被害人陈述,我来报案,2014 年 6 月。苏明明找到我,问我有没有闲钱,借给他的一位朋友叫高占彬的,半年一结息,月利 2.5 分,我就同意了,在 2014 年 6 月 21 日,我就拿着现金 15 万元,去了老检察院楼下的“古镇土特产粮店”,但是高占彬一个人在屋里,我把 15 万元现金给了高占彬,高占彬写了一张借款合同书,高占彬在借款人处签的字,按的手印。后来因为我要买房子,就从高占彬那要回来两次钱:一次是 9 万元,另一次是 0.5 万元,后来等到期要利息钱的时候,发现高占彬已经跑了。现在他还欠我本金 5.5 万元没给我,我今天就来报案了。月利 2.5 分,一年一结息。我没得到过利息。我损失本金 5.5 万元。

2. 书证,借款合同,证明双方之间的借款及还款事实。

3. 被告人供述,对提供的借款合同无异议。

(四十四)被告人高占彬向张玉梅集资 12 万元,造成其损失 10.08 万元。

1. 被害人陈述,我分了两次一共往高占彬的中介所放了 12 万元,我一共得到 1.2 万元的利息。我一共损失 10.8 万元。

2. 书证,借款合同,证明二人之间的借款和还款事实。

3. 被告人供述,对提供的借款合同无异议。

(四十五)被告人高占彬向刘玉成集资 26.29 万元,造成其损失 20.83 万元。

1. 被害人陈述,我到公安机关反映高占彬非法吸收存款的事情。在 2013 年至 2015 年,我曾多次往高占彬的中介所放钱,我一共往高占彬的中介所放了 26.29 万元。

2. 书证,借款合同,证明二人之间的借款和还款事实,证明偿还数额为 54,600 元。

3. 被告人供述,对提供的借款合同无异议。

(四十六)被告人高占彬向李建杰集资 7 万元,造成其损失 7 万元。

1. 被害人陈述,2014 年 7 月 6 日的时候,我带着 7 万元现金,到了高占彬的中介所,当时高占彬和高占彬的二姐高亚凤也都在场,我把钱给了高占彬,高占彬给我出了一张借款合同书。后来他以更高的利息把钱放给别人了。一分钱利息也没给过我。我一共损失7万元。

2. 书证,借款合同,证明二人之间的借款事实。

3. 被告人供述,对提供的借款合同无异议。

(四十七)被告人高占彬向楚新宇集资8万元,造成其损失8万元。

1. 被害人陈述,我来报案,我和我父亲被高占彬骗了8万元。其中有3万元是我自己的,当时我以我媳妇廉欢的名义把钱借给的高占彬。有5万元是我父亲的。到了2015年12月的时候,我父亲的钱到期了,我到高占彬的宾馆找高占彬要钱,我一看高占彬的宾馆都是要钱的人,这我才知道高占彬为了躲避外债已经跑了挺长时间了,他跟我和我父亲说装修宾馆了,但他用没用这8万元装修宾馆我就不清楚了。我一分钱的利息也没有得到过。我和我父亲一共损失了8万元。

2. 书证,借款合同,证明二人之间的借款事实。

3. 被告人供述,对提供的借款合同无异议。

(四十八)被告人高占彬向吉会英集资19万元,造成其损失18.8万元。

1. 被害人陈述,2015年9月17日我借给高占彬10万元,2015年4月26日的这张借据是改过的,当时我借给高占彬9万元,这笔钱在2015年4月26日到期后,高占彬支付给了我1.2万元的利息,我取回2000元,剩余的1万元又放到了高占彬那里,就这样高占彬又给我重新打了一张10万元的借据,这张10万元的借据中包含1万元利息。

2. 书证,借款合同,证明双方之间的借款事实。

3. 被告人供述,承认这起指控数额。

对事实和证据的分析与认定:20万元有1万元利息在内,所以本金是19万元。减去偿还的2000元利息,损失是18.8万元。

(四十九)被告人高占彬向刘桂芹集资15万元,造成其损失15万元。

1. 被害人陈述,在2015年1月16日的时候,我带着这15万元的现金到了高占彬的中介所,在高占彬的中介所看到了高占彬和高占彬的二姐高亚凤,我把钱给了高占彬,我一分钱的利息也没有得到过。我一共损失了15万元。

2. 书证,借款合同,证明双方之间的借款事实。

3. 被告人供述，对提供的借款合同无异议。

（五十）被告人高占彬向王昊集资 15 万元，造成其损失 15 万元。

1. 被害人陈述，2015 年 4 月 20 日，我就拿着现金 15 万元，去了老检察院楼下的“古镇土特产粮店”，当时高占彬和他的二姐在屋里。我就问他这里是不是可以放钱，高占彬说可以，月利 2 分，半年一结息，还跟我说他有宾馆，粮店什么的，肯定差不了事，随时用钱随时取，我就相信他了，就把 15 万元现金给了高占彬，高占彬的二姐拿出来一张空白的借款合同书，高占彬的二姐在合同书上填写的内容，最后拿给高占彬要利息钱的时候，发现高占彬已经跑了。前几天我听说他被抓起来了，我今天就来报案了。我没得到利息，我损失 15 万元。

2. 书证，借款合同，证明二人之间的借款事实。

3. 被告人供述，对提供的借款合同无异议。

（五十一）被告人高占彬向刘凤秋集资 72 万元，造成其损失 49.46 万元。

1. 被害人陈述，我来反映高占彬非法集资的问题，我在高占彬的中介所放了 72 万元。每次我去取利息的时候，高占彬都会在借款合同书上标明取利息的时间，还有钱数。除去我得到的 22.54 万元利息钱，我还损失 49.46 万元。借款合同书上的内容，每次都是高亚凤写上去的，然后高占彬在借款人处签字，按手印。

2. 书证，借款合同，证明双方之间的借款和还款事实。

3. 被告人供述，对提供的借款合同无异议。

（五十二）被告人高占彬向杨淑珍集资 21 万元，造成其损失 21 万元。

1. 被害人陈述，我在 2014 年 9 月、10 月、12 月我分 4 次陆陆续续地往高占彬的中介所放了 21 万元现金，这四次我把钱放到高占彬的中介所的时候，高占彬和他二姐高亚凤都在场，我把钱给了高占彬，高占彬的二姐高亚凤拿出了一张借款合同书，高亚凤在这张借款合同书上进行了填写，最后高占彬在借款人处签上了自己的名字并且按了手印。我的这四张借据有两张是 2.5 分的还有两张利息是 3 分的，半年一支付利息，在 2015 年 5 月的时候，钱到期了我就找高占彬要钱，当时高占彬一直在拖我，让我在等等，后来我就听说他跑了。

他跟我说他是开中所介的，他跟我说他把钱放出去，挣利息差和中介费，我的这21万元让他以更高的利息放给别人了。我一分钱的利息也没得到。我一共损失21万元。

2. 书证，借款合同，证明双方之间的借款事实。

3. 被告人供述，对提供的借款合同无异议。

（五十三）被告人高占彬向魏宝珍集资5万元，造成其损失4万元。

1. 被害人陈述，我在2014年11月8日，我亲家母和我一起带着5万元现金到了高占彬的中介所，在高占彬的中介所我见到了高占彬和高占彬的二姐高亚凤拿出了一张借款合同书，在这张借款合同书上进行了填写，然后高占彬在借款人处签上了自己的名字并且按了手印。当时约定月利2分，半年一支付利息。到了2015年5月的时候，钱到期了，我就去找高占彬要钱，高占彬跟我说让我先等等，现在没有钱，等有钱了就把钱马上还我，之后我多次找高占彬要钱，在2015年6月6日和2015年7月18日，我要回来本金1万元，在之后找高占彬要钱，就找不到高占彬了。后来我听说高占彬为了躲避还钱跑了，直到最近我听说高占彬被公安机关抓获了，所以我到公安机关来报案了。我一共损失4万元。

2. 书证，借款合同，证明双方之间的借款和还款事实。

3. 被告人供述，对提供的借款合同无异议。

（五十四）被告人高占彬向李亚华集资5万元，造成其损失3.2万元。

1. 被害人陈述我来报案，我往高占彬的中介所放了5万元，约定月利2分，半年一结息，我得了三次利息，共计1.8万元。我现在损失3.2万元。

2. 书证，借款合同，证明双方之间的借款和还款事实。

3. 被告人供述，对提供的借款合同无异议。

（五十五）被告人高占彬向那娜集资15万元，造成其损失15万元。

1. 被害人陈述，在2014年11月8日的时候，我拿着15万元到了高占彬的中介所，我把钱给了高占彬之后，高占彬给我写了一个借款合同书，上面写着借款15万元，月利2分，借款时间是2014年11月8日，还款日期是2015年5月8日，并且高占彬在借款合同书上签了字并摁了手印。等到了还款日期之后，我就找高占彬要利息钱和本金钱，但高占彬说他没有钱给我。在这之后高占彬就没再支付给过我利息，也没还给我本金。后来我多次找过高占彬要过钱，但是高占彬始终以过几天给我钱为借口推托我，一直到现在，钱也没给我，所以我就来报案了。我把钱2分利抬给高占彬以后，他再以更高的利息把钱抬给别人。我借给高占彬一共15万元，我一直没得到利息，高占彬也没有把本金给我，我的实际损失是15万元。

2. 书证，借款合同，证明双方之间的借款和还款事实。

3. 被告人供述，对提供的借款合同无异议。

（五十六）被告人高占彬向于桂英集资22万元，造成其实际损失211,600元。

1. 被害人陈述，我借给高占彬一共220,000元，我一共得到8400元的利息，实际损失是211,600元。

2. 书证，借款合同，证明双方之间的借款和还款事实。

3. 被告人供述，对提供的借款合同无异议。

（五十七）被告人高占彬向张永莉集资12万元，造成其实际损失110,100元。

1. 被害人陈述，我借给高占彬一共120,000元，我一共得到了9900元的利息，实际损失是110,100元。

2. 书证，借款合同，证明双方之间的借款和还款事实。

3. 被告人供述，对提供的借款合同无异议。

（五十八）被告人高占彬向田淑敏集资6万元，造成其实际损失48,000元。

1. 被害人陈述，我借给高占彬一共6万元，我一共得到了12,000元的利息，实际损失是48,000元。

2. 书证，借款合同，证明双方之间的借款和还款事实。

3. 被告人供述，对提供的借款合同无异议。

（五十九）被告人高占彬向李淑兰集资12万元，造成其实际损失12万元。

1. 被害人陈述，我往高占彬那放本金12万元，欠条12.5万元中有0.5万元是利息。到2014年的时候,高占彬就不再支付我本金和利息。

2. 书证,借款合同,证明双方之间的借款事实。

3. 被告人供述,对提供的借款合同无异议。

对事实和证据的分析与认定:借款合同虽然载明钱款数额为12.5万元,但据被害人后来陈述其中有0.5万元是利息,所以实际集资数额为12万元,造成被害人损失也是12万元。

(六十)被告人高占彬向任晓生集资21.9万元,造成其实际损失21.9万元。

1. 被害人陈述,我分四次一共交给高占彬21.9万元,后来我找高占彬要钱,高占彬本金也不给我,利息也不给我,最后给我打了一张欠我利息的欠据,利息钱是2.4万元。前几天我再去找高占彬要钱,高占彬人跑了,这样我就来报案了。

2. 借款合同,证明二人之间的借款事实。

3. 被告人供述,对提供的借款合同无异议。

(六十一)被告人高占彬向王秀凤集资22万元,造成其实际损失183,200元。

1. 被害人陈述,第一次陈述,我把钱以2分利抬给高占彬以后,他再以更高的利息把钱抬给别人。没有。我借给高占彬一共22万元,我一共得到了16,800元的利息,我的实际损失是203,200元。

第二次陈述,2015年7月8日的这张借据中能有两三万元利息。

2. 书证,借款合同,证明双方之间的借款事实。

3. 被告人供述,对提供的借款合同无异议。

对事实和证据的分析与认定:受害人承认收到1.68万元利息,并且说2015年7月8日的这张借据中包含两三万元利息钱,如果按两万计算,那2015年7月8日这张借据实际本金应为20万元,减去被害人已经收到的利息,被害人实际损失应为183,200元。

(六十二)被告人高占彬向孙影集资2万元,造成其实际损失1万元。

1. 被害人陈述,原来我和高占彬是前后院的邻居,看这人也挺老实,把握的,后来他跟我说,有闲钱就放在他那,他给我利息,原来就是一个村子住着,也就相信他了。开始的时候我借给高占彬9万元,后来我拿回去7万元,最后剩一个2万元的,本来我想把这2万元也拿回去,高占彬始终就劝我,让我把钱放在他那,给我利息,后来我又拿回去1万元,最后剩1万元高占彬说什么也不给我了,最后我现在连高占彬的人都找不到了,所以我就来报案了。

2. 书证,借款合同,证明双方之间的借款事实。

3. 被告人供述,对提供的借款合同无异议。

(六十三)被告人高占彬向许淑文集资7万元,造成其实际损失6.04万元。

1. 被害人陈述,我放高占彬那一共70,000元,一共得到过9400元。实际损失6.06万元。

2. 书证,借款合同,证明双方之间的借款和还款事实。证明两次共还款9600元。

3. 被告人供述,对提供的借款合同无异议。

对事实和证据的分析与认定:这笔公诉机关数额计算有误,实际还款9600元,那么损失就是6.04万元。

(六十四)被告人高占彬向王纯集资5万元,造成其实际损失5万元。

1. 被害人陈述,我来报案,我被高占彬骗了5万元。我一分钱的利息也没有得到过。实际损失5万元。

2. 书证,借款合同,证明双方之间的借款事实。

3. 被告人供述,对提供的借款合同无异议。

(六十五)被告人高占彬向从中新集资20万元,造成其实际损失17.6万元。

1. 被害人陈述,我来报案,我被高占彬骗了20万元。我一共得到了2.4万元的利息。我实际损失17.6万元。

2. 书证,借款合同,证明双方之间的借款事实。

3. 被告人供述,对提供的借款合同无异议。

(六十六)被告人高占彬集资诈骗张淑兰12万元,实际损失12万元。

1. 被害人陈述,我来报案,我被高占彬骗了 12 万元。我没有得到利息。我实际损失是 12 万元。

2. 书证,借款合同,证明双方之间的借款事实。

3. 被告人供述,对提供的借款合同无异议。

(六十七)被告人高占彬向刘春梅集资 3.5 万元,实际损失 3.5 万元。被告人高占彬向金淑华(刘春梅母亲,已去世)集资 5 万元,造成其实际损失 5 万元。共造成刘春梅母女损失 8.5 万元。

1. 被害人陈述,我自己分两次向高占彬出借 3.5 万元,我一共损失了 3.5 万元。我母亲金淑华也把钱放到了高占彬的中介所,她去世了,无法亲自到公安机关来报案,我把她的借款合同书拿来了。当时她往高占彬的中介所放了 5 万元,高占彬把利息钱加到了本金 5 万元里,给我母亲金淑华做了一张 5.4 万元的借款合同书,她的钱也是利息 2 分,她得到过几千元的利息钱,都是她本人去取的,具体多少钱我不清楚。她一共损失了 5 万元。

2. 书证,借款合同,证明双方之间的借款事实。

3. 被告人供述,对提供的借款合同无异议。

(六十八)被告人高占彬向田丽萍集资 2 万元,造成其实际损失是 11,900 元。

1. 被害人陈述,在 2013 年夏天时,我不记得日期了,刘玉成领我到高占彬在老检察院的位置开的中介所内,在那里我见到了高占彬,我将 2 万元现金交给高占彬,高占彬给我打了借据,当时高占彬跟我说:“把钱放到我这里你就放心吧,我能给你 2 分的月利息,比银行存款的利息要高,利息一年一取,本金随时都能取,什么时间想取本金提前给我打电话就可以,不带差事的。”我一听高占彬这么说,我就更加相信他了,过一年(2014 年)时我去找高占彬要利息,高占彬给了我 4800 元的利息,再过一年(2015 年)时我去取利息,高占彬没有给我利息,只给了我 3000 元本金,高占彬说他以前给我的 4800 元就算给本金了,这样在 2016 年 1 月 4 日高占彬重新给我打了一张 1.22 万元的欠据,后期我就向高占彬要本金,但是我也找不到他,到现在他也没有给我钱,所以我就到公安机关来报案。

2. 书证，借款合同，证明双方之间的借款事实和还款事实。

3. 被告人供述，田丽萍的借款合同书复印件我看了一会，是我签写的，在2013年的时候，田丽萍放在我这2万元的现金，当时约定月利2分，6个月结算利息，这张借据是我在2016年1月4日给田丽萍重新结算后出具的。

对事实和证据的分析与认定：关于集资数额高占彬供述和田丽萍陈述是一致的，都认为开始是2万元，田丽萍承认先后偿还7800元，剩余数额正好等于1.22万元，加上2016年1月18日取走的300元，造成损失11,900元。

（六十九）被告人高占彬向何月集资6万元，造成其实际损失是6万元。

1. 被害人陈述，我是直接拿着6万元现金，在高占彬开的中介内把钱交给他的。我放在高占彬那里的6万元没得到利息，之前我还放在高占彬那里几次钱，但具体得到过多少钱的利息，每次放在高占彬那里多少钱，时间太久我也记不清楚了。我的实际损失是6万元。他没说过。

2. 书证，借款合同，证明双方之间的借款事实和还款事实。

3. 被告人供述，对提供的借款合同无异议。

（七十）被告人高占彬向牛凤书集资65万元，造成其实际损失是48.28万元。

1. 被害人陈述，我在2013年1月29日，我把24万元现金送到了高占彬的中介所，在中介所看见了高占彬，高占彬跟我说把钱放在他那里指定准成，让我放心吧。高占彬给我2分钱利息，3个月一给利息，还给我做了一张借据，借据上的钱是248,400元，这里面的8400元是给我按3个月打的利息钱，借据上有高占彬签的名，还有他按的手印。借据打完后，我跟高占彬说要有什么作为抵押物，高占彬给我一个房屋产权证，建房注册号是22015，房屋所有权人是朱明华，房屋坐落：双辽市郑家屯街北勤委9组。高占彬说让我放心吧，将来欠我的钱要是还不上我，就把这个房子给我了。过了三个月吧，高占彬说他要把房照更名，更完名之后，再把房照给我拿回来，我就相信他了，把房照给了高占彬，结果高占彬把房照拿回去之后，更名完贷款抵押了。后来高占彬直接给我打电话说他现在需要用钱，我看他这个房照还在我这呢，把钱放在他那里应该没什么问题。在2014年9月30日，我就又把4万元现金给高占彬送到了他的中介所，高占彬也是给我的2分钱的利息，半年一支付利息，高占彬给我做了一张借据，上面有他的签名还有按的手印，还款日期是2015年2月24日。到2014年9月30日，高占彬重新给我做了一张29万元的借据，是上两次欠我的钱给我做的一个总条。这个条利息是半年一支付，利息是2分，还款日期是2015年1月30日。到2014年11月，高占彬又给我打电话说需要用点钱，让我再往他的中介所在放点钱。在2014年11月2日，我又给高占彬拿了28万元，我让高占彬给我做了3张借款合同，分别是8万元、10万元、10万元这3张借款合同书，这是我让高占彬这么做的，因为我想我将来用钱的时候，容易把钱拿回来，这次也是给我2分钱的利息，还款日期是2015年5月2日。在2014年12月7日高占彬又给我打电话，需要用钱，我给高占彬拿了7万元，和以前一样也是给我2分钱的利息，还款日期是2015年6月7日。在2015年3月6日，和以前一样高占彬说他急用钱我又给高占彬拿了2万元。月利2分，还款日期是2015年9月6日。后来我向高占彬要钱，高占彬跟我说让我等一等，等有钱了，马上就把钱给我。后来我联系高占彬就联系不上了。

2. 书证，(1)借款合同，证明双方之间的借款和还款事实，证明共还款16.72万元。

(2)房屋所有权证，楼房买卖契约书，证明高占彬用房主为高占彬、朱明华的房屋抵押借款事实。

3. 被告人供述，牛凤书我认识，她以前是我二姐高亚凤的邻居，她也往我这放了不少钱。当时牛凤书知道我这吸款，牛凤书陆陆续续分多次往我这放了不少钱，我给她月利2分钱的利息，并且我将朱明华的房照抵押给牛凤书，后来我对牛凤书说想把房照抽回来，将房照变更在我名下去贷款，我对牛凤书说不能差事，牛凤书也同意了，之后我将房照拿了回来，把朱明华名下的房照更名在我的名下，我又用房照到信用社贷了200万元，现在这本房照还在信用社抵押着。

对事实和证据的分析与认定：根据牛凤书陈述，其是分三次将钱借给高占彬，五次数额分别为24万元、4万元、28万元、7万元、2万元共计65万元。卷宗体现的29万元借条实际是之前的4万元和24万元借条的本金和利息的总和,28万元借条是10万元、10万元、8万元的总和。根据借款合同计算偿还了利息16.72万元,因此造成牛凤书损失系48.28万元。

(七十一)被告人高占彬向葛桂琴集资46.5万元,偿还15.82万元利息,造成其损失30.68万元。

1. 被害人陈述,在2012年年末的一天,我在高占彬店里放在高占彬那1万元。高占彬给我出了一份借据。借据上有借款日期,金额、利率等。这1万元到期后,高占彬如约付息。我看高占彬挺讲信用的,我就又往高占彬那放了44.5万元,共计45.5万元。是分十次借给他的,借款时间从2012年12月至2014年10月。这些钱是用我、我姑娘王渝、葛桂玲、葛桂友的名借给他的。他说他往外抬款,他是挣中介费。具体他把钱放哪干啥我也不清楚。出借据了。他给我出了10张借据,借据上有王渝、葛桂玲、葛桂友和我的名,实际上这些钱都是我的钱。具体我也记不清得多少利息了,我也就得了15万元的利息,利息能算出来,高占彬付息后都在借据上标明付息日期和时间。我实际损失得有30万元。

2. 书证,借款合同,证明二人之间的借款事实和还款事实。证明出借总额应为46.5万元,偿还利息总额应为15.82万元。

3. 被告人供述,具体数额以借款合同书为准。

对事实和证据的分析与认定:根据葛桂琴陈述及其提供的十张借款合同,其向高占彬出借总额应为46.5万元,偿还利息总额应为15.82万元,故造成被害人损失应为30.68万元。

(七十二)被告人高占彬向葛桂琴集资10万元,造成其实际损失是5.5万多元。

1. 被害人陈述,我一共是分了六次,第一次是2012年5月9日,我在高占彬那放了3万元,月利2分,期限是六个月。这3万元我一共得过5次利息,利息钱一共是18,000元;第二次是2012年9月28日,我放了3万元,得到四次利息,一共14,400元;第三次是2013年4月18日,我给我妹妹葛桂琴1万元,葛桂琴给我一张高占彬给葛桂琴的欠条,这个钱我得到3600元的利息;第四次是 2013 年 12 月 21 日，我还想放高占彬那 1 万元钱，我妹妹葛桂琴又把葛桂玲的一张 1 万元欠据给我了，欠条的借款人也是高占彬，这 1 万元，我得了 2400 元的利息；第五次是 2013 年 12 月 30 日，我又拿出 1 万元钱，给了葛桂琴，葛桂琴要有把高占彬打给葛桂玲的 1 万元钱的欠据给了我，这个钱我得到 2400 元的利息；第六次是 2014 年 4 月 16 日，我又拿 1 万元给了葛桂琴，葛桂琴把高占彬欠她的 1 万元钱欠条给我了，我得到利息是 4200 元。一共就这六次。我实际上损失 7 万多元。

2. 书证，借款合同，证明双方之间的借款事实和还款事实。葛桂琴实际分几次借给高占彬借款总额为 10 万元，偿还本金 3000 元，利息 4.2 万元。

3. 被告人供述，具体数额以借款合同书为准。

对事实和证据的分析与认定：根据卷宗借款合同，葛桂琴实际分几次借给高占彬借款总额为 10 万元，其中偿还本金 3000 元，利息 4.2 万元，故葛桂琴实际损失为 5.5 万元。

（七十三）被告人高占彬向葛桂玲集资 24 万元钱，造成其实际损失是 23.28万元。

1. 被害人陈述，我来报案，我被人骗了。我被高占彬骗了 24 万元。我得到两次利息，每次是 3600 元，一共得到利息是 7200 元。我的本金 24 万元，高占彬都没还我。

2. 书证，借款合同，证明二人之间的借款和还款事实。证明偿还了利息 7200 元。

3. 被告人供述，具体数额以借款合同书为准。

对事实和证据的分析与认定，实际损失应扣除得到利息，所以损失为 23.28万元。

（七十四）被告人高占彬向葛桂英集资 96 万元，造成其实际损失是 51.2 万元。

1. 被害人陈述，我交给高占彬现金共计 96 万元，这 96 万元都是本金。一分钱现金都没给我，给的利息都计入本金了。

2. 书证，借款合同，证明双方之间的借款和还款事实。证明借款总额为

96 万元,还利息数额为 44.8 万元。

3. 被告人供述,具体数额以借款合同书为准。

(七十五)被告人高占彬向通过王敏向裴丽霞、裴丽云集资 16 万元,其中,10 万元是裴丽霞提供,6 万元是裴丽云提供造成裴丽霞实际损失 1.6 万元,裴丽云现在损失 3.12 万元,共损失 4.72 万元。

1. 被害人陈述,我往高占彬的中介所放过钱。一次是 2011 年 9 月 9 日 10 万元,另一次是 2013 年 3 月 9 日 6 万元。高占彬在双辽市郑家屯街老检察院楼下的一个中介所,后来改名叫"古城土特产粮店"。不是我的,10 万元是我二姨裴丽霞,6 万元是我三姨裴丽云的。裴丽霞现在损失 1.6 万元;裴丽云现在损失 3.12 万元。

2. 书证,借款合同,证明双方之间的借款事实和还款事实。证明已还利息为 11.28 万元。

3. 被告人供述,以借款合同为准。

对事实和证据的分析与认定:公诉机关认定数额实际为已偿还数额,并非损失数额。

(七十六)被告人高占彬向张爱群集资 10.5 万元,实际损失是 9.735 万元。

1. 被害人陈述,我来公安机关报案。高占彬一共从我这借了 10.5 万元,我一共得到 7650 元的利息、我一共损失 9.745 万元。

2. 书证,借款合同,证明双方之间的借款事实。

3. 被告人供述,以借款合同为准。

对事实和证据的分析与认定:此笔损失系计算失误,应为 9.735 万元。

(七十七)被告人高占彬向高桂华集资 7 万元,造成其实际损失是 58,000 元。

1. 被害人陈述,我来报案,我来反映高占彬非法集资的事情。在 2013 年 6 月 6 日高占彬向我借了 3 万元钱,在 2013 年 11 月 7 日,高占彬向我借了 4 万元,这两笔借款的利息都是月利 2 分,之后高占彬一共给了我 12,000 元的利息,我实际损失 58,000 元。

2. 书证，借款合同，证明双方之间的借款和还款事实。借款数额为 7 万元，还款数额为 1.2 万元。

3. 被告人供述，对起诉该笔事实未提异议。

对事实和证据的分析与认定：辩护人提出的本金为 3 万元，偿还利息为两笔 1.2 万元及 0.72 元不符合实际，被害人陈述还款数额与借款合同记载一致。借款数额其中，3 万元这笔虽然系以高占伟的名义出具，但实际集资人还是高占彬，资金去向不影响案件定性，且高占彬及辩护人并未否认 3 万元这笔借款。

（七十八）被告人高占彬向任艳丽集资 5 万元，造成其实际损失是 5 万元。

1. 被害人陈述，在 2014 年 11 月 15 日，在高占彬开的广源中介所内，向我吸收了 5 万元的存款。我一共损失了 5 万元。

2. 书证，借款合同，证明双方之间的借款事实。

3. 被告人供述，对起诉该笔事实未提异议。

（七十九）被告人高占彬向马秀文集资 11 万元，造成其实际损失是 10.65 万元。

1. 被害人陈述，2012 年至 2015 年，我陆陆续续放在高占彬开的中介所共计 11 万元。我和他不熟悉，不是亲属也不是朋友，我就知道他开中介所，给利息，于是我就把钱放在他开的中介所了。他支付给我共计 3500 元的利息钱。2015 年下半年，高占彬就不再支付给我利息了，具体时间我也记不清楚。

2. 书证，借款合同，证明双方之间的借款事实。

3. 被告人供述，对该笔借款无异议。

对事实和证据的分析与认定：根据马秀文最后一次陈述偿还利息 3500 元，因此实际损失应为 10.65 万元。

（八十）被告人高占彬向张治强集资 12 万元，造成其实际损失是 12 万元。

1. 被害人陈述，我往高占彬那放的这 12 万元的时候是在 2015 年 2 月，钱到期后，我多次找高占彬要钱，一分钱的利息也没有得到。我一共损失 12 万元。属实。

2. 书证，借款合同，证明双方之间的借款事实。

3. 被告人供述，对该笔借款无异议。

（八十一）被告人高占彬向侯文江集资10万元，造成其实际损失是10万元。

被害人侯文江陈述，我的这10万元是通过赵有香放到高占彬那里的，到现在我一分钱利息也没得到。

书证，借款合同，证明侯文江和高占彬之间的借款事实。

证人赵有香证言，高占彬缺钱，让我帮联系，我就联系了侯文江。

被告人供述，对该笔借款无异议。

以上统计，高占彬集资总额为1285.41万元，造成被害人损失1124.185万元。

赃款去向和非法占有为目的的证据：

被告人高占彬庭审供述并经其辩护人庭前提供的证据，辩解其吸收来的钱投资购买佳缘时尚宾馆500万元，投资担保公司300万元，投资太阳能专卖店50万元，投资茶楼100万元，投资粮油商店50万元，水泥厂院落60万元。其庭审辩解并提供证据欲证明其对外借出237.735万元。我没逃避还款，我是去外地看病住院了。

高占彬侦查阶段供述，吸收来的钱2012年我花了460万元从王宏手里买了老检察院的楼，就是我开宾馆的这个楼，又花500万元从电厂水泥厂厂长孙发明手里买了水泥厂，装修宾馆花了400万元。2013年、2014年、2015年向我融资的人的借据都是后转的。我宾馆2012年1月装修完毕了，在汇丰信用社贷款没用于装修。高亚凤没有帮助我吸收存款。

二、证人证言

1. 王洪证言，我在2012年左右的时候，曾在高占彬的中介所借过20万元，之后我卖给他一个宾馆，卖给他200多万元。在2012年左右，具体时间我记不清了，我有一个朋友叫张红，张红欠高占彬钱，张红就把这个宾馆的房照抵押给了高占彬，之后通过关系，我知道张红想把他的这个宾馆卖掉，我就想把这个宾馆买了，我给了高占彬一部分钱把这个宾馆的房照拿回来了，给了多少钱我现在记不清了，之后因为这个房照需要过户，我手上也没有钱了，我就向高占彬借了20万元,当时是在他的中介所借的这20万元,他的中介所在老检察院楼下,叫作广源中介,就在宾馆旁边,高占彬跟我说要4分钱的利息,这20万元我用了能有一年多,之后我想用钱,就想把这个宾馆卖掉,高占彬跟我说他想买这个宾馆,我也同意了,就把这个宾馆卖给高占彬。高占彬给我的能有150万元左右,其中有我之前借的20万元,因为用了一年多,算账的时候把本金加利息有30多万元,他也给了我80多万元的现金,还有我拿这个宾馆在银行贷款了,高占彬替我还了20万元将近30万元的银行贷款,我一共到手的就这150万元,之后高占彬还差我一部分钱,也没有给我,我也没找高占彬要。我卖给高占彬的那个宾馆就在老检察院楼下,这个宾馆现在叫什么名字我记不清了。

2. 王振东证言,我和高占彬有经济往来,在2011年春天的时候吧,具体日期我现在也记不清了,我记得当时正是种树的时候,我从高占彬的中介所,借过两次,每次6万元,一共12万元,当时约定利息3分;后来在2013年的时候,我媳妇当时有病,我为了给我媳妇看病,从高占彬的中介所又抬了5万元,当时也是约定月利3分,我一共从高占彬那借了17万元。我每次从高占彬处借钱,都是现金。我从高占彬那借的这17万元,我都已经还完了。

3. 吕建成证言,我和高占彬有经济往来,我在2011年、2012年左右,具体时间我记不清了,我在高占彬那分了两笔一共借了20万元,当时约定利息月息3分。我借的这20万元高占彬是现金给的我,我当时拿房照在高占彬那做的抵押。我在高占彬那借的这20万元,是在高占彬开的中介所高占彬把钱给的我,我借钱的时候他的中介所叫作广源中介。我在高占彬那借的这20万元到现在都还没还给高占彬,我现在也没有钱还给他。高占彬借给我的这20万元应该不是他本人的,高占彬本身是开中介所的,他借我的这20万元应该是从社会上比较低的利息吸收上来的,然后以3分钱的利息抬给的我。

4. 李丽荣证言,我和高占彬有经济往来,我曾在高占彬那借了大约有3万元,这3万元不是一次性借的,分了几次,时间过得太长了,具体借多少,分了几次我现在记不清了,当时高占彬在双辽市三小斜对面开了一家中介所,叫作广源中介,当时我就是在那向高占彬借的钱。时间过得太长了,我记不清是什么时间在高占彬那借的钱了,因为我在高占彬那借了不是一次,借了能有几次,我就记得最后一笔是1.4万元本金,这笔是在2007年借的,我向他借钱的时候借款利息是月息3分。我在高占彬那借的这3万元钱都还给高占彬了。我的这3万元是分几次借的,中间我也陆陆续续地还给了高占彬一部分钱,有还1000元的、还有500元的、还有还600元的,每次还完钱高占彬也都给我出了收据。我在高占彬那借的最后一笔是以我父亲的名义向高占彬借了本金有1.4万元,在2015年4月1日的时候,高占彬把我在双辽市法院起诉了,后来经过和解,我又一次性还给高占彬本金加利息3万元,这样我把高占彬的钱全部都还清了。我给高占彬出的借据没有拿回来。

5. 高亚凤证言,高占彬是我弟弟。我知道高占彬在双辽市郑家屯街老检察院楼下开设一家名为“广源中介所”,原来是开中介所了,后来中介所不干了,开始卖杂粮,叫“双辽市古镇特产粮油店”。我没有在高占彬的中介所工作过,我就是在他现在的粮油店工作过,帮他看店,卖货。高占彬在开“广源中介所”期间,我从来没有介绍别人往我弟弟高占彬的中介所放钱。我没介绍他们去,都是他们自己主动去的。高占彬现在在什么地方我不知道,自从他在2015年11月末吧,走了之后,就一直没跟我联系过。我现在也不知道他在哪。高占彬没有跟我联系过。我也没跟高占彬联系。

6. 孙发明证言,位于双辽市电厂东大墙外的水泥厂原来是我的,我之前是这个水泥厂的厂长,后来变更到高占彬名下了。这个水泥厂的院落是在2008年的时候,就变更到高占彬名下了,但当时我还在那住,在2013年高占彬就彻底把我的这个水泥厂占了,我从这个厂子搬出去了。在10多年以前,具体时间我记不清了,我在高占彬那抬了30万元,当时约定是利息3分,之后高占彬替我还了欠别人的30万元的外债,这样就顶算我在高占彬那总共借了60万元,就这样本金加利息一直滚,滚了将近200多万元,在2013年的时候,我出了点事,高占彬就把我这个院落强行占了,抵顶在高占彬那的借款了。关于这个院,变更到高占彬名下,并用这个院落抵顶在高占彬处的借款,我们之间没有协议,这个院我就根本没有卖给高占彬,是高占彬后期强行给占了。当时我欠了别人还有一部分钱,其他人都惦记我的这个院,高占彬跟我说先把这个院变更到他名下,这样别人就要不去了,后期等我把钱还给他,他再变更到我名下,后来我有钱还给他的时候,他又不要钱了,就要我这个院,当时就在这种前提下才变更到他名下的。我在高占彬处,借款本金总计 60 万元,之前借了 30 万元,后期他替我还了 30 万元的外债,之后连本带息滚了几年后,也不到 200 万元,将近 200 万元。我之前在高占彬那借的钱给高占彬付过利息,具体付了多少利息我也记不清了,时间太长了。我这个院的面积是 13,000 多平方米,有一处房产,是二层楼,面积有 340 平方米。

7. 张国政证言,高占彬这个人我认识。高占彬一个位于双辽市老检察院开粮店的楼,高占彬是从我手里买的,高占彬这个开粮店的楼是我卖给他的。我是在 2007 年左右把楼卖给的高占彬,具体是什么时间卖给的他,我记不清了,我记得我当时卖给高占彬的这个楼应该是 20 万元左右,当时楼价最高不超过 2000 元每平方米,在 1900 元每平方米左右卖给的他。我卖给高占彬的这个楼没过户,我记得我把楼卖给高占彬之后,高占彬找过我,让我到双辽市工商银行签字,他跟我说他要拿这个楼贷款,但是这个楼房照是我名,所以需要我给签字,我记得当时我还问过他怎么没过户,他跟我说过户还需要费用,所以没过户。我把楼卖给高占彬我和高占彬之间有手续,但是手续放在哪里我记不清了。我和高占彬有债务关系。高占彬在老检察院楼下开宾馆的楼是高占彬从王洪手上买的。因为最早这个楼是我的,我把楼卖给了张宏,卖给她 120 万元,当时也和张宏做了手续,但是张宏开了一年多的洗浴,也没有给把我卖给她楼的钱给我,后来张宏把这个楼卖给了王洪,王洪干了一阵洗浴,之后赔钱了,他也没有把钱给张宏,之后王洪把宾馆卖给了高占彬,在 2007 年左右,高占彬给了我 90 万元,我把宾馆的楼照、土地使用证都给了高占彬。王洪把楼卖给高占彬具体卖了多少钱我不清楚,但是高占彬曾找过我跟我说过,他从王洪手上买宾馆这个楼花了能有 160 万元。

8. 彭洪赫证言,证实其 2013 年确实给高占彬宾馆做过牌匾。

9. 张雷证言,证实 2013 年 6 月至 7 月高占彬在其处花 8 万元买电器。

10. 李叙林证言,证实 2013 年其给高占彬宾馆做木工,结算工程款 5.5 万元。

11. 证人马超证言,证实2013年其给高占彬宾馆做瓦工,结算工程款2.2万元。

12. 罗桂龙证言,证实2013年前后,其给宾馆做玻璃装饰,收到装修款3.3万元。

13. 高阳证言,证实宾馆在其处买了电脑,价格记不清楚了。

14. 董成强证言,证实宾馆在其处买装潢材料花费20万元左右。

15. 王德林证言,证实宾馆装修时其做人工,工程雇用的人和材料款一共是27万元。

16. 闫玉红证言,证实其从高占彬处花50万元购买了茶楼,当时茶楼就是简单的刮了大白,屋顶吊的扣板,也值不了几个钱。

17. 王振东证言,证实其向高占彬借的款都偿还了,只是借据没有收回。其姐姐的工资存折一直在高占彬手中,工资被高占彬用了,这三年的工资有9万多元。

三、物证及书证、鉴定材料。

1. 电厂大院照片及说明,证明电厂大院未装修。

2. 房屋档案信息、银行查询单及银行流水,证明对高占彬财产查询情况。

3. 评估报告,证实对高占彬三处房产作价评估值位372.9888万元。

4. 高占彬名下房产信息。

5. 高占彬名下房产银行贷款抵押情况。证明高占彬共在银行贷款289万元,其中2015年4月25日贷款200万元,2012年4月23日贷款29万元,2015年4月15日贷款60万元。

6. 银行贷款具体信息。

7. 高占彬提供的借据37份。

8. 高占彬电厂大院的法院判决,证明电厂大院已经执行给他人。

四、其他综合证据

1. 查封决定书及查封清单,证明公安机关轮候查封了高占彬的财产。即高占彬房产号:3-004374,面积157.6平方米;高占彬在董彩兰名下房产,房号30300;房产号:4-000221,面积72平方米。房产号:1-002155,面积

207.45平方米;房产号:1－002169;房产号:3－004373,面积26.82平方米;房产号:1－002349房屋。

2. 情况说明,证明由于高占彬无法提供准确的借款人信息,所以经公安机关多方查找,未找到王雪飞、赵俊、赵赫奇、庞宝剑。

3. 情况说明,证明高占彬一案,无证据证实存款流向高占彬家属。

4. 情况说明,证实2016年1月15日公安机关对高占彬实施抓捕,公安机关多次找到高占彬家属询问高占彬下落,均称无法联系到高占彬本人,受害者也无法联系到高占彬,经讯问高占彬是否住院,高占彬未提供医学诊断证明及相关住院证明,高占彬无法证明其住院情况。

5. 情况说明,证实高占彬本人供述将太阳能赊出,钱款未能索要回来,高占彬本人未能提供相关证据,公安机关也未找到相关证据。高占彬同时还经营了一家紫源阁茶楼,高占彬供述是以68万元价格购买的双辽市辽北街北宁小区门市楼,装修花费30余万元,经营两年的时间,以50万元价格转给闫玉红。高占彬同时还经营了一家古镇特产粮油商店,高占彬供述投资30万元左右,经营三年左右,经营期间未赔未赚。

6. 高占彬宾馆装修情况说明表,证明有证据证实的宾馆装修数额总计107.1661万元。

7. 情况说明,证实关于高占彬提供的23人共34份证据中,有借款人5人在监狱服刑,无法取证;8人无户籍信息;6人查找不到;后提供3人无户籍信息,查找不到。

8. 情况说明,证明华容担保公司注册资金已于2010年分三笔从其账户中转出。

9. 关于高占彬提到的为其宾馆装修的其他人拒绝到公安机关出证,广源电器未找到相关负责人。

10. 户籍信息,证明被告人高占彬的自然情况。

11. 到案经过,证明高占彬系被抓捕归案。

12. 高占彬非法吸收公众存款一览表。

上述证据,均经查证属实,予以确认采信,作为本案的定案依据。

本案的争议焦点是：（一）犯罪数额如何计算。（二）对高占彬的行为如何定性，高占彬是否具有非法占有目的，是否构成集资诈骗罪。

针对争议焦点，并审查控辩双方的控辩意见，综合评判如下：

（一）关于犯罪数额如何计算的问题，根据《最高人民法院关于审理非法集资刑事案件具体应用法律若干问题的解释》的规定，集资诈骗的数额应以行为人实际骗取的数额计算，案发前已归还的数额应予扣除。行为人为实施集资诈骗活动支付的利息，除本金未归还可折抵本金之外，应当计入诈骗数额。根据该解释，认定集资诈骗罪应以行为人实际骗取的数额计算犯罪数额，本金未归还的，利息可折抵本金。因此，在计算犯罪数额时应扣除已偿还的本金和利息，应以高占彬实际取得的数额计算犯罪数额，辩护人关于犯罪数额计算的辩护意见成立，本院予以采纳。且本院在计算犯罪数额时亦是依据最高院的相关解释加以认定。

（二）关于高占彬的行为定性，是否具有非法占有为目的，即是否构成集资诈骗罪的问题。

1. 关于集资诈骗罪的非法占有为目的认定的相关法律规定：

《最高人民法院关于审理非法集资案件具体应用法律若干问题的解释》第四条规定，使用诈骗方法非法集资，具有下列情形之一的，可以认定为非法占有为目的。

（1）集资后不用于生产经营或者用于生产经营活动与集资资金规模明显不成比例，致使集资款不能返还的；

（2）肆意挥霍集资款，致使集资款不能返还的；

（3）拒不交代资金去向，逃避返还资金的；

……

2. 本案涉案集资总额为1285.41元，被告人庭审供述及侦查阶段供述的几个资金去向如何加以认定和评价的问题：

（1）关于购买宾馆及宾馆装修，根据王洪证言，高占彬购买宾馆时其只收到150万元，宾馆装修现有证据只能证实为107万元多，且高占彬在2012年亦有贷款用于宾馆购买与装修。根据被告人高占彬供述及证人王洪证言，宾馆购买及装修为2012年之前完成,2012年之前高占彬吸收存款总额为107万元。也就是说,高占彬将集资款用于宾馆装修和购买最大数额为107万元。因此高占彬辩解其将集资款的500万元用于宾馆过户和装修不成立。

(2)关于投资华融担保公司的问题,因其已经将注册资金300万元抽回,所以不存在其将集资款真正投资生产经营造成亏损的问题。

(3)关于投资阿斯林太阳能专卖店的问题,因高占彬也已经将太阳能出兑,钱未能索要回来无证据证实。所以其因投资太阳能专卖店造成亏损无证据支持。

(4)关于投资紫源阁茶楼,后来从高占彬手里购买茶楼的闫玉红证实茶楼只是简单刮大白装修,不值几个钱,即使其68万元买入,50万元卖出,在买卖茶楼价格上也只是亏损18万元。

(5)关于投资古镇特产粮油商店,因为没赚钱,也没赔钱,所以此处不应做亏损计算。

(6)关于投资电厂大院,据孙发明证实,因高占彬十多年前欠孙发明30万元,利滚利,后来高占彬又替孙发明偿还外债30万元,孙发明将电厂大院给付高占彬顶账,电厂大院经侦查部门实地踏查并未装修。也就是说,电厂大院其用集资款投入最多30万元。后电厂大院被法院判决顶给本案以外的其他债权人。

(7)关于高占彬将钱款借出的事实,被告人称其将所吸收款项的237.735万元用于对外放贷,经庭后公安机关核实下来的也就几十万元,高占彬称对资金进出无任何个人记录,没有账目。在对外借款时,借款人的真实信息很多不明,没有催要证据。

3. 被告人高占彬对集资所得款项具有非法占有目的,应认定为集资诈骗罪,理由如下:

(1)关于高占彬所述的前几项投资,根据现有证据宾馆投入数额就能认定为300万元左右,如果按买入和装修时间计算,其2012年之前买入和装修宾馆,其最多用集资款投入仅仅是107万元。茶楼和电厂大院就按其辩解计算最多也就是茶楼亏损不到20万元,电厂大院投入30万元。而其集资款总计1200多万元，从上列数据对比可以看出，高占彬以生产经营为借口集资，集资后用于生产经营活动与集资资金规模明显不成比例，绝大部分集资款并未投入生产经营，致使其无法偿还巨额高息集资款。

（2）关于其主张的投资公司和粮油商店的投入，因为投资公司注册后其将注册资金抽回，粮店经营后没赚没赔卖出，在此种情况下，应认定其是用合法生产经营的外衣掩盖其将投资款从左手倒向右手的事实。

（3）庭审时，高占彬又辩解有部分资金高占彬是以低息借入，高息借出的方式经营，高占彬利用他人资金赚取利差，其对资金进出无任何记录，巨额资金没有账目，出现集资人拿多少借据就是多少，向其借款人已经还款其没有记录的情况。其将钱款出借时，借款人的真实信息很多不明确，致使多数借款真实性无法核实，其后又未能积极采取措施追回钱款，不考虑能否归还巨额钱款，以哥们义气重于金钱为由随意处置他人资金，给他人造成巨大经济损失。

（4）被告人高占彬采用借新还旧，只付息不还本金、还利息后再借回等方法维持资金链，资金恶性循环，借款本息不断膨胀，致使被害人的损失也是不断积累，严重侵害了金融秩序和被害人的财产权益。

（5）在本院审理过程中，高占彬辩解大部分集资钱款皆投入生产经营，但其辩解明显不成立。后其又在庭审中其提供其向外出借钱款的欠条，即使欠条真实性存在，向高占彬借款人未偿还借款，那么能查明的钱款可知去向总额亦和其集资总额相去甚远，大部分集资钱款高占彬不能交代具体的真实的去向。从本案现有证据能体现出集资款不能归还并非高占彬所述经营不善和市场风险等意志以外的原因形成。高占彬在出现危机的情况下，不考虑集资款的偿还问题，仍以高息为诱饵继续非法集资，后参与集资的被害人利息都无能力支付，且最终导致不能偿还绝大部分集资款的结果。

（6）现高占彬所有财产或因欠银行贷款被查封（有价值评估），或被法院判决顶账。其所述有偿还能力的事实基础根本不存在。

（7）在被害人催讨下，其关闭电话，不知踪迹，逃避返还资金。

综上，被告人高占彬未经批准，违反相关规定，以投入生产经营为借口，以高息回报为诱饵非法集资，将很少量资金投入生产经营，明知没有偿还能力，又随意处置他人资金，给他人造成巨额经济损失后又逃匿，依法应当认定为非法占有为目的，应构成集资诈骗罪。

本院认为，被告人高占彬以非法占有为目的，以支付高额利息为诱饵，使用诈骗方法向社会不特定人员非法集资，给被害人造成的1124.185万元的巨额经济损失，其行为已构成集资诈骗罪，且犯罪数额特别巨大，应依法惩处。公诉机关指控被告人高占彬集资诈骗的基本犯罪事实成立，但指控的犯罪数额有误，应予纠正。辩护人关于高占彬不构成集资诈骗罪的辩护意见不成立，本院不予采纳。故依照《中华人民共和国刑法》第一百九十二条、第五十二条、第五十三条、第六十四条之规定，判决如下：

一、被告人高占彬犯集资诈骗罪，判处有期徒刑十五年，并处罚金45万元。

（刑期从判决执行之日起计算。判决执行以前先行羁押的，羁押一日折抵刑期一日。即自2017年3月18日起至2032年3月17日止。）

罚金于本判决生效后三十日内向本院缴纳。

二、对公安机关轮候查封的被告人高占彬的财产在银行执行后如有剩余按比例偿还给本案各被害人（数额以本案认定事实中的被害人损失数额为准），不足部分继续追缴，按比例返还各被害人。

如不服本判决，可在接到判决书的第二日起十日内，通过本院或者直接向吉林省高级人民法院提出上诉。书面上诉的，应当提交上诉状正本一份，副本五份。

审 判 长　田永利
审 判 员　董　岩
审 判 员　钱红英

二〇一八年十二月二十日

法官助理　任桂生
书 记 员　张　辉

【推荐意见】

非法集资案件历来是刑事案件审理的难点，在审理非法集资案件中，被告人多以集资款投入生产经营为借口，以排除对其集资款的非法占有目的的认定。本案被告人收到的集资款确有证据证明投入了生产经营，但后来其又以各种手段将投入经营的款项转出，转出后不能说明钱款后续去向。为了有效处罚非法集资犯罪中的这类不法行为，不至于形成处罚漏洞，并且做到罚当其罪，结合本案，具体作出以下分析，作者希望通过分析，对企图用投入生产经营排除非法占有目的在实践中如何认定，能够起到一定的参考作用。

在审判实践中，既要避免以诈骗方法的认定替代非法占有目的的认定，又要避免单纯根据损失结果客观归罪，同时也不能仅凭行为人自己的供述，而是应当根据案件具体情况具体分析，主要依据客观行为进行推定。对于真正因主观上不是恶意不想返还，而是由于经营不善、市场风险等意志以外的原因，造成集资款不能返还的，不应当认定为集资诈骗罪。反之，以投入生产经营名义掩盖其对资金的非法占有的，则应认定为非法占有目的。

郭丽丽

珲春市人民法院

珲春市人民法院刑事审判庭副庭长，2013年12月被中共珲春市委组织部评为“优秀公务员”，2014年12月荣获人民法院“个人三等功”、优秀法官等称号，2018年被中共珲春市委组织部评为“优秀公务员”。

【裁判要旨】

重大责任事故罪在犯罪的主观方面归类为过失，过失犯罪的主观心理状态、特别是主观上应当预见在一定程度上存在不可求证性，故而在现行刑事司法实践明确反对类推的情况下，过失犯罪的主观心理状态一般在某些个案中只能通过推定来判定，当然前述推定不能是凭空推定，要在查明案件事实的基础上，以查明的关联事实或者常理来推定行为人的过失之主观心理状态。对重大责任事故罪的被告人正确进行定罪量刑，应当对案件各因素进行全面考量，判定被告人行为当时是否应当预见到可能发生危害结果，查明和分析被告人的年龄、教育程度、专业知识、工作经验、技术水平、职务职责情况，综合案件具体情形即生产、作业过程分析判定导致危害结果的成因，进而作出正当合理之裁判。

【裁判文书】

吉林省珲春市人民法院
刑事附带民事判决书

（2018）吉 2404 刑初 164 号

公诉机关吉林省珲春市人民检察院。

刑事附带民事诉讼原告人王彦臣，男，汉族，1957 年 2 月 12 日生，住珲春市光明街，公民身份号码：××××。

刑事附带民事诉讼原告人王耀国，男，汉族，1984 年 2 月 4 日生，住珲春市光明街，公民身份号码：××××。

刑事附带民事诉讼原告人王洪娟，女，汉族，1981 年 10 月 11 日生，住珲春市光明街，公民身份号码：××××。

委托诉讼代理人王彦臣，系王洪娟父亲。

刑事附带民事诉讼原告人蒋敏娜，女，汉族，1986 年 1 月 20 日生，住珲春市光明街，公民身份号码：××××。

委托诉讼代理人王耀国，系蒋敏娜丈夫。

刑事附带民事诉讼被告人曹所柱，男，汉族，1977 年 6 月 3 日生，户籍所在地为吉林省扶余县××镇××村，公民身份号码：××××。

被告人田慧明，男，1990 年 5 月 6 日出生，汉族，出生地为黑龙江省哈尔滨市，小学文化，无职业，现住珲春市河南街，公民身份号码：××××。因涉嫌重大责任事故，于 2018 年 4 月 30 日被珲春市公安局刑事拘留；因涉嫌犯重大责任事故罪，于同年 5 月 15 日由珲春市公安局执行逮捕。现羁押于珲春市看守所。

辩护人李光勋，吉林海兰江（珲春）律师事务所律师。

珲春市人民检察院以珲检刑检刑诉（2018）161 号起诉书指控被告人田慧明犯重大责任事故罪，于 2018 年 8 月 3 日向本院提起公诉。在本案的诉讼过程中，刑事附带民事诉讼原告人王彦臣、王耀国、王洪娟、蒋敏娜向本院提起刑事附带民事诉讼。本院受理后，依法组成合议庭，公开开庭审理了本案。珲春市人民检察院指派检察员申官成出庭支持公诉，刑事附带民事诉讼原告人王彦臣、王耀国，刑事附带民事诉讼原告人王洪娟的委托诉讼代理人王彦臣，刑事附带民事诉讼原告人蒋敏娜的委托诉讼代理人王耀国，被告人田慧明及其辩护人暨委托诉讼代理人李光勋，本院依职权追加的刑事附带民事诉讼被告人曹所柱到庭参加诉讼。现已审理终结。

公诉机关指控，2018 年 4 月 29 日 15 时许，被告人田慧明在珲春市新安街宏伟轮胎水箱焊接部内，明知存在火灾隐患，违规使用氧气切割汽车护板，致使切割过程中产生的火星引燃锯末子，进而发生火灾，最终造成烧损汽车两辆、烧毁汽车一辆、王洪卫、王庆珍、曹琪媛、王名亿等 4 人死亡的重大伤亡事故。

为认定上述事实，公诉机关当庭出示了破案经过、现场勘验检查笔录及火灾现场勘验笔录，火灾事故认定书、法医尸体检验意见书，证人曹所柱、王耀国、王彦臣、曹金龙、崔文龙、高玉丰、艾立军、郎嘉冬的证言，被告人田慧明的供述与辩解等证据。

公诉机关认为，被告人田慧明在生产、作业中违反有关安全管理的规定，因而发生重大伤亡事故，情节特别恶劣的行为，触犯了《中华人民共和国刑法》第一百三十四条之规定，犯罪事实清楚，证据确实、充分，应当以重大责任事故罪追究其刑事责任；被告人田慧明有自首情节，依照《中华人民共和国刑法》第六十七条第一款之规定，可以从轻或者减轻处罚。

被告人田慧明对公诉机关指控的罪名无异议，但辩解称，我不是在明知存在火灾隐患的情况下进行操作的。事发当天，我在使用氧气切割汽车护板的过程中只是造成了小范围的火势，在老板娘使用消防栓灭火时，火势越来越大，最终导致事故的发生。

被告人田慧明的辩护人对公诉机关指控的罪名无异议，提出的辩护意见是，造成此次重大事故是由多方面原因引起的。田慧明在作业过程中所产生的火星引燃锯末子仅是此次事故的直接原因，安全生产管理部门以及业主均有责任，而不是田慧明一人责任。发生火灾后，田慧明积极参与救火并未离开现场，存在自首情节，且本案田慧明当庭自愿认罪，应对其从轻、从宽处罚。

刑事附带民事诉讼原告人王彦臣主张因其系被害人王洪卫父亲，要求田慧明赔偿王洪卫死亡赔偿金530,608.40元及丧葬费28,049元。刑事附带民事诉讼原告人王耀国、蒋敏娜主张因其系被害人王名亿父母，要求田慧明赔偿王名亿死亡赔偿金530,608.40元及丧葬费28,049元。刑事附带民事诉讼原告人王彦臣、王耀国、王洪娟主张，因其系被害人王庆珍直系亲属，要求田慧明赔偿王庆珍死亡赔偿金530,608.40元及丧葬费28,049元。并明确表示不向刑事附带民事诉讼被告人曹所柱主张赔偿责任。

被告人田慧明答辩称对各刑事附带民事诉讼原告人的各项主张没有意见，但是没有经济能力进行赔偿。

被告人田慧明的委托诉讼代理人提出的答辩意见是对本案的刑事附带民事诉讼部分，虽田慧明为事故直接责任人，但是田慧明系雇员，本案应先由雇主承担赔偿责任。

经审理查明，珲春市宏伟轮胎水箱焊接部企业性质为个体工商户，登记经营业主为王洪卫，实际为家庭经营。经营范围为修理服务、汽车维修（轮胎维修）、汽车救援服务、水箱修理、零售轮胎等。自2013年起，被告人田慧明受雇于该焊接部作业学徒及修理工，但田慧明无焊工证及焊工资质。2018 年 4 月 29 日 15 时许，在珲春市宏伟轮胎水箱焊接部内，由田慧明独自使用氧气切割汽车护板，切割过程中产生的火星引燃地面上的锯末子，并将地面装有柴油的塑料桶烤化后引起火势蔓延。经珲春市公安消防大队认定，起火原因为田慧明违章用焊切割引燃周围可燃物起火。此次事故烧损田慧明及曹所柱所有的汽车两辆、烧毁崔文龙所有的汽车一辆，王洪卫、王庆珍、曹琪媛、王名亿等 4 人死亡（死亡原因均为死前一氧化碳中毒死亡）。

另查明，王彦臣系王庆珍丈夫，王洪卫父亲；王耀国系王庆珍儿子；王洪娟系王庆珍女儿；王耀国与蒋敏娜系夫妻关系，系王名亿父母；曹所柱系王洪卫丈夫、曹琪媛父亲；曹金龙系王洪卫儿子。

案发后，被告人田慧明求助他人报警，并未离开现场，公安机关到达现场后，被口头传唤至公安机关并接受讯问；本案侦查过程中，曹所柱赔偿崔文龙车辆损失 130,000 元。

在本案审理过程中，曹所柱、曹金龙明确表示不向田慧明主张任何民事赔偿。本院依职权追加曹所柱为本案刑事附带民事诉讼被告人。

上述事实，由经庭审举证、质证的如下证据予以证实：

1. 破案经过载明，2018 年 4 月 29 日 16 时许，珲春市公安局接到报警后立即出警将在现场的田慧明传唤到公安机关。

2. 现场勘查笔录证明，公安机关于 2018 年 4 月 29 日 18 时对案发现场进行了现场勘查，经勘查现场位于珲春市新安街宏伟轮胎焊接部，现场南 10 米处为珲春西街，东南 80 米处为园丁广场，北 100 米处为长安小区，西北 45 米处为迎宾广场。宏伟轮胎焊接部为坐北朝南，二层砖瓦结构楼房建筑，一楼南墙上有一门洞（门洞宽 390 厘米），由门洞进入为一楼大厅，大厅内靠西墙为铁架子，铁架子北侧，靠西墙有一柜子。柜子北侧，靠西墙有电脑桌（长 159 厘米，宽 59 厘米，高 117 厘米）。大厅北墙上有一出入门（高 195 厘米，宽 65 厘米），出入门东 43 厘米处窗台（窗台距地面高 88 厘米，长 156 厘米，宽 17 厘米）上有一监控存储器距大厅门洞 80 厘米处有一起落架，起落架上有一辆汽车，起落架南 150 厘米，距东墙 290 厘米处地面上有 1 号气瓶（直径 20 厘米，高133厘米)和1号喷枪(长50厘米)。大厅内靠东墙由南向北依次为铁架、水箱、两台扒胎机,动平衡和铁台。铁台下有一个油桶,油桶东侧地面上堆有锯末。铁台北侧,靠东墙地面有2号气瓶(直径12厘米,高75厘米)和2号喷枪(长43厘米)。2号气瓶东侧墙上有一防火栓,一楼大厅东北角有一走廊通往卫生间,走廊靠东墙地面上堆放有油桶,一楼大厅东北角有一楼梯通往二楼大厅,二楼大厅北侧为卫生间和厨房,南侧为东卧室和西卧室。地面上有铁丝等物品,卫生间北端有一浴缸,浴缸南侧靠东墙有一坐便器,卫生间北墙上窗户玻璃已碎。厨房西南角,靠南墙有一木桌,厨房北墙上窗户玻璃已碎。东卧室内南为炕,北为地面,炕北侧地面上靠西墙有一铁皮柜,地面上靠东墙有一衣柜,东卧室南墙上窗户玻璃已碎。西卧室内东北角地面上靠东墙有一书架,西卧室内西北角地面上靠西墙有一铁床,铁床南侧为上下铺。西卧室南墙上窗户玻璃已碎。

3.火灾现场勘查笔录证明,公安机关于2018年4月30日8时30分对火灾现场进行勘查,勘查情况如下:一、环境勘验,起火建筑位于珲春市新安街,砖混结构建筑,二级耐火等级,局部三层。其东侧为通道,西侧为辅路,南侧为珲春西街,北侧为院子,整栋建筑共分18间,其中焊接部位于西数第十三家(一二层)。建筑上方无架空电气线路,周围无烟囱。未发现盛装可燃液体容器。从环境勘验看,焊接部南侧门脸及外墙烟熏痕迹浓重,焊接部东西两侧门市均有不同程度的烟熏痕迹,焊接部二层南北两侧窗户玻璃均过火炸裂。南侧牌匾过火烧毁残留钢制结构,西侧玛吉斯轮胎(弃用)牌匾东侧烧毁残留钢制结构焊接部北侧外墙整体过火,二层外墙涂料脱落,一层外窗上方墙体脱落,一、二层外窗整体烧毁。二、初步勘验,焊接部一、二楼层全部过火。其中一层主要为汽车修理车间,二层主要为存储换季轮胎,同时作为临时休息室使用。一层南侧为焊接部出入口。东侧上部为储存轮胎货架,下部由南向北依次摆放水槽、扒胎机、轮胎。西侧为摆放杂物货架。北侧为摆放轮胎货架。一层东北角为通向二楼的楼梯,楼梯下方为卫生间。一层中间由南向北为两部汽车维修升降机,其中北侧升降机上停放一辆汽车。二层东侧有两个房间,其中东南侧为办公室,西南为员工临时休息室。北侧有两个房间,其中西北侧为厨房，东北侧为卫生间，卫生间东侧为出入一二层楼梯。两侧房间中间为大厅，大厅上部为钢制结构储存轮胎货架，下部四周为储存杂物的货架。一层整体过火，南侧出入口防盗卷帘门处于开启状态，卷帘门整体过火表面烟熏痕迹较重，卷帘门下方受热变形向北弯曲。东侧墙面上部墙体表面烟熏痕迹较重呈黑色，部分墙体脱落露出红砖，货架下方墙体表面烟熏痕迹较轻，呈灰白色，墙体大部分脱落。西侧墙体整体过火，表面呈灰白色，墙体未脱落，北侧墙体整体过火，表面呈黑色。顶棚整体过火表面敷着大量烟迹呈黑色，棚体未脱落。南侧出入口外面西侧停放一辆蓝色长安牌小型汽车车头向南停放，车辆后侧过火，后窗炸裂，驾驶舱未过火，车体前侧未过火。南侧出入口外面东侧停放一辆白色双排座汽车，车辆驾驶舱过火烧毁，车体钣金前侧过火呈暗红色，车窗炸裂，汽车后侧货箱内存放物品未过火。一层升降机上方停放一辆本田 CRV 汽车，车辆整体烧毁。二层西南侧房间内南墙有一塑钢窗，窗户外设置铁栅栏，南墙墙体烟熏痕迹较重呈黑色，塑钢窗整体过火，上部融化塌落，玻璃散落在炕面及窗台上，玻璃上敷着大量烟熏痕迹。南窗下方为木板搭建的炕，炕体表面过火，敷着大量烟熏痕迹。东墙墙体烟熏痕迹较重呈黑色，炕边摆放一木质杂物柜，柜体过火，表面烟熏痕迹较重，柜门玻璃炸裂，柜后侧及顶部过火烧毁，柜内物品过火。北侧为出入口，由东向西依次为窗和门，墙体过火表面敷着大量烟熏痕迹，窗户玻璃整体炸裂，残留窗框，出入门整体过火，玻璃炸裂，门框受热变形，向南弯曲。西侧墙体过火表面敷着大量烟熏痕迹，炕边摆放文件柜，柜体过火，表面敷着大量烟熏痕迹，柜内物品未过火。顶棚过火表面敷着大量烟熏痕迹，棚体局部脱落，房间地面散落大量杂物。二层西南侧房间内南墙有一塑钢窗，窗户外设置铁栅栏，南墙墙体烟熏痕迹较重呈黑色，塑钢窗整体过火，上部塌落，玻璃散落在地面，玻璃上敷着大量烟熏痕迹。东墙墙体烟熏痕迹较重呈黑色，东墙底部摆放汽车轮胎轮毂，表面烟熏痕迹较重。北侧为出入口，由东向西依次为门和窗，墙体过火表面敷着大量烟熏痕迹，窗户玻璃整体炸裂，残留窗框，出入门整体过火，玻璃炸裂，门框受热变形，向南弯曲。西侧墙体过火表面敷着大量烟熏痕迹，西侧由南向北依次摆放上下铺铁床一个、单人铁床一个，床上敷着大量烟迹，床上物品未过火。二层西北侧为厨房，南侧为出入口，墙体过火，敷着大量烟熏痕迹，墙体部分脱落，南侧设置出入口一个，出入口上方砖墙脱落，东侧墙体过火敷着大量烟熏痕迹，墙体部分脱落，西侧墙体过火敷着大量烟熏痕迹，墙体部分脱落，西侧西南角摆放木质操作台一个，表面过火碳化，操作台上方摆放厨具，表面敷着大量烟熏痕迹。北侧墙体过火敷着大量烟熏痕迹，北侧窗户整体过火残留窗框。顶棚过火敷着大量烟熏痕迹。二层东北侧为卫生间，四周墙体过火，表面敷着大量烟熏痕迹，卫生间瓷砖部分脱落，卫生间南墙设置出入口一个，门整体过火变形，表面敷着大量烟熏痕迹，北墙设置窗户一个，窗户整体过火残留窗框。顶棚过火敷着大量烟熏痕迹两侧房间中间为方厅，四周墙壁整体过火，墙体脱落呈灰白色，方厅分上下两层，上层为钢制储存轮胎货架，货架整体受热变形，向下弯曲，下层四周摆放杂物。顶棚整体过火呈灰白色，南侧顶棚表皮脱落，北侧顶棚中间部分脱落露出钢筋。三、细项勘验一层东、西、北侧为钢质货架，货架高 2 米，东侧货架长 8 米，宽 1.2 米，货架整体过火，向下弯曲，货架上轮胎残骸散落在货架下方，西侧货架靠南侧受热变形，向下弯曲北侧未变形，轮胎残骸散落在货架下方。北侧货架整体过火未变形，轮胎残骸散落在货架下方一层中间部位南北两个各有一个升降机，其中北侧升降机上放置一辆本田 CRV 汽车，车辆整体过火，仅剩车架残骸，驾驶舱内全部过火烧毁，发动机舱内全部过火烧毁，汽车左侧整体过火，表面呈暗红色，汽车右侧钣金整体过火呈黑色，四个轮胎全部过火烧毁，仅残留轮毂，在北侧升降机下方靠外侧发现橡胶手套残骸，手套整体过火焦化，距东墙 2.1 米、南侧入口 8.5 米处有一电焊机，整体全部过火。距离东墙 1.8 米、南侧出入口 7.6 米处有一氧气瓶，氧气瓶放置在推车上，整体过火，瓶体表面呈暗红色，阀门处于开启状态，与阀门连接的胶质导管脱落，部分导管过火软化烧断。将氧气瓶移开后，在氧气瓶底部地面上发现焊枪一个，焊枪与导管连接，枪体整体过火，枪头过火表面呈黑色。一层与二层连通的楼梯位于房屋的东北角，楼梯附近地面炭化痕迹明显。紧靠楼梯南侧墙面有一处消火栓，消火栓门处于开启状态，消火栓阀门处于半开启状态，消火栓箱内水带未展开，消火栓下方发现钢制气瓶，气瓶放置在推车内，推车向北倒塌，软管与枪体链接，软管过火未烧断。四、专项勘查。一层东侧外墙距南墙5.1米处有一个电表箱,电表箱整体过火,箱体呈灰色,电表箱内共七个刀闸开关,全部过火碳化,一层内电气线路未见异常。二层东南侧房间发现4具尸体,其中3人位于西南侧角落,自南向北依次排列,南侧1人头部朝西,呈侧卧状态西侧2人头部朝东,呈仰卧状态。另外一人位于距窗口2米处,头朝东,呈仰卧状态。4具尸体表面未见过火痕迹。

4. 火灾事故认定书证明,起火原因为田慧明违章用焊切割引燃周围可燃物起火。

5. 法医尸体检验意见书证明,王洪卫、王庆珍、曹琪媛、王名亿死亡原因均为死前一氧化碳中毒死亡。

6. 证人曹所柱的证言证明,事发当天我不在店内,有人给我打电话告知焊接部起火了,起火原因我不清楚。田慧明是我所雇用的员工,起火后已经赔偿崔文龙车辆损失130,000元。

7. 证人王耀国的证言证明,2018年4月29日死亡的4人分别是王庆珍我母亲、王名亿我儿子、王洪卫我姐姐、曹琪媛我外甥女,并要求民事赔偿。

8. 证人王彦臣的证言证明,2018年4月29日死亡的4人分别是王庆珍我妻子、王名亿我孙子、王洪卫我女儿、曹琪媛我外孙女,并要求民事赔偿。

9. 证人曹金龙的证言证明,宏伟轮胎店是自家的店铺,失火原因具体不清楚,并陈述了房屋结构及屋内设施。

10. 证人崔文龙的证言证明,事发当天我在宏伟轮胎店修车,我在外面等的时候听见好像有人喊着火了,之后老板娘和修理工就用桶子装水往火上泼,但因为地上都是油,火势就越来越大。我的车辆被烧毁了,老板曹所柱赔偿了我130,000元。

11. 证人高玉丰的证言证明,我经营宏伟轮胎店隔壁的门市,2018年4月29日,我在自家门市干活时听见宏伟轮胎店的修理工喊着火了,我就去看看什么情况。我到的时候发现已经着火了,听修理工说轮胎店二楼有老人和孩子,但因为二楼窗户有铁栅栏封闭并且另一个窗户已经着火了,所以二楼的人无法出来。之后我拨打了“119”报警电话。

12. 证人艾立军的证言证明,2018年4月29日16时许,我在我经营的祺鑫钣金喷漆店一楼正干活。我在屋里闻到一股烧胶皮的味道,我怕我家店门外有东西烧着了。我赶紧出去查看,我发现我家东侧宏伟轮胎店一楼往出冒火苗和浓烟。我家店一楼和门口都停着修理的车,我怕车烧坏了,我赶紧一台接一台的挪车。5 分钟左右,我挪完车,回来再看,宏伟轮胎店一楼火苗更大了,呼呼往出冒烟,二楼也开始往出冒烟。这时候火势太大,人根本不能靠前了。过了一会,消防车来了,开始救火,把火扑灭了。

13. 证人郎嘉冬的证言证明,2018 年 4 月 29 日 16 时左右,我在我的门市房干活,我听到宏伟轮胎门市房有人喊着火了,我就到万力(宏伟)轮胎门市的门口看了一下,发现万力轮胎门市一楼里面着火了,当时是一楼上楼的楼梯口的位置着火了,我就回我的门市房,准备接水用水过来灭火,等我接了水过来准备救火的时候,发现火势已经很大,再灭火已经不赶趟了,过了一会儿消防部门就赶到现场了。

14. 被告人田慧明的供认,我大概是 2013 年、2014 年秋那阵子到宏伟轮胎上班的,我没有焊接和切割的证件,我是跟师傅曹所柱学的焊工手艺,我不知道我师傅有没有相关证件。我们用氧气煤气切割,不用氧气乙炔切割,因为乙炔比煤气贵,是为了节约成本。2018 年 4 月 29 日 15 时左右,我在我们店里干活,给一辆白色本田 SUV 修发动机护板,我用举升机把这辆车升起来,之后这辆车的发动机护板,拆不下来了,需要切割,我就站在车下面用氧气煤气切割护板左前方的螺丝,大概几十秒钟,我把这个螺丝切割下来了,正好这时候我切割过程中蹦出来的火星,把离我 2 米左右距离的锯末子点着了,我一看锯末子着了,我就叫人一起来扑火,但锯末子上沾的全是油,着火以后我用手扑棱也扑棱不灭,当时我带的胶皮手套也烫着了,我就把手套摘下来扔地上了,锯末子就越着越大,老板娘、老板娘的儿子、车主、我,我们 4 个人拿水泼,锯末子就在水上面一边着火一边漂着,我用给轮胎补气的气泵吹,也不能把火扑灭,之后锯末子附近的一个塑料桶被烤化了,里面装满了柴油,油桶好像不是 25 公斤就是 50 公斤的,柴油流出来以后也着火了,这时候我们 4 个人还泼水,想灭火,也扑不灭,柴油在水面上着火,也不知道老板娘什么时候把消火栓拧开了,一直在流水,火势越来越大,已经控制不住了,我和车主就退到店门外了，老板娘站在去往二楼的台阶处，老板娘儿子去哪我没看见，之后有人报警了，警察来了以后把我带上了车。我以前知道用氧气煤气切割螺丝的时候，掉下来的火星能蹦到楼梯口的锯末子上，之前也蹦到过楼梯口那里的锯末子上，也着过火，我用手扑灭了，还有就是掉的铁渣子是红色的，掉在地上来回弹，不规则的乱蹦。我们店里有消防器材，有两个灭火器，一个消火栓，我没用过消防器材，我也没学过使用消防器材。

上述证据，来源合法，相互印证部分足以证实已查明事实，本院予以采信。

关于被告人田慧明的辩解及被告人田慧明的辩护人的提出辩护意见，本院作如下评判：

关于被告人田慧明提出的辩解，经查，首先，根据法律规定，重大责任事故罪是指在生产、作业中违反安全管理的规定，因而发生重大伤亡事故或者造成其他严重后果的行为，其归罪的主观方面归类为过失犯罪。根据一般刑事法理，过失犯罪是指应当预见自己的行为可能发生危害社会的结果，因疏忽大意而没有预见或者已经预见而轻信能够避免，以致发生危害结果的行为。公诉机关在涉案罪名的指控中无须证明田慧明的主观明知，田慧明更无须辩解自己在涉案过程中非系明知。其次，焊工系特殊工种，焊工作业必须持国家安全生产管理部门颁发的焊工特种作业操作证，无证作业即可认定系违反安全管理的规定。田慧明自认未获得焊工特种作业操作证，又自认其焊工作业曾点燃过锯末。再经其他在案证据佐证，足以认定田慧明未取得焊工特种作业操作证的情况下进行焊工作业暨其违反安全管理的规定，其焊工作业曾点燃过涉案火灾的起火点锯末暨应当预见自己的行为可能发生危害社会的结果，无论其因疏忽大意而没有预见或者已经预见而轻信能够避免，但在客观上导致财毁人亡之危害结果的行为完全符合重大责任事故罪之犯罪构成。田慧明提出的其非明知发生火灾的辩解与公诉机关的涉案指控不存在针对性，且不影响本案的定性，本院不予采纳。最后，田慧明的辩解中老板娘使用消防栓灭火时，火势越来越大，最终导致事故的发生之主张无其他证据予以佐证，不足以认定，即便根据疑点利益归被告人的原则承认其主张，但田慧明的涉案行为直接导致起火，随后之他人的救火行为不能成为对田慧明减轻或者免除刑事责任的事由,除非所谓救火人乘机有意加大火势,但老板娘暨救火人暨本案的被害人之一的王洪卫系珲春市宏伟轮胎水箱焊接部的经营业主,根据常理判断,王洪卫绝无可能有意加大火势。田慧明提出的老板娘使用消防栓灭火时,火势越来越大,最终导致事故的发生的辩解不能成立,且即便成立亦不影响本案的量刑,本院不予采纳。

关于被告人田慧明的辩护人提出的辩护意见,经查,首先,田慧明在案发后,明知他人报警的情况下,在现场等待公安人员,其归案经过符合自动投案之认定,其归案后又能如实供述自己的涉案事实,符合自首的认定条件。其次,田慧明系本案的涉案行为人,其行为直接导致涉案结果。但在涉案过程中,珲春市宏伟轮胎水箱焊接部的业主雇用田慧明,在明知田慧明未取得焊工特种作业操作证的情况下让田慧明从事焊工作业等,具有相应的过错,再则因本院在本案中的主管限制和公诉机关未提供足够的证据而就安全生产管理部门是否存在责任的问题无法进行评判和更多的苛责,但足以认定本案的发生系属多因一果,又根据刑法的谦抑性及被动审理原则等,本院更无意评论其他责任主体,但多因一果之认定可以作为对田慧明酌定从轻处罚的情节。田慧明的辩护人提出的辩护意见均成立,本院予以采纳。

关于本案的刑事附带民事部分,本院作如下评判:根据法律规定,提供劳务一方在提供劳务过程中造成他人损害的,应由接受劳务一方承担赔偿责任。本案田慧明在提供劳务过程中造成王庆珍、王名亿、曹琪媛死亡,应由雇主即珲春市宏伟轮胎焊接部承担赔偿责任,因该焊接部系家庭经营,王洪卫已在事故中死亡,应由曹所柱承担赔偿责任。在本案的开庭审理过程中经过法庭反复释明,刑事附带民事诉讼各原告人均表示不向曹所柱主张权利,仅要求田慧明承担赔偿责任的主张,没有法律依据,本院不予支持。另,本起事故造成雇主王洪卫死亡,根据法律规定,应根据一般过错责任原则,即按照田慧明与王洪卫的过错程度来承担赔偿责任。如前所述,王洪卫在本案中具有相应的过错,本院确定田慧明应承担70%赔偿责任。根据法律规定死亡赔偿金不属于刑事附带民事赔偿范围,故王彦臣要求田慧明赔偿王洪卫死亡赔偿金530,608.40

元,没有法律依据,本院不予支持。刑事附带民事诉讼原告人王彦臣要求田慧明赔偿王洪卫的丧葬费28,049元,于法有据,田慧明应承担19,634.30元(28,049元×70%)。

综上,本院认为,被告人田慧明在生产作业中违反安全管理法规,因而发生重大伤亡事故,情节特别恶劣的行为,已构成重大责任事故罪。公诉机关指控的罪名成立。被告人田慧明有自首情节,依法可以从轻处罚。鉴于本案存在多因一果情形,对被告人田慧明可酌定从轻处罚。关于本案刑事附带民事赔偿部分,由于被告人田慧明的犯罪行为给附带民事诉讼原告人造成了各项损失,除依法对被告人田慧明给予刑事处罚外,还应根据侵权责任具体情况判令其赔偿附带民事诉讼原告人各项损失。即赔偿王彦臣王洪卫的丧葬费19,634.30元。故根据被告人田慧明的犯罪事实、犯罪性质、情节及对社会的危害程度,依照《中华人民共和国刑法》第一百三十四条第一款、第六十七条第一款、第三十六条,《最高人民法院关于适用〈中华人民共和国刑事诉讼法〉的解释》第一百五十五条、《中华人民共和国侵权责任法》第六条、第三十五条之规定,判决如下:

一、被告人田慧明犯重大责任事故罪,判处有期徒刑四年;

(刑期从判决执行之日起计算,判决执行以前先行羁押的,羁押一日折抵刑期一日。即刑期自2018年4月30日起至2022年4月29日止。)

二、被告人田慧明于本判决发生法律效力之日起立即赔偿刑事附带民事诉讼原告人王彦臣人民币一万九千六百三十四元三角;

三、驳回刑事附带民事诉讼原告人王彦臣的其他诉讼请求;

四、驳回刑事附带民事诉讼原告人王彦臣、王耀国、王洪娟、蒋敏娜的诉讼请求。

如不服本判决,可在接到判决书的第二日起十日内,通过本院或者直接向吉林省延边朝鲜族自治州中级人民法院提出上诉。书面上诉的,应当提交上诉状正本一份,副本两份。

审　判　长　郭丽丽
人民陪审员　位红臣
人民陪审员　孙　晶

二〇一八年十一月二十二日

书　记　员　关诗源

【推荐意见】

重大责任事故罪的主体包括对生产、作业负有组织、指挥或者管理责任的负责人、管理人、实际控制人投资人等人员，以及直接从事生产、作业的人员。本案中责任主体正是直接从事生产、作业的人员。本案被告人田慧明为未取得焊工特种作业操作证的人员，在这种的情况下进行焊二作业暨其违反安全管理的规定。

重大责任事故罪是过失犯罪，公诉机关在涉案罪名的指控中无须证明行为人的主观明知，行为人更无须辩解自己在涉案过程中非系明知。

重大责任事故罪的因果关系具有不确定以及不作为性，犯罪结果的出现是由于行为人违反了有关规定的作为义务，如监督过失、管理过失。但本案的特殊性在于，经营业主即本案负有指挥、管理责任的人员，业主王洪卫在事故中死亡而不能被追究刑事责任。另外，重大责任事故罪的因果关系往往具有多因一果性。在介入型复杂因果关系即行为人的违章行为造成某种危险状态，而同时存在其他可能性原因的情况下，通过此案例对可能存在的多因一果问题结合公诉机关指控及在案证据作出了有效的论证，并以行为人执业准入资格为切入点对行为人的主观方面作出了准确评判，生效判决对审理此类案件提供了借鉴和参考。

二等奖

民事

常文敏

吉林省高级人民法院

中国民主同盟吉林省委员会盟员（省民盟总支委员会副主委），吉林大学法学院刑法学研究生，现任吉林省高级人民法院民事审判第四庭副庭长（三级高级法官）。

【裁判要旨】

本案是比较典型的因表见代理行为引起的纠纷。实践中,因表见代理引发的纠纷不在少数,表见代理一直是司法理论界的热点法律问题。根据最高人民法院关于《全国法院民商事审判工作会议纪要》第四十一条的精神,有些公司有意刻制两套甚至多套公章,有的法定代表人或者代理人甚至私刻公章,订立合同时恶意加盖非备案的公章或者假公章,发生纠纷后法人以加盖的是假公章为由否定合同效力的情形并不鲜见。人民法院在审理案件时,应当主要审查签约人于盖章之时有无代表权或者代理权,从而根据代表或者代理的相关规则来确定合同的效力。法定代表人或者其授权之人在合同上加盖法人公章的行为,表明其是以法人名义签订合同,除《中华人民共和国公司法》第十六条等法律对其职权有特别规定的情形外,应当由法人承担相应的法律后果。法人以法定代表人事后已无代表权、加盖的是假章、所盖之章与备案公章不一致等为由否定合同效力的,人民法院不予支持。代理人以被代理人名义签订合同,要取得合法授权。代理人取得合法授权后,以被代理人名义签订的合同,应当由被代理人承担责任。被代理人以代理人事后已无代理权、加盖的是假章、所盖之章与备案公章不一致等为由否定合同效力的,人民法院不予支持。

【裁判文书】

吉林省高级人民法院
民事判决书

(2018)吉民再179号

再审申请人(一审原告,二审上诉人):二道区鑫安木材经营处。住所:吉林省长春市××市场×区×号。

经营者:安铁石,男,1964年4月5日生,汉族,住吉林省长春市××区××镇××市场×区×号。

委托诉讼代理人：迟坤，吉林朗业律师事务所律师。

被申请人（一审被告，二审被上诉人）：吉林禹润建筑工程有限公司。住所：吉林省长春××区××室。

法定代表人：郭春玉，该公司董事长。

委托诉讼代理人：姚春玲，吉林开晟律师事务所律师。

委托诉讼代理人：王欣，吉林开晟律师事务所律师。

再审申请人二道区鑫安木材经营处（以下简称鑫安经营处）因与被申请人吉林禹润建筑工程有限公司（以下简称禹润公司）买卖合同纠纷一案，不服吉林省长春市二道区人民法院（2015）二民二初字第320号民事判决和吉林省长春市中级人民法院（2016）吉01民终2886号民事判决，向本院提出申请再审，本院于2018年6月12日作出（2018）吉民申165号民事裁定，提审本案。本院依法组成合议庭，公开开庭审理了本案。再审申请人鑫安木材经营处负责人安铁石及其委托诉讼代理人迟坤，被申请人禹润公司委托诉讼代理人姚春玉、王欣到庭参加诉讼。本案现已审理终结。

鑫安经营处再审称：请求撤销一、二审民事判决，将本案依法提审改判。理由为：原审认定被申请人禹润公司将卓阳北湖湾项目工程分包给了赵洪良缺乏充足的证据。再审申请人发现新的证据《工资明细》等，证实李万福、常伟等人系被申请人员工，其在单据中的签字系职务行为，被申请人应承担由此产生的民事责任，原审适用法律错误。

1.再审申请人鑫安经营处提交的《协议书》中加盖有“吉林省禹润建筑工程有限公司卓扬北湖湾工程项目部”印章，具有代表被申请人禹润公司的效力，被申请人应当承担相应的合同责任。原审中被申请人辩称是承包人赵洪良私刻印章，其不知情，不同意承担责任。但再审申请人在河北省献县人民法院调取的（2016）冀0929民初2388号民事调解书及调解笔录，以及（2017）冀09民辖终48号民事裁定书可以证实，被申请人对本案中的“吉林省禹润建筑工程有限公司卓扬北湖湾工程项目部”印章是知情的并在工程中也多次用于购买施工材料或租赁设备，并自愿承担了相应的责任。因该证据系再审申请人在本案二审判决生效后取得的，属于新证据，能证实涉案的项目部印章代表被申请人对外多次使用，因此，被申请人应当承担相应的合同责任。

2. 赵洪良作为被申请人的委托代理人与吉林天润房地产开发有限公司签订《补充合同二》，能证实赵洪良的所有行为均是代表被申请人的职务行为，因此产生的权利义务均由被申请人承担。

3. 工资明细证明《协议书》上签字的刘清滨与常伟二人是被申请人的聘用人员，其二人行为属于职务行为，后果由被申请人承担。

4. 被申请人禹润公司的股东司军与涉案的吉林天润房地产开发有限公司的股东司卓明及吉林省卓扬集团有限公司的股东，司军，司卓明，司丽扬是父亲与儿子、女儿关系。因此，被申请人提交的结算文件及凭证无其他证据证明的前提下不具有证明效力，不能据此排除其付款义务。

5. 再审申请人的所有木材均用在被申请人建设的工程上。受益的是被申请人，其内部是否具有承包关系与再审申请人无关，其产生的风险不能由再审申请人承担。被申请人与关联公司共同举证证明对工程已经结算完毕并付款完毕，不欠任何欠款，但无法提交银行转账凭证，结算工程价款只有预算的一半，并且，所谓的承包人赵洪良下落不明，这些证据是否真实无法查清。直接导致的后果就是再审申请人等材料商的款项无处追索，在此情况下，被申请人应当承担付款责任。

6. 同一工程，同一被告在其他法院已有生效判决，因此，应当判决被申请人承担付款责任。（2015）沧民终字1649号民事判决书已经生效，该案是本案涉案工程中的建筑器材租赁商起诉被申请人的案件，该判决认定赵洪良作为被申请人的委托代理人，其行为是职务行为，应当由被申请人承担相应的后果。

被申请人禹润公司辩称：一、二审认定事实清楚，证据充分，其中《项目合作协议书》证明我方与赵洪良之间存在工程分包关系，该事实经过长春市宽城区人民法院审理后已经作出认定，该判决书案号是（2014）宽民初字第1628号。关于再审申请人提出的（2013）第025号决定书记载的内容是根据当时的实际情况由实际施工人及农民工到现场分别说明情况后作出的，是对事实情况的真实认定，完全可以作为证据采信。关于再审申请人提出的孙丽娟与李万福系代表我方履行职务一说没有任何证据支持。另外,再审申请人所谓的新证据工资明细是存在,原一、二审都已经提交过的,我方已经明确该工资明细仅系在劳动监察部门处理农民工上访问题时形成的,是因清包人孙丽娟欠付其雇用的农民工工资导致工人上访,劳动监察部门要求我方出面解决,我方代表支付了部分工人工资。另,协议约定的违约金过高。

鑫安经营处在一审时诉称:2013 年 5 月 9 日,鑫安经营处与禹润公司卓扬北湖湾工程项目部签订《协议书》一份,约定,由鑫安经营处向禹润公司承建的卓扬北湖湾工程供应木材,其中松木方 4 米的每根 21 元,松木方 3 米的每根 20 元,红模板每张 78 元,其他木材以工地验收小票为准,禹润公司应在 2013 年 7 月 10 日前一次性付清木材款,如禹润公司违约,应承担木材款总额日千分之三的违约金,计算时间为首次送货之日起;如有争议,双方均可向长春市二道区人民法院提起诉讼。禹润公司负责人李万福、孙丽娟、常伟等在《协议书》上签字,负责人赵洪良加盖了禹润公司项目部的公章。协议签订后,鑫安经营处按合同约定履行了全部义务,至 2013 年 8 月 11 日止,共为禹润公司供应了价值3,167,354元的木材,禹润公司至今未给付鑫安经营处木材款,禹润公司已违反合同约定,构成违约,应按合同约定给付鑫安经营处违约金。鑫安经营处多次向禹润公司催要拖欠木材款,禹润公司以种种理由推拖拒不给付。现诉至法院,诉求:1. 禹润公司立即给付鑫安经营处拖欠木材款人民币 3,167,354 元及违约金(自 2013 年 7 月 10 日起至给付时止,按日千分之三计算);2. 诉讼费用由禹润公司承担。

禹润公司在一审时辩称:(一)鑫安经营处与禹润公司之间没有合同关系,禹润公司从未在鑫安经营处购买木材,也从未签订过《协议书》。鑫安经营处提供的 2013 年 5 月 9 日《协议书》中,没有任何文字体现禹润公司名称,合同中加盖的印章名称为“吉林省禹润建筑工程有限公司卓扬北湖湾工程项目部”,《协议书》中印章比禹润公司名称多了个“省字”,因此,《协议书》中印章单位与禹润公司并非同一单位,鑫安经营处告诉主体错误;另鑫安经营处起诉证据《协议书》中供货方为安铁石,不是鑫安经营处,因此,鑫安经营处作为本案的主体不适格。(二)鑫安经营处提供的《协议书》中没有任何文字体现禹润公司是购货方,协议中甲方位置是李万福、孙丽娟,购买方是李万福、孙丽娟,协议内容没有任何条款体现与禹润公司有关。(三)鑫安经营处提供的欠款证据不能证实是禹润公司欠款。本案鑫安经营处提供的购货数额及款项的证据不能作为禹润公司购货及欠款的证据使用;鑫安经营处证实欠款的欠据有涂改现象,欠据中签字之人均不是禹润公司的工作人员。2014 年,安铁石在原审法院以相同的事实起诉时,在(2014)二民二初字第 11 号案件的起诉状中,并未将禹润公司作为当事人,只要求协议签订人孙丽娟、李万福、常伟承担还款责任,且安铁石当时诉讼时,提供的欠款证据为 2013 年 9 月 27 日孙丽娟、李万福、常伟出具的欠条,该欠条上有常伟、李万福、孙丽娟签字并按手印确认,没有禹润公司盖章确认,说明安铁石出售木材时也是认可将木材出售给了孙丽娟、李万福、常伟等,证明鑫安经营处主张的欠款事实与禹润公司无关。(四)禹润公司已经将工程转包给了案外人赵洪良,依据合同相对性原则,因工程发生的材料费等均不应由禹润公司承担,且禹润公司已将工程款全额支付给了赵洪良。综上,禹润公司认为,鑫安经营处、禹润公司作为本案的主体均不适格,应依法驳回鑫安经营处的起诉。

一审法院经审理查明:鑫安经营处经营者安铁石经案外人李万福介绍,于 2013 年5 月8 日与案外人赵洪良口头达成协议,即安铁石为赵洪良供应木材,并就木材价格、运送方式、结算方式等进行了协商。2013 年 5 月 9 日,安铁石与“吉林省禹润建筑工程有限公司卓扬北湖湾工程项目部”签订《协议书》一份,甲方为“吉林省禹润建筑工程有限公司卓扬北湖湾工程项目部”,代表人为李万福、常伟、孙丽娟,乙方为安铁石,约定:甲方在乙方处购买木材,价格、质量等以工地验收小票为准;付款时间:甲方在 2013 年 7 月 10 日前一次性付清木材款,如违约,则承担相关违约责任;违约责任约定,如甲方不按照规定时间给付货款,给付乙方违约金,违约金按木材款总额日千分之三计算,从拉货日期起计算;甲方代表人李万福、常伟、孙丽娟签字,赵洪良持有并在甲方签字盖章处加盖了“吉林省禹润建筑工程有限公司卓扬北湖湾工程项目部”的公章,乙方安铁石签字。合同签订后,鑫安经营处经营者安铁石按合同约定为卓扬北湖湾工程工地运送木材,运送的木材款总计 3,167,354 元。2013 年 10 月

10 日,长春高新区长东北核心区人事劳动和社会保障工作部对禹润公司下发《劳动保障监察责令改正决定书》,内容为:由你单位承建的卓扬北湖湾项目工程,将工程分包给大包人赵洪良,清包人孙丽娟,造成拖欠农民工工资共计 591.7641 万元,涉及 381 名农民工。决定责令你单位在 2013 年 10 月 17 日前结算完毕并支付拖欠工资。庭审中,禹润公司表示其已按《劳动保障监察责令改正决定书》支付完毕拖欠的农民工工资。

河北省沧州市中级人民法院(2015)沧民终字第 1649 号民事判决书中认定:禹润公司承建了吉林省天润房地产开发有限公司开发的卓扬北湖湾工程,禹润公司主张其承包卓扬北湖湾工程后将该工程大包给了案外人赵洪良,赵洪良又清包给了案外人孙丽娟,常伟、刘清滨系赵洪良、孙丽娟雇用的工人。法院在长春高新区长东北核心区人事劳动和社会保障工作部调取的"工资明细"、"承诺书"证实赵洪良为大包人、孙丽娟为清包人,赵洪良、孙丽娟为常伟、刘清滨发放工资的事实。

一审法院认为:鑫安经营处经营者安铁石与案外人赵洪良、孙丽娟及其雇用工人常伟、李万福等签订《协议书》,系双方真实意思表示,安铁石已按《协议书》约定为赵洪良、孙丽娟等向卓扬北湖湾项目工程施工工地运送工程所需各种木材,李万福、孙丽娟、常伟等人接收并验收木材后为安铁石出具木材款项的相关凭证,买卖关系成立,双方应按买卖合同关系履行各自责任。鑫安经营处系个体工商户,经营者为安铁石,按照《最高人民法院关于适用〈中华人民共和国民事诉讼法〉的解释》第五十九条规定,在诉讼中,个体工商户以营业执照上登记的经营者为当事人。有字号的,以营业执照上登记的字号为当事人,但应同时注明该字号经营者的基本信息。本案鑫安经营处为个体工商户,作为本案诉讼主体主张本案债权,符合法律规定。对案外人孙丽娟、常伟、李万福等与鑫安经营处签订买卖合同的行为是否构成表见代理问题。《中华人民共和国合同法》第四十九条规定,行为人没有代理权、超越代理权或者代理权终止后以被代理人名义订立合同,相对人有理由相信行为人有代理权的,该代理行为有效。本案中,案外人李万福、孙丽娟、常伟等人以禹润公司名义与鑫安经营处签订买卖合同时,三人作为需方在合同中签字,同时加盖

"吉林省禹润建筑工程有限公司卓扬北湖湾工程项目部"的印章，并在甲方（需方）担保方处同时加盖此印章，因该印章名称与禹润公司名称明显不符，鑫安经营处应审查李万福、孙丽娟、常伟等人是否实际取得禹润公司授权来确定其所订立合同的相对方，而从鑫安经营处提供的证据6及禹润公司提供的证据5中能够证实，鑫安经营处在签订买卖合同时就认定李万福、孙丽娟、常伟等人为购货人、欠款人，即合同相对人为李万福、孙丽娟、常伟等人，故鑫安经营处主张李万福、孙丽娟、常伟等人订立合同的行为构成表见代理证据不足，法院不予认定。故鑫安经营处要求禹润公司承担李万福、孙丽娟、常伟等人签订《协议书》中确定的给付款项的义务，属证据不足，法院不予支持。综上所述，依照《中华人民共和国合同法》第四十九条、《中华人民共和国民事诉讼法》第六十四条的规定，一审法院判决：一、驳回鑫安经营处的诉讼请求。二、案件受理费32,140元，由鑫安经营处负担。

一审法院宣判后，鑫安经营处不服，向二审法院提起上诉。

鑫安经营处上诉请求：一、撤销原判，依法改判禹润公司给付鑫安经营处木材款3,167,354元及违约金（自2013年7月10日起至给付时止，按日千分之三计算）。二、诉讼费由禹润公司承担。上诉理由：一、原审判决认定的基本事实错误，缺乏充分的证据证明。1.《项目合作协议书》系禹润公司与赵洪良之间单方形成的协议，在赵洪良未到场的前提下，首先无法证实该份协议的真实性，其次，不能排除该份协议系禹润公司为逃避债务而与赵洪良形成的虚假协议。因禹润公司在劳动部门曾承认赵洪良系该单位员工，现又说赵洪良系该工程分包人，说法不一，故鑫安经营处有理由怀疑该份协议的真实性及禹润公司用以所需证明事项的真实目的。2.长高劳监字（2013）第025号《决定书》不能证明禹润公司将工程分包给赵洪良这一事实。首先，作为劳动监察部门，处罚决定书记载的内容系由被申请人自行陈述，劳动监察部门只是作粗略审查予以记录。其次，确定建设工程是否属于分包这一法律行为，作为劳动监察部门也无权认定。二、原审判决适用法律错误。首先，禹润公司作为涉案工程的中标施工单位，该工程对外均系以禹润公司名义进行施工，赵洪良只是现场施工负责人，孙丽娟等均系现场工作人员，在鑫安经营处将工程所需木材送至施工现场，确定材料用于该工程后，有理由确认该材料购买人为禹润公司。其他人员系禹润公司单位的工作人员，有权代表禹润公司签订买卖合同。其次，《中华人民共和国建筑法》等相关法律明确规定，施工单位不得将所承包的建筑工程违法转包给不具有建筑工程施工资质的个人。在禹润公司未向第三方直接明示将工程分包给赵洪良的情况下，作为木材供应商的鑫安经营处无法知情，只能相信该工程的合法施工单位为工程材料购买人。赵洪良、孙丽娟、常伟、李万福等人只是作为禹润公司的代理人与鑫安经营处达成的买卖合同，工程的实际受益人为禹润公司。上述个人所作出的行为，由此产生的民事责任应由禹润公司承担。

禹润公司辩称：一、原审判决认定禹润公司不应承担向鑫安经营处给付购买木材款义务正确。1. 证明工程转包事实的证据不仅有《项目合作协议书》，还包括《劳动保障监察责令改正决定书》、禹润公司与赵洪良签订的《协议书》、《工程结算协议书》和禹润公司向赵洪良付款的付款凭证，上述证据均证实了工程转包事实，并且（2014）宽民初字第 1628 号民事判决书、（2015）沧民终字第 1649 号民事判决书均认定了工程转包的事实。2. 禹润公司从未表述过赵洪良、孙丽娟、常伟、李万福等人是其员工，鑫安经营处上诉状中提到禹润公司曾承认过上述人是禹润公司员工毫无依据。3. 禹润公司已将工程转包给了案外人赵洪良，因工程所发生的材料款不应由禹润公司承担。二、鑫安经营处认为“将工程所需木材送至施工现场，确定材料用于该工程后，有理由确认该材料购买人为禹润公司”“在禹润公司未向第三方直接明示将工程分包给赵洪良的情况下，作为木材供应商的鑫安经营处无法知情，只能相信该工程的合法施工单位为工程材料购买人”是不成立的。1. 根据鑫安经营处提供的《协议书》及鑫安经营处陈述的事实，其是依据与孙丽娟、常伟、李万福签订的《协议书》进行供货的，并非依据工程中标人是哪方供的货。2. 鑫安经营处业主安铁石在 2014 年初次诉讼时，诉状中并未列禹润公司为被告，也未列赵洪良为被告。另外，诉讼中提供的结算证据“欠据”，是由孙丽娟、常伟、李万福出具，更证明鑫安经营处签订协议时认定的协议相对方是孙丽娟、常伟、李万福。

二审法院庭审中,鑫安经营处提交证据:长春市二道区人民法院(2014)二民二初字第11号案件的庭审笔录;证明:鑫安经营处经营者安铁石以个人名义诉被告孙丽娟、李万福、常伟、禹润公司一案的庭审笔录,该份证据能够证明:1.在该案中禹润公司已承认赵洪良系该单位的项目负责人;2.该份证据同时证明鑫安经营处所供应的本案诉争的木材全部用于本案诉争的工地上。

禹润公司质证:对于证据的真实性没有异议,对证明的问题有异议。这个案子鑫安经营处已经撤诉,我们认为在该案件中没有对赵洪良的身份进行认定。另外项目负责人只是一个称谓,我们并没有说他是我们当时现场的项目经理,没有认可是我们公司的项目经理。关于赵洪良的身份在宽城区人民法院的判决中予以认定,是项目的实际施工人。

本案经二审审理查明的事实与原审判决认定的事实基本一致。

二审法院认为:一、关于鑫安经营处与禹润公司之间是否成立买卖合同关系的问题。对于与禹润公司之间成立买卖合同关系,鑫安经营处提交《协议书》中并没有禹润公司的公章,虽然该协议书中有"吉林省禹润建筑工程有限公司卓扬北湖湾工程项目部"的印章,首先,该印章中的文字与禹润公司的名称"吉林禹润建筑工程有限公司"不符;其次,鑫安经营处未能证明禹润公司曾经使用过该枚印章代表其作出意思表示;最后,鑫安经营处未能证明协议书中签字的孙丽娟、常伟、李万福与禹润公司之间存在劳动合同或雇佣关系,系代表禹润公司履行职务行为,或是具有禹润公司的授权,能够代表禹润公司对外订立买卖合同。综上,鑫安经营处对于与禹润公司之间成立买卖合同关系并未完成证明责任。二、关于禹润公司是否应当对鑫安经营处承担货款给付责任的问题。鑫安经营处主张,协议书中签字的孙丽娟、常伟、李万福即使不是禹润公司的代理人,该合同的订立与履行亦构成对禹润公司的表见代理。表见代理的必要构成条件之一即为合同相对方有理由相信没有代理权限的行为人对被代理人具有代理权,要求合同相对方善意无过失。鑫安经营处作为专门经营建筑木材的商事主体,对于我国建筑市场中存在实际施工人挂靠于具有建筑资质企业的现状应当了解,在订立买卖合同过程中应当尽到谨慎的注意义务。首先,案涉《协议书》上的印章比禹润公司的名称多了一个"省"

字，与禹润公司的全称并不相符，而且实际施工人在施工过程中大多使用建筑企业的工程“项目部”对外进行商事活动，鑫安经营处对此应当了解，对于《协议书》中与禹润公司名称并不相符的项目部印章更应当尽到谨慎的核实注意义务，区分该买卖合同的买受人是建筑企业还是实际施工人。其次，表见代理的重要时间认定节点为合同订立时，合同相对方有理由相信行为人具有代理权，即在订立《协议书》时，鑫安经营处有理由相信合同的买受人为禹润公司，但从鑫安经营处第一次就本案的货款提起诉讼时首先将孙丽娟、常伟、李万福作为被告，并在起诉状中表述“2013 年 5 月 9 日，原告与被告孙丽娟、常伟、李万福签订供货协议书，约定原告向被告提供木材”，而非表明为向禹润公司提供木材，说明在订立合同时，鑫安经营处即没有将禹润公司作为买受人。

综上，一审判决认定事实清楚，适用法律正确，应予维持。二审法院依照《中华人民共和国民事诉讼法》第一百七十条第一款（一）项之规定，判决如下：驳回上诉，维持原判。二审案件受理费 32, 140 元，由上诉人二道区鑫安木材经营处负担。

再审中，再审申请人鑫安经营处提供新的证据：

一、（2016）冀 0929 民初 2388 号调解书，证明禹润公司项目部印章是对外适用的公章，应承担法律责任。

二、2013 年 5 月 31 日租赁合同，证明项目部印章多次使用。

三、（2014）长高开民初 1535 号判决书，证明项目部印章多次使用。

四、补充合同二，证明赵洪良代表被申请人分包，应承担所有义务与责任。

五、（2015）沧民终 1649 号判决书，（2014）献民初 1788 号判决书，证明本案与该案是同一工程，此案判决应参照，由被申请人承担责任。

六、工商档案，证明三个公司股东混淆。

七、工资明细，证明刘清滨与常伟是对方聘用的人员，职务行为应由对方承担责任。

被申请人禹润公司质证称：

一、对（2016）冀 0929 民初 2388 号调解书的真实性无异议，但对合同证明问题有异议，该份租赁合同加盖的公章，与本案申请人所主张的签订木材协议的公章非同一枚，形状与名称均不一致，该租赁合同当中使用的公章，我方从未认可。且该案件经过调解处理，调解案件当中双方的陈述不能作为定案依据。

二、对2013年5月31日租赁合同的来源真实性无异议，但对合同本身的真实性有异议。该合同中加盖的公章不清楚，即使该公章与申请人主张的一致，也可以看出同一份合同加盖了禹润公司两份不同样式的公章，可见公章的虚假性，且我方也从未认可两份公章是我方有效使用的公章。对于签字人，也均不是我方工作人员，该组证据不能认定我方使用过申请人主张的协议上的项目公章，该份合同与本案无关联性。

三、对（2014）长高开民初1535号判决的真实性无异议，但对证明问题有异议，该案当中加盖的项目部公章，我方从未认可其真实性，我方也从未使用过该公章，我方也已经报案。该案现正在二审审理，并未结案。

四、对补充合同二的真实性无法确认，天润公司与禹润公司是合同相对方，对禹润与赵洪良之间的法律关系，不能以此合同认定。

五、对（2015）沧民终1649号判决书与（2014）献民初1788号判决书的真实性无异议，证明问题有异议，该案当中使用的公章与本案对方主张的项目印章并非同一枚，且我国非判例法国家，该案仅是个案，非最高院判例，不能作为参考。

六、对工资明细来源无异议，对证明问题有异议，天润曾代表禹润发工资，此事我方认可，但工资表并非我方提供的，该表所列人员均系赵洪良、孙丽娟提供，对其中常伟等人我们认为并不能以此来否定常伟等为实际施工人的事实，同时也不排除孙丽娟为多向禹润公司要钱，而虚列工人名单。

七、对于工商档案的真实性无法确认，与本案无关。

被申请人禹润公司提供新的证据：

一、（2014）二民二初11号案件中的民事起诉、欠条、结算单、补充结算单、未完工程、签证、孙丽娟答辩状、（2014）二民二初11号裁定书，证明申请人自认与孙丽娟、李万福、常伟个人之间形成买卖合同关系，也应由孙丽娟等人承担付款义务，与禹润无关。

二、《项目合作协议书》、《合同书》、《协议书》、《工程结算协议书》、(2014)宽民初1628号民事判决书以及《劳动保障监察责令整改决定书》,证明禹润公司承揽卓扬北湖湾项目后,将工程分包给赵洪良,赵洪良又将清工包给孙丽娟,同时天润房地产公司已经与禹润公司之间进行结算,并全额支付工程款。因此,根据合同相对性原则,木材款与我方无关,我方无付款义务。

三、《情况说明》证明2013年处理卓扬北湖湾项目拖欠农民工工资的项目工程大包人为赵洪良,清包人为孙丽娟,管理组班长刘文斌,刘清滨系管理班人员。

申请人鑫安经营处质证称:全部都不属于新证据,不能证实其主张,应当以加盖的公章为基础认定协议的相对方为被申请人,同时补充合同二,原件是赵洪良在签订合同时交付给申请人,用以证实赵洪良是项目负责人,代表被申请人与我方签订的合同。情况说明的出具单位无调查权,并且该情况说明属于言词证据,依法应当由出具证言的机关出庭接受质证,不具有证明力。

围绕鑫安经营处的再审请求,本院对有争议的证据和事实认定如下:

再审申请人鑫安经营处提供的证据能够证明被申请人禹润公司在承包卓扬北湖湾项目工程中,多次使用"吉林省禹润建筑工程有限公司卓扬北湖湾工程项目部"印章。且本案鑫安经营处与"吉林省禹润建筑工程有限公司卓扬北湖湾工程项目部"签订的供货协议的时间为2013年5月9日,而同年6月9日,吉林禹润建筑工程有限公司作为甲方与乙方赵洪良签订的合同书条款中,明确记载吉林禹润建筑工程有限公司作为卓扬北湖湾工程项目独立的施工主体,对于赵洪良使用"吉林省禹润建筑工程有限公司卓扬北湖湾工程项目部"印章,对外从事民事行为是明知的。

本院再审认为,(一)关于禹润公司与鑫安经营处之间是否存在买卖合同关系问题,虽然禹润公司对2013年5月9日《项目合作协议书》上加盖的"吉林禹润建筑工程有限公司卓扬北湖湾工程项目部"合同专用章不予认可,对李万福、孙丽娟、常伟在合同上签字的行为也不予认可,但根据2012年6月6日吉林天润房地产开发有限公司与禹润公司签订的《建筑工程施工合同》,禹润公司承建了吉林天润房地产开发有限公司开发的卓扬北湖湾工程。禹润公司主张其在承包卓扬北湖湾工程后将工程大包给了案外人赵洪良,赵洪良又清包给了案外人孙丽娟,常伟、刘清滨系赵洪良、孙丽娟雇用的工人,并提供2013年4月14日禹润公司与赵洪良签订的《项目合作协议书》、2013年6月9日禹润公司与赵洪良签订的《合同书》、2013年11月1日吉林天润房地产开发有限公司与禹润公司签订的《协议书》、2013年11月22日吉林天润房地产开发有限公司与禹润公司签订的《工程结算协议书》,以上证据足以证明禹润公司将卓扬北湖湾工程分包给赵洪良的事实。同时,一审法院在长春高新区长东北核心区管委会人社工作部调取的《工资明细》《承诺书》能够证明赵洪良为大包人,孙丽娟为清包人,赵洪良、孙丽娟为常伟、刘清滨发放工资的事实。禹润公司将其承包的卓扬北湖湾工程违法分包转包给不具有建筑工程施工资质的赵洪良,其行为无效,且2013年4月14日吉林天润房地产开发有限公司与禹润公司签订的《建筑工程施工合同之补充合同二》,明确约定禹润公司所承包的工程绝不允许以任何形式进行转包,禹润公司与其分包商签订的分包合同不免除禹润公司对该分包工程所承担的全部义务与责任。吉林天润房地产开发有限公司、禹润公司均在该补充合同上加盖公章并由法定代表人签字,案外人赵洪良作为承包方禹润公司的委托代理人也在该补充合同上签字。然而就在吉林天润房地产开发有限公司与禹润公司签订《建筑工程施工合同》当天,禹润公司就将其承包的卓扬北湖湾工程违法转包给了赵洪良。因此,无论是根据补充合同中的约定还是依据赵洪良作为禹润公司委托代理人在补充合同上签字的行为,都能认定赵洪良在分包卓扬北湖湾工程期间所承担的全部义务与责任应由禹润公司承担。孙丽娟,常伟、刘清滨作为赵洪良雇用的工人,代表赵洪良在《协议书》上签字,由此产生的民事责任也应由禹润公司承担。原审认定鑫安经营处与禹润公司之间不形成买卖合同关系错误,应予纠正。(二)关于李万福、孙丽娟、常伟等的行为是否构成表见代理问题,经审理查明,赵洪良使用刻有“吉林省禹润建筑工程有限公司卓扬北湖湾工程项目部”的印章,与鑫安经营处签订购销合同,虽然该项目部不是合法的分支机构,但赵洪良与禹润公司所签《项目合作协议书》第六条第一项中约定“甲乙双方必须对合同及工程的内容保密,未经双方许可,不得向任何第三方透露合同相关内容及双方的合作关系”。鑫安经营处提供的新证据《建设工程施行合同之补充合同二》中赵洪良在禹润公司委托代理人处签字。因赵洪良不具有建筑资质的施工单位，故而该分包应视为禹润公司的内部承包关系，尤其在双方约定不能对外向第三方透露对外分包的情况下，赵洪良只能以禹润公司工作人员的身份，实施建筑施工行为。其刻制的印章虽不是经禹润公司授权取得，但禹润公司在知道赵洪良以自行刻制的“吉林省禹润建筑工程有限公司卓扬北湖湾工程项目部”的印章进行使用时，也未向赵洪良行为的相对人提出声明或异议或作出公开声明，而合同相对人并不知道该印章的真假，在施工方确属禹润公司，同时又盖有该公司项目部印章的情况下，鑫安经营处提供新的证据《工资信息表》，可以证明案涉李万福、常伟等人系禹润公司员工，与雨润公司存在劳动关系或雇佣关系。禹润公司虽对《工资信息表》提出质证意见，不予认可，但并无充分的证据予以支撑，故本院不予支持。该证据对认定李万福、常伟等人在单据上签字是否系职务行为存在重大关联，故鑫安经营处有理由相信李万福、孙丽娟、常伟的行为就是代表禹润公司，鑫安经营处应属善意。该项目部印章形式上公司名称与禹润建筑公司的实际名称只多了一个“省”字，不是特别容易辨认，另外项目工程以项目部的名义签订合同也符合实际情况，不应过于强调鑫安经营处的注意义务。鑫安经营处提交的新证据《租赁合同》，可以证明禹润公司与河北省献县宝田建材租赁站于2013年5月31日签订合同时加盖有该项目部印章。新证据(2016)冀中0929民初2388号《民事调解书》，证明禹润公司对该项目部印章的存在及使用情况是明知并认可的，《中华人民共和国合同法》第四十九条规定：“行为人没有代理权、超越代理权或者代理权终止后以被代理人名义订立合同，相对人有理由相信行为人有代理权的，该代理行为有效。”从本案的审理情况看，赵洪良作为禹润公司的委托代理人及分包或转包人，鑫安经营处在与其签订合同时，就是认为其代表的是禹润公司，才与之订立合同，无证据证明鑫安经营处与赵洪良恶意串通损害禹润公司的合法权益。且赵洪良参加签订建设工程施工合同及补充合同，并具体负责案涉工程的施工组织活动来看，鑫安经营处有充分理由相信赵洪良及其雇用的职员是能够代表禹润公司的，上述行为和表象均符合《中华人民共和国合同法》第四十九条关于表见代理规定的特征,应当认定李万福、孙丽娟、常伟的行为构成表见代理,被代理人禹润公司应当承担给付货款责任。且本案涉案木材已经用在禹润公司的施工工地,禹润公司应对木材款承担付款责任。原审认定李万福、孙丽娟、常伟等的行为不构成表见代理错误,本院予以纠正。至于禹润公司与赵洪良的违法分包转包关系以及是否将工程款项给付赵洪良,均不能对抗本案中的付款责任。但双方约定的违约金过高应予调整,依据《最高人民法院关于适用〈中华人民共和国合同法〉若干问题的解释(二)》第二十九条规定:“当事人主张约定的违约金过高请求予以适当减少的,人民法院应当以实际损失为基础,兼顾合同的履行情况、当事人的过错程度以及预期利益等综合因素,根据公平原则和诚实信用原则予以衡量,并作出裁决”,结合本案具体情况,将违约金计算标准确定为以未付款为本金,以中国人民银行同期同类贷款基准利率上浮30%为标准计算违约金。

综上,依照《中华人民共和国民事诉讼法》第二百零七条第一款和第一百七十条第一款第(二)项之规定,判决如下:

一、撤销长春市二道区人民法院(2015)二民二初字第320号民事判决和长春市中级人民法院(2016)吉01民终2886号民事判决;

二、吉林禹润建筑工程有限公司于本判决生效之日起十日内给付二道区鑫安木材经营处木材款人民币3,167,354元;

三、吉林禹润建筑工程有限公司于本判决生效之日起十日内给付二道区鑫安木材经营处违约金(以3,167,354元为基数,自2013年7月10日起至给付时止,按中国人民银行同期同类贷款利率130%计算);

四、驳回长春市二道区鑫安木材经营处的其他诉讼请求。

如果未按照本判决指定的期间履行给付金钱义务,应当依照《中华人民共和国民事诉讼法》第二百五十三条之规定,加倍支付迟延履行期间的债务利息。

案件受理费32,140元,二审案件受理费32,140元,由被申请人吉林禹润建筑工程有限公司负担。

本判决为终审判决。

审　判　长　常文敏
代理审判员　宋姜美
代理审判员　刘陆璐

二〇一八年七月十六日

书　记　员　姜剑峰

【推荐意见】

该案系一起买卖合同纠纷案,案件主体程序合法规范,事实清楚明了,判决公正准确,体现了办案法官的职业素质及业务能力,值得推荐。

1. 庭审过程严谨流畅

本案庭审近4小时,主审法官围绕本案焦点问题展开:(1)关于禹润公司与鑫安经营处之间是否存在买卖合同关系问题;(2)关于李万福、孙丽娟、常伟等的行为是否构成表见代理问题。再审申请人及被申请人共提交十份新证据,法官通过诉辩式庭审方式驾驭全过程,再审申请人与被申请人进行了充分的举证质证。庭审节奏流畅,体现了法院审判的公正与严谨。

2. 判决结果公正准确

在庭审查明事实的基础上,合议庭对本案进行了详细周全的合议,法官在判决文书中对焦点问题进行了细致入微的分析判断,在再审申请人与被申请人分歧巨大的诉讼主张下,作出最终的公正判决,这也是本案的亮点。

3. 判决影响

法官针对二道区鑫安木材经营处与吉林禹润建筑工程有限公司买卖合同纠纷一案的审理情况,撰写了案例分析报告,为吉林省统一此类纠纷的裁判尺度提供了指导,具有较大的影响意义。

吕建萍

吉林市中级人民法院

法学硕士，现任吉林市中级人民法院副院长、三级高级法官。2002 年开始从事民商事审判工作，审结各类案件近千件，立个人三等功两次，多次受到嘉奖。被中华全国妇女联合会授予“全国维护妇女儿童权益先进个人”荣誉称号，荣获吉林市“法制建设十大杰出人物”“市直机关明星女政法干部”“吉林市三八红旗手标兵”称号。

【裁判要旨】

1. 在劳动争议案件中，关于社会保险交纳产生的争议是否属于人民法院审理范围的问题。根据我国《社会保险费征缴暂行条例》的规定，征缴社会保险费用是社保管理部门的职责，社会保险费的交纳属于行政法规定的强制交纳的范畴，不属于人民法院民事诉讼的受案范围。

2. 关于同工同酬问题。《中华人民共和国劳动法》第四十六条、第四十七条中对于同工同酬仅是原则性的规定，并无具体明确的执行标准，同工同酬不能简单地理解为相同岗位的劳动者获得报酬的数额绝对相同。用人单位享有自主确定工资分配方式和工资水平的权利，有权根据本单位及劳动者的实际情况，综合确定劳动者的劳动报酬。

【裁判文书】

吉林省吉林市中级人民法院
民事判决书

(2018)吉02民再96号

再审申请人(一审原告、二审上诉人):梁峰，男，1966年9月16日出生，汉族，吉林市新世纪医院职工，住吉林市龙潭区××路××号。

被申请人(一审被告、二审被上诉人):吉林市新世纪医院，住所地吉林市龙潭区××街××号。

法定代表人:关利民，该医院董事长。

委托诉讼代理人:刘亚利，该医院办公室主任。

被申请人(一审被告、二审被上诉人):吉林市江机实业发展有限责任公司，住所地吉林市龙潭区××路××号。

法定代表人:苏涛，该公司总经理。

委托诉讼代理人:丁紫薇，该公司法律顾问。

再审申请人梁峰因与被申请人吉林市新世纪医院(以下简称新世纪医

院）、吉林市江机实业发展有限责任公司（以下简称江发公司）劳动争议一案，不服本院（2016）吉02民终1399号民事判决，向吉林省高级人民法院申请再审。吉林省高级人民法院作出（2017）吉民申3633号民事裁定，指令本院再审本案。本院依法另行组成合议庭，开庭审理了本案。再审申请人梁峰、被申请人新世纪医院委托诉讼代理人刘亚利、被申请人江发公司委托诉讼代理人丁紫薇到庭参加诉讼。本案现已审理终结。

梁峰申请再审称，1. 梁峰有新的证据足以推翻原判，新的证据结合原有证据足以证明孙玉国是新世纪医院职工，梁峰与孙玉国符合同工同酬的条件。2. 二审开庭当日，新世纪医院法定代表人关利民未出庭，也未给出庭人员出具授权委托书，二审法院应当缺席审理。3. 梁峰一、二审期间均向法院提交了证据调查申请书。原审法院未依法予以调取，违反法定程序。故请求撤销原审判决，支持梁峰的诉讼请求。

新世纪医院辩称，原审判决认定事实清楚，适用法律正确，请求法院查清梁峰提供的新证据的合理、合法性及证据来源的合法性，依法裁判。

江发公司辩称，原审判决认定事实清楚，适用法律正确，请求法院查清梁峰提供的新证据的合理、合法性及证据来源的合法性，依法裁判。

梁峰向一审法院起诉请求：1. 判定梁峰与孙玉国同工同酬。2. 判定梁峰与新世纪医院于2011年8月15日之前所签订的全部劳动合同无效。3. 判定新世纪医院补偿应该订立同工同酬内容的劳动合同之日的2006年起，至2011年8月15日止，因新世纪医院与梁峰所签订的劳动合同无效，梁峰已经付出劳动，用人单位新世纪医院按照同工同酬的标准，支付并补偿梁峰工资差额款共计346,928.96元。4. 判定新世纪医院补偿应订立同工同酬内容的劳动合同之日的2006年起，至2011年8月15日止，因新世纪医院与梁峰所签订的劳动合同无效，梁峰已经付出劳动，用人单位新世纪医院按照同工同酬的标准，支付并补偿梁峰工资差额款共计346,928.96元的25%，总计86,732.24元。5. 判定新世纪医院赔偿，自2006年起至本案终审结束，由于用人单位新世纪医院未给梁峰办理各项法定社会保险，且社会保险机构不能补办，用人单位支付梁峰，本应由用人单位支付给梁峰，并打入梁峰个人社会保险账号，属于梁峰劳动所得的各项保险资金总额98,119.02元。6.判定新世纪医院赔偿,自2006年起至本案终审结束,由于用人单位新世纪医院未给梁峰办理各项法定社会保险,且社会保险机构不能补办,用人单位支付梁峰,本应由用人单位支付给梁峰,并打入梁峰个人社会保险账号,属于梁峰劳动所得的各项保险资金总额98,119.02元的25%,总计24,529.76元。7.判定2011年8月15日,新世纪医院与梁峰所签订的无固定期限劳动合同无效。8.判定新世纪医院与梁峰补签含有同工同酬内容的,起止日期为2009年2月1日的无固定期限劳动合同。9.判定新世纪医院赔偿梁峰,自2011年8月15日起,至本案终审结束,因新世纪医院与梁峰所签订的劳动合同无效,梁峰已经付出劳动,用人单位新世纪医院按照同工同酬的标准,支付并补偿梁峰工资差额款共计120,731.74元。10.判定新世纪医院赔偿梁峰,自2011年8月15日起,至本案终审结束,因新世纪医院与梁峰所签订的劳动合同无效,梁峰已经付出劳动,用人单位新世纪医院按照同工同酬的标准,支付并补偿梁峰工资差额款共计120,731.74元的25%,总计30,182.94元。11.判定新世纪医院赔偿梁峰,自应该签订无固定期限合同之日起,即起止日期为2009年2月1日,至本案终审结束,签订含有同工同酬内容的无固定期限劳动合同之日为止,每月向梁峰支付同工同酬标准的劳动报酬双倍工资总计829,563.40元。12.判定新世纪医院赔偿梁峰,自应该签订无固定期限劳动合同之日起,至本案终审结束,签订含有同工同酬内容的,起止日期为2009年2月1日起的无固定期限劳动合同之日为止,每月向梁峰支付同工同酬标准的劳动报酬双倍工资829,563.4元的25%,总计207,390.85元。13.判定新世纪医院赔偿梁峰,自2006年起,至本案终审结束,签订符合同工同酬标准的,起止日期为2009年2月1日无固定期限劳动合同为止,因用人单位未给梁峰办理各项法定社会保险,且社会保险机构不能补办,导致梁峰无法享受社会保险,用人单位赔偿梁峰工伤、失业、医疗保险等各项社会保险损失总计300万元。14.判定新世纪医院赔偿梁峰,自2006年起,至本案终审结束,签订符合同工同酬标准的,起止日期为2009年2月1日无固定期限劳动合同之日为止,因用人单位未给梁峰办理各项法定社会保险,且社会保险机构不能补办,导致梁峰无法享受社会保险,用人单位赔偿梁峰工伤、失业，医疗保险等各项社会保险损失总计300万元的25%，总计75万元。15. 依据江发公司是新世纪医院的托管单位的事实，判定江发公司履行托管职责，为梁峰依法开户和办理与新世纪医院签订劳动合同中的各项法定社会保险关系，并办理各项具体衔接工作，并办理梁峰的人事档案托管手续等移交协议书中的具体相关事宜。16. 判定新世纪医院赔偿并支付梁峰自受聘新世纪医院之日起，直至本案终审结束，签订符合国家法律规定的无固定期限劳动合同书期间，新世纪医院已经发给医院其他职工的工龄津贴、岗位津贴、职称津贴、军工津贴、浮动津贴、公积金补贴、医疗补贴、取暖补贴、各项奖金、特殊情况下支付的工资等全部新世纪医院职工现在已经享有的全部同工同酬中的各项劳动报酬补贴。17. 判定新世纪医院赔偿并支付梁峰自2006年应聘至今，由于梁峰在工作期间，一人肩负国家相关规定的两个人的工作及工作量，新世纪医院应赔偿支付给梁峰特殊情况下的工资共计594,660.70元。18. 判定新世纪医院赔偿并支付梁峰自2006年应聘至今，由于梁峰在工作期间，一人肩负国家相关规定的两个人的工作及工作量，新世纪医院应赔偿支付给梁峰特殊情况下的工资共计594,660.70元的25%赔偿金，总计148,665.18元。一审法院认定事实：自2006年起梁峰在新世纪医院从事药剂师工作至今，工作期间先后三次签订劳动合同，2007年5月28日，梁峰与新世纪医院签订聘用合同、2008年1月31日，梁峰与新世纪医院签订劳动合同、2011年8月15日，梁峰与新世纪医院签订无固定期限劳动合同，上述事实梁峰、新世纪医院双方均无异议。2011年8月15日，吉林市劳动人事争议调解仲裁委员会作出吉市劳人仲字(2011)第85号仲裁调解书，该调解书已发生法律效力。同日，梁峰与新世纪医院签订了无固定期限劳动合同。2013年3月15日，吉林市劳动人事争议调解仲裁委员会的吉市劳仲不字(2013)第31号不予受理通知书，以申请仲裁已超过法定时效，对梁峰要求认定其与新世纪医院于2011年8月15日签订的无固定期限劳动合同无效的申请，决定不予受理。2013年7月15日，吉林市劳动人事争议调解仲裁委员会的吉市劳仲不字(2013)第69号不予受理通知书，对梁峰再次请求确认其与新世纪医院所签订劳动合同无效；补签包含同工同酬内容的无固定期限劳动合同；支付双倍工资;支付加班费;补发供热费补贴等纠纷,根据一事不再理的法律原则,决定对梁峰的仲裁请求不予受理。2014 年8 月21 日,吉林市劳动人事争议调解仲裁委员会做出吉市劳人仲不字(2014)第 38 号不予受理通知书,梁峰于 2014 年8 月4 日申请主张2011 年8 月15 日以前的劳动权益,梁峰的申请仲裁已超过法定仲裁时效一年,决定对梁峰的仲裁请求不予受理。2014 年12 月31 日,吉林市劳动人事争议调解仲裁委员会的吉市劳仲不字(2014)第 80 号不予受理通知书,根据一事不再理的法律原则,决定对梁峰的仲裁请求不予受理。2003 年 12 月 22 日,吉林市中级人民法院宣告吉林江北机械厂破产终结。同年吉林江北机械厂职工医院更名为新世纪医院。2004 年8 月16 日,完成了相应的注销登记手续,并完成了包括江发公司在内八个重组公司的独立注册和正式运营。为解决破产遗留问题,吉林江北机械厂破产清算组将新世纪医院整建制的移交给江发公司。2004 年 12 月 28 日,孙玉国(原吉林江北机械厂职工医院国企职工)与江发公司签订劳动合同,合同约定孙玉国在新世纪医院处从事药剂岗位的工作。孙玉国的工资是江发公司支付,梁峰的工资是新世纪医院支付并实行的是协议工资。新世纪医院聘用梁峰的职务是药剂师,江发公司聘用孙玉国的职务是主管药剂师。新世纪医院为梁峰只支付了养老保险,未支付医疗保险、工伤保险等其他社保费用。新世纪医院是独立法人单位,但集体社保账户在其托管单位江发公司。新世纪医院不能为梁峰单独开设社保账户并支付社保费用。但新世纪医院同意为梁峰报销社保费用。梁峰认为孙玉国与江发公司签订的劳动合同是伪证,但梁峰提交的相关证据不能证明该证据是伪证。一审法院判决:驳回梁峰的诉讼请求。

梁峰不服一审判决,上诉请求:撤销一审判决,依法改判支持其诉讼请求。二审法院认定事实与一审法院认定事实一致。二审法院认为,一、“同工同酬”的前提条件系劳动者在同一用人单位从事同种工作。本案中,梁峰与孙玉国的用工主体不同、劳动关系不同、职务不同,故其不具备“同工同酬”的前提条件,因此,梁峰主张同工同酬并享有同工同酬待遇的诉请于法无据。二、梁峰与新世纪医院所签订的三份劳动合同系双方当事人的真实意思表示,且不违反法律规定,故自签订之日起发生法律效力。现梁峰不能证明合同存在无效情形,故梁峰要求确认合同无效及相应诉请无事实及法律依据,不予支持。三、梁峰主张江发公司为其开户并办理社会保险不属于法院民事案件受理范畴。一审法院已经交待梁峰另行解决,故予以维持。四、梁峰主张新世纪医院赔偿其特殊情况下工资的相应诉请因其不能提交相应证据证明其主张,不予支持。综上,梁峰的上诉请求无事实及法律依据,不予支持。一审判决认定事实清楚,适用法律正确,应予维持。依照《中华人民共和国民事诉讼法》第一百七十条第一款第一项之规定作出判决。二审法院判决:驳回上诉,维持原判。

再审期间,梁峰向本院提供了证据,本院综合评判如下:

1. 新世纪医院于2018年3月12日出具的证明一份,证明孙玉国系新世纪医院员工,梁峰与孙玉国具备同工同酬的条件。新世纪医院质证认为,该证据系梁峰在全国两会期间以到北京信访为由强迫新世纪医院开具的,孙玉国是和江发公司签订的合同。江发公司质证认为,该证据与其无关。本院认为,新世纪医院承认该证明为其开具,且该证据与本案具有关联性,新世纪医院虽主张该证明系为阻止梁峰到北京信访所出具,但该主张不能否定证据来源的合法性,故本院对该证据予以采信。

2. 吉林市人力资源和社会保障局劳动关系处出具的证明一份,证明孙玉国与新世纪医院签订了劳动合同并备案,梁峰与孙玉国具备同工同酬的条件。新世纪医院质证认为,对证据的真实性没有异议,但是仅有备案名册没有劳动合同,孙玉国和梁峰均是医院的员工,但是身份不同,孙玉国是国有合同,梁峰是医院合同。江发公司质证认为,本证据与江发公司无关。本院认为,新世纪医院对该证据的真实性没提出异议,证据来源合法,与本案具有关联性,故本院予以采信。

3. 梁峰与吉林市人力资源和社会保障局劳动关系处处长吴泽宏的交谈录音及文字整理材料,因本院无法确认该证据来源,故不予采信。

4. 新世纪医院于2007年5月21日出具的通知一份,证明梁峰的工资来源于新世纪医院上级主管单位吉林江北制造有限责任公司,新世纪医院、江发公司质证认为,证据的真实性没有异议,但是不能证明梁峰待证明的问题。本院认为，新世纪医院承认该证据的真实性，证据来源合法，与本案具有关联性，本院予以采信。

5. 梁峰与吉林省高级人民法院审判长付丽法官的通话录音、梁峰与原审法官赵春梅通话录音 3 份、与本院民一庭庭长通话录音及录音的文字整理材料，因上述人员均为审理案件的合议庭成员及庭室负责人，视听资料的内容均是上述人员在案件宣判后所做的答疑工作，与本案待证事实无关联性，故不予采信。

6.（2016）年吉 02 民终字第 1399 号传票一份，原审传票属于法院传唤当事人的法律文书，不属于证据。

再审期间，新世纪医院向本院提供了证据，本院综合评判如下：

1. 关于备案名册的情况说明及军工补贴情况说明、备案名册、新世纪医院人员名单，本院认为，关于备案名册、军工补贴情况说明属于当事人陈述内容，新世纪医院未提供其他确实充分的证据予以佐证，故本院不予采信，新世纪医院人员名单、备案名册在原审时已经提供过，不属于新证据，本院不予评判。

2. 住房公积金个人账户确认回执单，证明新世纪医院已经给梁峰缴纳了公积金，梁峰质证认为无法当庭确认证据的真实性，待其庭后到公积金管理部门核实。庭审后梁峰向本院表示新世纪医院确实为其交纳了公积金。江发公司对证据没有异议。本院认为，梁峰承认新世纪医院为其交纳了公积金，该证据具有真实性、合法性和关联性，故对该证据予以采信。

梁峰在原审及本次再审时申请法院到新世纪医院调取如下证据：1. 新世纪医院与孙玉国签订的劳动合同。2. 1975 年 7 月 20 日到 2016 年 12 月有孙玉国签字摁印的工资发放明细表。3. 梁峰与新世纪医院签订的执行协议工资的协议。4. 梁峰与新世纪医院签订的执行综合计算工时工作制的协议及吉林市人力资源和社会保障局对该协议的批复。5. 新世纪医院 2004 年 6 月到 2016 年 6 月的总值班记录本。6. 孙玉国个人档案中的吉林省专业技术职称评定表。7. 东北工业集团有限公司将工资汇入江发公司账户，江发公司再汇入新世纪医院账户的银行流水。

梁峰提出其申请调取的证据均存放在新世纪医院，经询问，新世纪医院表示并不存在第 1 份、第 2 份证据,故本院无法调取。梁峰申请调取的第 3 份、第 4 份证据,梁峰认为并不存在该两份证据,故本院无法调取上述证据。对第 5 份证据,新世纪医院表示除了一审提交的部分,现在已经无法查找,故本院亦无法调取。对梁峰要求调取的第 6 份证据,新世纪医院在原审时已经提供,本院不再予以调取。对梁峰要求调取的第 7 份证据,因新世纪医院承认梁峰欲用该证据证明的问题,且与本案的基本事实无关,根据《最高人民法院关于适用〈中华人民共和国民事诉讼法〉的解释》第九十五条的规定,本院不予调取。

本院再审查明如下事实:梁峰自 2006 年起在新世纪医院从事药剂师工作,2007 年5 月 27 日取得中级专业技术资格,2007 年5 月 28 日与新世纪医院签订聘用合同,合同约定合同有效期自 2007 年 5 月 28 日开始,新世纪医院聘用梁峰从事主管药师岗位,并约定新世纪医院根据工作需要及梁峰的业务、工作能力和表现,可以调整梁峰的工作岗位,重新签订岗位聘任合同。2008 年 1 月 31 日,梁峰与新世纪医院签订了一份劳动合同书,合同中约定合同类型为固定期限劳动合同,时间段为 2008 年 1 月 31 日至 2009 年 1 月。梁峰的工作实行综合计算工时工作制。新世纪医院每月 25 日前以货币形式支付梁峰工资,月工资 1000 元,按照新世纪医院工资分配方案和参照吉林地区同行业、同岗位非在编聘用职工工资标准制定的工资分配制度执行。

2011 年 5 月 30 日,梁峰以新世纪医院为被申请人,以江发公司为第三人向吉林市劳动人事争议调解仲裁委员会申请仲裁,要求:“1. 梁峰与新世纪医院签订无固定期限劳动合同;2. 实行同工同酬,新世纪医院补偿梁峰自用工之日起至今的全部差额部分 20,300 元;3. 新世纪医院补偿梁峰自用工之日起至今的全部加班费 48,314 元;4. 新世纪医院补交和补发国家法律所规定的各项待遇和补贴。补发已发给同岗位同工种人员的各项现金补贴 26,358 元;5. 新世纪医院补偿梁峰自应当订立无固定期限劳动合同之日至今的每月二倍的工资报酬 69,600 元。”2011 年 8 月 15 日,吉林市劳动人事争议调解仲裁委员会作出吉市劳人仲字(2011)第 85 号仲裁调解书,该调解书内容为“申请人梁峰因劳动合同、工资、加班费、养老保险、供热补贴等纠纷诉被申请人新世纪医院一案……在仲裁庭的主持下,双方当事人就本次请求事项,依据国家的法律和政策规定,经协商达成一致意见,签订协议如下:一、被申请人新世纪医院一次性支付给申请人梁峰补偿费人民币3000元。二、被申请人新世纪医院与申请人梁峰签订无固定期限劳动合同。三、上述条款履行完毕后,申请人梁峰自愿放弃本次仲裁申请请求。四、申请人及被申请人对上述条款表示认同。上述协议一经签订即发生法律效力。"该调解书已发生法律效力。同日,梁峰与新世纪医院签订了无固定期限劳动合同。合同约定:合同于2011年8月15日起生效。梁峰在新世纪医院担任药剂师工作。工作区域或工作地点为药剂科。梁峰实行综合计算工时工作制。新世纪医院每月5日前以货币形式支付梁峰工资,月工资为1200元。

2013年3月15日,吉林市劳动人事争议调解仲裁委员会作出吉市劳人仲不字(2013)第31号不予受理通知书,内容为:"申请人梁峰因请求判定吉林市新世纪医院与其签订的劳动合同无效纠纷,向本委提出仲裁申请……新世纪医院与梁峰于2011年8月15日签订了无固定期限劳动合同,现申请仲裁已经超过法定时效。依据《中华人民共和国劳动争议调解仲裁法》第二十七条之规定,决定对梁峰的仲裁请求不予受理。"2013年7月15日,吉林市劳动人事争议调解仲裁委员会作出吉市劳人仲不字(2013)第69号不予受理通知书,内容为:"申请人梁峰因再次请求与新世纪医院所签订劳动合同无效;补签包含同工同酬内容的无固定期限劳动合同;支付双倍工资;支付加班费;补发工资;补偿供热费补贴等纠纷,向本委提出仲裁申请。本委认为,根据一事不再理的法律原则,申请人梁峰的再次请求,吉林市劳动人事争议调解仲裁委员会已作出吉市劳人仲不字(2013)第31号、吉市劳人仲字(2011)第85号调解书,并已经发生法律效力,申请人的请求不符合受理条件。综上所述,对梁峰的仲裁请求不予受理。"2014年8月21日,吉林市劳动人事争议调解仲裁委员会作出吉市劳人仲不字(2014)第38号不予受理通知书,再次对梁峰要求确认与新世纪医院签订的劳动合同无效、补签同工同酬的劳动合同、补发工资、支付加班费等仲裁请求以超过仲裁时效为由不予受理。

新世纪医院为梁峰支付了养老保险,未支付医疗保险、工伤保险等其他社保费用。新世纪医院表示因社保机构原因不能为梁峰开立医疗保险,但同意为梁峰报销社保费用。

1981 年 1 月 22 日,吉林省劳动厅和吉林市劳动局作出固定工调配证,记载:“孙玉国同志……经政审,体检合格,自 1981 年 1 月 22 日起分配到五二四厂工作。”该调配证上盖有“复员、退伍军人专用调配证”字样。孙玉国于 1997 年 7 月取得主管药师技术资格,于 2009 年取得副主任药师资格。2004 年 12 月 28 日,孙玉国与江发公司签订劳动合同,约定合同期限类型为无固定期限合同。合同生效日期为 2004 年 5 月 1 日,终止日期为新世纪医院成建制移交或改制之日。孙玉国从事药剂岗位的工作,执行定时工作制。工资按照公司薪酬制度执行。该合同鉴证机关处盖有吉林市劳动和社会保障局的公章,记载有“经审查,本合同符合国家有关法律、法规和劳动政策,予以鉴证”。

吉林市人力资源和社会保障局分别于 2013 年 8 月 26 日、2018 年 5 月 28 日出具了用人单位签订劳动合同备案证明,记载:孙玉国、刘胜男与新世纪医院签订无固定期限劳动合同并备案,合同自 2008 年 1 月 31 日起。梁峰、朱建民与新世纪医院签订无固定期限劳动合同,合同自 2011 年 8 月 15 日起。吉林市新世纪医院于 2018 年 3 月 12 日出具了证明一份,内容为:“孙玉国、梁峰均为吉林市新世纪医院员工,两人均在吉林市新世纪医院药剂科工作。”

2003 年 3 月 4 日,国营第五二四厂向吉林市人民政府发出《关于吉林江北机械厂破产企业办社会移交问题承诺的函》,记载:“吉林江北机械厂已被全国企业兼并破产和职工再就业工作领导小组[2002]18 号文件列入全国破产计划……我们的意见是本着实事求是和双方都能接受的原则,稳妥处理,同意该企业破产……”2003 年 12 月 22 日,吉林市中级人民法院宣告吉林江北机械厂破产终结。同年吉林江北机械厂职工医院更名为新世纪医院。2004 年 8 月 16 日,吉林江北机械厂完成了相应的注销登记手续,并完成了包括江发公司在内八个重组公司的独立注册和正式运营。为解决破产遗留问题,吉林江北机械厂破产清算组将新世纪医院整建制的移交给江发公司。

梁峰在本院再审期间,提出其未将 2011 年之后的延长工作时间的劳动报酬计算在赔偿数额内。

本院认为,关于本案的审理范围。首先,梁峰在2011年曾就其与新世纪医院的劳动争议向吉林市劳动人事争议调解仲裁委员会申请仲裁,吉林市劳动人事争议调解仲裁委员会于2011年8月15日作出吉市劳人仲字(2011)第85号仲裁调解书,该调解书已发生法律效力。《最高人民法院关于审理劳动争议案件适用法律若干问题的解释(三)》第十一条规定:“劳动人事争议仲裁委员会作出的调解书已经发生法律效力,一方当事人反悔提起诉讼的,人民法院不予受理;已经受理的,裁定驳回起诉。”根据该规定,梁峰对该调解书已解决的2011年8月15日之前的纠纷再行提起诉讼,法院不予实体审理。其次,根据我国《社会保险费征缴暂行条例》的规定,征缴社会保险费用是社保管理部门的职责,社会保险费的交纳属于行政法规定的强制交纳的范畴,不属于人民法院民事诉讼的受案范围,故梁峰提出的由江发公司为其开立保险账户等与交纳保险费用相关的诉请不予审理。

关于梁峰提出的其应当与孙玉国同工同酬的请求。《中华人民共和国劳动法》第四十六条规定:“工资分配应当遵循按劳分配原则,实行同工同酬。工资水平在经济发展的基础上逐步提高。国家对工资总量实行宏观调控。”第四十七条规定:“用人单位根据本单位的生产经营特点和经济效益,依法自主确定本单位的工资分配方式和工资水平。”从上述条文来看,同工同酬仅是原则性的规定,并无具体、明确的执行标准,同工同酬不能简单地理解为相同岗位的劳动者获得报酬的数额绝对相同。用人单位享有自主确定工资分配方式和工资水平的权利,有权根据本单位及劳动者的实际情况,综合确定劳动者的劳动报酬。本案中,孙玉国、梁峰虽均在新世纪医院工作,但两人存在明显差别。首先,孙玉国和梁峰到新世纪医院工作的过程不同。孙玉国从部队复员、退伍后经国家分配到原吉林江北机械厂职工医院,后因企业破产重组与江发公司签订了劳动合同,并在新世纪医院工作,梁峰系由新世纪医院招聘,与新世纪医院签订劳动合同。其次,两人在新世纪医院的工作经历不同。孙玉国自1981年1月22日参加工作后,一直在新世纪医院工作,梁峰在2006年才到新世纪医院工作。再次,两人的职称不同。孙玉国于1997年7月取得主管药师技术资格,于2009年取得副主任药师资格,梁峰于2007年5月取得中级专业技术资格,在2007年与新世纪医院签订的劳动合同中被新世纪医院聘为主管药师。最后,孙玉国在原吉林江北机械厂职工医院工作期间,经历了国有企业的转型,完成了由全民职工到劳动合同制工人的转变,在此过程中必然会享受国家在劳动合同制改造过程中给予全民职工的待遇。而梁峰是在原吉林江北机械厂职工医院更名为新世纪医院后被聘用,没有在更名前单位工作的经历,在相关待遇上必然会有所差别。因此,梁峰与孙玉国之间工资报酬的差异不违反同工同酬的规定。

《中华人民共和国劳动合同法》第十一条规定:"用人单位未在用工的同时订立书面劳动合同,与劳动者约定的劳动报酬不明确的,新招用的劳动者的劳动报酬按照集体合同规定的标准执行;没有集体合同或者集体合同未规定的,实行同工同酬。"根据上述规定,在劳动报酬的确定方面,先以劳动者与用人单位订立的劳动合同为准,如果劳动合同约定不明,则参照集体合同规定,在集体合同无法确定工资标准的情况下,才实行同工同酬。本案中,梁峰与新世纪医院于2011年8月15日签订的劳动合同已经约定了梁峰的工资报酬,新世纪医院按照约定支付报酬符合法律规定。关于梁峰提出的该劳动合同无效的主张,该合同系梁峰与新世纪医院在吉林市劳动人事争议调解仲裁委员会调解下,为了解决双方包括同工同酬在内的相关劳动争议而形成的协议,梁峰在协议上签字,并已实际履行,梁峰对合同中约定的劳动报酬等内容是清楚并认可的,现其以合同违反同工同酬原则为由要求确认合同无效,不予支持。

关于梁峰提出的新世纪医院应赔偿其社会保险损失的主张。梁峰提供的证据不能证明其因新世纪医院未为其缴纳法定社会保险而遭受损失以及损失的数额,故原审未予支持并无不当。

关于梁峰提出的新世纪医院应支付其负担两人工作量的工资的主张。梁峰主张根据国家法律规定,药剂工作需要两人同时完成,但其工作期间均是一人完成,故新世纪医院应当多支付其工资。如上文所述,法律并不干涉用人单位根据工作需要和劳动者个人情况,合理安排劳动者相应的工作职位和工作量,梁峰在工作期间接受了单位的安排,提供了相应劳动并获得了约定报酬,梁峰与新世纪医院已就工作内容达成一致。国家关于医院各部门职能及履职的规定属于行政管理范畴，并不必然对梁峰及新世纪医院之间的劳动合同内容产生影响，故原审未予支持并无不当。

梁峰主张 2011 年 8 月 15 日后，新世纪医院延长其工作时间，应当支付其延长工作时间的报酬，但其在计算新世纪医院应给付其钱款的数额时并未将该部分计算在内，故其该部分请求本院不予审理。

综上，原一、二审判决认定事实基本清楚，论理虽有瑕疵，但结果正确。依据《中华人民共和国民事诉讼法》第一百七十条第一项、第二百零七条，《最高人民法院关于适用〈中华人民共和国民事诉讼法〉的解释》第三百三十四条规定，判决如下：

维持本院（2016）吉 02 民终 1399 号民事判决。

本判决为终审判决。

审　判　长　吕建萍
代理审判员　荆媛媛
代理审判员　张　蕾

二〇一八年九月二十七日

书　记　员　王英惠

【推荐意见】

该判决从事实描述、法律论证到裁判结果，思路明确、逻辑清晰、层次感强。一是全面体现了案件的程序过程，诉辩意见、理由和证据材料，彰显程序公正；二是全方面、多角度阐述裁判观点，既严格遵循同工同酬的法律规定，又能结合单位和劳动者的实际工作情况，综合确定劳动者的劳动报酬，表述准确，分析透辟，彰显实体公正。该判决充分体现了办案法官优秀的法律适用能力和水平，法律效果和社会效果较好，对同类案件的再审工作亦具有一定指导意义。

佟　宁

吉林市中级人民法院

毕业于延边大学,2015 年入额。撰写的判决书已有两篇被评为吉林市中级人民法院优秀裁判文书。2016 年至今,共审理民商事案件 350 件。在办案中既不回避矛盾,又注重解决当事人的实际问题,有效实现了法律效果和社会效果的和谐统一。《论执行救助制度的规范化构建》一文在全省法院系统征文大赛中获奖。《发展城市社区经济的法律思考》《浅议业主委员会的诉讼主体资格问题》等文章发表于《松花江审判》。

【裁判要旨】

对案涉协议系合伙协议还是民间借贷协议的审查，应从其约定的具体内容进行判断，如协议约定提供款项的一方不直接参与经营管理，不承担经营风险，只收取固定数额收益，故该协议实际排除了双方共担合伙风险的情形，实质上提供款项的一方所得的回报与合同相对方从事的经营性活动的结果无关，可以认定双方并无合伙的合意。

【裁判文书】

吉林省吉林市中级人民法院
民事判决书

（2018）吉02民终206号

上诉人（原审原告）：田芳，女，1963年3月13日出生，汉族，退休职工，住吉林省吉林市××区××街××号。

委托诉讼代理人：刘红，吉林权维律师事务所律师。

被上诉人（原审被告）：李欣竹，男，1962年10月19日出生，汉族，无职业，住吉林省吉林市××区××花园××号。

委托诉讼代理人：李羽竹，女，1964年5月13日出生，汉族，退休职工，住吉林省吉林市××区××花园××号，系李欣竹妹妹。

委托诉讼代理人：邵红微，吉林保民律师事务所律师。

被上诉人（原审被告）：程秀彦，女，1963年9月20日出生，汉族，无职业，住吉林省吉林市××区××花园××号。

委托诉讼代理人：邵红微，吉林保民律师事务所律师。

上诉人田芳因与被上诉人李欣竹、程秀彦民间借贷纠纷一案，不服吉林市昌邑区人民法院（2017）吉0202民初3173号民事判决，向本院提起上诉。本院于2018年1月16日立案后，依法组成合议庭进行了审理。本案现已审理终结。

田芳上诉请求:1.撤销一审判决,改判支持田芳的诉讼请求;2.诉讼费用由李欣竹、程秀彦承担。事实和理由:一、一审判决对本案基础法律关系认定错误。案涉协议书在形式上虽有投资字样,但从其约定的内容看,田芳不参与经营管理,不承担经营风险,只收取固定数额收益,即该协议排除了双方共担合作风险的情形,其实质在于田芳所得的回报与合作结果无关。故李欣竹签订协议书的本意是融资,田芳的真实意思表示是借款,双方并无合伙经营的合意。一审法院认定双方为合伙关系没有事实和法律依据。二、一审判决认定事实不清,适用法律错误。案涉协议书约定,李欣竹在停止进煤后即应退回投资款,并按实际天数结算,李欣竹不但没有按照协议约定的时间退还投资款,在协议终止时也没有及时归还投资款,甚至延迟六年后才陆续给付,依据《最高人民法院关于审理民间借贷案件适用法律若干问题的规定》第二十九条第二款第二项之规定,应当按照借期内的利率支付资金占用期间的利息。三、一审判决审理程序违法。田芳提交的通话录音,在一审庭审过程中未予播放,违背了法律规定。综上所述,李欣竹以投资为由占用田芳资金十年之久,导致田芳生活困难。现田芳依据案涉协议书,要求李欣竹按照协议书的约定给付本金及占用本金期间的利息(扣除已付),合理合法,法院应本着公平原则,支持田芳的诉讼请求。

李欣竹、程秀彦辩称,一审判决认定田芳与李欣竹系合伙关系事实清楚,证据充分。合伙终止后双方未进行清算,不存在将投资款转化为借款的事实。田芳在一审时提交的录音证据不完整,且无通信记录为凭,不能作为证据采信。田芳的上诉理由不成立,请求维持原判。

田芳向一审法院起诉请求:1.判令李欣竹、程秀彦承担连带责任,共同返还借款30万元,并按照法律规定支付利息至给付之日,利息自2008年7月1日开始计算,至2017年12月30日止利息为684,000元;2.判令李欣竹、程秀彦承担本案的诉讼费用。

一审法院认定事实:李欣竹与程秀彦系夫妻关系。2005年7月1日,李欣竹与田芳签订协议书,约定李欣竹负责经营活动,保证田芳每吨煤利润10元整(即每月伍仟元整),到期一次性结算,李欣竹负责所有的费用,协议期限自

2005年7月1日起至2006年7月1日止。当日，李欣竹收取了田芳投资款20万元并出具收条。庭审中，田芳与李欣竹均认定上述协议到期后即终止。田芳自认自2009年起迄今共收到李欣竹支付的款项共计200,100元。

一审法院认为，田芳主张的30万元借款本金及利息由两部分构成，其中20万元借款为投资款本息转为借款，另外10万元借款由2007年度两笔共10万元借款构成，现逐一予以分析。关于田芳主张的20万元投资款本息转为借款，根据《最高人民法院关于适用〈中华人民共和国民事诉讼法〉的解释》第九十一条第一项的规定，“人民法院应当依照下列原则确定举证证明责任的承担，但法律另有规定的除外：（一）主张法律关系存在的当事人，应当对产生该法律关系的基本事实承担举证证明责任”。依据田芳和李欣竹签订的协议书，可以认定双方为合伙关系，田芳出资额为20万元。田芳未提供充分证据证明双方于合伙协议期满后清算并将出资款和收益变更为借款合同关系，应承担举证不能的责任。李欣竹已经于合伙期满后陆续支付田芳共计200,100元，此金额已经超过了田芳的出资额。双方并未组织清算，故李欣竹没有向田芳支付相应的利息的义务。田芳主张李欣竹和程秀彦连带返还借款20万元的本息，没有事实和法律依据，不予支持。关于田芳主张的2007年的两笔共10万元借款的借款本息。田芳未能提供充分证据证明与李欣竹和程秀彦存在该借款合同关系，应承担举证不能的责任，该项请求不予支持。一审法院依照《中华人民共和国合同法》第四十四条、第九十一条、《中华人民共和国民事诉讼法》第六十四条、《最高人民法院关于适用〈中华人民共和国民事诉讼法〉的解释》第九十条、第九十一条规定，判决：驳回田芳的诉讼请求。案件受理费13,640元，由田芳负担。

本院二审期间，双方当事人均未提交新证据。

通过当事人的陈述、答辩，以及对现有证据的审核、认定，本院查明以下事实：2005年7月1日，李欣竹（甲方）与田芳（乙方）签订协议书一份，就吉林燃料乙醇公司供煤合同甲乙双方本着互惠、互利、互相信任共创效益的原则，经友好协商达成如下协议：1. 李欣竹必须严格执行合同（详见合同M3－03），否则造成的损失由李欣竹负责，李欣竹负责所有的经营活动（资金运用、支配、结算),此款不行挪作他用;2. 李欣竹必须保证田芳每吨煤利润10元整(即每月伍仟元整),到期一次性结算;3. 李欣竹负责所有发生的费用,不得向田芳摊派;4. 田芳有权监督李欣竹的经营活动,并视经营情况随时收回投资;5. 如果遇到厂家停产或其他原因停止进煤,李欣竹将田芳投资退回,并按实际天数结算;6. 本协议未尽事宜双方应友好协商解决,本协议一式两份,具有同等效力;7. 本协议从2005年7月1日起生效,期限到2006年7月1日止。田芳于同日将20万元支付给李欣竹。经二审组织双方当事人对账,田芳对自2009年起迄今共收到李欣竹支付的款项206,100元无异议。李欣竹与程秀彦系夫妻关系,于2016年5月24日登记结婚。

本院认为,二审争议的焦点问题是:1. 田芳与李欣竹通过签订协议书所形成的是合伙关系还是民间借贷法律关系。2. 如成立民间借贷关系,本金数额是多少,已经支付本金和利息数额,以及未支付的利息应当如何计算。3. 程秀彦应否承担连带责任。

本案中,田芳提起诉讼主张其与李欣竹间共存在借款本金30万元。其中,2005年7月1日以向李欣竹投资的方式给付借款本金20万元;2007年李欣竹分两次向田芳借款10万元。

一、本案争议的2007年10万元借款的部分

田芳对该两笔借款,仅提供了其与李欣竹间的录音证据,本院经审查认为,该证据不足以证明双方存在10万元借款的事实,且田芳并未提交其他证据予以佐证,故一审法院对田芳的该项诉讼请求未予支持,裁判结果正确,本院予以维持。

二、本案争议的2005年7月1日20万元借款的部分

关于田芳与李欣竹之间就该20万元款项形成的是合伙关系还是民间借贷关系的问题。本院认为,2005年7月1日田芳与李欣竹达成的案涉协议,系双方当事人的真实意思表示,且并未违反法律、行政法规的强制性、禁止性规定,合法有效,双方当事人均应按协议约定履行义务。案涉协议书约定,田芳给付李欣竹20万元资金,由李欣竹自行负责经营并负责所有费用,保证田芳每月5000元的利润,协议终止后,李欣竹退还田芳20万元,并按实际天数进

行利润结算。从其约定的内容可见,田芳不直接参与经营管理,不承担经营风险,只收取固定数额收益,即该协议书排除了双方共担合伙风险的情形,实质上田芳所得的回报与李欣竹从事的经营性活动的结果无关。故可以认定双方并无合伙的合意,田芳与李欣竹就案涉20万元形成民间借贷法律关系。现田芳履行了案涉借款的给付义务,李欣竹应当履行返回借款本金及利息的合同义务。

关于案涉20万元借款应偿还本金、利息的计算问题。因田芳与李欣竹在案涉协议中约定的借款利率为年利率30%(每月5000元的利润),超过法律保护的年利率24%的标准,现田芳主张按照年利率24%的标准自2008年7月1日开始支付逾期利息,系田芳对自身权利的处分且符合法律规定,本院予以准许。截至2017年12月1日(共9年5个月),共发生借款利息452,000元,田芳主张收到李欣竹偿还的利息为206,100元。根据《最高人民法院关于适用〈中华人民共和国合同法〉若干问题的解释(二)》第二十一条规定:"债务人除主债务之外还应当支付利息和费用,当其给付不足以清偿全部债务时,并且当事人没有约定的,人民法院应当按照下列顺序抵充:(一)实现债权的有关费用;(二)利息;(三)主债务。"因李欣竹与田芳并未就偿还本金和利息的顺序进行约定,故田芳主张李欣竹还款部分应当抵扣利息,本院予以支持。经计算,李欣竹尚欠田芳利息245,900元(452,000元-206,100元),并自2017年12月1日起按照年利率24%支付利息至本息付清为止。

关于程秀彦是否应与李欣竹承担连带责任的问题。因田芳并未举证证明程秀彦有与李欣竹共同举债的合意,且借款发生时,程秀彦与李欣竹并非夫妻关系,故田芳主张程秀彦承担连带还款责任缺乏事实基础和法律依据,本院不予支持。

综上所述,田芳上诉请求的合理部分,本院予以支持。一审判决认定事实不清,适用法律错误,应予改判。依照《中华人民共和国合同法》第八条、第六十条、第一百九十六条,《最高人民法院关于适用〈中华人民共和国合同法〉若干问题的解释(二)》第二十一条,《最高人民法院关于审理民间借贷案件适用法律若干问题的规定》第二十六条第一款、第二十九条第二款第二项,《中华人民共和国民事诉讼法》第一百七十条第一款第二项规定，判决如下：

一、撤销吉林市昌邑区人民法院(2017)吉0202民初3173号民事判决；

二、李欣竹自本判决发生法律效力之日起七日内偿还田芳借款本金20万元及利息245,900元，并自2017年12月1日起，以20万元为本金，按照年利率24%支付利息至本息付清之日止；

三、驳回田芳的其他诉讼请求。

如果未按本判决指定的期间履行给付金钱义务，应当依照《中华人民共和国民事诉讼法》第二百五十三条规定，加倍支付迟延履行期间的债务利息。

一审案件受理费13,640元，二审案件受理费13,640元，合计27,280元，由田芳负担12,400元，由李欣竹负担14,880元。

本判决为终审判决。

审　判　长　高忠华
代理审判员　王　东
代理审判员　佟　宁

二〇一八年一月二十五日

书　记　员　邹莉莉

【推荐意见】

如何正确区分个人合伙和民间借贷是司法实践中的一个难题。本案中，按照双方当事人签订的协议书，出借人不参与经营，所得的收益也是确定的，与借款人从事经营活动的盈亏无关，即双方并非共同经营、共担风险，因此不具备个人合伙的基本特征，一审判决认定双方为合伙关系是错误的，二审判决认定双方为民间借贷关系，支持出借人要求支付“投资”本金和利息的诉讼请求，适用法律正确，本判决对此类案件的审理具有一定的指导意义。

刘 敏

通化市中级人民法院

通化市中级人民法院民事审判第三庭庭长、审判委员会委员(兼任通化市审判研究会会长),办理过的主要案件:吉林通冶螺旋管有限公司破产(重整)案等。

主要学术成果:《论雇佣人转承赔偿责任的建立》获全国法院第十五届学术论文二等奖;《论病例资料瑕疵的侵权责任》入选国家法官学院《全国专家型法官司法意见精粹》一书;《论赃物的善意取得》发表于《法律适用》;《论自由心证的"自由"与不"自由"》获吉林省高级人民法院学术论文三等奖;《从法官的"透"到当事人的"明"》一文在国际司法透明研讨会上交流;《对判决确认房屋所有权问题的几点思考》一文发表在吉林省高级人民法院《司法研究》;《浅谈对当事人预期违约的处理》等论文多次获得吉林省高级人民法院优秀调研文章一、二等奖及发表在《审判研究》上。

【裁判要旨】

对农村土地征收补偿款项中的安置补助费增值部分的分配问题,不仅应考虑土地使用权人的利益,还应考虑基于建造事实的建造人的利益。在双方无约定的情况下,应当按照公平原则予以分配。

【裁判文书】

吉林省通化市中级人民法院
民事判决书

(2018)吉05民终111号

上诉人(原审被告):赵堂洁,男,1963年1月29日生,汉族,住通化市东昌区××小区××室。

委托诉讼代理人:邱金香,吉林辰德律师事务所律师。

委托诉讼代理人:冯雪,吉林辰德律师事务所律师。

被上诉人(原审原告):赵春艳,女,1970年8月17日生,汉族,住通化市东昌区××街××委×组。

上诉人赵堂洁因与被上诉人赵春艳不当得利纠纷一案,不服东昌区人民法院(2017)吉0502民初2879号民事判决,向本院提起上诉。本院于2018年1月9日立案后,依法适用普通程序,公开开庭进行了审理。上诉人赵堂洁及其委托诉讼代理人邱金香、冯雪、被上诉人赵春艳到庭参加了诉讼。本案现已审理终结。

赵堂洁上诉请求:撤销原判,发回重审或改判驳回赵春艳的诉讼请求。事实和理由:1. 原审法院认定事实存在错误;2. 原审用于判决的证据认定存在错误;3. 原审判决适用法律存在错误。

赵春艳答辩称,赵堂洁的上诉请求缺乏事实与法律依据,原审判决认定事实清楚、适用法律正确,请求驳回上诉、维持原判。

赵春艳向一审法院起诉请求:1. 判令赵堂洁立即返还土地征收补偿款项

中的安置补助费增值部分157,500元;2. 本案诉讼费用全部由赵堂洁承担。事实和理由:2004年,赵春艳在其与父母、姐姐、妹妹、赵堂洁及赵堂洁妻子共同共有1.5亩土地承包经营权的土地上搭建温室(暖窖),因此处土地在赵春艳搭建温室前为普通大棚,赵春艳搭建温室时与赵堂洁约定,此处土地由赵堂洁管理,如日后此处土地被征占,则赵堂洁获得普通大棚的补偿款,温室大棚与普通大棚补偿款之间的差额部分(增值部分)由赵春艳获得。温室搭建完毕后,此处土地一直由赵堂洁负责管理。

2017年6月7日,赵堂洁与通化市房屋征收补偿办公室、江南村村民委员会签订了《征收土地安置补劫协议书(个人)》,协议中体现"其中温室1.5亩……安置补助费:1.5×15,000×15=33,7500……"后通化市房屋征收补偿办公室依据协议将款项支付给赵堂洁。按通化市人民政府于2008年4月29日颁布的《通化市农用地转用征收拆迁安置补偿暂行办法》第五条第一款的规定,温室菜田年产值最高15,000元,一般大棚菜田年产值最高8000元,《征收土地安置补偿协议书(个人)》中的温室菜田安置补助费337,500元,是按年产值15,000元×15倍×1.5亩得出的,而按照赵春艳、赵堂洁于2004年的约定,赵堂洁应当获得的是普通大棚菜田的安置补助费180,000元,是按年产值8000元×15倍×1.5亩得出的,温室大棚与普通大棚安置补助费的差额(增值部分)337,500-180,000=157,500元,应当归赵春艳所有。

赵春艳得知赵堂洁领取了全部的安置补偿款后,多次找赵堂洁催要其应当获得部分款项,但赵堂洁拒不返还。

一审法院认定事实:2004年,赵春艳在承包经营权人为赵堂洁名下的共计1.5亩承包地上出资加盖温室大棚,该1.5亩承包地原承包经营权人系赵希廷、陈春芳、赵堂洁、刘熙清、赵春霞、赵莉、赵春艳七人。2007年6月7日,通化市房屋征收补偿办公室作为甲方,江南村村民委员会作为乙方,赵堂洁作为丙方(土地承包经营权人),三方签订《征收土地安置补助协议书(个人)》,达成如下协议:一、甲方向乙方征收土地面积1.827亩:其中温室1.5亩、一般菜田0.327亩。二、甲方按照有关规定,应支付乙方补助补偿总费用为:370,395元。其中:1. 安置补助费:1.5×15,000×15=337,500,0.327×2800×15=

13,734，共351,234元。2. 基础建设费：1.5×667×10=10,005元。3. 其他：0.327×28,000=9156元。后赵堂洁取得补助补偿总费用370,395元。

2008年4月29日，通化市人民政府令第2号令，印发了《通化市区农用地转用征收拆迁安置补偿暂行办法》，该办法第四条规定："耕地的土地补偿费、安置补助费按该地被征收前3年平均产值总额的25倍执行，其中：土地补偿费按10倍执行、安置补助费按15倍执行。"第五条规定："菜田（温室、大棚）、水田、旱田的地类划分及产值（补偿）标准：（一）菜田。1. 土壤肥沃、供暖喷灌设施齐全、常年生产、复种指数高、管理水平高的温室菜田，每市亩年产值12,000－15,000元；2. 土壤肥沃、基础设施一般、不能常年生产、复种指数较高、管理水平较好的大棚菜田，每市亩年产值6000－8000元；3. 地势平坦、土壤肥沃、有喷灌设施的大地菜田，每市亩年产值2600－2800元。"涉案温室大棚系按1.5亩，每亩15,000元，15倍予以安置补偿。一般菜田系按0.327亩，每亩2800元，15倍予以安置补偿。

一审法院认为，依据《中华人民共和国民法通则》第九十二条"没有合法根据，取得不当利益，造成他人损失的，应当将取得的不当利益返还受损失的人"和《最高人民法院关于民事诉讼证据的若干规定》第二条"当事人对自己提出的诉讼请求所依据的事实或者反驳对方诉讼请求所依据的事实有责任提供证据加以证明。没有证据或者证据不足以证明当事人的事实主张的，由负有举证责任的当事人承担不利后果"之规定，赵堂洁于2017年6月7日与通化市房屋征收补偿办公室、江南村村民委员会签订了《征收土地安置补助协议书（个人）》，其中，取得了温室大棚的安置补助费337,500元，该安置补助费系按照温室菜田最高补偿标准每市亩15,000元的补偿标准，按照15倍予以补偿。赵堂洁所取得征收土地1.5亩的安置补助费，其补偿标准之所以按照每市亩年产值15,000元计算，系因其菜田的地类划分按照温室菜田的标准补偿，补偿标准的提升系因赵春艳在争议土地原有大棚菜田的基础上出资搭建温室菜田，赵堂洁取得占有该增值部分的安置补助费，在客观上，对赵春艳造成了损失，构成了不当得利，应向赵春艳返还大棚菜田至温室菜田的增值安置补助费。关于给付数额，从《通化市区农用地转用征收拆迁安置补偿暂行办法》《征收土地安置补助协议书(个人)》中的安置补助费计算方式可以看出,被征收土地系分为两个标准计算,其中温室1.5亩,按照1.5亩×15,000元×15倍计算,一般菜田0.327亩,按照0.327亩×2800元×15倍计算,该计算方式与《通化市区农用地转用征收拆迁安置补偿暂行办法》的土地划分及补偿计算最高标准相符,该补偿标准中记载一般大棚菜田每亩产值6000~8000元,即一般大棚菜田的最高补偿标准为每亩8000元,故大棚菜田至温室菜田之间的增值部分,应按此标准计算,赵堂洁应向赵春艳返还157,500元[(15,000元-8000元)×1.5亩×15倍]。判决:赵堂洁于本判决生效后立即给付赵春艳安置补助费增值款157,500元。

本院二审期间,上诉人赵堂洁提供了2002年7月15日《农村土地承包经营权证》显示承包户姓名为赵堂洁。承包户人口为4人。赵春艳对此无异议,本院予以采信。赵堂洁提供的照片欲证明的事项因与其陈述不符,本院不予采信。其提供的其他证据并非新的证据,本院不予评判。

被上诉人赵春艳提供的证人证言,因不符合证据要求,本院不予采信。其提供的与宋小红、栾终磊的通话录音,因其真实性无法核实,本院不予采信。其与赵堂洁的通话录音,因赵堂洁对磋商过程无异议,本院予以采信。

本院二审查明事实与一审基本一致。

本院认为,双方诉争的温室大棚系赵春艳于2004年投资建造。建造后由赵堂洁管理、使用、修缮。该温室大棚被拆迁获得的安置补偿款不仅基于赵春艳建造该大棚的事实行为,也基于赵堂洁的土地承包经营权人的权利。因补偿款包括该大棚的增值部分,因此就该增值部分并非完全基于任何一方当事人,而与双方均有关系。原审法院认为该增值金额全部归属赵春艳,对赵堂洁的利益未予考虑不当。在无法区分赵堂洁、赵春艳对增值部分所享比例的情况下,从公平原则看,该增值部分的补偿款赵春艳、赵堂洁应各自享有二分之一金额。赵堂洁全部领取该款后拒绝向赵春艳返还,侵害了赵春艳的合法权益。其应向赵春艳返还增值款的一半即78,750元。

综上,原审法院认定事实清楚,适用法律不当。依照《中华人民共和国民事诉讼法》第一百七十条第一款第二项规定,判决如下:

一、撤销东昌区人民法院(2017)吉0502民初2879号民事判决;

二、赵堂洁于本判决生效后立即返还赵春艳78,750元。

一审案件受理费1725元、二审案件受理费3450元,由赵堂洁负担3450元,由赵春艳负担1725元。

本判决为终审判决。

审 判 长 刘 敏
审 判 员 马 辉
审 判 员 何秋彦

二〇一八年一月二十五日

书 记 员 赵晓菲

【推荐意见】

近年来,因农村土地征收问题引发的争议持续增多,裁判标准不统一的问题时有发生。本案双方当事人系兄妹关系,因补偿利益引发成讼,实践中也多有类似。本案涉及的土地征收补偿款项中的安置补助费增值部分,一审法院虽考虑了补偿标准的提升系因赵春艳在争议土地原有大棚菜田的基础上出资搭建温室菜田,但对于赵堂杰是土地承包权人,且对建造后由赵堂洁管理、使用、修缮问题未予考虑。因该安置补偿款不仅基于赵春艳建造该大棚的事实行为,也基于赵堂洁的土地承包经营权人的权利。因此,就该增值部分并非完全基于任何一方当事人。二审从公平原则考虑该增值部分的补偿款,赵春艳、赵堂洁应各自享有二分之一金额,符合客观实际,并为本地区类似情况提供了统一的裁判思路。

张国君

白城市中级人民法院

吉林省白城市中级人民法院民事审判第三庭庭长，四级高级法官，审判委员会委员。

从事过民商事、知识产权保护、破产、民事环境公益诉讼、审判监督、国家赔偿和执行等审判、执行工作，尤其善于处理比较复杂的建筑施工合同纠纷、公司相关纠纷，每年审、执结案件均在百件以上。办理过白城市粮油加工厂、白城外贸出口商品加工总厂破产清算、天威（大安）新能源有限公司破产重整、吉林市凯达建设工程有限责任公司诉被告白城龙丹乳业科技有限公司建设工程施工合同纠纷等具有重大影响的案件。

【裁判要旨】

公司公章是公司处理内外部事务的印鉴，公司对外形成的正式信函、文件、报告使用公章，盖了公章的文件具有法律效力，在现行的立法和司法实践中，审查是否盖有法人公章成为判断民事活动是否成立和生效的重要标准。但是，印章真实不等于协议真实。在证据意义上，印章真实一般即可推定协议真实，但在有证据否定或怀疑合议形成行为真实性的情况下，即不能根据印章的真实性直接推定协议的真实性。也就是说，印章在证明协议真实性上尚属初步证据，人民法院认定协议的真实性需综合考虑其他证据及事实。

【裁判文书】

吉林省白城市中级人民法院
民事判决书

（2018）吉08民终943号

上诉人（原审原告）：田庆章，男，1958年12月28日生，汉族，个体，现住吉林省公主岭市××镇×街×委×组，身份证号：××××。

委托诉讼代理人：张晓坤，黑龙江李易桐律师事务所律师。

被上诉人（原审被告）：孟淑丽，女，1963年3月13日生，汉族，个体，现住吉林省镇赉县××镇×街×委×组，身份证号：××××。

委托诉讼代理人：张海文（孟淑丽丈夫），男，1960年10月16日生，汉族，现住吉林省镇赉县××镇×街×委×组，身份证号：××××。

委托诉讼代理人：李金辉，吉林金辉律师事务所律师。

原审第三人：镇赉县翰林建设工程有限责任公司。

法定代表人：刘继峰，该公司经理。

上诉人田庆章因与被上诉人孟淑丽建设工程合同纠纷一案，不服吉林省镇赉县人民法院（2017）吉0821民初1433号民事判决，向本院提起上诉。本院于2018年8月13日立案后，依法组成合议庭，公开开庭进行了审理。上诉人田庆章及其委托诉讼代理人张晓坤,被上诉人孟淑丽及其委托诉讼代理人张海文、李金辉到庭参加诉讼。第三人镇赉县翰林建设工程有限责任公司经本院依法传唤,无正当理由拒绝出庭参加诉讼。本案现已缺席审理终结。

田庆章上诉请求:1. 撤销吉林省镇赉县人民法院(2017)吉 0821 民初 1433 号判决;2. 依法改判被上诉人孟淑丽立即给付上诉人工程款 1,463,699.10 元及利息(自 2013 年 12 月 26 日至给付之日止,按银行同期贷款利率计算);3. 依法改判吉公正[2015]文签字第 102 号文书鉴定检验报告、白守评字[2016]F083 号评估书报告、北京思泰工程咨询有限公司吉林省分公司 STECC-2018-2200-0006 号鉴定报告评估鉴定费用均由被上诉人承担;4. 一审、二审的案件受理费均由被上诉人承担。事实和理由:1. 一审法院认定 2013 年 12 月 25 日《百货大楼旧楼改造交接书》《百货大楼旧楼装饰交接书》不具备证明力的认定错误。原告提交的《百货大楼旧楼改造交接书》《百货大楼旧楼装饰交接书》上附有上诉人的名章与被上诉人的名章及单位公章。依照《中华人民共和国合同法》第三十二条的规定,当事人采用合同书形式订立合同的,自双方当事人签字或者盖章时合同成立。被上诉人对该份证据提出异议称:"公章和名章偷盖的,被告不知情,内容系后填写等"但未提交任何证据予以反驳。上诉人的上述证据系原件、内容不违反相关法律规定,不存在胁迫、欺诈等情形,具备证明效力。一审法院仅以无孟淑丽签名为由即否定该证据效力,无法律依据。2. 上诉人施工的百货大楼旧楼改造项目、百货大楼旧楼装饰项目,双方已经实际结算完毕,一审法院又依被上诉人申请,对已经结算完毕的工程重新进行司法鉴定,重新确定工程价款数,明显违反法律规定。上诉人在一审时还提交了能够与《百货大楼旧楼改造交接书》相印证的收据二张,无论收据日期还是金额均可以证明旧楼改造的工程价款 1,100,000.00 元,已经支付给上诉人。上诉人提交的915,000.00 元的收据同样能够证明百货大楼旧楼装饰工程也已经结算完毕。上述收据中分别写明:"百货大楼装饰款 90 万元、20 万元、旧楼改造款 91.5 万元。"一审判决书也认定双方的工程项目分别为:百货大楼接建工程、铁北二层楼装修、孟庆丽旧楼改造、百货大楼旧楼改造、旧楼装饰等项目,收据中体现的项目、工程款数额正好能够相对应,所以可以认定两个交接书中的施工款项已经结算完毕。但一审法院却对已经结算完结的工程,启动司法鉴定,重新确定工程量和工程价款,严重违反证据规则,希望二审法院予以更正。3. 一审法院认定欠付的工程款数额不准确。因旧楼改造1,100,000.00元、旧楼装饰915,000.00元,已实际结算完毕,不应重新计算。故上诉人的工程款总额应为接建工程435,677,410元、铁北二层楼工程106,114.00元、孟庆丽工程款108,102.00元、消防水池292,771.00元、11个消防门71,925.00元,共计4,935,686.10元,扣除已给付的3,471,987.00元,尚欠工程款的数额为1,463,699.10元。4. 一审法院鉴定费用承担问题认定错误。鉴定费用应当由败诉方承担,一审已经认定被上诉人应当给付工程款,而且因重复计算已经清算完毕的工程价款,导致上诉人请求的数额减少,但未改变被上诉人败诉的事实,所以相关鉴定费用应由被上诉人承担。

孟淑丽答辩称:上诉人的上诉理由不能成立。1. 关于《百货大楼旧楼改造交接书》相关问题。(1)《百货大楼旧楼改造交接书》载明的内容;挪室外铁梯及基础安装、拆除旧烟筒座子加深部位全部用C15商品混凝土浇筑、拆除旧塔吊基础、拆除底线防空洞及地下基础、拆除老楼西墙、拆除老楼和腿柱子系接建工程,属于上诉人大包干项目;拆除电梯梁加宽增加电梯井钢梁、新增地下室20平方米、打降水井、地下室增加暗梁、打井用石子、土方外运填、一层电梯基坑拆梁、一至三层空心砖改加口气砖价差、泵房板洞口缩小属于新楼,不是旧楼改造项目;凿老楼室外铁梯地下基础与清理一楼暖气沟入口淤泥重复。(2)《百货大楼旧楼装饰交接书》中载明的内容,有拆除原建筑物1200平方米、拆除百货大楼三个门斗、拆一楼三楼装潢屋顶是张广全施工完成的,不是上诉人施工;拆除老消防设施、供暖、个税设施是吕勇施工,不是上诉人施工;砌室外电动门是王青春施工,不是上诉人施工。(3)《百货大楼旧楼装饰交接书》中载明的内容,有增设防水隔离带、拆除屋顶水箱间项目,实际没有这两个项目。2. 关于《百货大楼旧楼装饰交接书》相关问题。(1)《百货大楼旧楼装饰交接书》有运送钢梁、保温板不是上诉人施工,是张广全施工;有群房门口发泡胶是黄大全施工,不是上诉人施工。(2)《百货大楼旧楼装饰交接书》中载明的内容,有沟埋电缆沙子、网通院修下水井、消防通道垫沙子均为楼外工程、砌供热井、一楼西侧均系楼外工程,与上诉人无关。防火门是新楼,与上诉人无关。(3)《百货大楼旧楼装饰交接书》形成时间为2013年10月26日,但是,该证据形成时尚有真石漆、外墙涂料、地面砖铺设等没有施工和完成。3.《百货大楼旧楼改造交接书》《百货大楼旧楼装饰交接书》与上诉人提供给答辩人的老楼改造工程量明细表不符。4.《百货大楼旧楼改造交接书》《百货大楼旧楼装饰交接书》载明的内容和答辩人、上诉人、鉴定机构人员共同现场勘查确定并签字的施工内容不符。以上可见,《百货大楼旧楼改造交接书》《百货大楼旧楼装饰交接书》虽然有印鉴,但是,其与客观事实不符,不是当事人真实的意思表示,也不符合交易习惯,不发生法律效力。5.答辩人申请鉴定是双方当事人的合意,也符合客观事实。(1)由于上诉人提供的《百货大楼旧楼改造交接书》《百货大楼旧楼装饰交接书》存在以上诸多问题,无法结算工程价款和确定工程量,所以,答辩人申请司法鉴定并无不当。(2)2015年12月25日原一审第一次开庭时,答辩人明确提出重新对工程造价进行鉴定,上诉人明确表示同意,并要求测绘。(3)2016年9月5日原审第二次开庭时,上诉人对司法鉴定意见提出异议,并提出委托具有工程造价评估资质单位及相应资质人员重新评估和鉴定。以上说明,司法鉴定程序的启动是双方当事人的合意,也符合法律规定,同时,鉴定意见也是本案裁判的重要依据。综上所述,上诉人的上诉理由不能成立,应该依法驳回维持原判。

田庆章向一审法院起诉请求:1.要求孟淑丽立即给付拖欠工程款1,382,037.00元;2.要求孟淑丽自2013年10月30日起按照中国人民银行同期同类贷款利率给付所欠接建工程利息至给付之日止。事实与理由:2013年被告将镇赉县百货大楼接建工程发包给了原告,并签订了合同,包工包料,除消防及设施除外,每平方米为1330元,总造价4,711,338元,后来又陆续将旧楼改造,新楼旧楼装潢、被告妹妹楼房装潢(由被告结算)、铁北二楼工程交由原告来完成,后续工程总造价为2,229,216元(未签订合同),接建工程在2013年10月30日完工并交付给了被告,其余工程陆续完工并交付被告,被告陆续给付接建工程款3,354,177元,尚欠1,357,161元未给付;后续工程只有铁北二楼装潢尚欠24,876元工程款未给付,其余后续工程款已给付,目前两项合计欠款1,382,037 元。镇赉县百货大楼接建工程款被告应在2013 年10 月30 日全额给付，但时至今日仍尚欠工程款1,357,161 元，根据《最高人民法院关于审理建设工程施工合同纠纷案件适用法律问题的解释》相关规定，被告应自2013 年10 月30 日起给付利息，直至给付之日止（利息按银行同期同类贷款利率计算），后续工程尚欠工程款24,876 元，另外被告孟淑丽在签订接建工程时，用镇赉县百货大楼批发商城名字，自己为法定代表人的名义与原告签订合同，但经查档没有镇赉县百货大楼批发商城，原镇赉县百货大楼也因未年检被吊销执照，因此接建工程和后续工程均为个人行为，而非法人行为，依法孟淑丽个人应为本案被告，本案为建筑工程施工合同纠纷，根据法律规定合同履行地为镇赉县，因此镇赉县人民法院享有管辖权。为此，特诉至你院，要求被告立即给付拖欠工程款1,382,037 元；要求被告自2013 年10 月30 日起给付所欠接建工程款利息，直至给付之日止（利息按中国人民银行同期同类贷款利率计算）。

一审法院认定事实：2013 年8 月9 日，孟淑丽以镇赉县百货大楼批发商城名义将镇赉县百货商厦接建工程发包给田庆章，并签订书面合同一份。除消防及设施外，田庆章包工包料，每平方米为1330.00 元，图纸设计面积为3542.36 平方米，总造价4,711,338.00 元。同年9 月5 日，田庆章借用第三人镇赉县翰林建设工程有限责任公司的资质，与以孟淑丽为法人的镇赉县百货大楼批发商城关于同一接建工程即镇赉县百货商厦接建工程又签订建设工程施工合同一份，作为备案合同。孟淑丽与田庆章实际履行的是2013 年8 月9 日合同内容条款。后孟淑丽又陆续将百货大楼旧楼改造工程、旧楼装潢工程、铁北二层楼与孟庆丽楼房装修交由田庆章承建，但双方关于这四项工程未签订书面合同。工程完工后，原、被告因工程款问题发生争议。原告田庆章于2015 年6 月14 日起诉来院，本院受理后，于2017 年2 月22 日作出（2015）镇民一初字第310 号民事判决。田庆章、孟淑丽不服，上诉至吉林省白城市中级人民法院。2017 年6 月2 日白城市中级人民法院以（2017）吉08 民终591 号民事裁定撤销了（2015）镇民一初字第310 号民事判决，将此案发回重审。因镇赉县翰林建设工程有限责任公司与本案处理结果有一定的利害关系，依法追加其为第三人参加诉讼。在本案重新审理过程中，第一次庭审时，田庆章与孟淑丽对三项工程价款和消防池面积达成协议，即镇赉县百货商厦接建工程价款4,356,774.10元、铁北二层楼装修价款106,114.00元、孟庆丽旧楼改造工程价款108,102.00元、消防池面积为223.91平方米。另依孟淑丽申请，对镇赉县百货大楼旧楼改造、旧楼装饰建设工程已完工程造价进行评估鉴定，结论为758,825.00元；依田庆章申请，对223.91平方米消防水池泵房、11个消防门框工程造价进行了鉴定，结论分别为292,771.00元和71,925.00元。

一审法院认为：

（一）对田庆章承建工程合同效力的认定。

关于镇赉县百货商厦接建工程、铁北二层楼装修工程、孟庆丽旧楼改造工程的施工合同，因孟淑丽与田庆章关于三项工程价款达成协议，故不再评判。《中华人民共和国招标投标法》第三条第一款第（三）项规定："大型基础设施、公用事业等关系社会公共利益、公众安全的项目必须进行招标。"原、被告间关于镇赉县百货大楼旧楼改造、旧楼装饰建设工程没有进行招、投标是客观存在的事实。该工程是关系社会公众安全的工程项目，按相关法律及工程建设项目招标范围和规模标准规定，合同价款已超过了200万元，所以双方间的合同无效。

（二）关于镇赉县百货大楼旧楼改造、旧楼装饰建设工程合同虽无效，但孟淑丽仍承担向田庆章支付工程款的义务。

《最高人民法院关于审理建设工程施工合同纠纷案件适用法律问题的解释》第二条规定："建设工程施工合同无效，但建设工程经竣工验收合格，承包人请求参照合同约定支付工程价款的，应予支持。"现田庆章已完成了承建的镇赉县百货大楼旧楼改造、旧楼装饰建设工程，且已交付使用，故孟淑丽应向田庆章支付相应工程款。

（三）各项工程款数额的认定。

原、被告无异议工程款为：1. 镇赉县百货商厦接建工程价款4,356,774.10元；2. 铁北二层楼装修价款106,114.00元；3. 孟庆丽旧楼改造工程价款108,102.00元。

接建工程合同中约定，消防设施除外，故消防水池工程价款不包括在4,356,774.10元之中。经鉴定评估，面积为223.91平方米消防水池工程价款为292,771.00元。

对11个消防门框，孟淑丽并不否认是田庆章所建，但称是其提供的相关建筑材料，可并没有举出有效的证据佐证，对孟淑丽主张，本院不予支持。经鉴定评估，11个消防门框造价为71,925.00元，该款应由孟淑丽承担。

关于镇赉县百货大楼旧楼改造、旧楼装饰建设工程价款，田庆章与孟淑丽虽各自进行了举证，但所举证据皆未被采信。本院采信的鉴定评估结论为758,825.00元。

（四）孟淑丽已付工程款数额的认定及鉴定费用的承担问题。

原一审时，田庆章对孟淑丽已付工程总额为5,558,517.00元并无异议，但重审时，田庆章只认可有票据的数额5,486,987.00元，对孟淑丽无票据的71,530元不予认可。本院认为，对同一事实，田庆章作出不同的陈述，应作出不利于田庆章的认定，即已付工程款数额为5,558,517.00元。在原一审与重审时，经田庆章与孟淑丽申请，鉴定机构作出鉴定评估五份：1.对“镇赉县百货大楼批发城”的印章印文和“孟淑丽印”的名章印文的吉公正〔2015〕文鉴字第102号文书鉴定检验报告书结论为，该二个印章印文与2013年9月5日《建设工程施工合同》的“镇赉县百货大楼批发城”的印章印文和“孟淑丽印”的名章印文皆是同一枚印章所印。该鉴定申请人是孟淑丽，故此鉴定费用由孟淑丽承担。2.经孟淑丽申请，关于镇赉县百货大楼旧楼改造、旧楼装饰、铁北二层楼及孟庆丽家装修四项建设工程的白守评字〔2016〕F083号评估报告的结论未被采信，故此鉴定费用由孟淑丽承担。3.对接建工程镇赉县百货商厦实际施工面积，原、被告发生争议。经田庆章申请所作的通汇工鉴字〔2016〕004号鉴定报告结论为，实际施工面积为3275.77平方米，不利于田庆章主张的3542.36平方米，故此鉴定费用由田庆章承担。4.经田庆章申请，对消防水池泵房、11个消防门框工程造价进行了鉴定。经本院委托，北京思泰工程咨询有限公司吉林省分公司于2018年1月10日作出了STECC-2018-2200-0007号鉴定报告，评估结论为单位造价1307.54元，低于孟淑丽自愿给付的每平方米1330.00元标准，故该鉴定费用应由田庆章承担。5.经孟淑丽申请，对镇赉县百货大楼旧楼改造、旧楼装饰工程造价进行了鉴定。北京思泰工程咨询有限公司吉林省分公司于2018年3月5日作出了STECC－2018－2200－0007号鉴定报告。因孟淑丽为工程款的给付义务主体，故该鉴定费用由孟淑丽承担。

（五）孟淑丽应给付田庆章工程款数额的认定。

孟淑丽应付田庆章六项工程价款，即镇赉县百货商厦接建工程价款4,356,774.10元；铁北二层楼装修价款106,114.00元；孟庆丽旧楼改造价款108,102.00元；消防水池工程价款为292,771.00元；11个消防门框造价为71,925.00元；镇赉县百货大楼旧楼改造、旧楼装饰建设工程价款758,825.00元，共计5,694,511.10元。现孟淑丽已付工程款为5,558,517.00元，应继续给付的数额为5,694,511.10元－5,558,517.00元＝135,994.10元。

（六）其他情况说明。

田庆章借用第三人镇赉县翰林建设工程有限责任公司的施工资质仅承建了镇赉县百货商厦接建工程，此项工程款，因田庆章与孟淑丽达成了协议，故第三人在本案中不享有权利，也不承担义务。其他工程的承建与第三人无关。庭审查明，田庆章将工程交付孟淑丽时间至2013年12月25日，故以此作为孟淑丽给付拖欠工程款的时间标准。综上，依照《中华人民共和国合同法》第四十四条、第六十条、第二百七十一条，《中华人民共和国招标投标法》第三条第一款第（三）项，《最高人民法院关于审理建设工程施工合同纠纷案件适用法律问题的解释》第二条、第十七条，《最高人民法院关于民事诉讼证据的若干规定》第二条、第二十七条规定，判决：1. 被告孟淑丽于本判决生效后立即给付原告田庆章工程款余额135,994.10元及利息（自2013年12月26日至135,994.10元付清时止，按中国人民银行发布的同期同类贷款利率计算）；2. 吉公正〔2015〕文鉴字第102号文书鉴定检验报告、白守评字〔2016〕F083号评估报告、北京思泰工程咨询有限公司吉林省分公司STECC－2018－2200－0007号鉴定报告的评估鉴定费用由被告孟淑丽承担；通汇工鉴字〔2016〕004号鉴定报告、北京思泰工程咨询有限公司吉林省分公司STECC－2018－2200－

0007号鉴定报告的评估鉴定费用由原告田庆章承担;3. 驳回原告田庆章其他诉讼请求。案件受理费17,882.00元,原告田庆章承担16,082.00元,被告孟淑丽承担1800.00元。

本院二审期间,孟淑丽申请对2013年10月25日《百货大楼旧楼装饰交接书》和2013年12月25日《百货大楼旧楼改造交接书》中的公章印文是否为同一天加盖形成进行文检鉴定。2018年11月11日吉林释然司法鉴定中心作出(吉)释然司鉴(2018)文鉴字第99号《司法鉴定意见书》,结论是:《百货大楼旧楼装饰交接书》和《百货大楼旧楼改造交接书》上的"镇赉县百货大楼批发城"公章印文是在同一天加盖形成。经质证,孟淑丽对鉴定意见书无异议;田庆章申请鉴定人出庭质询后,质证称:1. 鉴定书中依据的文书鉴定通用规范、印章印痕鉴定规范,这两个规范仅对是否为同一枚印章的检验方法步骤进行规定,对于印章形成时间鉴定应当依据司法部下发的印章印痕形成时间物理检验规范,因此该鉴定意见鉴定依据明显不足;2. 根据形成时间物理检验规范鉴定应当对印章倾斜角度、压力偏重、墨迹分布特征所反映出的连续性特点作出具体的数据分析,也就是鉴定人谈到的微量特征,应当有经过检验测量的具体数据来分析判断;3. 根据该规范,还应当对印章上的灰尘毛发等附着物进行检验,因为是否为同一天形成、同一枚印章所残留的微量附着物是唯一特征;4. 通过鉴定意见可以认定鉴定机构认定同一天形成的依据仅仅是两枚印章颜色深浅度不一致,没有科学依据;5. 鉴定书中附件三特征对比表中无法反应是同一天形成连续盖印特征。因此,该鉴定意见违反民诉法证据规则中鉴定应当有充分的科学依据这一条件,该鉴定意见不能作为证据使用。鉴定人员出庭对鉴定依据、鉴定方法和鉴定过程回答了质询,说明了鉴定过程中不仅依据了文书鉴定通用规范、印章印文鉴定规范,也遵循了印章印痕形成时间物理检验规范。鉴定过程中通过文件检验仪、高位电子显微镜、扫描仪、计算机软件系统检验发现,两份检材上印章印文为一枚印章盖印形成,通过检验印章印文的细微痕迹,最终在两份检材的印章印文同一部位认定为有四点细节特征微量痕迹相一致,特征表明有露白、留红印迹特征相同部位相符,相互认证吻合。能够反映出两份检材印章印文是在同一时间、同一地点、同一环境下同一枚印章印文依次连续一次性盖印形成。印章印文的盖印过程中盖印角度基本一致,说明是同一时间、同一地点、同一部位连续盖印形成的。通过两份检材上的印章印文还能够证明色泽深浅不一、轻重不一,认定为10月25日检材先盖印的,12月25日检材是后盖印的,第二次盖印并没有重新蘸印泥,为一次性形成。本院认为,鉴定人员依据的印迹露白、留红印迹特征方法和过程符合客观规律,田庆章主张的检材印章残留灰尘毛发检验,由于检材已长期处于暴露的自然环境状态下,采取微量物质残留检验方法,已经不能准确反映客观实际。因此,田庆章认为鉴定没有充分科学依据的主张,不予支持。对该份《司法鉴定意见书》,本院予以采信。

对二审时孟淑丽出示的2013年11月25日买大理石踏步1818元收据,由于是复印件,无法与原件核对,不符合证据的形式要件,不予采信。

对当事人二审争议的事实,本院认定如下:2013年8月9日,孟淑丽以镇赉县百货大楼批发商城名义将镇赉县百货商厦接建工程发包给田庆章,并签订书面合同一份。约定除消防及设施外,田庆章包工包料,每平方米为1330.00元,图纸设计面积为3542.36平方米,总造价4,711,338.00元,约定施工时间为2013年8月9日至2013年11月10日。同年9月5日,田庆章借用第三人镇赉县翰林建设工程有限责任公司的资质,与以孟淑丽为法人的镇赉县百货大楼批发商城关于同一接建工程即镇赉县百货商厦接建工程又签订建设工程施工合同一份,作为备案合同。孟淑丽与田庆章实际履行的是2013年8月9日合同内容条款。后孟淑丽又陆续将百货大楼旧楼改造工程、旧楼装潢工程、铁北二层楼与孟庆丽楼房装修交由田庆章施工,但双方关于这四项工程未签订书面合同。工程完工后,田庆章与孟淑丽因工程款问题发生争议。庭审中,田庆章与孟淑丽对三项工程价款和消防池面积达成协议,即:镇赉县百货商厦接建工程价款4,356,774.10元、铁北二层楼装修价款106,114.00元、孟庆丽旧楼改造工程价款108,102.00元、消防池面积为223.91平方米。另经田庆章同意、由孟淑丽申请,对镇赉县百货大楼旧楼改造、旧楼装饰建设工程已完工程造价进行评估鉴定。鉴定过程中,在原审法院的主持下,受委托的鉴定机构北京思泰工程咨询有限公司吉林省分公司评估人员、双方当事人对两项鉴定工程的实际施工项目进行了现场勘查、核实，双方当事人无争议项目为36项。田庆章提出有异议项目40项，但对异议项目未提供施工变更及签证资料。北京思泰工程咨询有限公司吉林省分公司依据鉴定委托书、图纸等其他委托人提供的资料，以及吉林省相关计价定额，鉴定意见为：镇赉县百货大楼旧楼改造、旧楼装饰建设工程总造价为758,825.00元。依据田庆章的申请，北京思泰工程咨询有限公司吉林省分公司对镇赉县原百货大楼消防水池223.91平方米、11个消防门框工程造价进行了鉴定，鉴定意见分别为：消防水池造价292,771.00元；11个消防门框造价71,925.00元。根据田庆章一审诉状称“百货大楼接建工程总造价4,711,338.00元，后来又陆续将旧楼改造、新旧楼装潢、被告妹妹楼房装潢、铁北二楼工程交由原告来完成，后续工程总造价为2,229,216.00元。……被告陆续给付接建工程款3,354,177.00元，尚欠1,357,161.00元未给付；后续工程只有铁北二楼装潢尚欠24,876.00元工程款未给付，其余后续工程款已给付，目前两项合计欠款1,382,037.00元。”因此，根据田庆章自认的付款总额应为接建工程款给付的3,354,177.00元，加上后续工程给付的（2,229,216.00元－24,876.00元）2,204,340.00元，即孟淑丽已付工程总额为5,558,517.00元。

另查明，田庆章一审诉讼请求为要求孟淑丽给付拖欠工程款为1,382,037.00元，并自2013年10月30日起按照中国人民银行同期同类贷款利率给付所欠接建工程利息至给付之日止。该案发回重审后，田庆章变更诉讼请求第一项，称已付工程款计算有误，不是5,558,517.00元，应为5,486,987.00元，故变更诉讼请求为要求孟淑丽给付拖欠工程款为1,453,567.00元；增加第三项诉讼请求，要求孟淑丽立即给付消防水池泵房（建筑面积223.91平方米）和11个消防门框的工程款，这部分工程款按评估价确定。本院二审庭审中，田庆章称一审诉讼请求第二项利息起算时间有误，补正为从2013年12月26日起计算利息。

根据田庆章的上诉请求，以及孟淑丽的答辩意见，归纳本案的争议焦点为：1.2013年10月25日《百货大楼旧楼装饰交接书》、2013年12月25日《百货大楼旧楼改造交接书》是否应予采信？能否作为双方结算的依据？2.原审确定的百货大楼旧楼改造、百货大楼旧楼装饰工程造价是否符合法律规定？3.原审对鉴定费承担的处理意见是否合理？4.孟淑丽已付工程款数额如何认定？依据举证、质证意见以及查明的案件事实，本院综合评判如下：

一、2013年10月25日《百货大楼旧楼装饰交接书》、2013年12月25日《百货大楼旧楼改造交接书》不具有客观真实性，本院不予采信。

原审第一次庭审时，田庆章出示了2013年10月25日《百货大楼旧楼装饰交接书》、2013年12月25日《百货大楼旧楼改造交接书》，证明双方已经对百货大楼旧楼装饰、百货大楼旧楼改造工程进行了决算。但孟淑丽质证称，所谓的交接书是田庆章趁拿着“镇赉县百货大楼批发城”公章和“孟淑丽”名章办理工程报批、验收手续时，私自在空白纸上加盖印章后，自己单方伪造的交接书。为此，孟淑丽出示了镇赉县百货商厦接建工程施工合同书、备案用的建设工程施工合同、施工监理日志，以及工程竣工验收材料汇编，证明镇赉县百货大楼接建工程开工时间为2013年8月11日，竣工验收日期为2014年1月26日。孟淑丽出示了有田庆章签字的《老楼改造工程量明细表》（镇赉县人民法院2015镇民一初字第310号证据卷3第82－86页），证明田庆章在该工程量表中，将老楼改造和装饰工程的工程量及核算已经报给建设方，两项工程造价为1,255,721.00元，与田庆章诉讼中出示的《百货大楼旧楼装饰交接书》《百货大楼旧楼改造交接书》确定的工程量及造价严重不符。为证明百货大楼旧楼装饰工程完工时间不是在2013年10月25日，孟淑丽申请证人张龙、陈博文、吕勇、李凤光、黄大全出庭作证，证明证人在10月25日以后还在为装修工程施工。为证明有的工程不是田庆章所干，孟淑丽申请了证人张广全、于文忠、孙玉兰、孟庆丽、黄大全出庭作证，证明拆除百货大楼顶棚、钢梁、前门斗都是张广全干的；门窗打发泡胶是黄大全干的；孙玉兰在给孟淑丽作结算时，是按照田庆章提交的《老楼改造工程量明细表》作的；孟庆丽房子装修，与孟淑丽无关，应该由孟庆丽自己与田庆章结算；于文忠作为工程监理，证明老楼没有设置防火隔离带，另外还证明在工程验收汇编时，有需要盖章的，在百货大楼证人与田庆章见面，证人在翻阅汇编时发现有漏盖章的地方，看见田庆章在包里取出百货大楼的印章，把漏盖章的地方盖上了。对上述证据，虽然田庆章质证称有异议,但其并未提交反驳的证据,因此,对上述证据应予以采信。

《百货大楼旧楼装饰交接书》《百货大楼旧楼改造交接书》两份证据虽然有双方当事人的盖章,但孟淑丽主张两份交接书是田庆章私自加盖印章伪造的,双方根本没有形成过两份决算性质的交接书。对这两份证据的认定,应结合其他证据,分析是否为双方当事人的真实意思表示,本院认为:

其一,2013 年 10 月 25 日《百货大楼旧楼装饰交接书》和 2013 年 12 月 25 日《百货大楼旧楼改造交接书》,在决算时间上违反施工常识。按照施工惯例及工序,应该是先改造、建设,后装修。而《百货大楼旧楼装饰交接书》形成时间为 2013 年 10 月 25 日,《百货大楼旧楼改造交接书》却是在 2013 年 12 月 25 日。也就是说,百货大楼旧楼改造尚未完工,百货大楼旧楼装饰工程就完工结算了。田庆章虽解释称是边改造边装修,但该解释明显不符合常理,也与出庭证人证言不符。证人李凤光证明在 2013 年 11 月 26 日才给百货大楼铺完地面砖,田庆章对李凤光的证言无异议。因此,在旧楼改造未完工的情况下,田庆章主张与孟淑丽就旧楼装饰工程形成了决算性质的《百货大楼旧楼装饰交接书》,明显不符合常理。

其二,田庆章对于百货大楼改造项目,已经向孟淑丽呈报了有其签字的《老楼改造工程量明细表》,与《百货大楼旧楼装饰交接书》和《百货大楼旧楼改造交接书》对比发现,其中既包含老楼改造施工项目,也包括了老楼装修施工项目,说明在田庆章向孟淑丽提交的《老楼改造工程量明细表》中,已经将老楼改造和装修的施工项目及造价列明。而孟淑丽对田庆章提交的《老楼改造工程量明细表》,通过委托建筑预算员孙玉兰进行了核算,也知道田庆章决算造价为 125 万元的情况下,在田庆章没有证据证明新增施工项目或者签证的情况下,又与田庆章重新签订确认《百货大楼旧楼装饰交接书》和《百货大楼旧楼改造交接书》,使支出增加近百万元,显然有悖常理。

其三,田庆章出示的 2013 年 10 月 25 日《百货大楼旧楼装饰交接书》和 2013 年 12 月 25 日《百货大楼旧楼改造交接书》,经鉴定"镇赉县百货大楼批发城"公章印文是在同一天加盖形成。证明田庆章主张的交接书是两项工程施工结束后,分别与孟淑丽结算形成的,是不真实的。

其四,田庆章出示的《百货大楼旧楼装饰交接书》和《百货大楼旧楼改造交接书》,均在有印章的独页 A4 纸上载明"现田庆章施工班组已完成百货大楼批发商城旧楼装饰工程(或旧楼改造工程),包含内容如下:1. 运送钢梁、保温板、雇佣吊车;2. 一层 18 轴上的三个门;3. ……后附明细表。已满足甲方提出的条件,甲乙双方同意交接。工程总价款:大写壹佰壹拾万元整　小写:1,100,000.00。此款不含税金。特立此交接书。"而所称的后附明细表,即《老楼装饰明细表》《老楼改造明细表》,虽然列明了项目、费用、备注明细,但是该明细表并没有孟淑丽的签字盖章,附表无论从纸张还是书写方式、打印字体,均体现出与"交接书"不是一次形成的。尽管田庆章又出示了 2013 年 10 月 25 日其给孟淑丽出具的两张载明收"工程款百货大楼装饰"900,000.00 元(编号 0540568)和200,000.00元(编号 0540569)的收据,以及 2013 年 12 月 25 日其给孟淑丽出具的一张载明收"收工程(旧楼改造)915,000.00 元"收据(编号 0540570),证明上述付款金额与决算性质的交接书确定的工程造价是吻合的,形成了完整的决算、付款证据链。但是,2013 年 10 月 25 日付的两笔款计 1,100,000.00 元,记载的是百货大楼装饰,而不是百货大楼老楼装饰。因为百货大楼既有新接建的新楼装饰,也有老楼装饰,上述款项不能明确就是付老楼的装饰费。2013 年 12 月 25 日付款 915,000.00 元的收据,虽然田庆章在出具收据时注明"老楼改造"。但是,2013 年 10 月 10 日田庆章出具的一枚(编号 0540567)150,000.00 元的收据中,也注明"收百货大楼工程改造款"。那么注明百货大楼改造款的已付金额,与《百货大楼旧楼改造交接书》是不符的。上述事实不能证明田庆章主张的孟淑丽已经按照《百货大楼旧楼装饰交接书》和《百货大楼旧楼改造交接书》决算的金额,支付了相应的工程款。

其五,在田庆章同意鉴定的情况下,鉴定机构北京思泰工程咨询有限公司吉林省分公司评估人员、双方当事人及案件原审承办法官对两项鉴定工程的实际施工项目进行了现场勘查、核实,双方当事人无争议项目为 36 项。田庆章提出有异议项目 40 项,因其对异议项目未提供施工变更及签证资料,原审不予认定,符合法律规定。依据现场查勘认定的施工项目,证明田庆章在两份交接书中列明的施工项目,与实际情况明显不符。

其六,本案原审第一次开庭时,田庆章出示《百货大楼旧楼装饰交接书》《百货大楼旧楼改造交接书》《铁北二层工地费用表》《张经理小姨子楼改造》时,孟淑丽称第一次见到这四份文件,并不知情,怀疑四份文件上加盖的"镇赉县百货大楼批发城"和"孟淑丽"印章为伪造。为此,申请对印章的真伪作了文检鉴定,鉴定意见印章是真实的。在当今文检鉴定技术十分成熟的情况下,孟淑丽如果确实签订了上述文件,还申请鉴定,以鉴定意见否定自己的主张,显然也不符合情理。

因此,综合以上原因,虽然孟淑丽对其主张的交接书是田庆章自己偷盖印章伪造的,只提供了证人于文忠间接证明田庆章曾拿过百货大楼印鉴,没有出示直接证据证明。但是,依据查明的案件事实和逻辑关系,分析这两份交接书的形成,明显违背常理,不符合逻辑关系,孟淑丽的主张具有高度盖然性。两份交接书载明的施工项目不真实,不能认定这两份交接书是孟淑丽的真实意思表示,不予采信。

二、原审确定的百货大楼旧楼改造、百货大楼旧楼装饰工程总造价758,825.00元,符合法律规定。

由于双方当事人对百货大楼旧楼改造、百货大楼旧楼装饰工程造价意见分歧较大,原审在征求双方当事人同意,并共同选择鉴定机构的情况下,对工程造价进行的鉴定,符合《最高人民法院〈关于建设工程施工合同纠纷案件适用法律问题的解释〉》第二十三条"当事人对部分案件事实有争议的,仅对有争议的事实进行鉴定,但争议事实范围不能确定,或者双方当事人请求对全部事实鉴定的除外"的规定。鉴定中,在法院主持下,鉴定机构北京思泰工程咨询有限公司吉林省分公司评估人员、双方当事人对两项鉴定工程的实际施工项目进行了现场勘查、核实、测算。对双方当事人无争议项目为36项,予以签字确认。田庆章虽然对鉴定意见初稿提出有异议,认为有40项内容没有计算在内,但因其对异议项目未提供施工变更、签证资料及其他证据,证明其主张成立,原审不予认定,符合法律规定。依据鉴定意见,百货大楼旧楼改造、百货大楼旧楼装饰工程总造价为758,825.00元,应予采信。

三、关于鉴定费的负担的问题。

对于鉴定费用的负担，应结合当事人的举证责任以及过错责任进行分配。由于田庆章出示的《百货大楼旧楼装饰交接书》和《百货大楼旧楼改造交接书》不能被人民法院采信，造成双方当事人就工程造价不能达成一致意见，田庆章应该承担一定的责任，原审判令其承担有关的鉴定费用，符合法律规定。

四、孟淑丽应付工程款总额为 5,558,517.00 元，已付工程款数额为 5,558,517.00元，尚欠工程款数额为 135,994.10 元。

根据田庆章一审诉状称“百货大楼接建工程总造价 4,711,338.00 元，后来又陆续将旧楼改造、新旧楼装潢、被告妹妹楼房装潢、铁北二楼工程交由原告来完成，后续工程总造价为 2,229,216.00 元。……被告陆续给付接建工程款3,354,177.00元，尚欠 1,357,161.00 元未给付；后续工程只有铁北二楼装潢尚欠 24,876.00 元工程款未给付，其余后续工程款已给付，目前两项合计欠款1,382,037.00元”。因此，根据田庆章自认的付款总额应为接建工程款给付的3,354,177.00元，加上后续工程给付的（2,229,216.00 元 - 24,876.00 元）2,204,340.00元，即孟淑丽已付工程总额为 5,558,517.00 元。虽然在诉讼中，孟淑丽出示的田庆章出具的收款收据合计金额是 5,486,987.00 元，但孟淑丽主张田庆章自认的事实其无须举证证明，诉讼中其提交的收据不是证明付款问题、也未提交全部的收据。依据“谁主张，谁举证”的诉讼原则，田庆章未出示证据推翻其自认的事实。因此，依据《最高人民法院关于民事诉讼证据的若干规定》第七十四条“诉讼过程中，当事人在起诉书、答辩状、陈述及其委托代理人的代理词中承认的对己方不利的事实和认可的证据，人民法院应当予以确认，但当事人反悔并有证据足以推翻的除外”的规定，对田庆章主张给付工程款为 5,486,987.00 元不予支持，田庆章在起诉书中自认孟淑丽已经给付工程款5,558,517.00元应予确认。

经双方当事人协商无异议的工程造价为镇赉县百货商厦接建工程价款 4,356,774.10元、铁北二层楼装修价款 106,114.00 元、孟庆丽旧楼改造工程价款 108,102.00 元、消防池面积为 223.91 平方米。经鉴定予以采信的镇赉县百货大楼旧楼改造、旧楼装饰建设工程总造价为 758,825.00 元、消防水池造价292,771.00元、11个消防门框造价71,925.00元，合计田庆章施工的总工程款应为5,694,511.1元。现孟淑丽已付工程款为5,558,517.00元，应继续给付的数额为135,994.10元。

综上所述，田庆章的上诉请求不成立，本院不予支持。一审判决认定事实清楚，适用法律正确，应予维持。本院依照《最高人民法院〈关于建设工程施工合同纠纷案件适用法律问题的解释〉》第二十三条，《最高人民法院〈关于民事诉讼证据的若干规定〉》第七十四条，《中华人民共和国民事诉讼法》第一百七十条第一款第一项规定，判决如下：

驳回上诉，维持原判。

二审案件受理费17,882.00元、吉林释然司法鉴定中心鉴定费22,000.00元，由田庆章负担。

本判决为终审判决。

审　判　长　张国君
代理审判员　刘　昕
代理审判员　何　淼

二〇一八年十一月二十六日

书　记　员　龚　政

【推荐意见】

该案的核心争议焦点是对2013年10月25日《百货大楼旧楼装饰交接书》和2013年12月25日《百货大楼旧楼改造交接书》，这两份涉及施工合同结算内容证据真实性产生的纠纷。主审人依据鉴定意见（两份交接书分别载明形成日期，但鉴定意见两份交接书的印章是同一天一次加盖形成的）、施工决算惯例、田庆章向孟淑丽呈报了有其签字的《老楼改造工程量明细表》、双方对涉及的工程项目造价鉴定意见、收款收据名称不吻合以及证人证言，认定两份交接书并不是双方合意的结果。交接书虽然加盖了印章，但结合证人证明在工程前期办理手续时，孟淑丽曾将印章交给过田庆章的事实。结合相关证据，通过逻辑思维判断，对孟淑丽主张两份交接书是田庆章用事先在空白纸上预留印章，伪造的交接书，具有高度盖然性。

该份判决对于加盖了印章的具有结算作用的交接书，在存在大量矛盾的证据和事实的情况下，没有简单地依据印章认定交接书的真实性，而是依据证据和施工惯例等社会经验，通过逻辑思维，推定孟淑丽的主张具有高度盖然性。判决书体现了案件审判程序合法规范，证据采信准确，逻辑思维严密，事实认定清楚明了，判决公正准确。

徐雅文

长春新区人民法院

长春新区人民法院审判员，自1991年以来任职于长春市中级人民法院从事审判工作。2011年至今在长春高新技术产业开发区人民法院就职，2015年成为首批员额法官，主要审理建设工程施工合同纠纷与房屋买卖合同纠纷、房屋租赁合同纠纷案件。工作中秉持着“脚踏实地是本分、认真负责是态度、化解矛盾是境界”的工作态度，在就职20余年的审判工作里，无一缠诉信访案件，无一矛盾激化。在2012年，其撰写的(2011)长高开民初字第741号民事判决书获得全省法院2012年度优秀裁判文书。

【裁判要旨】

关于认购协议书的效力问题。认购协议书仅对房屋面积、定金、首付款交纳的时间进行了约定,而未对相关法律规定的商品房买卖合同中应当明确的房屋交付使用的条件及日期、装饰设备标准承诺、面积差异的处理方式及办理产权登记的相关事宜等重要内容进行约定,故该认购协议书应为预约合同。订立预约合同的目的是为后续谈判其他条款,最终订立正式的、条款完全的本约创造条件。

【裁判文书】

长春高新技术产业开发区人民法院
民事判决书

(2019)吉0193民初20号

原告:张红岩,女,汉族,1989年1月30日生,住长春市南关区。

被告:吉林天茂置业集团有限公司。住所地:长春市高新区××大街××号××室。

法定代表人:吴树泉,总经理。

委托诉讼代理人:刘芳,吉林功承律师事务所律师。

原告张红岩与被告吉林天茂置业集团有限公司商品房预约合同纠纷一案,本院依法适用简易程序,公开开庭进行了审理。原告张红岩,被告吉林天茂置业集团有限公司(以下简称天茂公司)的委托诉讼代理人刘芳到庭参加诉讼。本案现已审理终结。

张红岩诉称:张红岩为了孩子上学欲购买学区房,张红岩通过天茂公司广告宣传找到天茂公司售楼处,置业顾问强烈推荐涉诉房屋为吉大慧谷学区房,并声称只要交房时户口迁过来,孩子就一定能上吉大慧谷学校,张红岩信以为真便与天茂公司签订了《天茂湖认购协议书》,在交首付款时,张红岩要求将学区房事宜写入《商品房买卖合同》中或者补充协议中,但天茂公司不同意。

后张红岩就此事找天茂公司磋商过程中天茂公司经理告知张红岩政策会有变,不能保证张红岩所购涉诉房屋确切为学区房。张红岩认为,天茂公司虚假宣传对张红岩进行误导,使张红岩产生了错误认识。为维护张红岩的合法权益,特起诉至贵院,望人民法院依据事实及法律判如所请。张红岩提出诉讼请求:1. 判决解除张红岩、天茂公司双方于2018年5月30日签订的《天茂湖认购协议书》;2. 判决天茂公司返还张红岩定金5万元;3. 诉讼费由天茂公司承担。

天茂公司辩称:1. 案涉《天茂湖认购协议书》已经解除,张红岩无权再诉请解除。2018年5月30日,双方签订的《天茂湖认购协议书》第一条第一款约定:"乙方(张红岩)签订本认购合同时须支付定金人民币伍万元,应当在2018年6月6日前到天茂湖营销中心与甲方签订《商品房买卖合同》,付清剩余房款,交纳相关税费、递交按揭所需相关有效资料(银行按揭需要),如逾期,则视为违约行为,甲方有权解除本合同,并有权将该物业另行出售,且无须返还乙方定金",2018年6月19日,因张红岩未按约交齐购房首付款构成违约,天茂公司已向张红岩邮寄《解除合同通知书》,而该通知在2018年6月20日已被张红岩签收,据此,根据《中华人民共和国合同法》第九十六条的规定,该解除合同通知已经生效,案涉《天茂湖认购协议书》已经解除,张红岩无权再诉请解除合同。2. 本案因是张红岩违约,对所收受的定金5万元天茂公司理应不予返还。如前所述,因张红岩未在2018年6月6日前与天茂公司签订《商品房买卖合同》,未付清剩余购房款,已经构成违约,因此,按照合同约定天茂公司有权将房屋另行出售,且无须返还定金。3. 天茂公司所售房屋确实在高新慧谷小学学区规划范围内,天茂公司并无虚假宣传行为。依据长春新区2018年学区查询系统查询可知,天茂公司所售天茂湖小区属于高新分局万顺派出所管辖,对应的小学确为高新慧谷小学,因此,天茂公司并无虚假宣传行为。综上所述,天茂公司认为张红岩诉请解除合同、返还定金,均没有事实根据和法律依据,恳请法庭查明本案事实,依法判决驳回张红岩的无理诉请,维护天茂公司的合法权益。

经审理查明:2018年5月30日,张红岩与天茂公司签订《天茂湖认购协议书》,约定:张红岩向天茂公司购买天茂湖 H31 栋×××室,销售面积 168.95 平方米(实际面积以房管局测绘面积为准),付款方式为商业按揭贷款。张红岩签订认购合同时须支付定金人民币 5 万元,应当在 2018 年 6 月 6 日前到天茂湖营销中心与甲方签订《商品房买卖合同》、付清剩余房款、交纳相关税费、递交按揭所需相关有效资料(银行按揭需要)。如逾期,则视为违约行为,甲方有权解除本合同,并有权将该物业另行出售,且无须返还乙方定金。认购协议书签订当日,张红岩向天茂公司交纳定金 5 万元,天茂公司为张红岩出具《收据》。后因张红岩坚持将学区房事宜作为合同条款写入《商品房买卖合同》,张红岩与天茂公司发生争议。2018 年 6 月 19 日,天茂公司以张红岩未按认购协议书的约定在 2018 年 6 月 6 日前交齐购房首付款为由,以 EMS 快递的方式向张红岩邮寄《解除合同通知书》,张红岩于 2018 年 6 月 20 日予以签收。

另查明,天茂公司在房屋出售广告中使用"吉大慧谷学区房火爆认筹中"字样。

再查明,天茂公司在庭审中表示案涉房屋现已出售给他人。

本院认为:张红岩与天茂公司签订的《天茂湖认购协议书》是双方的真实意思表示,不违反法律法规效力性强制规定,认购协议书合法有效。但该认购协议书仅对房屋面积、定金、首付款交纳的时间进行了约定,而未对相关法律规定的商品房买卖合同中应当明确的房屋交付使用的条件及日期、装饰设备标准承诺、面积差异的处理方式及办理产权登记的相关事宜等重要内容进行约定,故该认购协议书应为预约合同。订立预约合同的目的是为后续谈判其他条款,最终订立正式的、条款完全的本约创造条件。因此,在继续进行的磋商中,如果一方违背公平、正义、诚实信用原则,或否认预约合同中的已决条款,或者提出令对方无法接受的不合理条件,或者拒绝继续进行磋商订立本约,都构成对预约合同的违约,应当承担预约合同中约定的违约责任;反之,如果双方在平等、诚信的原则下继续进行了磋商,只是基于各自利益考虑,无法就其他条款达成一致的意思表示,致使本约不能订立,则属于不可归责于双方的原因,不在预约合同所指的违约情形内。该种情形下预约合同应该解除,已付定金应当返还。本案中，张红岩所购的房屋是否为吉大慧谷小学的学区房对房屋价格及张红岩的购买意向均构成直接影响，张红岩要求将学区房写入合同亦是在平等的条件下基于自身利益的考虑，未对该条款达成一致，应属于不可归责于双方的原因，故对天茂公司辩解的张红岩不签订正式商品房买卖合同、未交齐购房首付款的行为构成违约应当承担违约责任一节，本院不予支持。张红岩表示该条款不能达成一致，将不会购买该房屋，致使本约已失去了履行的条件，故预约合同应当解除。因双方就正式的商品房买卖合同的条款未达成一致，致使合同未能订立，根据法律规定，出卖人通过认购、订购、预定等方式向买受人收受定金作为订立买卖合同担保的，因不归责于当事人双方的事由导致商品房买卖合同未能成立的，出卖人应当将定金、预付款返还买受人。故张红岩主张要求天茂公司返还定金5万元的诉讼请求，本院予以支持。鉴于张红岩已于2018年6月20日收到了天茂公司邮寄的《解除合同通知书》且未提出异议，故本院确认双方签订的《天茂湖认购协议书》已经解除。

综上，依照《中华人民共和国合同法》第三条、第九十六条、第一百二十四条，《最高人民法院关于审理商品房买卖合同纠纷案件适用法律若干问题的解释》第四条之规定，判决如下：

一、确认原告张红岩与被告吉林天茂置业集团有限公司于2018年5月30日签订的《天茂湖认购协议书》已于2018年6月20日解除；

二、被告吉林天茂置业集团有限公司于本判决生效后立即返还原告张红岩购房定金50,000元；

三、驳回原告张红岩其他诉讼请求。

如果未按照本判决指定期间履行金钱给付义务，应当依据《中华人民共和国民事诉讼法》第二百五十三条之规定加倍支付迟延履行期间的债务利息。

案件受理费1050元减半收取为525元，由原告张红岩负担262.5元，被告吉林天茂置业集团有限公司负担262.5元。

如不服本判决，可在判决书送达之日起十五日内向本院递交上诉状，并按对方当事人的人数提出副本，上诉于吉林省长春市中级人民法院。

审　判　员　徐雅文

二〇一九年三月二十八日

书　记　员　贺新媛

【推荐意见】

在签订预约合同后，如果双方在平等、诚信的原则下继续进行了磋商，只是基于各自利益考虑，无法就其他条款达成一致的意思表示，致使本约不能订立，则属于不可归责于双方的原因，不在预约合同所指的违约情形内。该种情形下预约合同应该解除，已付定金应当返还。本案中，张红岩所购的房屋是否为吉大慧谷小学的学区房对房屋价格及张红岩的购买意向均构成直接影响，张红岩要求将学区房写入合同亦是在平等的条件下基于自身利益的考虑，未对该条款达成一致，应属于不可归责于双方的原因，故对天茂公司辩解的张红岩不签订正式商品房买卖合同、未交齐购房首付款的行为构成违约应当承担违约责任一节不能成立。根据法律规定，出卖人通过认购、订购、预定等方式向买受人收受定金作为订立买卖合同担保的，因不归责于当事人双方的事由导致商品房买卖合同未能成立的，出卖人应当将定金、预付款返还买受人。

本判决中用词简短精要，详细阐述了预约合同、本约合同之间的关系和违约责任认定等问题，具有典型意义。

行政

二等奖

杨 迪

吉林省高级人民法院

吉林省高级人民法院行政审判庭副庭长，四级高级法官。吉林省法学会理事，吉林省知识产权法学研究会常务理事，吉林省破产法学研究会副秘书长，吉林省商法学研究会常务理事，省青年审判业务专家，2016 年被吉林省法学会评为全省法学会系统先进个人，2018 年被吉林省政府评为全省保障性安居工程建设工作先进个人。撰写的裁判文书曾获得全国行政审判优秀业务成果评选二等奖，曾作为稿件通讯员于《人民法院报》以大幅版面刊载行政公益诉讼评述文章。

【裁判要旨】

在行政赔偿、补偿的案件中,行政相对人应当对行政行为造成的损害提供证据。因行政机关的原因导致行政相对人无法举证的,由行政机关承担举证责任。行政相对人的损失因客观原因无法鉴定的,人民法院应当结合当事人的主张和在案证据,从切实维护行政相对人合法权益的角度出发,在参照相关补偿标准的同时,遵循法官职业道德,运用逻辑推理和生活经验常识等,依法适用司法自由裁量权,对案涉标的物的赔偿标准予以酌情裁判。法官在酌情分析之后下裁判决心之时,既要注意维护行政相对人合法权益,又要注意摒除其不合理的主张,行政机关承担举证不能的后果不等于能够全部认可行政相对人的主张。对于酌情量化的过程,尤其是计算方法及结论,应当体现在文书说理当中。

【裁判文书】

吉林省高级人民法院
行政判决书

(2018)吉行终370号

上诉人(原审原告)王海山,男,1940年7月5日出生,现住长春市南关区××街道××委×组。

委托代理人陈长远,吉林常春律师事务所律师。

委托代理人张影,吉林常春律师事务所律师。

被上诉人(原审被告)长春净月高新技术产业开发区管理委员会,住所地长春××区××路××号。

法定代表人王铁茗,该区管理委员会主任。

委托代理人潘彪,该区管理委员会工作人员。

委托代理人朱影,吉林理悦律师事务所律师。

上诉人王海山因诉长春净月高新技术产业开发区管理委员会(以下简称

净月管委会)行政强制及行政赔偿一案,不服吉林省长春市中级人民法院(2018)吉01行初5号行政判决,上诉至本院。本院受理后,依法组成合议庭进行了审理,本案现已审理终结。

原审查明,王海山于2001年与吉林农业大学农场农业分场签订了租期20年的《土地租用协议书》,后双方将租期修改为5年,即从2001年12月17日起至2006年12月17日止。协议约定每年每公顷租金2000元,租金每年1月1日前支付,租赁土地2.3公顷可用于种植、养殖及建温室、果园等必要的生产设施,但不得私自转让或改变土地用途。合同期满后,乙方无条件拆除地上建筑物,恢复土地原貌交回甲方。同时还约定,在期满后如果国家不征用该土地则乙方有优先承包权,在租赁期内如国家征收土地,甲方不承担任何责任,地上经济作物损失,乙方可与征用方协商解决,地上物赔偿归乙方所有。合同到期后,双方未另行签订书面合同,租金一年一议、一年一交。王海山的租金交到2009年,但一直使用该地至2014年。2010年3月19日,净月管委会与吉林农业大学签订《国有土地使用权收购补偿合同》,将包括王海山使用土地在内的国有土地共282.0842公顷予以收购。2015年5月10日,双方签订了交接书,在付清一期收购补偿费用后,将176公顷土地和相关权属资料以及282.0842公顷土地范围内的土地承包(租赁)合同(不包含王海山等租赁合同到期的承租户)、房屋等地上建筑的权属资料交付给净月管委会,该明细中不包括王海山租赁使用的土地。因吉林农业大学没能收回王海山使用的土地,将土地交给净月管委会使用,净月管委会下属的土地收购中心于2014年3月11日对王海山下达催告书,责令其五日内自行拆除地上建筑物,否则将予以强制拆除。在王海山未自行拆除的情况下,2014年3月28日,由净月管委会下属的土地收购储备中心组织实施,对王海山在租赁土地上建造的房屋及其他地上物进行了拆除。为解决王海山阻止施工问题,经净月管委会协调,吉林和信房地产开发有限公司于2014年7月15日和8月12日分两次给王海山补偿款240,000元。另查明,按照《长春净月经济开发区拆迁安置补偿管理暂行办法》规定的未登记建筑一类、大棚一类、围墙一类等,即最高的补偿标准(且不受面积控制在120平方米以内等数额限制)计算,王海山被拆除的未登记房屋五处 268.48 平方米应补偿188,741.44 元、三处大棚 1640 平方米应补偿 213,200.00 元、鸡架应补偿 240 元、狗窝应补偿 50 元、厕所应补偿 500 元、围墙 39 延米应补偿 6240 元、卫星天线应补偿 360 元，总计应补偿409,331.44元。一审庭审结束后，法庭组织双方就能否通过合理补偿方式解决行政争议进行调解，但因王海山要求补偿数额较高，没能达成补偿协议。

原审认为，(一)关于本案中强制拆除行为的性质问题。净月管委会在答辩中主张收储中心的行为不是行政征收行为，不适用征收程序。虽然通过与土地使用权人协议的方式对国有土地进行收储是否属于行政征收对本案处理会产生一定影响，但是本案的关键不是对协议收储土地是否属于行政征收作出判断，而是对王海山的诉讼对象——强制拆除这一行为的性质如何界定。2012 年 1 月 1 日起实施的《中华人民共和国行政强制法》第二条第一款规定："本法所称行政强制，包括行政强制措施和行政强制执行。"无论是净月管委会还是收储中心，其组织实施的强制拆除行为是依靠行政机关的公权力完成，其目的不是对王海山的财物实施暂时性控制，而是强制王海山履行义务。无论净月管委会采取这样的行为是否依法，但就这一行为来讲，其性质应归类为行政强制行为中的行政强制执行。

(二)关于本案中强制拆除行为的合法性问题。《中华人民共和国行政强制法》第三条第一款规定："行政强制的设定和实施，适用本法。"第四条规定："行政强制的设定和实施，应当依照法定的权限、范围、条件和程序。"该法第四章"行政强制执行程序"对行政强制执行的依据、方法、步骤等做出了明确规定。显然，净月管委会没有按照《中华人民共和国行政强制法》规定的方法和步骤采取行政强制执行措施，不符合《中华人民共和国行政强制法》关于行政强制执行合法性标准的规定。

(三)关于本案适格被告问题。《最高人民法院关于审理涉及农村集体土地行政案件若干问题的规定》第五条规定："土地权利人认为土地储备机构作出的行为侵犯其依法享有的农村集体土地所有权或使用权的，向人民法院提起诉讼的，应当以土地储备机构所隶属的土地管理部门为被告。"该司法解释明确了对土地储备机构作出的行为被告确定规则，由于本案中的土地收储中心是由净月管委会组建的,该收储机构隶属净月管委会而不是长春市国土资源局,因此,净月管委会为本案适格被告。

(四)关于王海山主张的恢复原状并赔偿损失 300 万元的请求应否保护的问题。《中华人民共和国国家赔偿法》第三十二条规定:“国家赔偿以支付赔偿金为主要方式。能够返还财产或者恢复原状的,予以返还财产或者恢复原状。”基于王海山与吉林农业大学的租赁合同已经到期,尤其是租赁土地已经作为国有建设用地出让,恢复原状的前提已经不复存在,因此王海山要求恢复原状的诉讼请求不能成立。本案需要重点评判的是王海山要求赔偿损失的主张是否成立以及赔偿数额问题,王海山要求赔偿的请求是否成立,主要看其是否享有补偿利益。净月管委会主张王海山不享有补偿利益的理由是王海山与吉林农业大学的土地租赁合同明确约定“在租期内”如国家征收土地,地上物赔偿才归王海山所有,但是不能忽视的是,虽然协议租期截止,但是“租金一年一议、一年一交”的租赁方式仍然延续,之所以不再延续租期,是由于土地收储的原因。因此,除可得收益等合同利益外,王海山对其投资兴建的地上物,享有补偿利益。由于王海山建造的房屋属未登记房屋且非建设在宅基地上的住宅,应按照净月管委会制定的补偿标准补偿建造成本。考虑到实际情况,因建筑物已经被拆除,无法对实物进行鉴定,所以应按照最高标准计算补偿数额且不受净月管委会关于补偿的最高面积限制。被协调用地的开发商及建筑商对王海山进行的适当补偿,应予以扣除,不足部分由净月管委会予以赔偿。净月管委会已将拆除房屋及附属物时的物品存放在王海山所在的社区保管,已经尽到审慎保管的义务,并未造成王海山此部分的经济损失,王海山要求赔偿 300 万元的损失,缺乏证据证实,不予支持。综上所述,依照《中华人民共和国行政诉讼法》第七十三条、第七十四条第二款第(一)项,《最高人民法院关于审理行政赔偿案件若干问题的规定》第三十二条、第三十三条的规定,判决如下:一、长春净月高新技术产业开发区管理委员会下属土地收储中心组织强制拆除王海山地上物的行为违法;二、长春净月高新技术产业开发区管理委员会参照补偿标准赔偿王海山人民币 139,331.44 元,限在本判决生效后十五日内支付;三、驳回王海山的其他诉讼请求。

王海山上诉称，原审认定事实不清、适用法律错误。（一）王海山的果树等财物应当予以保护；（二）土地租赁期限是20年，故净月管委会应当承担无法履行租赁期限的损失；（三）案外人吉林和信房地产公司支付的24万元款项与行政机关无关，不应扣除；（四）即使扣除前述款项，依照原审认定的赔偿数额，该案也存在计算错误，应为16.93万元，不是13.93万元。故请二审法院依法改判。

本院经审理查明，王海山于2002年3月5日与吉林农业大学农场农业分场签订了《土地租用协议书》，以每年每公顷2000元的价格租赁该场2.3公顷的土地用于温室种植等。双方约定，租期内如果国家征收土地，吉林农业大学不负责任，地上物赔偿归王海山。王海山的租金实际交到2009年并一直使用该地至2014年。

2010年3月19日，净月管委会与吉林农业大学签订《国有土地使用权收购补偿合同》，将包括王海山使用土地在内的国有土地使用权予以收购，净月管委会又对收购土地范围中的情况进行了踏查摸排，存在几十户与王海山类似的承包户，基本都被净月管委会参照拆迁标准进行了补偿后腾迁。在踏查摸排过程中，净月管委会制作了一份针对王海山的《拆迁房屋、附属物登记表》，该表中文字记载有大棚（1640平方米）及鸡架、狗窝、围墙、卫星天线等附属设施，平面图另显示有五栋无名建筑，面积合计268.48平方米。王海山及亲属并未在该踏查表上签字。

王海山与净月管委会未就补偿问题达成协议，也未自行拆除案涉地上物。2014年3月28日，在未经任何评估以及行政裁决的情况下，净月管委会下属的土地收购储备中心组织人员对王海山的房屋及地上附属物进行了拆除。

2014年7月至8月，经净月管委会协调，吉林和信房地产开发有限公司分两次给付王海山人民币共计240,000元。

净月区永兴街道农场社区居委会于2015年8月7日出具《情况说明》一份，称净月管委会下属的土地收购储备中心在拆除工作之后将王海山的物品予以清点并妥善安置在附近一居民家中，后王海山将物品取走。王海山自认收到过取物品通知，但未实际领取。

按照《长春净月经济开发区拆迁安置补偿管理暂行办法》规定的未登记建筑一类、大棚一类、围墙一类等，即最高的补偿标准（且不受面积控制在120平方米以内等数额限制）计算，王海山被拆除的未登记房屋五处268.48平方米应补偿188,741.44元、三处大棚1640平方米应补偿213,200.00元、鸡架应补偿240元、狗窝应补偿50元、厕所应补偿500元、围墙39延米应补偿6240元、卫星天线应补偿360元，总计应补偿409,331.44元。

本院认为，（一）关于本案责任主体及被诉行政行为定性问题。

1.净月管委会是本案适格被告。《最高人民法院关于审理涉及农村集体土地行政案件若干问题的规定》第五条规定："土地权利人认为土地储备机构作出的行为侵犯其依法享有的农村集体土地所有权或使用权的，向人民法院提起诉讼的，应当以土地储备机构所隶属的土地管理部门为被告。"该司法解释规定内容虽然针对的是侵犯农村集体土地所有权或使用权的情况，但却体现了司法权对于土地储备机构不当行为致讼的被诉适格主体选择，故在案涉土地收购储备中心是由净月管委会组建并隶属净月管委会的情况下，原审认定净月管委会为本案适格被告并无不当。

2.案涉被诉行政强制行为违法，应当赔偿。《中华人民共和国行政强制法》第四条规定："行政强制的设定和实施，应当依照法定的权限、范围、条件和程序。"净月管委会对王海山所建的地上物及附属物的强行拆除行为属于行政强制执行行为，净月管委会应当对该行政强制执行行为的合法性承担举证责任。净月管委会没有证据证明其按照《中华人民共和国行政强制法》规定的程序采取案涉行政强制执行行为，明显违法，故应当承担赔偿责任，原审对此论理清楚，本院不再赘述。

（二）关于赔偿范围及标准问题。

《中华人民共和国国家赔偿法》第三十六条规定："侵犯公民、法人和其他组织的财产权造成损害的，按照下列规定处理：……对财产权造成其他损害的，按照直接损失给予赔偿。"《中华人民共和国行政诉讼法》第三十八条第二款规定："在行政赔偿、补偿的案件中，原告应当对行政行为造成的损害提供证据。因被告的原因导致原告无法举证的，由被告承担举证责任。"《最高人民法院关于适用〈中华人民共和国行政诉讼法〉的解释》第四十七条第三款规定:“当事人的损失因客观原因无法鉴定的,人民法院应当结合当事人的主张和在案证据,遵循法官职业道德,运用逻辑推理和生活经验、生活常识等,酌情确定赔偿数额。”

本案历经多轮诉讼,纠纷绵延日久,净月管委会在作出案涉行政强制执行行为时,并未采用录像、公证等方式固定证据,既导致王海山在客观上无法就案涉标的物的种类充分举证,又使案涉标的物无法通过鉴定评估的方式确定价值,应当对此承担不利后果。故本院为解决实际争议,依据举证责任的相关规定,认定本案赔偿范围应当包括地上建筑、温室大棚内葡萄、室外树苗以及王海山自案涉违法行政行为发生至今的扩大损失。本院亦从切实维护行政相对人合法权益的角度出发,在参照相关补偿标准的同时,遵循法官职业道德,运用逻辑推理和生活经验常识等,依法适用司法自由裁量权,对案涉标的物的赔偿标准予以酌情裁判。现分述如下:

1. 关于地上建筑部分的赔偿问题。

案涉《拆迁房屋、附属物登记表》系净月管委会在案涉地块踏查摸排过程中制作形成,彼时案涉纠纷尚未形成诉讼,王海山及亲属虽未在该踏查表上签字,但亦不能提供关于大棚、鱼塘等其他地上物存在漏项的有力证据。结合该表格对地上房屋、大棚具体数据以及鸡架、狗窝、围墙、卫星天线等附属设施的信息记载详尽程度考虑,本院对该表格地上建筑部分的信息予以采信。原审参照《长春净月经济开发区拆迁安置补偿管理暂行办法》规定,按照强拆行为发生时2014年相关最高补偿标准进行计算,得出表格记载的内容总计应补偿409,331.44元的做法并无不当。

2. 关于温室大棚内葡萄及室外树苗的赔偿问题。

首先,对于案涉《拆迁房屋、附属物登记表》,结合案情,无论从标题还是从类别上讲,只能对案涉地上建筑物起到证明效力,但不能涵盖种植物。王海山已就其主张种植物的存在提供了初步证据,净月管委会的违法强拆行为导致王海山无法充分举证,故对于王海山主张的温室大棚内葡萄及室外树苗损失应由净月管委会承担举证责任,净月管委会在不能举证的情况下,应当承担不利的法律后果。

其次，王海山的温室大棚并非因拆迁临时修建，且经营多年，依照普通生产生活逻辑，温室大棚不应空置，且葡萄为多年生作物，可以推定温室大棚内的葡萄存在。因本案无法采取鉴定手段，当事人双方亦不能提供关于葡萄品种及产量的证据，本院通过咨询有关葡萄科目专家以及园林部门的一线工作人员得知，土壤、品种都会极大影响葡萄的产量和价格，其亩（666.7 平方米）产量与每市斤的价格一般成反比，2014 年常见大棚葡萄的亩产在 2000 市斤至 4000 市斤（科研用地亩产可能会更高），价格一般在每市斤 8 ~ 14 元。2014 年 3 月案涉行政强制执行行为发生时，温室大棚内葡萄一般不会结果实，但却令王海山丧失了当年后续季节的收成。本院结合当年市场普通品种葡萄批发价格及单季亩产量考量，酌定按照单季收获亩产 3000 市斤、每市斤价格 10 元的标准确定赔偿数额，则 1640 平方米温室大棚种植面积约为 2.46 亩，葡萄赔偿总额应为73,800 元。

最后，王海山维权之心虽属人之常情，但其在多轮诉讼中对室外种植树苗品种、树龄、数量的陈述多次构成反言，不符合诚信原则，本院不予采信。本院梳理王海山关于树苗的多次主张内容，对王海山租赁土地中的空地面积以及地上建筑的分散坐落情况进行考量，决定按照王海山初次主张的 3 万棵杨树苗的数量予以保护；本院在咨询园林部门工作人员后得知，树苗价格市场化，但不能以成材树木对待，2 ~ 3 年生杨树苗批发价一般是每棵 1.5 元左右，如果正规招标价可能在每棵 2 元以上，本院综合考虑 2 ~ 3 年生杨树苗批发价及正规招标价等因素，酌定每棵杨树苗价格为 2 元，杨树苗赔偿总额共计 60,000 元。

3. 关于赔偿总额基数及利息问题。

首先，如前所述，净月管委会对王海山的初始赔偿总额应为 409,331.44 + 73,800 + 60,000 = 543,131.44 元，但是吉林和信房地产开发有限公司给付王海山的 240,000 元系净月管委会协调产生，且王海山与该公司并无其他经济纠纷或经济往来，依据一般性的法律救济填补原则，王海山不应就同一损害事实获得两份赔偿利益，原审对此予以扣除并无不当，故本案实际赔偿总额基数

(不含利息)应为543,131.44－240,000＝303,131.44元。

其次,案涉违法行政行为系2014年3月28日发生,至今已届数年,王海山的损失实际上一直处于扩大状态,该种损失同样属于行政赔偿法律规定意义上的直接损失,本院决定采用保护贷款利息的方式予以救济,但由于存在扣除吉林和信房地产开发有限公司给付款项的问题,故该利息应以该公司向王海山给付该款项的时间为界进行分段计算。因该公司并未明确具体给付时间,本院参考其书面证言内容,决定以2014年8月31日为利息计算分界时点,在此时点之前,以543,131.44元为基数保护贷款利息,在此时点之后,以303,131.44元为基数保护贷款利息。

最后,原审在扣除吉林和信房地产开发有限公司给付款项数额之后,的确存在计算错误问题,本院二审一并予以纠正。

(三)关于其他诉讼请求问题。

1.在案涉土地被国家收储,王海山因行政机关违法行为,能就地上物获得赔偿利益的情况下,土地租赁协议期限与本案焦点没有行政法上的关系,故王海山关于净月管委会应当承担无法履行租赁期限的损失主张不能成立。

2.净月管委会将拆除房屋及附属物时的物品存放在王海山所在的社区保管,已经尽到审慎保管的义务,并未造成王海山此部分的经济损失,王海山怠于维护该部分自身权益,对不利后果应当自行承担,故原审对王海山关于此部分损失的主张不予支持并无不当。

综上,原审认定事实不清,适用法律错误,应予纠正。依照《中华人民共和国行政诉讼法》第八十九条第一款第(二)项之规定,判决如下:

一、维持吉林省长春市中级人民法院(2018)吉01行初5号行政判决第一项;

二、撤销吉林省长春市中级人民法院(2018)吉01行初5号行政判决第二项、第三项;

三、长春净月高新技术产业开发区管理委员会自本判决生效之日起十日内给付王海山303,131.44元;

四、长春净月高新技术产业开发区管理委员会自本判决生效之日起十日内给付王海山第一阶段的利息(以543,131.44元为基数,自2014年3月28日起至2014年8月31日止,按照中国人民银行六个月以内(含六个月)同期贷款基准利率计算);

五、长春净月高新技术产业开发区管理委员会自本判决生效之日起十日内给付王海山第二阶段的利[以303,131.44元为基数,自2014年9月1日起至实际履行之日止,按照中国人民银行三年至五年(含五年)同期贷款基准利率计算];

六、驳回王海山的其他诉讼请求。

二审案件受理费50元,由长春净月高新技术产业开发区管理委员会负担。

本判决为终审判决。

审 判 长 杨 迪
审 判 员 杜宏权
代理审判员 张云坤

二〇一九年二月十一日

法官助理 张 杉
书 记 员 庞 娟

【推荐意见】

本案是适用司法自由裁量权实质性化解行政争议的典型案例。本案历经多轮诉讼,纠纷绵延日久,人民法院为解决实际争议,依据举证责任的相关规定,从切实维护行政相对人合法权益的角度出发,依照《最高人民法院关于适用〈中华人民共和国行政诉讼法〉的解释》第四十七条第三款的规定,对案涉标的物的赔偿标准酌情裁判,对司法自由裁量权进行了有益的尝试。该文书认定事实清楚全面,说理层次分明、逻辑清晰,尤其是将酌情量化的过程中的计算方法及结论直接体现的做法,较为困难且少见。可见的公平方经得起推敲审视,这既是法官对司法劳动的自我尊重,也是司法公开的价值所在。

张海啸

吉林市中级人民法院

吉林市中级人民法院行政审判庭员额法官，1993 年至 2011 年 3 月在吉林市丰满区人民法院工作，2011 年 3 月至今先后在吉林市中级人民法院审判管理办公室、行政审判庭工作。

【裁判要旨】

行政行为的相对人以及其他与行政行为有利害关系的公民、法人或者其他组织，有权提起诉讼。当事人要求撤销工商登记的，其不是行政行为的相对人，故其提起行政诉讼，必须与诉争工商登记行为有利害关系。当事人是本案诉争工商登记行为相对人的债权人，其与诉争工商登记行为存在利害关系的实质是工商登记行为损害其债权的实现，不依此利害关系起诉，上诉人就不属于适格的原告。抛开利害关系，只以原审第三人提供虚假材料进行变更登记为由起诉，则属于没有利害关系的举报人起诉，不享有诉权。

【裁判文书】

吉林省吉林市中级人民法院
行政裁定书

(2019)吉02行终16号

上诉人(原审原告)大连市瀚洋热力设备有限责任公司，住所地辽宁省大连市金州区××街道××小区。

法定代表人何奕蓉，经理。

委托代理人王胜春，吉林市昌邑区汇丰法律服务所法律工作者。

被上诉人(原审被告)吉林市工商行政管理局，住所地吉林市船营区××路×号×栋。

法定代表人林雨坤，局长。

原审第三人孔繁春，男，1956年10月17日出生，汉族，住吉林市船营区××路×号。

原审第三人唐乐，女，1982年5月24日出生，汉族，住吉林市昌邑区××街×号。

原审第三人吉林市春成房地产开发有限公司，住所地吉林市昌邑区××街××号。

法定代表人马永海，董事长。

上诉人大连市瀚洋热力设备有限责任公司因与被上诉人吉林市工商行政管理局工商行政登记一案，不服吉林市船营区人民法院（2018）吉 0204 行初 81 号行政判决，向本院提起上诉。本院依法组成合议庭，对本案进行了审理，现已审理终结。

原审判决认定：2013 年 3 月 26 日，原告大连市瀚洋热力设备有限责任公司与第三人吉林市春城房地产开发有限公司签订了钻石秀苑供热工程安装工程施工协议书。2015 年，大连市瀚洋热力设备有限责任公司以吉林市春城房地产开发有限公司拖欠工程货款为由诉至吉林市昌邑区人民法院。2016 年 10 月 27 日，吉林市昌邑区人民法院作出（2015）吉昌民二初字第 579 号民事判决，判决吉林市春城房地产开发有限公司拖欠大连市瀚洋热力设备有限责任公司工程货款及利息，于判决生效后立即给付。吉林市春城房地产开发有限公司不服该判决，上诉至吉林市中级人民法院，因其无故未到庭参加诉讼，吉林市中级人民法院裁定按吉林市春城房地产开发有限公司撤回上诉处理。现（2015）吉昌民二初字第 579 号民事判决在吉林市昌邑区人民法院执行中。

2015 年 10 月 19 日，经吉林市春城房地产开发有限公司申请，吉林市工商行政管理局为其办理了吉市工商登记内变字［2015］第 002664 号变更登记，将该公司股东之一唐乐变更为丰志国。2015 年 11 月 24 日，经吉林市春城房地产开发有限公司申请，吉林市工商行政管理局再次为其办理了吉林市工商登记内变字［2015］003118 号变更登记，将该公司法定代表人孔繁春变更为马永海，又把股东之一孔繁春变更为马永海。大连市瀚洋热力设备有限责任公司在（2018）吉 0202 民初 361 号案件卷宗中取得了吉市工商登记内变字［2015］第 002664 号、［2015］003118 号变更登记档案，认为其变更登记档案中的签字存在瑕疵，故向吉林市博信司法鉴定中心申请对该档案中的孔繁春及唐乐签名进行了鉴定，经鉴定认定该档案中的孔繁春及唐乐的签名均非本人所签，原告认为变更申请人向登记机关提供虚假变更材料，是恶意逃避债务行为，故此向一审法院提起行政诉讼，请求依法撤销吉林市工商行政管理局作出的吉市工商登记内变字[2015]第002664号、[2015]第003118号变更登记。

原审法院认为:吉林市工商行政管理局是负责本辖区内工商登记、企业信息变更登记的行政机关,具有作出工商行政登记的法定职权。《中华人民共和国公司登记管理条例》第二十七条规定:"公司申请变更登记,应当向公司登记机关提交下列文件:(一)公司法定代表人签署的变更登记申请书;(二)依照《公司法》作出的变更决议或者决定;(三)国家工商行政管理总局规定要求提交的其他文件。公司变更登记事项涉及修改公司章程的,应当提交由公司法定代表人签署的修改后的公司章程或者公司章程修正案。变更登记事项依照法律、行政法规或者国务院决定规定在登记前须经批准的,还应当向公司登记机关提交有关批准文件。"第三十条规定:"公司变更法定代表人的,应当自变更决议或者决定作出之日起30日内申请变更登记。"第三十四条规定:"有限责任公司变更股东的,应当自变更之日起30日内申请变更登记,并应当提交新股东的主体资格证明或者自然人身份证明。"本案吉林市春城房地产开发有限公司向吉林市工商行政管理局申请变更登记时,已提交了上述文件,并在规定期限内申请了变更登记。根据《中华人民共和国公司登记管理条例》第二条的规定,变更登记申请人应当对申请文件、材料的真实性负责。根据《中华人民共和国公司登记管理条例》第五十一条的规定,吉林市工商行政管理局作为公司登记行政机关,只对公司变更登记申请人提交的申请文件、材料进行形式要件审查,对需要核实的材料,才予以调查核实,对申请文件、材料齐全,符合法定形式且不需要核实的,有权作出准予变更登记的行政行为。吉林市春城房地产开发有限公司向吉林市工商行政管理局提交的申请变更登记材料符合法定形式,吉林市工商行政管理局为其办理了公司变更登记并无不当。关于原告提出变更登记档案中所涉及的孔繁春、唐乐签名并非本人所签,其进行虚假变更登记是逃避债务行为的主张,经庭审调查,孔繁春及唐乐的委托代理人均表示对该签名并无异议,是其本人意思表示,且原告并未提出关于孔繁春、唐乐存在逃避债务进行虚假变更登记的充分证据,故对其主张不予采信。依照《中华人民共和国行政诉讼法》第六十九条之规定,判决驳回原告大连市瀚洋热力设备有限责任公司的诉讼请求。

上诉人大连市瀚洋热力设备有限责任公司上诉称：上诉人是基于《中华人民共和国公司登记管理条例》第六十四条规定，提交虚假材料或者采取其他欺诈手段隐瞒重要事实，取得公司登记的，由公司登记机关责令改正，处以5万元以上50万元以下的罚款的规定，明确提供了在2015年10月19日吉市工商登记内变字[2015]第002664号变更登记和2015年11月24日吉市工商登记内变字[2015]003118号变更登记股东唐乐和股东孔繁春的变更登记的签名均为他人伪造，提交了笔迹鉴定报告，并告知是基于该条款提起的诉讼，吉林市工商行政管理局应当依法履行其职责注销其登记，而一审法院以股东唐乐和孔繁春未提出异议为由驳回告诉是错误的。股东唐乐和孔繁春是作为逃避债务的当事人，是本次变更登记的受益人，不可能提出异议。故一审法院认定事实有误适用法律错误。上诉人本次告诉不是基于被上诉人在变更工商登记中审查存在过错，而是原审第三人提供虚假材料进行变更登记，按照《中华人民共和国公司登记管理条例》第64条规定要求被上诉人予以纠正，所以本案应当按照法律规定依法纠正。请求二审法院撤销（2018）吉0204行初81号行政判决书，判令依法支持上诉人的一审诉讼请求。

二审经审理查明的事实与一审一致。

本院认为：《中华人民共和国行政诉讼法》第二十五条规定，行政行为的相对人以及其他与行政行为有利害关系的公民、法人或者其他组织，有权提起诉讼。上诉人要求撤销吉林市工商行政管理局作出的吉市工商登记内变字[2015]第002664号、[2015]第003118号变更登记，其不是行政行为的相对人，故其提起行政诉讼，必须与诉争工商登记行为有利害关系。上诉人是本案诉争工商登记行为的相对人吉林市春城房地产开发有限公司的债权人，其与诉争工商登记行为存在利害关系的实质是工商登记行为损害其债权的实现，不依此利害关系起诉，上诉人就不属于适格的原告。抛开利害关系，只以原审第三人提供虚假材料进行变更登记为由起诉，则属于没有利害关系的举报人起诉，不享有诉权。《最高人民法院关于适用〈中华人民共和国行政诉讼法〉的解释》第十三条规定：“债权人以行政机关对债务人所作的行政行为损害债权实现为由提起行政诉讼的，人民法院应当告知其就民事争议提起民事诉讼，但行政机关作出行政行为时依法应予保护或者应予考虑的除外。”办理工商登记变更是企业的权利,本案不存在但书规定的情形,故本案上诉人应当就民事争议即股权转让是否有效提起民事诉讼。

综上,上诉人提起的行政诉讼不符合法律规定,依法应当裁定驳回起诉。原审判决认定事实清楚,但适用法律错误,依法应予撤销。依照《中华人民共和国行政诉讼法》第八十九条第一款第(二)项,《最高人民法院关于适用〈中华人民共和国行政诉讼法〉的解释》第十三条、第一百二十三条第(一)项的规定,裁定如下:

一、撤销吉林市船营区人民法院(2018)吉0204行初81号行政判决;

二、驳回大连市瀚洋热力设备有限责任公司的起诉。

一、二审案件受理费各50元,退回大连市瀚洋热力设备有限责任公司。

本裁定为终审裁定。

审 判 长 王 静
代理审判员 张海啸
代理审判员 张 薇

二〇一九年三月一日

书 记 员 隋雨桐

【推荐意见】

本案属典型的原告与行政行为不具有利害关系而起诉的情形,此时,人民法院不应受理,已经受理的,应裁定驳回起诉。文书结构规范,语言简洁,论理要点突出,引用法律条文完整、规范,裁判结果正确。

李雪梅

白山市中级人民法院

吉林省白山市中级人民法院行政审判庭副庭长、一级法官。曾任抚松县司法局兴参司法所所长，中共抚松县委宣传部新闻科科员。其撰写的（2014）白山行终字第29号行政判决书、（2014）白山行终第24号行政判决书分别荣获第三届全国法院行政审判优秀裁判文书二等奖、三等奖；其撰写的（2018）吉06行终20号行政判决书荣获第六届全国法院行政审判优秀裁判文书二等奖。2017年参与第二届司法大数据专题协作研究中的《检察机关提起行政公益诉讼案件大数据情况分析》，被评审为良好。

【裁判要旨】

关于注销最高准驾车型驾驶资格类案件的法律适用问题。根据《中华人民共和国行政许可法》第十六条第三款的规定,公安部有权对机动车驾驶证的申领和使用制定部门规章。注销最高准驾车型驾驶资格类案件,应当适用公安部《机动车驾驶证申领和使用规定》。在交通违法事实清楚,交通违法处罚决定依法有效的情况下,交警部门依据《机动车驾驶证申领和使用规定》第七十八条第一款规定,作出注销最高准驾车型驾驶资格决定,应予维持。

【裁判文书】

吉林省白山市中级人民法院
行政判决书

(2018)吉06行终3号

上诉人(原审被告):白山市公安局交通警察支队。住所地:白山市浑江区××大街××号。

负责人:李政宽,支队长。

委托代理人:孙建华,吉林荆卫华律师事务所律师。

被上诉人(原审原告):肖维民,男,1975年3月20日生,汉族,无职业,住白山市江源区××镇××街×委×组。

委托代理人:王剑峰,吉林瀛春律师事务所律师。

上诉人白山市公安局交通警察支队(以下简称白山交警支队)因与被上诉人肖维民公安交通行政管理一案,不服白山市浑江区人民法院(2017)吉0602行初32号行政判决,向本院提起上诉。本院依法组成合议庭审理了本院。本案现已审理终结。

原审法院经审理查明:2017年2月5日18时38分,肖维民在通南高速公路驾驶吉××××号大型卧铺客车超载,被吉林省公安厅交警总队高速公路支队通化大队(以下简称交警通化大队)查扣,根据《中华人民共和国道路交通安全法》第九十二条第一款,《吉林省实施〈中华人民共和国道路交通安全法〉办法》第八十八条第一款第(二)项的规定,交警通化大队作出公交决字(2017)第220910220012590０号公安交通管理行政处罚决定,给予肖维民罚款1000元的处罚,并根据《机动车驾驶证申领和使用规定》对肖维民驾驶证记12分。肖维民对该处罚决定未申请行政复议及提起行政诉讼,该处罚决定已经发生法律效力。2017年8月30日,白山交警支队作出920170第220600201711348号注销最高准驾车型决定,主要内容为:肖维民的机动车驾驶证准驾车型A1A2,因在一个记分周期内有记满12分记录,根据《机动车驾驶证申领和使用规定》第七十八条第一款第(二)项的规定,决定注销该机动车驾驶证最高准驾车型驾驶资格。注销后的准驾车型为A2A3。

原审法院认为:根据《中华人民共和国道路交通安全法》第五条的规定,白山交警支队具有负责本行政区域内的道路交通安全管理工作法定职责。《中华人民共和国行政许可法》第二条规定:“本法所称行政许可,是指行政机关根据公民、法人或者其他组织的申请,经依法审查,准予其从事特定活动的行为。”交通管理部门发放和注销机动车驾驶证的行为属于《中华人民共和国行政许可法》调整的行政许可行为。在发放驾驶证时,确定了机动车驾驶员的相应准驾车型,即对机动车驾驶员的驾驶资格作出了许可。本案中,白山交警支队认为肖维民在一个记分周期有记满12分记录,根据《机动车驾驶证申领和使用规定》第七十八条第一款第(二)项,将肖维民的最高准驾车型由A1A2降为A2A3的行为是对肖维民A1A2驾驶资格的否定,该行为属于注销行政许可的行政行为。《中华人民共和国道路交通安全法》第二十四条规定:“公安机关交通管理部门对机动车驾驶人违反道路交通安全法律、法规的行为,除依法给予行政处罚外,实行累积记分制度。公安机关交通管理部门对累积记分达到规定分值的机动车驾驶人,扣留机动车驾驶证,对其进行道路交通安全法律、法规教育,重新考试;考试合格的,发还其机动车驾驶证。”该条款规定了对违反道路交通安全法律、法规的行为实行累积记分制度,同时规定对累积记分达到规定分值的机动车驾驶人应当采取相应的措施,即扣留机动车驾驶证,待接受道路交通安全法律、法规教育,考试合格后,可发还机动车驾驶证。由此可见,实施累积记分制度的目的在于保证道路交通安全,教育和约束违法、违规行为人,而非对其最高驾驶资格的否定。根据《中华人民共和国行政许可法》第七十条第(四)项规定:“有下列情形之一的,行政机关应当依法办理有关行政许可的注销手续:……(四)行政许可依法被撤销、撤回,或者行政许可证件依法被吊销的……”机动车驾驶员的驾驶证被依法撤销、撤回、吊销是公安机关交通管理部门注销机动车驾驶员驾驶证的准驾驶车型的前提条件。本案交警通化大队对肖维民作出的公交决字(2017)第2209102200125900号公安交通管理行政处罚决定,给予肖维民罚款1000元的处罚,并对肖维民驾驶证记12分,但并未对肖维民作出撤销、撤回或者吊销机动车驾驶证的行政处罚。肖维民机动车驾驶证在未被撤销、撤回或者吊销的情况下,白山交警支队将肖维民驾驶证由A1A2降为A2A3不符合《中华人民共和国行政许可法》第七十条第(四)项的规定,白山交警支队作出的(2017)第2206002017113484号注销最高准驾车型决定证据不充分。白山交警支队依据《机动车驾驶证申领和使用规定》第七十八条第一款第(二)项的规定,作出的本案被诉行政行为,系适用部门规章。《中华人民共和国行政许可法》第七十条所规定的注销情形,只授权给法律、法规,没有授权给部门规章。白山交警支队作出的本案被诉行政行为不符合《中华人民共和国行政许可法》第七十条第(六)项关于“法律、法规应当注销行政许可的其他情形”的规定,属于适用法律错误。综上所述,白山交警支队作出的(2017)第2206002017113484号注销最高准驾车型决定,主要证据不足,适用法律、法规错误。依据《中华人民共和国行政诉讼法》第七十条第一款第(一)项、第(二)项的规定,判决撤销白山市公安局交通警察支队(2017)第2206002017113484号注销最高准驾车型决定。

白山交警支队上诉称,白山交警支队作出的(2017)第220200201711348号注销最高准驾车型决定有事实和法律依据,请求依法撤销。理由如下:交警通化大队对肖维民交通违法行为已作出罚款1000元的行政处罚,并依据《机动车驾驶证申领和使用规定》对肖维民的驾驶证记12分。根据公安部《机动车驾驶证申领和使用规定》第七十八条第(二)项的规定,白山交警支队注销肖维民最高准驾车型符合法律规定。本案应适用《中华人民共和国道路交通安全法》的规定,而不应适用《中华人民共和国行政许可法》的规定。《机动车驾驶证申领和使用规定》是《中华人民共和国道路交通安全法》中对机动车驾驶人的一种特别管理办法,与道路交通安全法的适用是不可分割,白山交警支队注销肖维民最高准驾车型符合道路交通安全法的规定。原审判决仅依据《中华人民共和国行政许可法》第七十条第(六)项的规定认定白山交警支队适用法律错误,违背了《中华人民共和国道路交通安全法》的立法宗旨。

被上诉人肖维民答辩称,注销最高准驾车型行为是注销行政许可的行为,原审判决依据《中华人民共和国行政许可法》第七十条撤销本案被诉行政行为,适用法律正确,请求予以维持。

原审中,白山交警支队提供了以下证据:1.《公安交通管理行政处罚决定书》,用以证明:肖维民存在交通违法行为,被交警通化大队给予罚款 1000 元的行政处罚。肖维民的驾驶证被记 12 分;2.《机动车驾驶人安全驾驶信用情况》,用以证明:肖维民存在载客超过额定乘员 20% 未超过 50% 的交通违法行为,被罚款 1000 元、记 12 分,肖维民已缴纳罚款;3.《注销最高/实习准驾车型决定书》一份,用以证明:肖维民在一个记分周期内记满 12 分,白山交警支队依据《机动车驾驶证申领和使用规定》第七十八条第一款第(二)项规定,决定注销肖维民的最高准驾车型,注销后的准驾车型为 A2A3;4.法律依据:《中华人民共和国道路交通安全法》《吉林省实施〈中华人民共和国道路交通安全法〉办法》《机动车驾驶证申领和使用规定》。

上述证据随卷移送本院。本院认为上述证据均可作为认定本案案件事实的根据,本院予以采信。

二审中,肖维民与白山交警支队均未提供新证据。

经审理查明,原审查明的事实属实,本院予以确认。

本院认为,《中华人民共和国行政许可法》第十六条第三款规定:"规章可以在上位法设定的行政许可事项范围内,对实施该行政许可作出具体规定。"

《中华人民共和国道路交通安全法》第十九条规定:“驾驶机动车,应当依法取得机动车驾驶证。申请机动车驾驶证,应当符合国务院公安部门规定的驾驶许可条件;经考试合格后,由公安机关交通管理部门发给相应类别的机动车驾驶证。”根据上述规定,《机动车驾驶证申领和使用规定》是法律授权公安部制定的,机动车驾驶行政许可实施过程中的具体规定。公安机关交通管理部门应当按照该规定对机动车驾驶证的申领和使用进行管理。

《机动车驾驶证申领和使用规定》第七十八条规定:“持有大型客车、牵引车、城市公交车、中型客车、大型货车驾驶证的驾驶人有下列情形之一的,车辆管理所应当注销其最高准驾车型驾驶资格,并通知机动车驾驶人在三十日内办理降级换证业务:(一)发生交通事故造成人员死亡,承担同等以上责任;(二)在一个记分周期内记满12分记录的;(三)连续三个记分周期不参加审验的。”该规定是关于大中型客货车驾驶人存在严重交通违法行为时,应承担驾驶证被注销降级的法律后果,是对大中型客货车驾驶证的申领和使用作出的特别规定。本案中,肖维民驾驶证A1A2的最高准驾车型为大客车,交警通化大队对肖维民的严重交通违法行为作出的公安交通管理行政处罚决定已经发生法律效力,而且肖维民的驾驶证在一个记分周期内已记满12分。因此,白山交警支队根据《机动车驾驶证申领和使用规定》第七十八条第一款第(二)项的规定,对肖维民A1A2驾驶证作出注销降级决定,降级后的准驾车型为A2A3,证据确实充分,适用法律正确,程序合法,肖维民的诉讼请求没有事实根据和法律依据,应予驳回。原审判决认定事实清楚,但适用法律错误,判决结果错误,本院予以纠正。综上所述,根据《中华人民共和国行政诉讼法》第八十九条第一款第(二)项的规定,判决如下:

一、撤销白山市浑江区人民法院(2017)吉0602行初32号行政判决;

二、驳回肖维民的诉讼请求。

一审案件受理费50元,二审案件受理费50元,均由肖维民负担。

本判决为终审判决。

审　判　长　李雪梅
审　判　员　王淑艳
代理审判员　历彦飞

二〇一八年二月七日

书　记　员　梅新武

【推荐理由】

本案的焦点和难点问题是注销最高准驾车型驾驶资格类案件的法律适用问题。公安部《机动车驾驶证申领和使用规定》第七十八条关于注销最高准驾车型驾驶资格的规定是否超越了《中华人民共和国行政许可法》第七十条关于行政许可注销的情形。我们认为,根据《中华人民共和国行政许可法》第十六条第三款的规定,公安部有权对机动车驾驶证的申领和使用制定部门规章。注销最高准驾车型驾驶资格类案件,应当适用公安部《机动车驾驶证申领和使用规定》。在交通违法事实清楚,交通违法处罚决定依法有效的情况下,交警部门依据《机动车驾驶证申领和使用规定》第七十八条第一款的规定,作出注销最高准驾车型驾驶资格决定,应予维持。本案的审理,统一了关于注销最高准驾车型驾驶资格类案件的法律适用问题。

李 壮

长春市南关区人民法院

毕业于延边大学，先后在长春市南关区人民法院研究室、曙光法庭、刑事审判庭、西五法庭工作。曾先后两次被借调长春市中级人民法院审判监督庭和信访办工作。2002 年至今，一直从事行政审判工作，现任行政综合审判庭庭长、一级法官。在审判过程中，始终坚持以事实为依据，以法律为准绳，充分发挥了法官在司法程序中的能动性和中立性，坚持法律效果和社会效果相统一。

【裁判要旨】

在国家法律政策和协议基础事实未发生变化及行政相对人不存在欺诈、胁迫等或者权利义务存在极度无正当理由的显失公平而损害国家利益和社会公共利益的前提下，行政机关行使行政优益权，单方变更行政协议，不予支持。

【裁判文书】

吉林省长春市南关区人民法院
行政判决书

(2019)吉0102行初2号

原告张立维，男，1975年9月11日出生，汉族，中国科学院长春光学精密机械与物理研究所工人，住长春市南关区××小区×栋×单元×室。

被告长春市南关区房屋征收经办中心，住所地长春市南关区××楼。

法定代表人米新，主任。

委托代理人杨伟军，该单位征收科科员。

委托代理人肖立颖，吉林常春律师事务所律师。

原告张立维诉被告长春市南关区房屋征收经办中心(以下简称南关征收办)履行住宅房屋征收补偿协议一案，向本院提起行政诉讼。本院受理后，依法组成合议庭，公开开庭进行了审理。原告张立维、被告南关征收办的委托代理人杨伟军、肖立颖均到庭参加诉讼。本案现已审理终结。

原告诉称：原告与被告于2015年12月16日签订了《房屋征收补偿协议》。原告按协议约定选择房屋产权调换。协议约定：过渡期24个月，被告应于2017年12月30日前将产权调换房屋交于原告。2018年8月4日才给原告办理房屋入住，延期交付了7个月19天。按照协议约定被告应给付原告拆迁期间的过渡费和逾期交付期间的增发过渡费。被告只给付至2017年12月16日，拖欠原告过渡费11,600元，经多次讨要未果。特诉至法院，请求判令被告按合同约定立即给付过渡费11,600元,诉讼费由被告负担。

被告辩称:1. 被告签订征收补偿协议主体、行为程序合法。2. 被答辩人要求发放过渡费的标准不符合法律法规的相关规定。双方签订的《房屋征收补偿协议》中的过渡费发放标准所依据的《征收补偿方案》与《长春市国有土地房屋征收暂行办法》相违背,在2018年9月26日长春市南关区人民政府常务会议纪要中关于该地块过渡费补偿事宜,将过渡费发放标准进行修正,故《房屋征收补偿协议》中的过渡费发放标准不符合法律法规的规定,不能作为发放依据。请人民法院依法作出公正判决。

根据各方当事人意见,合议庭归纳本案争议焦点是:被告是否应该向原告支付过渡费及过渡费数额。围绕上述焦点问题,各方当事人进行举证、质证:

原告提供的证据材料:1. 住宅房屋征收补偿协议书NSD1016。2. 南溪湿地公园建设项目(国有)征收补偿方案,证明补偿方案中对临时安置补助费进行了公示和公告,每月每户800元,我与被告按此方案签订了征收补偿协议书。按照协议约定过渡费每月每户800元,过渡期24个月,被告逾期4个月以上每月增发100%。被告对证据的真实性及证明内容均无异议,提出尽管有如此约定,根据《长春市国有土地征收与补偿暂行办法》第30条的规定,对于产权调换房屋过渡费发放的标准为过渡期限在18个月以下的每月每平方米10元,过渡期为19~24个月每月每平方米11元,过渡期在24个月以上的每月每平方米12元。2018年9月26日长春市南关区人民政府作出2018年第7号常务会议纪要,纪要第七条第十项将案涉征收范围内过渡费补偿标准进行修正,修改后的标准按以上暂行办法执行,因此被告认为过渡费应按我市征收补偿的统一标准执行。3. 赢时物业专用收据,证明原告于2018年8月4日办理了入户手续,收到了该房钥匙。被告对证据的真实性无异议,对证明问题有异议,提出该收据是原告与物业公司关于物业费收取及入住时间的约定,不是征收部门统一办理房屋回迁日期,征收部门同意办理回迁时间是2018年7月28日,此日期为过渡费停止发放日期。

被告提供的证据材料:1. 2018年第7号南关区政府第七次常务会议纪

要，证明在纪要第十项中将案涉征收项目的征收补偿方案中关于过渡费发放标准进行修正，统一按照暂行办法中的相关规定执行，并且对超过暂行办法标准发放的56万元过渡费进行追回。原告对证据的真实性及证明内容均无异议。2.《暂行办法》，证明本案应按该办法第30条发放。原告对证据的真实性及证明内容均无异议。3. 南溪湿地公园项目回迁安置现房分配方案、新星宇广场·之洲上邻交房流程公示，证明被告统一回迁和过渡费停止发放的日期是2018年7月28日。原告对证据的真实性无异议，对证明内容有异议，提出新星宇通知我不是在7月28日选房而是在8月4日选房，同时办理的入住手续。

各方当事人对证据的真实性及证明内容均无异议，能够证明本案相关事实，本庭予以采信。

本庭根据确认的上列证据及庭审，认定如下事实：

长春市南关区人民政府因实施南溪湿地公园建设项目，制定和发布了征收补偿方案，方案中，其中对于临时安置补偿规定：产权证面积在73平方米以下（含73平方米）每月每户800元，超过73平方米的按照每月每平方米11元执行，每6个月向被征收人发放一次（每6个月的第一个月发放，不足半月的按照半个月计算，超过半个月的按照1个月计算）。因回迁安置房屋建设问题不能按时回迁超过过渡期限的，自逾期之日起增发临时安置补偿。逾期1-3个月的，每月增发50%；逾期4个月以上的，每月增发100%。如本年度遇市主管部门出台新的关于过渡费政策，按新出台之日起执行。被告系长春市南关区人民政府确定的房屋征收部门，组织实施房屋征收与补偿工作。原告在征收范围内有证照房屋一处，面积23.4平方米。2015年12月16日，原、被告签订“住宅房屋征收补偿协议书”，协议约定为原告安置一套户型2室，面积70平方米的房屋，约定了产权房屋调换方式等，并约定“过渡期限24个月，自乙方（本案原告）将被征收房屋交付甲方（本案被告）之日起，产权证面积在73平方米以下（含73平方米）每月每户800元，超过73平方米的按照每月每平方米11元执行，甲方预付给乙方6个月的临时安置补偿4800元，过渡期限内每6个月的第一个月发放一次。产权房屋交付使用时，按照实际过渡期限将剩余临时安置补偿一次性结清。不足半月的按照半个月计算,超过半个月的按照 1 个月计算。因甲方原因导致超期回迁的,甲方自逾期之日起增发临时安置补偿。逾期 1 - 3 个月的,每月增发 50%;逾期 4 个月以上的,每月增发 100%。因乙方自身原因逾期不办入户手续的除外。……"协议签订后,原告按照协议约定将被征收房屋交付被告,并按协议约定已领取了 24 个月的过渡期临时安置费共计 19,200 元。2018 年 8 月 4 日,原告按照交房流程公示,缴纳相关费用后办理入户手续,取得产权调换房屋钥匙。原告向被告主张逾期回迁增发临时安置补偿费未果,诉至本院,诉如所请。

另查明,长春市南关区人民政府于 2018 年 9 月 26 日第七次常务会议确定:案涉征收地块由于制定该项目《征收补偿方案》与《长春市国有土地上房屋征收与补偿暂行办法》相违背,对《征收补偿方案》中关于过渡期补偿费发放标准进行修正,统一按照《暂行办法》中的相关规定执行,并对超过《暂行办法》规定标准发放的 56 万元过渡期补偿费进行追回。

本院认为,《国有土地上房屋征收与补偿条例》规定市、县级人民政府负责本行政区域的房屋征收与补偿工作,其确定的房屋征收部门组织实施本行政区域的房屋征收与补偿工作,原、被告签订的"住宅房屋征收补偿协议书"系行政协议,属行政诉讼受案范围。被告作为征收的组织实施单位,通过平等协商的方式与原告签订行政协议,更有利于行政管理目标的实现。本案中,对于过渡期补偿费确实存在与《长春市国有土地征收与补偿暂行办法》第三十条规定不符,案涉协议订立即使存在问题,亦是被告在案涉协议订立过程中政府内部决策问题,并不能以此归咎原告,且该协议在履行过程中原告均予以积极配合,并没有证据证明原告存在任何主观故意或过失,亦不存在极度无正当理由的显失公平而损害国家利益和社会公共利益等情形,作为善意的原告在本案中有值得保护的信赖利益,若被告不按协议履行,不仅有悖于行政协议制度设立初衷,更会破坏原告及公众对国家机关的信任,有损国家公信力。故被告应按协议约定每月 800 元履行支付逾期回迁临时安置补偿费(含增发临时安置补偿费)。关于逾期回迁期限问题,"住宅房屋征收补偿协议书"约定"于 2017 年 12 月 30 日前将产权调换房屋交付使用",被告提供的"南溪湿地公园项目回迁安置现房分配方案”不能证明房屋交付原告的时间,结合“新星宇广场·之州上邻交房流程公示”及“物业专用收据”,能够证明被告于2018年8月4日通过长春新星宇房地产开发有限公司将房屋交付原告,故逾期回迁七个月零五天,应按7.5个月计算。被告应支付原告逾期回迁临时安置补偿费10,800元(800元/月×3×1.5+800元/月×4.5×2=10,800元)。综上,依据《中华人民共和国行政诉讼法》第七十八条第一款的规定,判决如下:

被告长春市南关区房屋征收经办中心于本判决生效后立即支付原告张立维过渡期临时安置补偿费10,800元。

如果未按本判决指定的期间履行给付金钱的义务,应当依照《中华人民共和国民事诉讼法》第二百五十三条之规定,加倍支付迟延履行期间的债务利息。

案件受理费90元,由被告长春市南关区房屋征收经办中心负担。

如不服本判决,可以在判决书送达之日起十五日内向本院递交上诉状,并按对方当事人的人数或者代表人的人数提出副本,上诉于吉林省长春市中级人民法院。

审 判 长 李 壮
审 判 员 李牧哲
人民陪审员 张校顺

二〇一九年四月二十二日

书 记 员 常万海

【推荐意见】

《中华人民共和国行政诉讼法》第十二条第(十一)项将行政机关违法变更、解除行政协议纳入行政诉讼受案范围。行政机关协议内容的单方变更,解除权只能在国家法律政策和协议基础事实发生变化,履行协议会给国家利益或者社会公共利益带来重大损失这一特定情形下才能行使。行政机关在没有证据证明行政相对人存在欺诈、胁迫等主要归责于行政相对人或者权利义务存在极度无正当理由显失公平而损害国家利益和社会公共利益等情形的前提下,单方变更协议,侵害了当事人的合法权益。具体到本案中,行政机关通过平等协商与原告签订行政协议,原告自动履行,更有利于行政管理目标的实现。行政机关从实际出发,考虑到原告获取的过渡期补助费很难维持原有生活居住水准,基于合乎现实的情况,提高了过渡期补助标准,该标准虽与《长春市国有土地征收与补偿暂行办法》中规定的不符,但仅以多支出一部分“补助费”,就认定行政机关可以基于行政优益权行使单方变更协议权,缺乏事实依据,亦对本案原告不公。作为善意的原告在本案中有值得保护的信赖利益,若肯定了行政机关不按协议履行,不仅有悖于行政协议制度设立初衷,更会破坏原告及公众对国家机关的信任,有损国家公信力。

刑事

三等奖

连柏健

吉林省高级人民法院

吉林省高级人民法院刑事审判第一庭副庭长，四级高级法官，吉林财经大学经济法硕士研究生。先后多次获得优秀公务员、优秀党员、办案标兵等称号。曾办理姜明亮等二十余人吉林省特大贩毒案件，办理马长龙、马殿军等多人涉黑案件，均受到好评。2018 年被吉林省政法委评定为扫黑除恶法律政策专家人才。参与起草最高人民法院毒品犯罪证据规则。制定《吉林省毒品犯罪证据审查指引》等相关毒品犯罪规范性文件。

【裁判要旨】

贩卖毒品数量的计算,如以贩卖为目的购买毒品,一般应以购买的数量认定贩卖的数量,不以实际贩卖的数量计算。以贩卖为目的购买大量毒品,虽有部分毒品被查获,但应以购买的数量认定贩卖的数量,且未贩卖出去的毒品应当认定为贩卖毒品既遂。

【裁判文书】

吉林省高级人民法院
刑事裁定书

(2017)吉刑终22号

原公诉机关吉林省辽源市人民检察院。

上诉人(原审被告人)闫立新,男,1971年8月21日出生于吉林省辽源市,汉族,初中文化,无职业,户籍地辽源市龙山区××街×委×组,住辽宁省××县××小区×号楼。因涉嫌犯贩卖毒品罪,于2015年9月22日被刑事拘留,同年10月29日被逮捕。现羁押于辽源市看守所。

辩护人韩帅,吉林辽东律师事务所律师。

上诉人(原审被告人)刘恒权,男,1984年12月23日出生于吉林省辽源市,汉族,中专文化,无职业,住辽源市龙山区××街××委×组。2011年1月13日,因犯故意伤害罪,被判处有期徒刑三年,缓刑三年。因涉嫌犯贩卖、运输毒品罪,于2015年9月22日被刑事拘留,同年10月29日被逮捕。现羁押于辽源市看守所。

辩护人韩冰,吉林中吉律师事务所律师。

上诉人(原审被告人)张辉,绰号小磊,男,1979年10月28日出生于吉林省辽源市,汉族,初中文化,无职业,住辽源市龙山区××小区。因涉嫌犯贩卖毒品罪,于2016年3月10日被取保候审,同年11月30日被逮捕。

辩护人王红光,吉林中吉律师事务所律师。

上诉人（原审被告人）李仁生，绰号李老五，男，1963 年 9 月 29 日出生于吉林省东丰县，汉族，初中文化，无职业，住吉林省东丰县××镇××小区×号楼×单元×室。因涉嫌犯容留他人吸毒罪，于 2015 年 9 月 7 日被刑事拘留，因涉嫌犯容留他人吸毒罪和贩卖、运输毒品罪，于同年 10 月 12 日被逮捕。现羁押于辽源市看守所。

辩护人宋兴军，吉林瑞邦律师事务所律师。

上诉人（原审被告人）于红亮，男，1990 年 4 月 13 日出生于吉林省东丰县，汉族，初中文化，无职业，住吉林省东丰县××镇××小区×期×单元×室。因涉嫌犯运输、贩卖毒品罪，于 2015 年 9 月 18 日被刑事拘留，因涉嫌犯贩卖毒品罪，于同年 10 月 12 日被逮捕。现羁押于辽源市看守所。

原审被告人李洪岩，男，1982 年 11 月 15 日出生于吉林省辽源市，汉族，初中文化，无职业，住辽源市龙山区××街×委×组。因涉嫌犯运输毒品罪，于 2015 年 9 月 22 日被刑事拘留，同年 10 月 29 日被逮捕。现羁押于辽源市看守所。

原审被告人闫浩，男，1986 年 5 月 9 日出生于吉林省东丰县，汉族，初中文化，无职业，住吉林省东丰县××镇××路×委××组。因涉嫌犯贩卖毒品罪，于 2015 年 9 月 23 日被刑事拘留，同年 10 月 29 日被逮捕。现羁押于辽源市看守所。

原审被告人韩冷，男，1978 年 1 月 18 日出生于吉林省东丰县，汉族，初中文化，无职业，住吉林省东丰县××乡××村。因涉嫌犯贩卖毒品罪，于 2016 年 7 月 26 日被刑事拘留，同年 8 月 19 日被逮捕。现羁押于辽源市看守所。

原审被告人石利有，曾用名石利臣，男，1972 年 3 月 8 日出生于吉林省辽源市，汉族，初中文化，无职业，住辽源市西安区××小区。因涉嫌犯非法持有毒品罪，于 2015 年 9 月 23 日被刑事拘留，同年 10 月 29 日被逮捕。现羁押于辽源市看守所。

原审被告人曹馨文，女，1987 年 11 月 21 日出生于吉林省东丰县，汉族，初中文化，无职业，住吉林省东丰县××镇××小区×号楼×单元×室。因涉嫌犯贩卖毒品罪，于 2015 年 9 月 7 日被刑事拘留，同年 9 月 8 日被取保候审。

吉林省辽源市中级人民法院审理辽源市人民检察院指控原审被告人闫立新、刘恒权、李洪岩犯贩卖、运输毒品罪,被告人李仁生犯贩卖毒品罪、容留他人吸毒罪,被告人张辉、闫浩、韩冷、于红亮、曹馨文犯贩卖毒品罪,被告人石利有犯非法持有毒品罪一案,于2016年11月16日作出(2016)吉04刑初19号刑事判决。宣判后,闫立新、刘恒权、张辉、李仁生、于红亮对判决不服,提出上诉。本院依法组成合议庭,公开开庭审理了本案。吉林省人民检察院指派检察员杨素文、王晨旭出庭履行职务。上诉人闫立新及其辩护人韩帅,上诉人刘恒权及其辩护人韩冰、上诉人张辉及其辩护人王红光、上诉人于红亮及原审被告人李洪岩、闫浩、韩冷到庭参加诉讼。在开庭审理前,上诉人李仁生于2017年3月28日因病在辽源市看守所去世。现已审理终结。

辽源市中级人民法院判决认定:

2015年间,被告人闫立新贩卖、运输冰毒18,500克,麻古6000粒;被告人刘恒权贩卖、运输冰毒14,500克,麻古6000粒;被告人李洪岩贩卖、运输冰毒14,500克,麻古6000粒;被告人张辉贩卖冰毒340克;被告人李仁生贩卖冰毒335.6克;被告人闫浩贩卖冰毒201.5克,麻古308粒;被告人韩冷贩卖冰毒160克;被告人于红亮贩卖冰毒2.1克;被告人曹馨文贩卖冰毒1.4克;被告人石利有非法持有冰毒54.95克。

具体事实如下:

(一)2015年8月,被告人闫立新通过李洪岩找到刘恒权,刘恒权允诺联系他人购买冰毒,后闫立新提供毒资,指使刘恒权、李洪岩购买冰毒。刘恒权、李洪岩在广东省陆丰市从李锡建(在逃)处购买冰毒6000克,后刘恒权、李洪岩将冰毒运输至闫立新居住的辽宁省西丰县和平小区。数日后,闫立新再次提供毒资,指使刘恒权、李洪岩购买冰毒。在广东省陆丰市,刘恒权、李洪岩从李锡建处购买冰毒8500克,麻古6000粒,后刘恒权将毒品运输到辽宁省西丰县交给闫立新。闫立新共计给付刘恒权5.5万元报酬。2015年8月,闫立新通过李纯海从龙华(另案处理)处购买冰毒4000克。2015年八九月,在辽源市隆基新城白领公寓附近,闫立新先后四次贩卖给张辉冰毒340克。2015年八九月,在辽源市隆基新城白领公寓附近,闫立新先后三次贩卖给李仁生冰毒

200克。2015年9月，在辽源市隆基新城白领公寓附近，闫立新通过李仁生介绍，贩卖给闫浩冰毒100克；数日后，在辽源市隆基新城白领公寓附近，闫立新再次贩卖给闫浩冰毒100克；同年9月20日，在辽宁省西丰县城，闫立新交给闫浩代卖麻古308粒。2015年9月21日，公安机关在辽宁省西丰县和平小区附近抓获闫立新、刘恒权、李洪岩，从闫立新住处搜查扣押冰毒8759.7克，毒品片剂504.88克；从李洪岩处扣押冰毒1.61克。

（二）2015年八九月，在辽源市政府附近、东丰县莱茵河宾馆附近，被告人张辉将从闫立新处购买的冰毒先后三次贩卖给李仁生共计30克。又先后贩卖给马晨龙冰毒共计30克。

（三）2015年五六月，在辽源市政府附近，李仁生从张辉处购买冰毒10克；数日后，在辽源市中心医院附近，李仁生从张辉处购买冰毒10克；2015年8月，在东丰县莱茵河宾馆附近，李仁生从张辉处购买冰毒10克。2015年3月至8月，李仁生在其家中三次贩卖给郭元刚冰毒合计2.1克；2015年六七月，在东丰县东丰镇时代家园附近，李仁生先后两次贩卖给曹馨文冰毒合计1.4克。2015年七八月，李仁生指使于红亮在东丰县东丰镇如家宾馆等地先后三次贩卖给曹馨文冰毒合计2.1克。2015年6月，曹馨文两次贩卖给于金先冰毒1.4克。

2015年3月至9月，在东丰县东丰镇时代家园A4号楼201室，李仁生多次容留曹馨文、于红亮、佟育名、王立志、耿文生、郭元刚吸食毒品。

（四）2015年9月，被告人闫浩从闫立新处两次购买冰毒200克。2015年春、2015年7月，在东丰县东丰镇，闫浩贩卖给杨家文冰毒0.6克、贩卖给王鑫冰毒0.6克。2015年7月，在东丰县东丰镇，闫浩贩卖给王鑫冰毒0.3克。2015年9月，在东丰县东丰镇，闫浩将从闫立新处购买的冰毒分别卖给杨家文0.6克、王鑫0.3克。

（五）2015年八九月，韩冷从闫立新处购买冰毒160克，后其贩卖给阎彦40克，贩卖给侯典帅20克。

（六）2015年9月，在被告人闫立新的住处，闫立新送给石利有冰毒80克，上述毒品除被石利有吸食和送给他人外，其余54.95克冰毒被石利有藏匿在西安区乒乓球学校附近的车库内。

上述事实,有物证涉案的毒品、毒资和银行卡,书证立案决定书、受案登记表、抓获经过、罚没收据、常住人口查询信息、搜查笔录、扣押清单、房屋租赁合同、车辆信息查询、刑事判决书银行转账记录、入所健康检查登记表、通话记录、现场勘验、检查、辨认、侦查实验笔录,物证鉴定中心检验报告、现场检测报告书,证人郑辉、龙华、李纯海、韩维寒、杨家文、王鑫、朱东明、赵郑伟、杨桂香、刘艳成、郭元刚、于金先、王立志、佟育名、耿文生、阎彦、侯典帅、马晨龙证言,被告人闫立新、刘恒权、李洪岩、张辉、李仁生、闫浩、韩冷、石利有、于红亮、曹馨文供述等证据予以证实。

辽源市中级人民法院判决认为,被告人闫立新指派被告人刘恒权、李洪岩联系购买并运输毒品,三人均已构成贩卖、运输毒品罪,闫立新系主犯,应按其组织的全部犯罪承担责任;闫立新从龙华处购买4000克冰毒应计入其贩卖数量;闫立新从韩维寒处购买300克冰毒仅有其本人供述,没有其他事实和证据相互印证,故不予认定。被告人刘恒权帮助闫立新联系广东上线,并参与购买、运输毒品,在第二次购毒过程中,其在接到广东上线发出要约后,主动联系闫立新购买,且两次均从中获利,其行为已超出居间介绍的地位和作用,系主犯,应对其参与的全部犯罪承担责任,刘恒权有犯罪前科,应从重处罚。被告人李洪岩将刘恒权介绍给闫立新,又随刘恒权去广东购买、运输毒品,综合考虑其与广东上线并不相识,在第二次购买毒品中未参与运输,且未从中获利的情节,应认定其在共同犯罪中的地位和作用低于闫立新和刘恒权,系从犯,应从轻处罚;现有证据证实,公安人员在李洪岩处扣押的1.61克冰毒与其运输的冰毒系同一宗毒品,故对该1.61克冰毒不应重复计算。综上所述,闫立新贩卖、运输冰毒18,500克,麻古6000粒;刘恒权贩卖、运输冰毒14,500克,麻古6000粒;李洪岩贩卖、运输冰毒14,500克,麻古6000粒。被告人张辉从闫立新处购买340克冰毒用于贩卖,其行为已构成贩卖毒品罪。被告人李仁生从闫立新、张辉及他人处购买235.6克冰毒及介绍闫浩购买100克冰毒,其行为已构成贩卖毒品罪,在介绍闫浩向闫立新购买的100克冰毒中,李仁生起到居间介绍作用,系从犯,应从轻处罚;李仁生多次容留他人吸食毒品,其行为还构成容留他人吸毒罪。被告人闫浩从闫立新及他人处购买201.5克冰毒和308粒麻古用于贩卖,其行为已构成贩卖毒品罪。被告人韩冷从闫立新处购买160克冰毒用于贩卖,其行为已构成贩卖毒品罪。被告人石利有接受闫立新赠送大量冰毒,其行为已构成非法持有毒品罪。被告人于红亮协助李仁生贩卖毒品,其行为已构成贩卖毒品罪,于红亮在共同犯罪中起到辅助作用,系从犯,应从轻处罚。被告人曹馨文从李仁生、于红亮处购买毒品用于贩卖,其行为已构成贩卖毒品罪。根据各被告人的犯罪性质、情节和社会危害性,依照《中华人民共和国刑法》第三百四十七条、第三百四十八条、第三百五十四条、第五十七条第一款、第七十二条、第六十四条、第二十七条的规定,以贩卖、运输毒品罪,判处被告人闫立新死刑,剥夺政治权利终身,并处没收个人全部财产;以贩卖、运输毒品罪,判处被告人刘恒权死刑,剥夺政治权利终身,并处没收个人全部财产;以贩卖、运输毒品罪,判处被告人李洪岩死刑,缓期二年执行,剥夺政治权利终身,并处没收个人全部财产;以贩卖毒品罪,判处被告人张辉无期徒刑,剥夺政治权利终身,并处没收个人财产人民币二十万元;以贩卖毒品罪,判处被告人李仁生无期徒刑,剥夺政治权利终身,并处没收个人财产人民币二十万元;犯容留他人吸毒罪,判处有期徒刑二年六个月,并处罚金人民币一万元,决定执行无期徒刑,剥夺政治权利终身,并处没收个人财产人民币二十万元,罚金人民币一万元;以贩卖毒品罪,判处被告人闫浩有期徒刑十五年,并处没收个人财产人民币十二万元;以贩卖毒品罪,判处被告人韩冷有期徒刑十五年,并处没收个人财产人民币十万元;以非法持有毒品罪,判处被告人石利有有期徒刑七年,并处罚金人民币三万元;以贩卖毒品罪,判处被告人于红亮有期徒刑三年,并处罚金人民币一万元;以贩卖毒品罪,判处被告人曹馨文有期徒刑二年,缓刑三年,并处罚金人民币五千元;扣押在案的闫立新所有的8759.7克冰毒、麻古504.88克、别克轿车一辆、吸毒工具二套、人民币433,200元,刘恒权所有的800元现金,李洪岩所有的1.61克冰毒,李仁生所有的吸毒工具,闫浩所有的3850元现金,石利有所有的54.95克冰毒及吸毒工具依法没收,上缴国库。

上诉人闫立新及其辩护人提出,上诉人主动供述犯罪事实,构成坦白,无前科劣迹，认罪、悔罪，且大部分毒品尚未流入社会，毒品含量低，原判量刑重。

上诉人刘恒权及其辩护人提出，上诉人主动向公安机关提供上线李锡建的住址、电话并主动要求协助公安机关到陆丰市甲子抓捕李锡建，应认定从宽处罚情节；上诉人受人指使犯罪，未对毒品交易起决定作用，系从犯，并在案发后如实供述犯罪事实，构成坦白，原判量刑重。

上诉人张辉提出，上诉人在闫立新处购买毒品自己吸食一部分、丢一部分，并非全部贩卖，且未向马晨龙贩卖，原判量刑重。

张辉的辩护人提出，原判认定闫立新向张辉贩卖340克冰毒的事实不清，应以闫立新供认向上诉人贩卖240克冰毒认定上诉人购买毒品的克数；认定张辉贩卖的数量应以贩卖的数量认定；原判量刑重。

上诉人于红亮提出，上诉人帮助李仁生贩卖，系从犯，主观恶性小，到案后主动认罪、悔罪，原判量刑重。

检察机关提出，一审判决认定的事实清楚，证据确实、充分，量刑适当，应予维持。

经本院审理查明：

一、2015年八九月，上诉人闫立新通过原审被告人李洪岩结识上诉人刘恒权，闫、刘、李均以贩卖为目的购进毒品。闫立新在辽宁省贩毒人员龙华处购买大量毒品，又通过刘恒权为其联系广东省毒品上线后，闫立新出资，刘恒权、李洪岩二人前往广东省陆丰市购买大量毒品后运至闫立新处。闫立新购得毒品后，将部分毒品向上诉人张辉、李仁生、原审被告人韩冷、闫浩等人贩卖，又将小部分毒品赠予原审被告人石利有。综上，闫立新贩卖、运输甲基苯丙胺18,500克、甲基苯丙胺片剂504.88克；刘恒权贩卖、运输甲基苯丙胺14,500克、甲基苯丙胺片剂6000粒（约346.2克）；李洪岩贩卖、运输甲基苯丙胺14,500克、甲基苯丙胺片剂6000粒（约346.2克）；石利有非法持有甲基苯丙胺54.95克。具体分述事实如下：

（一）2015年8月，闫立新通过李纯海结识辽宁省贩毒人员龙华，并在辽宁省盘锦市龙华处购买甲基苯丙胺4000克。

上述事实，有在第一、二审开庭审理中举证、质证的下列证据予以证明：

1. 证人郑辉证言:我与闫立新是男女朋友关系并在辽宁省西丰县和平小区5号楼2单元401室租房居住。2015年7月,我和闫立新到盘锦市找海哥(李纯海)和龙哥(龙华),他们之间谈事,在我们从盘锦回来后,我见闫立新拿出毒品吸食。

2. 证人李纯海证言:我通过朋友认识闫立新,闫立新通过我认识龙华。2015年七八月,闫立新带着女友到辽宁省盘锦玩,我和龙华到高速路口接站,并给闫立新安排到盘锦汉新酒店入住,龙华给开了两个房间。闫立新想通过我买台宝马二手车,当时闫已给我105,000元购车款,之后他和他对象在盘锦玩了10多天就走了。

3. 证人龙华证言:我通过李纯海结识闫立新。2015年七八月,闫立新和其女友到辽宁省盘锦市找李纯海商量买车一事,我与李在高速口接到闫后,在酒店房间里我和闫商谈毒品买卖一事,最后我卖给闫立新冰毒4000克,闫给我18万元,另用一辆别克轿车顶账,后来轿车被闫要回去了,说今后有钱再说。

4. 被告人闫立新供述:我通过李纯海结识龙华。2015年8月,李纯海给我打电话让我去盘锦,我和郑辉到盘锦后被安排住进酒店,李纯海说龙华有毒品从广东带回,每克60元,我同意要3公斤冰毒。我分两次通过海哥给龙哥18万元。后龙哥给我4公斤冰毒,多出的1公斤冰毒当时没有结算。

(二)2015年8月,闫立新得知刘恒权能买到毒品后,由闫提供毒资,刘与李洪岩到广东省陆丰市购买甲基苯丙胺(冰毒)。25日,闫立新将10,000元定金交给李洪岩,李按照刘恒权提供的账户汇款,后刘、李二人到陆丰市与一男子(李锡建在逃)洽谈毒品交易事宜,商谈后于27日,闫再次向指定账号汇款174,000元,刘、李二人在该男子处购买甲基苯丙胺6000克后将毒品运至闫立新居住的辽宁省西丰县和平小区。9月初,闫立新再次提供毒资,指使刘恒权、李洪岩购买毒品,7日、8日,刘、李二人将闫给付的毒资给上线分两次共汇款98,800元,14日、15日,闫立新分两次向上线指定账号共转款196,000元。刘恒权、李洪岩再次到陆丰市,从该男子(李锡建)处再次购得甲基苯丙胺8500克、甲基苯丙胺片剂(麻古)6000粒(约346.2克),后刘将毒品运至辽宁省西丰县交给闫立新。闫立新两次共给付刘恒权报酬共55,000元。

2015年八九月,闫立新在辽源市隆基新城白领公寓附近,分别向张辉贩卖甲基苯丙胺四次共340克,获毒资26,000元左右;向李仁生贩卖甲基苯丙胺三次共200克,获毒资12,000元及其他物品;向韩冷贩卖甲基苯丙胺三次共160克,获毒资15,000元左右;通过李仁生介绍,向闫浩贩卖甲基苯丙胺100克,数日后,又贩卖闫浩甲基苯丙胺100克,并于9月20日在辽宁省西丰县交给闫浩甲基苯丙胺片剂308粒(约17.77克)代卖,获毒资46,000元。

2015年9月某日,闫立新在其住处赠与被告人石利有甲基苯丙胺80克。

2015年9月21日,公安机关在辽宁省西丰县和平小区附近将闫立新、刘恒权、李洪岩抓获,并在闫立新住处搜查扣押甲基苯丙胺8759.7克,经鉴定,含甲基苯丙胺成分,含量在53%~53.8%,甲基苯丙胺片剂504.88克,经鉴定,含甲基苯丙胺成分,含量为5.6%;在李洪岩处扣押甲基苯丙胺1.61克。9月23日,公安机关在辽源市辽河半岛小区A8楼2801室将石利有抓获,在其藏匿处查获甲基苯丙胺54.95克。

上述事实,有在第一、二审开庭审理中举证、质证的下列证据予以证明:

1.现场勘验、提取物证登记表及毒品照片,证实现场位于辽宁省西丰县××小区×号楼×单元×室闫立新住处,在该处查获疑似冰毒23袋、疑似麻古4袋及若干散装疑似麻古、吸毒工具、电子秤、20捆人民币及外币若干。

2.扣押物品清单及照片,证实:

(1)2015年9月21日,公安人员在闫立新处扣押工商银行卡四张(尾号7712、3261、9354、7045)、建设银行卡三张(尾号3510、8178、4423)、农业银行卡一张(尾号9977),冰毒疑似物8大袋(编号1-8)、14中袋(编号10-23)、3小袋(编号24-26)、4小袋(编号27-30),麻古疑似物1大袋(19小袋、编号9)、1小袋(9粒半、编号31),人民币433,200元,轿车一辆等物品;

(2)2015年9月21日,公安机关在刘恒权处扣押银行卡四张(工商银行卡一张尾号3205、建设银行卡一张尾号1913、农业银行卡两张尾号1779、3661),人民币800元;

(3)2015年9月21日,公安机关在李洪岩处扣押毒品疑似粉末一瓶、白

色晶体一袋、手机三部;22 日,公安人员在李洪岩处扣押吉××××牌号黑色本田轿车一辆;

(4)2015 年 9 月 23 日,公安机关在石利有处扣押疑似冰毒 7 袋(初称 65.03克)及 1 管冰毒疑似物(初称 0.75 克)。

3. 物证检验报告,证实公安机关在闫立新处查获甲基苯丙胺 8759.7 克(1 号 997 克、2 号 1001.1 克、3 号 1002.8 克、4 号 1001.8 克、5 号 1005.1 克、6 号 993.7 克、7 号 997.6 克、8 号 1002.2 克、10 – 30 号 758.4 克)中均检出甲基苯丙胺成分,含量分别为 53.1%、53.0%、53.1%、53.5%、53.0%、53.6%、53.4%、53.3%、53.8%;查获甲基苯丙胺片剂 504.88 克(9 号 503 克、31 号 1.88克)均检出甲基苯丙胺成分,含量为 5.6%;在李洪岩处查获甲基苯丙胺 1.61 克(0.72 克、0.89 克)中均检出甲基苯丙胺成分;在石利有处查获甲基苯丙胺 54.95 克(7 袋)中均检出甲基苯丙胺成分。

4. 银行转账记录,证实 2015 年 8 月,闫立新等人共汇款 184,000 元、9 月闫立新等人共汇款 294,800 元,共 478,800 元;闫立新持有银行卡在此期间共收款 92,000 元。具体情况如下:

(1)2015 年 8 月 25 日汇款 10,000 元;27 日汇款 174,000 元(54,000 元、60,000 元、60,000 元);9 月 7 日汇款 20,000 元;9 月 8 日汇款 78,800 元;9 月 14 日汇款 130,000 元;9 月 15 日汇款 66,000 元;共汇款 478,800 元。汇款地五笔为辽源市、一笔为辽宁省西丰县、两笔为网转,取款地均为广东省陆丰市。分别为:①2015 年 8 月 25 日,许红邮政储蓄卡尾号 6430 收汇款 10,000 万元;②27日,许红邮政储蓄卡尾号 6422 收汇款 54,000 元;③27 日,李锡建邮政储蓄卡尾号 8462 收汇款 60,000 元;④27 日,许红工商银行卡尾号 8440 收汇款 60,000 元,9 月 7 日该卡收汇款 20,000 元,9 月 8 日该卡收汇款 78,800 元,9 月 14 日该卡收闫立新持有的郑辉工商银行卡尾号 7712 网转 130,000 元,9 月 15 日该卡收到闫立新持有工商银行卡尾号 7712 网转 66,000 元。

(2)2015 年八九月闫立新持有的银行卡共收入汇款 92,000 元。分别为:①8月 31 日,闫立新建设银卡尾号 3510 收到韩冷邮政银行卡尾号 6222 汇款两笔共 7000 元,分别为 5000 元、2000 元;②9 月 3 日至 11 日,闫立新持有的建设银行卡尾号3510被存入35,000元,分别为3日2000元、6日两次共13,000元、7日10,000元、11日10,000元;③9月12日至17日,闫立新持有的建设银行卡尾号4423被存入46,000元,分别为12日三笔共24,000元、17日两笔22,000元;④9月5日,闫立新持有的工商银行卡尾号7712被存入4000元。

5. 汇款凭证,证实公安机关在吉××××丰田车内查获2015年9月8日向×红账户汇款凭证8张,共78,800元。

6. 辨认笔录,证实(1)辨认人闫立新通过混杂辨认,确认龙华、韩冷、张辉、李仁生;(2)辨认人石利有通过混杂辨认,确认闫立新;(3)辨认人郑辉通过混杂辨认,确认李洪岩、闫立新、刘恒权;(4)辨认人刘恒权通过混杂辨认,确认闫立新、李锡建、李洪岩;(5)辨认人李洪岩通过混杂辨认,确认李锡建、闫立新;(6)辨认人闫浩通过混杂辨认,确认闫立新、李仁生;(7)辨认人李仁生通过混杂辨认,确认闫立新、闫浩;(8)辨认人龙华通过混杂辨认,确认闫立新;(9)辨认人张辉通过混杂辨认,确认闫立新。

7. 通话记录,证实2015年八九月,闫立新使用的手机号、李洪岩使用的手机号、张辉使用的手机号、刘恒权使用的手机号、闫浩使用的手机号、韩冷使用的手机号相互之间均有通话。

8. 现场检测报告,证实闫立新、刘恒权、李洪岩尿检呈阳性。

9. 刑事判决书,证实2011年1月13日,辽源市龙山区人民法院以故意伤害罪判处被告人刘恒权有期徒刑三年,缓刑三年。

10. 房屋租赁合同,证实辽宁省西丰县××小区×号楼×室由闫立新女友母亲杨桂香租住。

11. 户籍证明,证实闫立新,男,1971年8月21日生;刘恒权,男,1984年12月23日生;李洪岩,男,1982年11月15日生;石利有,男,1972年3月8日生。各被告人犯罪时均已成年。

12. 证人杨桂香证言:我是闫立新女朋友的母亲。2014年,我和老伴一直租住辽宁省西丰县××小区×号楼×单元×室的房子。

13. 证人刘艳成证言:我是辽宁省西丰县××小区×号楼×单元×室房主。2015年,我将房子租给杨桂香。

14. 证人赵郑伟证言:我是闫立新女友郑辉表弟。2014 年 7 月某日,郑辉对我说她身份证丢了,别人要给她汇笔钱,让我把身份证借给她,她在什么地方办理的银行卡我不知道。

15. 证人郑辉证言:我与闫立新是男女朋友关系,并在辽宁省西丰县××小区×号楼×单元×室租房居住。2015 年 8 月,小权(刘恒权)通过李洪岩结识闫立新。几日后,小权和李洪岩来我家,我听他俩对闫立新说尝尝货,后来我发现家里有冰毒。8 月末,闫立新给我打电话说要在广东买车,我在工行的 ATM 给闫立新转款 6 万元。9 月中旬,李洪岩和小权来我家坐了一会儿就走了。9 月 20 日,李洪岩来我家和闫立新在卧室里聊天,之后和闫立新出去了,后来闫立新又和李洪岩、小权回来,他们说这货是假的,我看到床上摆着一个透明塑料袋包装的白色晶体。9 月 21 日晚,我和闫立新下楼去接李洪岩和小权,在一家饰品店被抓了。建设银行卡尾号 3510 是闫立新的,建设银行卡尾号 4423 开户名系我表弟赵郑伟,卡交给闫立新使用。工商银行卡尾号 7712 一直交给闫立新使用。

16. 被告人张辉供述:我在闫立新处买毒品,得知闫立新被抓我就跑了,为逃避抓捕我跳楼将腿摔伤。2015 年八九月,我在闫立新处购买四次冰毒,共 340 克,价格均是 130 元每克,都在辽源三百货白领公寓附近闫立新的车里交货。分别是第一次 2015 年八九月,闫立新打电话问我要不要冰毒,我在闫处买了 100 克冰毒,两三日后,我给闫立新 13,000 元;第二次是几日后,我在闫立新处购买 80 克冰毒,我给闫八九千元;第三次是几日后,我在闫立新处购买 50 克冰毒,交易时,闫给了我五六十克冰毒,我给了闫 5000 元钱;第四次是闫立新被抓获前几日,我向闫购买了 100 克左右的冰毒,这次未付钱。

17. 被告人李仁生供述:我绰号叫李老五,2015 年 8 月中下旬一共在闫立新处买了三次冰毒,共 200 克。分别为第一次 8 月中旬,我以每克 150 元的价格从闫立新处购买 100 克冰毒,当时没给钱;第二次是数日后,我又从闫立新处购买 50 克冰毒,给闫 5000 元和两台电脑;第三次是 2015 年 9 月,我从闫立新处购买 50 克冰毒,当时没给钱,事后我分两次给闫立新汇款共 7000 元。在 8 月末的时候,我帮助闫浩以 10,000 元的价格从闫立新处购买 100 克冰毒。

18. 被告人闫浩供述：2015 年 9 月，经李仁生介绍，我以 10,000 元的价格在辽源市隆基新城附近闫立新车里从闫处购买 100 克冰毒；数日后，我又以10,000元从闫立新处购买 100 克冰毒，交易地点和上次一样；9 月 20 日，在辽宁省西丰县，闫立新给我 308 粒麻古代卖。9 月 12 日，我往闫立新尾号 4423 的建行卡汇款 22,000 万元为预购毒品的毒资；17 日，我往闫立新尾号 4423 的建行卡汇款 24,000 元作为预购毒品的毒资。

19. 被告人韩冷供述：我在闫立新处三次购买 160 克冰毒，价格有 130 元每克、有 160 元每克的。分别为第一次 2015 年六七月，我在闫立新处以每克 160 元的价格购买 50 克冰毒，当时没给钱；第二次是数日后，我从闫立新处以每克 160 元的价格购买 60 克冰毒，我给闫立新三四千元，此后又给闫立新汇款 7000 元；第三次 9 月某日，我从闫立新处以每克 130 元购买 50 克冰毒，我给闫立新四五千元。

20. 被告人石利有供述：2015 年 8 月 27 日，我帮助闫立新给名为许红的邮政银行卡两次汇款共 5.4 万元。9 月某日，我去闫立新家，闫立新给我 80 克左右冰毒，我自己吸食一部分，并给其他人一部分，其余冰毒在辽源市乒乓球学校旁的 134 号车库被查获。

21. 被告人李洪岩供述：2015 年 7 月，闫立新问我能否买到毒品，我联系刘恒权，刘联系好广东上线后，闫立新说要 6000 克冰毒，刘说要汇 1 万元定金，我拿着闫给我的 1 万元向许红的邮政银行卡汇款，后给了我 1 万元路费，并承诺事成后给刘 1 万元好处费。8 月 24、25 日左右，我与刘恒权乘飞机到广州，客车到陆丰市见到一男子，称其“大哥”，我们与大哥商谈每公斤冰毒 2.9 万元，闫立新将 16.4 万元打过来，多汇了 1 万元作为下次定金，取到冰毒后乘客车返回至铁岭市，闫立新开别克车接我们，我们将毒品交给他。9 月，我、刘恒权、闫立新在闫家商量从“大哥”处继续购买 8500 克冰毒，并与“大哥”谈好是 2.8 万元每公斤，闫立新出钱，我与刘恒权先汇了 2 万元定金，闫又给了我 8 万元，当时因有 1000 多元 ATM 不识别，我就给许红账户打了 7.88 万元。13 日，我和刘恒权乘飞机到深圳，又乘客车到陆丰市，与“大哥”见面，“大哥”说有麻古 13 元一粒，问我们要不要，我们问闫立新，闫说要 6000 粒，过后闫将剩余款项给打过来,我们取货。我觉得毒品太多太危险,便坐飞机返回,毒品刘恒权带回。我们返回辽源汇合后,在闫家中尝试毒品,觉得是假的。从闫立新家出来后就被公安机关抓获了。

22. 被告人刘恒权供述:我通过李洪岩结识闫立新,李洪岩叫闫立新姨夫。2015 年 7 月,李洪岩问我能否买到毒品,我联系广东的"甲子"大哥后说确定每公斤冰毒 3 万元,此事告诉了李。8 月,李洪岩告诉我要 6 公斤冰毒,我与大哥说后,大哥让汇 1 万元定金,并把一个叫许红的邮政银行卡号给我发过来,我给李洪岩转发过去。我在与李洪岩、闫立新吃饭时才得知是闫立新要买冰毒,闫给了我们 1 万元路费。25 日左右,我与李洪岩乘坐飞机到广州,换乘客车到陆丰市与大哥会面,在宾馆房间商谈毒品买卖一事,达成 2.9 万元每公斤,将此事告知闫立新,闫给大哥汇款总计 18.4 万元,多汇 1 万元就留作下回定金,我们携带毒品乘坐客车从广州返回沈阳市,从沈阳打车到铁岭市,闫立新开车接的我们和毒品,我到家后给大哥发短信说,如果广东货便宜,我们再去广东取货。9 月初,广东大哥发短信说冰毒每公斤 2.8 万元,我与李洪岩见闫立新时告知于他,闫说要买 8 公斤,我告诉大哥,大哥说有 8.5 公斤,闫说要了,闫立新给我和李洪岩拿 2 万元给大哥汇去定金,后又给我和李 8 万元汇款,因 1000 多元 ATM 不识别,就少汇了点。汇款后,闫立新给我和李洪岩 1 万元作为路费。13 号,我和李洪岩乘飞机从长春到广州,转乘客车到陆丰市,在一宾馆内与大哥谈毒品买卖,李洪岩向大哥问是否有麻古,大哥说有,13 元每粒,我们告诉闫立新,闫要 6000 粒,在闫将所有款给大哥汇完后,我们拿到毒品,李洪岩自己坐飞机回去的,我拿毒品和上次一样乘客车返回到铁岭市,闫立新与李洪岩接我。将毒品拿到闫立新家后,我们尝试后觉得毒品质量不好,闫让我将毒品换一下,并答应换回后给我 2 万元。

第一次闫立新答应给我 4.5 万元好处费,由于我欠他 1.5 万元,闫立新给我 3 万元好处费;第二次给我 1 万元好处费,并承诺换回毒品后再给我 2 万元。

23. 被告人闫立新供述:2015 年 7 月末,李洪岩对我说刘恒权能买到冰毒,每公斤 2.9 万元,我想通过刘购买 6000 克冰毒。8 月,我给刘恒权、李洪岩

1万元定金让二人给上线汇款，汇钱后，我交给二人1万元路费，二人乘飞机到达广州，在与陆丰市上线接头后，让我将剩下的钱汇过去，我让石利有往许红卡里汇款5.4万元，我到邮政银行给李锡建的建行卡上汇6万元，我让郑辉往许红卡里汇6万元，多出1万元算下次购买毒品的定金。李洪岩、刘恒权取回毒品回西丰。9月初，刘恒权对我说广东上线有8.5公斤冰毒，价格为每公斤2.8万元，刘说先给对方汇2万元定金。9月7日，我让李洪岩、刘恒权给对方汇款2万元。次日，又让李洪岩、刘恒权汇了8万元，二人回来说只汇了7.8万元。13日，刘恒权、李洪岩乘飞机赶往广东省，在二人与上线沟通后，次日，我用郑辉的网银给许红的工行卡汇13万元，刘、李给我打电话说有6000粒麻古、价格为6.6万元是否需要，我同意购买。18日或19日，我用郑辉的网银给许红的工行卡汇6.6万元。这两次我一共给刘恒权5.5万元好处费，没给李洪岩钱。

我贩卖给韩冷三次共160克冰毒，分别为第一次2015年8月，每克130元，贩卖50克，当时没给钱；第二次是数日后，贩卖60克冰毒，韩冷给我汇款3000元和两台电脑、一台三星平板电脑、一台黑色电脑；第三次是数日后，贩卖50克冰毒，韩冷给我汇款4000元钱。

我贩卖给李仁生三次共200克冰毒，分别为第一次2015年9月，每克130元，贩卖100克，当时没给钱；第二次是9月中旬，贩卖50克，李仁生给我5000元；第三次是被抓获前几天，贩卖50克，当时没给钱。

我贩卖给张辉340克冰毒，与起诉指控内容一致。

我三次贩卖给闫浩200克冰毒和308粒麻古，分别为第一次是2015年9月初，李仁生说他的朋友想以1万元购买100克冰毒，后我向闫浩贩卖100克冰毒；第二次贩卖100克冰毒，闫浩给我1万元；第三次是被抓获前几天，我交给闫浩308粒麻古代为贩卖。

在我第一次购买6000克冰毒之后，我给了石利有80克冰毒。

二、2015年八九月，上诉人张辉从闫立新处购得甲基苯丙胺340克后，在吉林省东丰县莱茵河宾馆附近贩卖给上诉人李仁生甲基苯丙胺10克。综上，张辉贩卖甲基苯丙胺340克。

上述事实,有在第一、二审开庭审理中举证、质证的下列证据予以证明:

1. 辨认笔录,证实在公安机关的组织下,辨认人李仁生通过混杂辨认,确认张辉系卖给他毒品的人;辨认人马晨龙通过混杂辨认,确认张辉系卖给他毒品的人。

2. 检测报告,证实公安机关对张辉、李仁生进行尿检,呈阳性。

3. 常住人口信息,证实张辉,男,1979 年 10 月 28 日生,犯罪时已成年。

4. 被告人李仁生供述:我绰号叫李老五,我一共在李仁生处购买三次冰毒共计 30 克。分别为 2015 年五六月,我在辽源市政府门口转盘以每克 300 元的价格从张辉处购买 10 克冰毒,当场给付 3000 元毒资;数日后,我在辽源市中心医院附近从张辉处购买 10 克冰毒,当场给付 3000 元毒资;七八月,我在莱茵河宾馆附近从张辉处购买 10 克冰毒,当场给付 3000 元毒资。

5. 被告人张辉供述:2015 年七八月,我向马晨龙贩卖七八次冰毒,马给我汇款 2000 元,还给我 2000 元现金。八九月,我在东丰县莱茵河宾馆门前,以每克 200 元的价格向李仁生出售两次冰毒共 20 克。

三、2015 年八九月,上诉人李仁生从闫立新处分三次购买甲基苯丙胺共 200 克,帮助贩毒人员被告人闫浩购买甲基苯丙胺 100 克,在张辉处购买甲基苯丙胺 10 克。2015 年 3 月至 8 月,李仁生在其家中分三次贩卖给郭元刚甲基苯丙胺共 2.1 克;2015 年六七月,李仁生在东丰县 × × 镇 × × 家园附近先后两次贩卖给曹馨文甲基苯丙胺共 1.4 克。2015 年七八月,李仁生指使于红亮在东丰县东丰镇如家宾馆等地先后三次贩卖给曹馨文甲基苯丙胺共 2.1 克。综上,李仁生贩卖甲基苯丙胺 315.6 克,于红亮多次帮助李仁生贩卖甲基苯丙胺共2.1克。

2015 年 3 月至 9 月,李仁生在东丰县 × × 镇 × × 家园 × 号楼 × 室,多次容留曹馨文、于红亮、佟育名、王立志、耿文生、郭元刚吸食毒品。

上述事实,有在第一、二审开庭审理中举证、质证的下列证据予以证明:

1. 搜查笔录、扣押清单,证实 2015 年 9 月 6 日,公安人员在李仁生家扣押吸毒工具及毒品残留物。

2. 现场检测报告,证实曹馨文、于红亮、佟育名、王立志、耿文生、郭元刚尿检呈阳性。

3. 常住人口信息，证实李仁生，男，1963 年 9 月 29 日生；于红亮，男，1990 年 4 月 13 日生。二被告人犯罪时均已成年。

4. 证人郭元刚证言，证实我在李仁生手中购买三次冰毒，每次都是 300 元一克，这三次都是在李仁生家中买的。第一次是在 2015 年春节前后，第二次是在 2015 年 5 月，第三次是 2015 年 8 月 19 日和 8 月 22 日，连续购买两次。我每次购买冰毒后都在李仁生家里吸一会儿，之后把剩下的带回家里吸食。有一次我到李仁生家吸食毒品时，他家里有两三个人正在吸食毒品。

5. 证人王立志证实，证实我是出租车司机，李仁生经常乘坐我驾驶的出租车。2015 年 9 月 5 日，我到李仁生家看见李仁生吸毒，就向李仁生要毒品回家吸食。李仁生曾让我给他买东西花了 20 多元，李仁生还欠我 300 多元的车费，我提出让李仁生给毒品来顶账，李仁生同意了，后给我大拇指盖儿一半大小的毒品。

6. 证人佟育名证言，证实我去李仁生家里吸食过四五次冰毒，2015 年 7 月的一个晚上 10 时左右，我在李仁生家中吸食了两分左右的毒品。此后我又去李仁生家里吸食了三四次毒品，每次吸食的毒品都在两分左右，冰毒都是李仁生免费提供的。

7. 证人耿文生证言，证实李仁生欠我钱，2015 年 9 月，我去李仁生家要钱时，李仁生拿出毒品让我吸食，我就吸食了两口。李仁生说这儿天没有钱，我就走了。

8. 被告人于红亮供述：我和曹馨文交易三次冰毒，每次都是七八分。2015 年 7 月，按李仁生指使，我在东丰日月潭宾馆代李仁生给曹馨文送两袋冰毒，曹馨文给我 560 元，事后我把钱款交给李仁生；7 月，按李仁生指使，我在东丰如家宾馆代李仁生给曹馨文送五六分冰毒，当场没收钱；8 月，曹馨文找我购买冰毒，我找到李仁生，李仁生给我一袋冰毒，我把冰毒送到曹馨文家楼下，曹馨文给我 300 元钱，事后我将钱款交给李仁生。

9. 被告人曹馨文供述：我在李仁生和于红亮手中购买过五次冰毒，共计 4 克左右。2015 年 6 月，在李仁生家购买两次，每次六七分，每袋 300 元；在东丰县如家宾馆附近，我从于红亮处购买六七分冰毒，给 560 元；在日月潭宾馆附近，我从于红亮处买了六七分冰毒，于没要钱；在时代家园小区附近，我从于红亮处购买六七分冰毒。

10. 被告人李仁生供述：我一共卖给曹馨文五次冰毒，第一次 7 分冰毒，300 元；第二次 7 分冰毒，250 元；第三次通过于红亮卖给曹 7 分冰毒，600 元；第四次通过于红亮卖给曹两份，每份 7 分冰毒，没收钱；第五次卖给曹 300 元的冰毒。在 2015 年 3 月至 8 月，我三次贩卖给郭元刚 2.1 克冰毒，第一次卖给郭元刚 7 分冰毒，价格 300 元；第二次卖给郭元刚 7 分冰毒，价格 300 元；第三次由于红亮出面贩卖给郭元刚 7 分冰毒，价格 300 元。在 2015 年，我先后在家中容留曹馨文、王立志、佟育名、郭元刚、于红亮吸食毒品。

四、2015 年 9 月，被告人闫浩在闫立新处购得甲基苯丙胺 200 克、甲基苯丙胺片剂 308 片（约 17.77 克）。2015 年某日，闫浩在吉林省东丰县贩卖给杨家文甲基苯丙胺 0.6 克；7 月某日，闫浩在东丰县贩卖给王鑫甲基苯丙胺两次共 0.9 克；9 月，闫浩在东丰县分别卖给杨家文甲基苯丙胺 0.6 克、王鑫甲基苯丙胺 0.3 克。综上，闫浩贩卖甲基苯丙胺 201.4 克。

上述事实，有在第一、二审开庭审理中举证、质证的下列证据予以证明：

1. 辨认笔录，证实在公安机关组织下，辨认人杨家文、王鑫分别通过混杂辨认，确认贩卖给二人毒品的人系闫浩。

2. 常住人口查询信息，证实闫浩，男，1986 年 5 月 9 日生，犯罪事实已成年。

3. 证人杨家文证言，证实我在闫浩手中购买过两次冰毒。第一次是 2015 年春天的时候，在宏达花园小区门口，我从闫浩手中购买 0.6 克左右冰毒，我给闫浩 300 元。第二次是 2015 年 9 月中旬，我给闫浩打电话，想要买点冰毒，在宏达花园小区门口，闫浩给我一袋 0.6 克左右的冰毒，我给闫 300 元。

4. 证人王鑫证言，证实我在闫浩手中购买过三次冰毒。2015 年 7 月初，我给闫浩打电话想要 200 元钱的冰毒，在兴达福苑北门，闫浩给我一袋 0.3 克左右的冰毒，我给了闫浩 200 元钱。十余天后，我给闫浩打电话想买 300 元钱的冰毒，在步行街，闫浩给我一袋 0.6 克左右的冰毒，我给闫浩 300 元现金。9

月初,我给闫浩打电话想要200元钱的冰毒,在我家小区北门,闫浩给我一袋0.3克左右的冰毒,我给闫浩200元钱。

5.被告人闫浩供述:2015年春天,我将从阿杜处购买的冰毒贩卖给杨家文0.6克,收300元;2015年7月,我卖给王鑫冰毒0.3克,收200元;7月末,我卖给王鑫冰毒0.6克,收300元。2015年9月,我向王鑫贩卖冰毒0.3克,收200元。9月中旬,我贩卖给杨家文冰毒0.6克,收300元。

五、2015年八九月,原审被告人韩冷从闫立新处购买甲基苯丙胺160克,后其贩卖给阎彦40克,贩卖给侯典帅20克。综上,韩冷贩卖甲基苯丙胺160克。

上述事实,有在第一、二审开庭审理中举证、质证的下列证据予以证明:

1.辨认笔录,证实在公安机关组织下,辨认人阎彦、侯典帅分别通过混杂辨认,确认韩冷是卖给二人毒品的人。

2.常住人口信息查询单,证实韩冷,男,1978年1月18日生,犯罪时已成年。

3.证人阎彦证言,证实2015年七八月,我找韩冷问他有没有冰毒,韩问我要多少,我说要40克,韩说160元一克,我给韩6500元,韩给我约40克的冰毒,我拿着冰毒回梅河口了。

4.证人侯典帅证言,证实我在韩冷处购买四次冰毒。第一次是2014年冬天,我给韩打电话要20克冰毒,韩把毒品送到我住处,我给韩1000元现金,此后,我又给韩一个价值1000元的白金戒指。第二次是2015年六七月,我给韩冷打电话要3克冰毒,韩对我说每克200元,我让韩把毒品送到云龙苑宾馆,我收下毒品后给韩600元现金。第三次是过了几天,我给韩冷打电话要冰毒,韩让我去他经营的典当行,在典当行,韩给我3克冰毒,我给韩600元现金。第四次和第三次一样,我从韩冷处购买3克冰毒。

5.被告人韩冷供述:我以每克160元的价格卖给阎彦40克,卖给侯典帅20克。

六、2015年6月,曹馨文两次贩卖给于金先甲基苯丙胺1.4克。

上述事实,有在第一、二审开庭审理中举证、质证的下列证据予以证明:

1. 常住人口信息查询，证实曹馨文，女，1987 年 11 月 21 日出生，犯罪时已成年。

2. 证人于金先证言，证实 2015 年 6 月末，我花了 300 元在曹馨文处买了一包冰毒，曹馨文打车给我送过来，我给曹馨文 50 元车费。2015 年 8 月 20 日，我在曹馨文处花了 400 元买了一包冰毒。2015 年 9 月 6 日 11 时许，刘长青来我家找我，说要和我合伙买一包冰毒，刘长青说他多拿 200 元钱，让我联系曹馨文，我发信息联系曹馨文买一包冰毒，曹馨文发信息跟我说她要蹭吸，没等曹馨文给我送冰毒，就被公安机关抓获了。

3. 被告人曹馨文供述：我从李仁生和于红亮处购买的毒品卖给于金先和刘长青共 1.4 克。

以上各证据之间能够相互印证，形成了证据链条，能够证明本案事实。

关于上诉人刘恒权及其辩护人提出"上诉人主动向公安机关提供上线李锡建的住址、电话并主动要求协助公安机关抓捕李锡建，应给予从宽处罚"的上诉理由及辩护意见。经查，刘恒权到案后向公安机关交代了其上线李锡建的住址、电话等事实，该内容均属如实供述犯罪事实的一部分，该情节不构成立功，亦属坦白情节，故此点上诉理由及辩护意见不能成立，不予采纳。

关于上诉人张辉的辩护人提出"上诉人在闫立新处购买 240 克冰毒，原判认定 340 克冰毒错误，且应以张辉贩卖的数量认定其贩毒的数量，而非其购毒的数量，原判事实不清"的辩护意见。经查，上诉人张辉共供述六次，分别在侦查机关四次、检察机关及一审法院各一次均对在闫立新处购买 340 克冰毒一事供认不讳、供述稳定，且因张辉腿有伤，侦查人员在给其制作笔录时一次在医院、两次在其家中，因该证言在取证程序的合法以及供述内容稳定、一致上可排除非法取证，故原审采纳该供述内容认定犯罪事实准确，且该供述内容得到闫立新在一审庭审上的印证，二人买卖毒品克数相吻合，原判认定张辉向闫立新购买毒品的克数准确，张辉系有吸毒情节的贩毒人员，应以其购买毒品的数量认定其贩卖的数量，原判认定贩卖克数正确，并充分考虑了其吸毒情节，综合其行为给其量刑，适用法律正确，故此点上诉理由及辩护意见不能成立，不予采纳。

关于上诉人张辉提出“上诉人未向马晨龙贩卖毒品,原判认定此事实不清,证据不足”的上诉理由。原判采纳证人马晨龙向张辉购毒的证言,并有马晨龙向张辉支付毒资的转账记录印证该笔毒品交易的犯罪事实,但公安机关对马晨龙第一次取证时笔录中未记载询问人,第二次取证时只记载一名询问人签名,两份证言取证程序均存在瑕疵,原判采纳马晨龙证言错误,故认定张辉向马晨龙贩卖冰毒的事实不清,证据不足,不予认定,此上诉理由成立,予以采纳。

关于原判认定张辉向李仁生贩卖三次冰毒共30克的事实是否清楚,证据是否充分的问题。李仁生供称“在张辉处共购买三次冰毒共30克”,而张辉供称“其向李仁生贩卖冰毒两次共20克”,二人供述毒品交易的克数、时间、地点均有差异,按照两个人供述一致的部分认定该笔犯罪事实,即认定张辉在辽源市莱茵河附近贩卖给李仁生冰毒10克的犯罪事实,对原判认定事实错误的地方予以纠正。

检察机关提出的“一审判决认定的部分事实清楚,证据确实、充分”的意见,应予支持。

本院认为,上诉人闫立新、刘恒权、原审被告人李洪岩违反国家毒品管理法规,贩卖、运输毒品的行为均已构成贩卖、运输毒品罪;上诉人张辉、于红亮、原审被告人闫浩、韩冷、曹馨文违反国家毒品管理法规,贩卖毒品的行为已构成贩卖毒品罪;上诉人李仁生违反国家管理法规,贩卖毒品、容留他人吸毒的行为均构成贩卖毒品罪、容留他人吸毒罪;原审被告人石利有违反国家毒品管理法规,非法持有毒品数量较大的行为构成非法持有毒品罪。闫立新贩卖、运输甲基苯丙胺18,500克、甲基苯丙胺片剂504.88克,刘恒权、李洪岩贩卖、运输甲基苯丙胺14,500克、甲基苯丙胺片剂6000粒(约346.2克),三人贩卖、运输毒品数量特别巨大,社会危害性极其严重,应依法严惩。闫立新、刘恒权、李洪岩以贩卖为目的购进大量毒品,由闫出资,刘联系毒品上线,与李共同到陆丰市购买毒品,三人构成共同犯罪,闫立新出资,刘恒权积极联系上线并参与买毒、运毒行为,李洪岩协助闫、刘二人完成买毒、运毒行为,且公安机关在闫处查获的毒品甲基苯丙胺含量均在正常区间内,闫立新、刘恒权系主要实施者，均系主犯，李洪岩系从犯，故可对李洪岩从轻处罚，原判对闫、刘、李三人的犯罪行为及悔罪表现均作出了综合评价，罪责相应，故上诉人闫立新及其辩护人提出"上诉人主动供述犯罪事实，构成坦白，无前科劣迹，认罪、悔罪，且大部分毒品尚未流入社会，毒品含量低，原判量刑重"的上诉理由及辩护意见、上诉人刘恒权及其辩护人提出"上诉人受人指使犯罪，未对毒品交易起决定作用，系从犯，并在案发后如实供述犯罪事实，构成坦白，原判量刑重"的上诉理由及辩护意见均不能成立，不予采纳。张辉贩卖甲基苯丙胺 340 克，贩卖数量大，应依法严惩，原判对其量刑适当，故其与辩护人提出"原判量刑重"的上诉理由及辩护意见不能成立，不予采纳。李仁生贩卖甲基苯丙胺 315.6 克，又多次容留他人吸毒，原判对其认定事实清楚，定性准确。于红亮帮助李仁生向曹馨文多次贩卖毒品，二人构成共同犯罪，李仁生系主犯，于红亮系从犯，可从轻处罚，原判已对于红亮多次帮助贩卖的情节，并又结合其系从犯的法律地位予以综合考虑，量刑适当。故于红亮提出"原判量刑重"的上诉理由不能成立，不予采纳。闫浩贩卖甲基苯丙胺 201.4 克、甲基苯丙胺片剂 308 片（约 17.77克）、韩冷贩卖甲基苯丙胺 160 克、曹馨文贩卖甲基苯丙胺 1.4 克，原判对三人认定事实清楚，证据充分。李仁生在二审期间死亡，按照法律规定，对其终止审理。原审判决认定的部分事实清楚，证据充分，定罪准确，量刑适当。审判程序合法。对检察机关提出"量刑适当，应予维持"的检察建议予以采纳。依照《中华人民共和国刑事诉讼法》第十五条第（五）项、第二百二十五条第（一）项之规定，裁定如下：

驳回上诉，维持原判。

对李仁生终止审理

根据《中华人民共和国刑事诉讼法》第二百三十七条之规定，本裁定即为核准以贩卖、运输毒品罪，判处被告人李洪岩死刑，缓期二年执行，剥夺政治权利终身，并处没收个人全部财产的刑事裁定。

根据《中华人民共和国刑事诉讼法》第二百三十六条第二款之规定，对上诉人闫立新、刘恒权的死刑裁定依法报请最高人民法院核准。

审　判　长　连柏健
审　判　员　吴从民
代理审判员　李　娜

二〇一七年五月四日

书　记　员　高　健

【推荐意见】

该篇文书围绕犯罪构成认定犯罪事实，为定罪及量刑打下基础。在证据方面，注重证据间的相互佐证关系，以证据为中心认定犯罪事实，纠正原判认定事实错误之处。在评价辩解及辩护意见方面，浓墨重笔，分析到位。在论述犯罪构成，尤其是共同犯罪的论述方面认真细致，条分缕析。在量刑方面，体现了罪刑相适应的量刑原则。此篇文书制作符合样式要求，辩解、辩护、查明、证据、理由条例清晰，整体制作质量优良。对控辩双方意见均完整列举，证据内容具体明确，分析论证充分。二审改变原判罗列事实的写法，对多起贩卖、运输的事实采用一事一证，证据的述写充分、具体、清楚，前后对应，使人一目了然。论理部分对被告人及辩护人所提异议皆有回应，说理透彻，为定罪量刑打下了基础，体现了承办法官较强的法律思辨力。在量刑时，根据不同犯罪事实、情节等对每名被告人的量刑予以区分，罪责相适应。

迟鹏宇
松原市中级人民法院

松原市中级人民法院刑事第二合议庭审判员。论文《法益——刑法解释之魂》在2013年全国法院系统第二十五届学术论文评选中荣获全国三等奖、省院一等奖。

【裁判要旨】

因租赁、借用等情形机动车所有人与使用人不是同一人时，发生交通事故后属于该机动车一方责任的，所有人应当承担与其过错相应的责任，而非连带责任。即此种情况下，所有人与使用人并非共同侵权，属于按份责任。

【裁判文书】

吉林省松原市中级人民法院
刑事附带民事判决书

(2018)吉07刑终46号

原公诉机关吉林省松原市宁江区人民检察院。

上诉人(原审附带民事诉讼原告人)张彦祥，男，1964年6月8日生，身份证号码××××，蒙古族，吉林油田工人，现住吉林省松原市××区××街。系被害人马秀侠丈夫。

上诉人(原审附带民事诉讼原告人)张碧芮，女，1993年12月27日生，身份证号码××××，蒙古族，无职业，现住吉林省松原市××区××街。系被害人马秀侠之女。

二上诉人共同委托诉讼代理人潘石，吉林良佐律师事务所律师。

被上诉人(原审被告人)娄世超，男，1982年9月3日生，身份证号码××××，汉族，初中文化，系吉林省松原市公安局宁江二分局辅警，捕前住吉林省松原市××区××街(户籍所在地：吉林省松原市××区××街)。因涉嫌交通肇事，于2017年5月1日被吉林省松原市公安局刑事拘留；因涉嫌犯交通肇事罪，经吉林省松原市宁江区人民检察院批准，于2017年5月16日由吉林省松原市公安局执行逮捕。现羁押于松原市看守所。

被上诉人(原审附带民事诉讼被告)松原市家家乐劳务服务有限公司，地址：吉林省松原市××区××路××号，统一社会信用代码：××××。

法定代表人胡亭亭。

被上诉人(原审附带民事诉讼被告人)胡亭亭,女,1993 年 5 月 15 日生,身份证号码××××,汉族,公司法定代表人,现住吉林省松原市××区(户籍所在地:吉林省松原市××区×乡×村)。

被上诉人(原审附带民事诉讼被告人)唐骏新,男,1990 年 10 月 11 日生,身份证号码××××,汉族,吉林省松原市公安局经济开发区分局职员,现住吉林省松原市××区××街。系胡亭亭丈夫。

吉林省松原市宁江区人民法院审理松原市宁江区人民检察院指控原审被告人娄世超犯交通肇事罪,附带民事诉讼原告人张彦祥、张碧芮诉娄世超、松原市家家乐劳务服务有限公司(简称家家乐公司)、胡婷婷、唐骏新赔偿一案,松原市宁江区人民法院于 2017 年 10 月 20 日作出(2017)吉 0702 刑初 306 号刑事判决,已经发生法律效力。于 2017 年 12 月 4 日作出(2017)吉 0702 刑初 306－1 号刑事附带民事判决,附带民事诉讼原告人张彦祥、张碧芮对附带民事诉讼部分判决不服,提出上诉。本院立案受理后,依法组成合议庭公开开庭进行了审理。上诉人张彦祥及其与上诉人张碧芮的共同委托诉讼代理人潘石、被上诉人娄世超、被上诉人唐骏新及其与被上诉人胡亭亭、松原市家家乐劳务服务有限公司的共同委托诉讼代理人尚小雪到庭参加诉讼。现已审理终结。

原审法院经审理查明:2017 年 5 月 1 日 12 时 48 分,被告人娄世超持与准驾车型不符的驾驶证驾驶无号牌的电动三轮摩托车行驶至宁江区东镇东路口处,因未按规定避让行人,将横过马路的马秀侠当场撞死。经交警部门认定:被告人娄世超承担事故全部责任,被害人马秀侠无责任。经法医鉴定:被害人马秀侠因交通事故致颅脑损伤、颈椎骨折、脊髓高位损伤而死亡。案发后,被告人娄世超主动到公安机关投案。另查明,家家乐公司成立于 2016 年 9 月 26 日,类型为有限责任公司(自然人独资),注册资本 1 万元整,营业期限长期,经营范围劳务服务。该肇事豪爵牌正三轮电动车所有人为家家乐公司,该车未办理车辆注册登记和保险手续。家家乐公司于 2017 年 3 月将该车租赁给被告人娄世超管理、使用,娄世超每日向家家乐公司支付车辆租赁费 60 元。娄世超于 2012 年 11 月 5 日取得机动车驾驶证,准驾车型为 C1,有效期至

2018年11月5日。事故发生后，娄世超只支付被害人马秀侠抢救医疗费，娄世超与附带民事诉讼被告人家家乐公司、胡亭亭、唐骏新皆未给付被害人马秀侠家属其他任何赔偿。被害人马秀侠于1965年8月16日生，死亡时年满51周岁，户籍所在地和经常居住地皆为松原市宁江区繁荣街，生前工作单位吉林油田供应小学。原审附带民事诉讼原告人张彦祥系被害人马秀侠的丈夫；原审附带民事诉讼原告人张碧芮系被害人马秀侠与原审附带民事诉讼原告人张彦祥的子女。被害人马秀侠在事发后当场死亡。经松原市公安司法鉴定中心法医学尸体检验，鉴定意见为：马秀侠因交通事故致颅脑损伤、颈椎骨折、脊髓高位损伤而死亡。尸检及丧葬所发生的费用皆由原审附带民事诉讼原告方自行支付。

原审法院认为，根据已查明事实，被害人马秀侠于1965年8月16日生，事故发生时年满51周岁，死亡赔偿金应给付20年。鉴于宁江区繁荣街是被害人马秀侠户籍所在地及居住地，生前就职于吉林油田供应小学，因而其补偿标准应按城镇标准计算。综上，损失数额应为：死亡赔偿金530,608.40元（26,530.42元/年×20年），丧葬费28,049元，处理事故期间交通费1000元，以上合计人民币559,657.40元。家家乐公司将自有的未办理车辆注册登记和保险手续的豪爵牌正三轮电动车于2017年3月租赁给娄世超管理、使用，娄世超每日向家家乐公司支付车辆租赁费60元。依照《中华人民共和国道路交通安全法》第十七条规定："国家实行机动车第三者责任强制保险制度……"家家乐公司作为该电动车的所有人、投保义务人，应按照规定为该车投保交强险，其未投保交强险所违反的是法定的投保义务，由此侵害被害人权益，应当承担相应的侵权责任。《最高人民法院关于审理道路交通事故损害赔偿案件适用法律若干问题的解释》第十九条规定："未依法投保交强险的机动车发生交通事故造成损害，当事人请求投保义务人在交强险责任限额范围内予以赔偿的，人民法院应予支持。投保义务人和侵权人不是同一人，当事人请求投保义务人和侵权人在交强险责任限额范围内承担连带责任的，人民法院应予支持"。综上，家家乐公司应在交强险限额内与侵权行为人即娄世超承担连带赔偿责任。《中华人民共和国公司法》第五十七条规定："一人有限责任公司的设立和组织机构，适用本节规定；本节没有规定的，适用本章第一节、第二节的规定。本法所称一人有限责任公司，是指只有一个自然人股东或者一个法人股东的有限责任公司”；第六十三条规定：“一人有限责任公司的股东不能证明公司财产独立于股东自己的财产的，应当对公司债务承担连带责任”。胡亭亭作为家家乐公司的股东、法定代表人，不能提供证据证明家家乐公司财产与其本人财产分离，因而，被告胡亭亭应当对家家乐公司债务承担连带责任。《最高人民法院关于适用〈中华人民共和国婚姻法〉若干问题的解释（二）》第二十四条：“债权人就婚姻关系存续期间夫妻一方以个人名义所负债务主张权利的，应当按夫妻共同债务处理。但夫妻一方能够证明债权人与债务人明确约定为个人债务，或者能够证明属于婚姻法第十九条第三款规定情形的除外……”唐骏新与胡亭亭系夫妻关系，家家乐公司设立和家家乐公司租赁的车辆发生该起交通事故从而产生涉案债务皆产生于唐骏新、胡亭亭婚姻存续期间，被告唐骏新虽辩解未参与公司经营，但未提供证据证实公司所获得的收益未用于共同生活，因而，该涉案债务属夫妻共同债务，应由唐骏新与妻子胡亭亭共同对家家乐公司该涉案债务承担连带给付责任。综上，家家乐公司和委托代理人的辩解意见，本院不予采纳。原审附带民事诉讼原告人对于处理丧事期间的交通费请求，虽未提供相关票据，但从实际需求考虑，以保护1000元为宜；请求给付精神损害抚慰金于法无据，因此，原审附带民事诉讼原告人请求超出部分，不予支持。一审法院依照《中华人民共和国侵权责任法》第十六条、第四十八条、第四十九条，《最高人民法院关于审理道路交通事故损害赔偿案件适用法律若干问题的解释》第十四条、第十九条之规定，判决：一、被告人娄世超赔偿附带民事诉讼原告人张彦祥、张碧芮损失人民币559,657.40元。二、附带民事诉讼被告松原市家家乐劳务服务有限公司在交强险限额内赔偿附带民事诉讼原告人张彦祥、张碧芮损失人民币110,000元。三、附带民事诉讼被告胡亭亭、唐骏新与附带民事诉讼被告松原市家家乐劳务服务有限公司承担连带赔偿责任。四、驳回附带民事诉讼原告人张彦祥、张碧芮的其他诉讼请求。

上诉人张彦祥、张碧芮上诉请求，改判娄世超赔偿二上诉人经济损失

559,657.4 元,并赔偿二上诉人精神损失费 50,000 元;改判家家乐公司、胡婷婷、唐骏新对娄世超的全部赔偿数额承担连带赔偿责任。

事实与理由:一、原审法院认定事实不清,适用法律错误,严重侵犯了上诉人的合法权益。家家乐公司、胡亭亭、唐骏新承担连带责任符合法律规定。首先,庭审过程中,家家乐公司主动提出愿意帮助娄世超赔偿被害人马秀侠,该事实也已经被一审法院予以认定,在当事人主动要求赔偿的情况下,原审法院却错误认定了其不应承担责任,这有违当事人的主观意思。其次,根据《吉林省高级人民法院关于印发〈关于审理道路交通事故损害赔偿案件若干问题的会议纪要〉的通知》(吉高法[2003]61 号文件)第十五条:“承包机动车的,承包人自己驾驶车辆发生道路交通事故或者承包人雇佣的人驾驶机动车发生道路交通事故的,以发包人和承包人为共同被告,由发包人和承包人承担连带责任。”第十六条:“租赁机动车的,承租人自己驾驶车辆发生道路交通事故或者雇佣的人驾驶机动车发生道路交通事故致人损害的,以承租人和出租人为共同被告,由承租人和出租人承担连带赔偿责任。”的规定,无论娄世超与家家乐公司是何种关系,都应该判令家家乐公司与娄世超承担连带赔偿的责任,原审法院未对事实进行核查,错误地适用了法律,严重侵害了当事人的合法权益。又根据《中华人民共和国侵权责任法》第四十九条规定:“因租赁、借用等情形机动车所有人与使用人不是同一人时,发生交通事故后属于该机动车一方责任的,由保险公司在机动车强制保险责任限额范围内予以赔偿。不足部分,由机动车使用人承担赔偿责任;机动车所有人对损害的发生有过错的,承担相应的赔偿责任。”本案中,家家乐公司作为涉案三轮电动车的所有人,胡亭亭作为案涉三轮车的管理人,在该车辆未办理注册登记和保险手续情况下,将案涉车辆租给娄世超,具有过错。根据该法律规定,在该车辆发生交通事故造成损害时,机动车所有人或者管理人有过错的,应当承担赔偿责任。因此,松原市家家乐公司以及胡亭亭也应该承担赔偿责任。再次,原审法院根据《中华人民共和国公司法》第五十七条的规定,认定胡亭亭应当对家家乐公司债务承担连带责任,那么根据上述事实和法律,在家家乐公司应当与娄世超承担连带责任的情况下,胡亭亭也应该承担连带责任。最后,原审法院根据《最高人民法院关于适用〈中华人民共和国婚姻法〉若干问题的解释(二)》第二十四条的规定,判令唐骏新与胡亭亭共同对家家乐公司案涉债务承担连带给付责任,在家家乐公司与娄世超承担连带责任的情况下,唐骏新与胡亭亭也同样应该承担连带责任。二、原审法院错误认定给付精神损害抚慰金于法无据,侵害了当事人的合法权益。根据《最高人民法院关于确定民事侵权精神损害赔偿责任若干问题的解释》第一条的规定,张彦祥、张碧芮作为受害人马秀侠的配偶和女儿,要求其支付精神抚慰金符合法律规定,也符合该司法解释的立法精神。原审法院错误的认定,没有事实和法律的支持,不应得到保护。

被上诉人胡亭亭、唐骏新、家家乐公司答辩称,原审认定事实清楚,适用法律正确,原审并没有认定家家乐公司不承担责任,上诉人在上诉理由中引用《吉林省高级人民法院关于印发关于审理道路交通事故损害赔偿案件若干问题的会议纪要的通知》是适用法律错误,本案是侵权案件,应该适用《中华人民共和国侵权责任法》,原审法院依据《中华人民共和国侵权责任法》判决家家乐公司应承担的责任,适用法律正确。上诉人称娄世超持与准驾车型不符的驾驶证驾驶电动三轮车,家家乐公司存在过错,被上诉人认为家家乐公司对此并不存在过错,因为松原市现在无法办理电动三轮车的驾驶证。故上诉人要求家家乐公司承担连带责任的上诉理由均不成立,所以作为法人的胡亭亭及其丈夫唐骏新也不应该承担连带责任。另外,原审判决没有判决给付精神损害抚慰金也符合法律规定。

经本院二审审理查明:2017 年 5 月 1 日 12 时 48 分许,被上诉人娄世超持与准驾车型不符的驾驶证驾驶无号牌的电动三轮摩托车行驶至松原市宁江区东镇东路口处,因未按规定避让行人,将横过马路的马秀侠当场撞死。经交警部门认定:被上诉人娄世超承担事故全部责任,被害人马秀侠无责任。经法医鉴定:被害人马秀侠因交通事故致颅脑损伤、颈椎骨折、脊髓高位损伤而死亡。案发后,被上诉人娄世超主动到公安机关投案。家家乐公司成立于 2016 年 9 月 26 日,类型为有限责任公司(自然人独资),注册资本 1 万元整,营业期限长期,经营范围劳务服务。该肇事豪爵牌正三轮电动车所有人为家家乐公司,该车未办理车辆注册登记和保险手续。家家乐公司于 2017 年 3 月将该车承包给被上诉人娄世超用于从事快递业务，娄世超每日向家家乐公司支付车辆承包费60元，所收取的快递费用不再给家家乐公司分成。被上诉人娄世超于2012年11月5日取得机动车驾驶证，准驾车型为C1，有效期到2018年11月5日止。事故发生后，被上诉人娄世超仅支付被害人马秀侠抢救医疗费，其与被上诉人家家乐公司、胡亭亭、唐骏新皆未给付被害人马秀侠家属其他任何赔偿。被害人马秀侠于1965年8月16日生，死亡时年满51周岁，户籍所在地和经常居住地皆为吉林省××区××街，生前工作单位吉林油田供应小学。上诉人张彦祥系被害人马秀侠的丈夫；上诉人张碧芮系被害人马秀侠与上诉人张彦祥的女儿。被害人马秀侠在事发后当场死亡。经吉林省松原市公安司法鉴定中心法医学尸体检验，鉴定意见为：马秀侠因交通事故致颅脑损伤、颈椎骨折、脊髓高位损伤而死亡。尸检及丧葬所发生的费用皆由上诉人自行支付。

本院认定的上述事实有经原审法院开庭质证、认证的下列证据予以证实：被上诉人娄世超的供述、证人张彦祥、胡亭亭以及祝立荣的证言、受理道路交通事故案件登记表、道路交通事故现场勘查笔录、道路交通事故现场图及照片和尸检照片、常住人口信息、驾驶人信息查询结果单、沈阳佳实司法鉴定所司法鉴定意见书、白城市公安司法鉴定中心（白）公鉴（理化）字［2017］176号理化检验报告、松原市公安司法鉴定中心（松）公鉴（死因）字［2017］39号法医学尸体检验报告书、交通事故死亡证明书、道路交通事故调查报告书、道路交通事故认定书、尸体处理通知书、道路交通事故有关法律文书送达回执、司法鉴定委托（协议）书、涉嫌酒后驾驶人血样提取登记表、营业执照、事件单、现实表现证明、松原市公安局交通警察支队事故处理大队出具的抓捕经过、户口本及身份证复印件、吉林油田供应小学证明、工商信息电子件、办案说明、松原市宁江区人民法院（2017）吉0702刑初306号刑事判决书、房屋出租合同和照片、微信聊天录音光盘和转换文字材料、收据（购买电动车）。

二审期间，各方当事人的争议焦点在于家家乐公司、胡亭亭、唐骏新是否对娄世超侵权行为造成的损害结果承担全部连带责任。结合当事人诉辩主张及争议焦点，针对相关问题，评议如下：

1. 关于娄世超与家家乐公司之间法律关系的认定问题。

张彦祥、张碧芮明确要求家家乐公司、胡亭亭、唐骏新承担连带责任的前提是认定家家乐公司与娄世超存在雇佣关系。对此,虽然曾经有过被上诉人娄世超的个人供述,但家家乐公司予以否认,张彦祥、张碧芮对于雇佣关系的主张又未提供其他确切证据证明,故对于张彦祥、张碧芮此点主张本院不予支持。胡亭亭在侦查阶段曾称其是将车辆大包给娄世超,且家家乐公司与娄世超均认可家家乐公司将车辆交予娄世超使用,每天收取60元的费用,从事快递业务,不管是娄世超自己联系的业务还是家家乐公司派给娄世超的业务,快递费均由娄世超收取,不再给家家乐公司分成。根据上述事实,能够认定家家乐公司与娄世超就案涉车辆系承包法律关系。虽然家家乐公司与娄世超对双方的关系均主张为租赁,但并无相关证据证明,故原审判决对此点事实的认定错误,应依法将双方的法律关系纠正为承包关系。

2. 家家乐公司与娄世超之间承担责任的方式问题。

《最高人民法院关于审理道路交通事故损害赔偿案件适用法律若干问题的解释》第十九条规定:“未依法投保交强险的机动车发生交通事故造成损害,当事人请求投保义务人在交强险责任限额范围内予以赔偿的,人民法院应予支持。投保义务人和侵权人不是同一人,当事人请求投保义务人和侵权人在交强险责任限额范围内承担连带责任的,人民法院应予支持”。家家乐公司属于案涉车辆的所有人,应当依法投保交强险,但并未履行法律义务。据此,家家乐公司应当在交强险限额范围内与娄世超承担连带赔偿责任。原审虽然判决了家家乐公司在交强险范围内承担责任,但判决结果并未对连带责任予以明确,对此依法应予纠正。

《中华人民共和国侵权责任法》第四十九条规定:“因租赁、借用等情形机动车所有人与使用人不是同一人时,发生交通事故后属于该机动车一方责任的,由保险公司在机动车强制保险责任限额范围内予以赔偿。不足部分,由机动车使用人承担赔偿责任;机动车所有人对损害的发生有过错的,承担相应的赔偿责任”。家家乐公司将车辆承包给娄世超使用,如其有过错则应当承担与其过错相应的赔偿责任。就本案,娄世超驾驶车辆与驾驶证准驾车型不符,依据各方当事人的陈述以及公安机关作出的《道路交通事故责任认定书》对此能够认定。家家乐公司作为车辆所有人和管理人，对其交付车辆的使用人是否具备相应的驾驶资格应当审查并明确，即对于娄世超不具备相应驾驶资格，家家乐公司应当知道。《最高人民法院关于审理道路交通事故损害赔偿案件适用法律若干问题的解释》第一条规定："机动车发生交通事故造成损害，机动车所有人或者管理人有下列情形之一，人民法院应当认定其对损害的发生有过错，并适用侵权责任法第四十九条的规定确定其相应的赔偿责任：……（二）知道或者应当知道驾驶人无驾驶资格或者未取得相应驾驶资格的"……据此，应当依据《中华人民共和国侵权责任法》第四十九条的规定，由家家乐公司承担与其过错相应的赔偿责任。该责任方式系法律明确规定，与过错相当的责任方式并非共同侵权责任类型，属于按份责任的范畴。张彦祥、张碧芮依据其他文件主张家家乐公司对全部侵权损失承担连带责任法律依据不足。结合本案实际情况，娄世超系直接侵权人，负事故发生的全部责任，但并不能据此否认家家乐公司对于将车辆承包给无相应驾驶资格的娄世超而存在过错的认定，结合其过错情况，以家家乐公司按其过错程度承担30%的责任份额为宜。

本院认为，各方二审期间对张彦祥、张碧芮因娄世超交通肇事造成的经济损失数额为人民币559,657.40元（交强险限额为110,000元）并无实质异议。家家乐公司因未投保交强险，其应当在110,000元的范围内与娄世超承担连带责任，该责任系法定责任，不存在按照其过错划分比例的问题；对于家家乐公司因过错而应承担的责任比例及数额，本院依法确定为30% ×（559,657.40 - 110,000）元 = 134,897.22元。另外，原审判决依据《中华人民共和国公司法》及夫妻共同债务的相关规定作出的认定，家家乐公司、唐骏新、胡亭亭并未就此提出上诉，且虽否认个人与公司财产混同，但并未提供证据证明，故胡亭亭、唐骏新对于家家乐公司应承担的赔偿责任范围亦应承担连带赔偿责任，原审判决的此点认定正确，本院予以确认。对于张彦祥、张碧芮提出的精神损害赔偿问题，因本案属于刑事附带民事诉讼，依据《最高人民法院关于适用〈中华人民共和国刑事诉讼法〉的解释》第一百三十八条第二款规定,二上诉人关于精神损害赔偿的主张,不符合法律规定,本院不予支持。据此,原审判决认定事实与适用法律均有错误,依法应予纠正。依照《中华人民共和国侵权责任法》第四十九条、《最高人民法院关于审理道路交通事故损害赔偿案件适用法律若干问题的解释》第一条第一款第(二)项、第十九条,《最高人民法院关于适用〈中华人民共和国刑事诉讼法〉的解释》第一百五十一条、第一百六十一条,《中华人民共和国民事诉讼法》第一百七十条第一款第(二)项规定,判决如下:

一、撤销松原市宁江区人民法院(2017)吉0702刑初306-1号刑事附带民事判决;

二、娄世超赔偿张彦祥、张碧芮损失人民币424,760.18元;

三、松原市家家乐劳务服务有限公司在交强险限额内与娄世超连带赔偿张彦祥、张碧芮损失人民币110,000元;

四、松原市家家乐劳务服务有限公司赔偿张彦祥、张碧芮损失人民币134,897.22元;

五、胡亭亭、唐骏新与松原市家家乐劳务服务有限公司承担连带赔偿责任;

六、驳回张彦祥、张碧芮的其他诉讼请求。

本判决为终审判决。

审 判 长 王宜兵
审 判 员 迟鹏宇
代理审判员 孙洪江

二〇一八年五月九日

书 记 员 段贵斌

【推荐意见】

该裁判文书形式完整,符合标准;内容上能体现出审理过程的明确思路,焦点问题总结准确,针对焦点问题能够精准认定事实,准确理解并适用法律,同时,对焦点问题的分析过程条理清晰,论述到位、充分;同时,裁判文书语言表达流畅,法条引用全面,裁判文书整体上无明显瑕疵。

包蕴琦

吉林省长春铁路运输中级法院

毕业于吉林大学，法学硕士，一级法官。先后任吉林省长春市二道区人民法院民事审判第一庭审判员、吉林省长春铁路运输中级法院审判员，现任吉林省长春铁路运输中级法院民事审判庭副庭长。审理过民事、刑事、行政各类诉讼案件，至今已结案近千件，具有丰富的审判办案经验。工作中始终坚持公正司法，司法为民，所审理的案件都能做到案结事了，无一缠诉信访或引发负面舆情的案件。

【裁判要旨】

国家工作人员利用职务便利，通过虚报成本的方式套取资金，并对违法收取的版面费不入账管理，合谋共同侵吞，其行为构成贪污罪。

【裁判文书】

吉林省长春铁路运输中级法院
刑事判决书

(2018)吉71刑终1号

原公诉机关长春铁路运输检察院。

上诉人(原审被告人)王林生，男，1955年2月11日出生于吉林省吉林市，汉族，大学文化，原系吉林省铁道学会秘书长，住吉林省吉林市××区××花园××号。因涉嫌犯受贿罪于2016年5月16日被长春铁路运输检察院取保候审，于2017年9月13日被长春铁路运输法院逮捕，同日被取保候审，2018年2月28日被本院取保候审。

辩护人郭虹序，北京大成(吉林)律师事务所律师。

原审被告人管仲国，男，1955年8月11日出生于吉林省吉林市，汉族，大学文化，原系吉林省铁道学会副秘书长，住吉林省吉林市××区××街××小区××室。因涉嫌犯受贿罪于2016年5月14日被刑事拘留，同年5月26日被逮捕。现羁押于长春市第三看守所。

原审被告人王宝库，男，1954年5月26日出生于吉林省吉林市，汉族，大学文化，原系吉林省铁道学会高级工程师，住吉林省吉林市××区××大街××号。因涉嫌犯行贿罪于2016年5月15日被刑事拘留，同年5月26日被逮捕。2018年5月14日被本院取保候审。

长春铁路运输法院审理长春铁路运输检察院指控原审被告人管仲国、王林生犯贪污罪、受贿罪，原审被告人王宝库犯贪污罪、行贿罪一案，于2017年9月11日作出(2017)吉7101刑初12号刑事判决。宣判后，原审被告人管仲国、王林生、王宝库不服,提出上诉。经本院二审审理,于2017年12月28日作出(2017)吉71刑终5号刑事裁定,撤销长春铁路运输法院(2017)吉7101刑初12号刑事判决,发回长春铁路运输法院重审。长春铁路运输法院受理后,依法另行组成合议庭,公开开庭进行了审理,并于2018年2月22日作出(2018)吉7101刑初2号刑事判决。宣判后,原审被告人王林生不服,提出上诉。本院依法组成合议庭,公开开庭审理了本案。吉林省人民检察院铁路运输分院指派检察员秦晋出庭履行职务。上诉人王林生及其辩护人郭虹序,原审被告人管仲国、王宝库到庭参加诉讼。本案现已审理终结。

原审法院认定:

一、自2006年年初始,被告人管仲国(时任吉林省铁道学会副秘书长)伙同被告人王宝库(时任吉林省铁道学会高级工程师),利用职务上的便利,以虚报《吉林铁道》期刊印刷费的方式从吉林铁路印刷厂套取现金,二人平分。此事系管仲国首先提出,并由他负责与吉林铁路印刷厂的厂长侯泽政联系,取得了侯泽政的同意,由王宝库和印刷厂的工作人员联系具体工作。自2006年至2007年,二人共套取现金人民币40,656元(以下币种同)。被告人王林生到任后决定继续沿用此办法套取现金,套取的现金由管仲国、王林生、王宝库三人平分,该行为从2008年持续至2013年年底,期间共套取200,580元,管仲国、王宝库的参与数额为241,236元,王林生参与的数额为200,580元。管仲国、王宝库每人分得87,188元,王林生分得66,860元,均用于个人消费及家庭开支。

二、吉林省铁道学会于2005年12月20日制定了《关于办好〈吉林铁道〉刊物的管理办法》,由管仲国签字并加盖了吉林省铁道学会的公章,规定《吉林铁道》刊物实行责任编审岗位负责制,临时编审人员的工资从作者收来的版面费中支出;如果《吉林铁道》每年出版超过6期,超过部分每期的版面费向吉林省铁道学会交款2000元,其余部分作为责任编审支付临时编审人员的工资使用。王宝库作为《吉林铁道》责任编辑,具体负责论文的收集、编辑、印刷、发行、版面费的收取、支付等工作,并聘用其妻子韩娟作为临时编审人员,得到了时任吉林省铁道学会副秘书长管仲国的同意。王宝库从2006年开始收取版面费,直至2015年,版面费始终没有入账管理。2008年9月12日,被告人王林生被任命为吉林省铁道学会秘书长,同意沿用《吉林铁道》原管理办法并与管仲国商议,要求每发行一期《吉林铁道》期刊,由王宝库分别给王林生、管仲国、田克志(另案处理)每人1500元。王宝库对此表示同意,从2009年至2015年,其以每发行一期《吉林铁道》期刊1500元的标准,向王林生、管仲国、田克志送了好处费,期间,如《吉林铁道》期刊某期发表文章数目小于等于36篇,则当期按1000元标准给上述三人送了好处费。从2009年第1期至2015年第2期,《吉林铁道》共发行48期,其中有四期《吉林铁道》发表文章数目小于等于36篇(2009年第六期35篇、2011年第六期36篇、2012年第八期34篇、2014年第五期35篇),期间,管仲国、王林生分别收取王宝库送的钱款计70,000元,田克志于2010年至2015年收取王宝库送的钱款计58,500元。被告人王宝库向管仲国、王林生、田克志送上钱款共计198,500元,被告人管仲国共得70,000元,被告人王林生共得70,000元。

三、案发后,检察机关依法扣押了被告人王林生的涉案款139,600元,扣押了被告人王宝库的涉案款89,900元,上述款项均随案移交一审法院。

因被告人王宝库涉嫌贪污一案初查需要,被告人管仲国于2016年5月5日到长春铁路运输检察院接受询问,在询问过程中即交待了其与王林生、田克志收受王宝库所送钱款的事实。

认定上述事实的证据有:1. 书证:吉林铁路印刷厂2016年12月6日出具的《吉林铁道》虚开提现统计表;吉林铁路印刷厂为吉林省铁道学会提现财务账及原始单据复印件;2005年至2007年《吉林铁道》印刷费财务账及原始单据;2008年至2013年《吉林铁道》期刊印刷费财务账及原始票据;吉林铁路印刷厂出具的情况说明;中国科学技术协会[1988]科协学发字039号《关于建议各学会学术期刊收取版面费的通知》;2000年12月15日中华人民共和国新闻出版署以新出图[2000]1699号《关于禁止收费约稿编印图书和期刊的通知》;吉林铁道学会《关于办好〈吉林铁道〉刊物的管理办法》;被告人王宝库的银行个人信息查询明细表;2009年至2015年《吉林铁道》每期文章数量情况说明及目录;被告人管仲国、王林生、王宝库到案情况说明;查封、扣押财物、文件清单;被告人管仲国、王林生、王宝库的户籍证明、无违法犯罪记录证明;中国铁路沈阳局集团有限公司总工程师室出具的《关于吉林铁道学会为中国铁路沈阳局集团公司主办的社团组织的证明》;沈阳铁路局、沈阳铁路局吉林分局干部任免通知及干部任免审批表;吉林省科学技术协会文件吉科协发学字[1992]8 号《关于对吉林省铁道学会登记注册的审查意见》;吉林省民政厅吉民社[1992]122 号《关于同意吉林省铁道学会注册登记的批复》;吉林省社会团体申请登记表、吉林省铁道学会登记申请表、社会团体法人代表登记表、社会团体负责人备案表、社会团体变更登记表及吉林省铁道学会第五届第三次理事会会议纪要;社会团体法人登记证书、年检记录、吉林省铁道学会章程;田克志的不起诉决定书;吉林铁道学会出具的情况说明;检察机关提交的排除非法证据的有关说明和第九期青年检察官专题研修班入学通知及相关发票。2. 证人刘群、邢利娟、侯泽政、韩娟、王俊岩、李子军、戎凤林、申志伟的证言。3. 被告人管仲国、王林生、王宝库的供述,涉案人员田克志的供述。4. 物证《吉林铁道》期刊67 本。

原审法院认为:

一、被告人管仲国、王林生、王宝库均系国有企业委派到社会团体从事公务的人员。三被告人利用职务上的便利,采取虚报印刷费的手段,套取公款、共同侵吞,均已构成贪污罪,公诉机关指控三被告人犯贪污罪罪名成立,予以支持。对于辩方提出的"主体不适格"及其他辩解和辩护意见均不予采纳。

在公诉机关的该项指控中,被告人管仲国系犯意的提起者,并进行实质性沟通运作,被告人王宝库具体实施。故在共同犯罪中,管仲国起主要作用,系主犯,王宝库起次要作用,系从犯。被告人王林生到任后同意继续延续以前的办法套取现金,同样起次要作用,亦系从犯。故对被告人王宝库及其辩护人提出的相关辩解和辩护意见予以采纳,对王林生、王宝库均应依法减轻处罚。在公诉机关的该项指控中,检察机关在发现了被告人管仲国、王林生、王宝库涉嫌贪污的犯罪线索后对三被告人进行讯问,三被告人遂如实供述了贪污印刷费的犯罪事实,三被告人关于贪污虚报的印刷费一节成立坦白而非自首,对三被告人此节均可依法从轻处罚。对辩方提出的管仲国、王宝库均构成自首的辩解和辩护意见因与已查明的案件客观事实不符均不予采纳。

二、被告人管仲国、王林生利用职务上的便利，索要收受其下属王宝库所送的钱款，使王宝库能继续违规运作牟利，其二人行为均已构成受贿罪；被告人王宝库为了能够继续牟取不正当利益，给予管仲国、王林生钱款，已构成行贿罪。公诉机关指控三被告人所犯罪名成立，予以支持。对于辩方提出的“证据不足、事实不清”及其他辩解和辩护意见均不予采纳。

“管理办法”是经吉林省铁道学会领导审查批准，以单位名义制定，后并经单位几任领导确认和执行。被告人王宝库依该“管理办法”，对《吉林铁道》行使编辑、出版、收费、支付等权利，具有相对独立的“承包”属性。结合本案被告人管仲国、王林生作为单位负责人对施行该“管理办法”的实际态度和做法以及近10余年收取作者“版面费”的管理、未开具“吉林铁道协会”收据、相应的时代背景、相关的法律规定、三被告人对该收费属性的认识等证据和客观事实，能够得出此种管理运作模式系违规行为，但不能足以认定依该“管理办法”所收取的“版面费”为公款的结论。被告人及其辩护人与此观点相悖辩护意见均不予采纳。

关于被告人王宝库向王林生、管仲国支付款项为谋取不当利益问题。此节从“管理办法”中约定的“从作者收来版面费向学会交款2000元外，其余部分作为支付临时编审人员的工资”的内容判断，足可预测王宝库妻子韩娟工资收入水平，以及结合本案中已查实发行48期客观事实及王林生、管仲国相关证实、王宝库曾自认事实等证据，可足资认定“谋取不当利益”的事实客观存在。被告人及辩护人的“未谋取利益”的辩护意见均不予采纳。

在公诉机关该指控中，被告人管仲国在检察机关对被告人王宝库涉嫌贪污一案初查需要对其询问时，即交代了其与王林生、田克志接受王宝库送“好处费”的犯罪事实，对其接受王宝库所送“好处费”一节成立自首，对管仲国可依法从轻处罚；被告人王林生、王宝库对此项指控的犯罪事实供认不讳，二被告人均在此节成立坦白，故对二被告人均可依法从轻处罚。

三、被告人王宝库、王林生在案发后能积极返赃，具有悔罪表现，均可依法从轻处罚。关于被告人王宝库提出的“在本案中有立功情节，揭发了王林生、管仲国、侯厂长等人员与本案有关的情况；办案人员在提审我之后，才掌握了田克志的犯罪线索。田克志也可以作为证人证明我在行贿方面系自首”这一辩解，因本案有证据证实管仲国、王林生、田克志均早于王宝库到检察机关接受询问，接受询问时即分别如实交代了王宝库向管仲国、王林生、田克志送“好处费”的事实经过及“套取印刷费”经过，况涉“套取印刷费”该笔事实，系侦查机关掌握犯罪线索在先，讯问管仲国、王宝库在后的客观事实存在，故王宝库此节不构成立功和自首。王宝库的辩护人申请调取到的证据也证实了上述判断，对王宝库及其辩护人的辩解意见不予采纳。关于王宝库及其辩护人提出的“非法证据排除申请”，因无事实和法律根据均被依法驳回。

被告人管仲国、王林生、王宝库犯罪期间发生在《刑法修正案（九）》及司法解释相关规定颁行之前，故对各被告人是否适用财产附加刑问题，应坚持从旧兼从轻原则。

为维护国家工作人员职务廉洁性，保护国家财产不受侵犯，打击经济犯罪，一审法院依照《中华人民共和国刑法》第三百八十二条第一款、第二款，第三百八十五条第一款，第三百八十九条第一款，第三百八十三条第一款第（二）项，第二款、第三款，第三百八十六条，第三百九十条第一款；依照1997年修订的《中华人民共和国刑法》第三百八十三条第一款，第三百八十六条第一款，《中华人民共和国刑法》第二十五条第一款，第二十六条第一款、第四款，第二十七条，第六十九条第一款，第六十七条第一款、第三款，第六十四条，第九十三条第二款及《最高人民法院关于处理自首和立功具体应用法律若干问题的解释》第一条第（一）项，《最高人民法院关于处理自首和立功若干具体问题的意见》第一条，《最高人民法院、最高人民检察院关于办理贪污贿赂刑事案件适用法律若干问题的解释》第二条第一款、第七条第一款、第十五条第一款、第十八条，《最高人民法院、最高人民检察院关于办理行贿刑事案件具体应用法律若干问题的解释》第五条、第八条、第十二条之规定，认定被告人管仲国犯贪污罪，判处有期徒刑三年；犯受贿罪，判处有期徒刑六个月；决定执行有期徒刑三年。认定被告人王林生犯贪污罪，判处有期徒刑二年；犯受贿罪，判处有期徒刑一年；决定执行有期徒刑二年六个月。认定被告人王宝库犯贪污罪，判处有期徒刑二年；犯行贿罪，判处有期徒刑六个月；决定执行有期徒刑二年。对在案扣押的被告人王林生贪污、受贿所得赃款136,860元、被告人王宝库贪污所得赃款87,188元依法予以没收；对被告人管仲国贪污、受贿所得赃款157,188元依法予以追缴。

上诉人王林生上诉称：一、一审判决认定事实错误，适用法律错误，上诉人的行为不符合受贿罪的构成要件，不构成受贿罪。1. 王宝库收取的版面费系吉林省铁道学会的财产，不是王宝库个人财产，王宝库收取版面费的行为不具有承包属性。吉林省铁道学会收取及分配版面费的行为属于学会内部管理范畴，不应认定为犯罪。2. 王宝库从事期刊编审工作是由其工作岗位性质决定的，与上诉人收取王宝库分给的版面费无关。3. 上诉人的行为不符合受贿罪的构成要件。首先，不属于“索要”情形。上诉人到任后，为解决学会工作人员奖金较低的问题，经过学会集体研究决定，变更“管理办法”相应条款，从原来发行超过六期时，每超过一期向学会交款2000元，改为每期缴纳4500元，以补充学会工作人员奖金。由于学会没有财务人员，由王宝库负责发放奖金并制作支付单，每人均是签字后领取，并非上诉人或其他被告人向王宝库索要“好处费”。其次，不符合“收受他人财物”的构成要件。如前所述，王宝库依据“管理办法”收取的版面费属于吉林省铁道学会所有，并非其个人财产，不属于收受他人财物。最后，不符合“为他人谋取利益”的构成要件，上诉人不曾为王宝库谋取利益。二、一审判决关于贪污数额的认定不确实充分。首先，上诉人将印刷费提取现金后，确有部分款项用于吉林省铁道学会的公务活动，费用共计39,820元，请二审法院查明后在量刑时作为酌定从轻情节予以考虑。其次，一审法院认定上诉人共套取印刷费200,580元，证据不充分。印刷厂在2017年1月20日及2017年4月24日出具的“情况说明”，能够证明印刷厂实际给吉林省铁道学会提现的金额低于其开具的发票数额，因此一审法院认定的贪污数额并不确定准确，建议二审法院对贪污数额在20万元以下认定及量刑，并适用缓刑。综上，请求二审法院依法撤销（2017）吉7101刑初12号刑事判决，改判上诉人不构成受贿罪，并适用缓刑。

上诉人王林生的辩护人提出如下辩护意见：除王林生提出的上诉请求及

理由外,辩护人还认为王林生收取“版面费”的行为不构成贪污罪。首先,不符合贪污罪的客体要件,版面费系吉林省铁道学会的财产,不是沈阳铁路局下拨的款项,不属于公共财产。其次,不符合贪污罪的客观要件,不存在侵吞、窃取、骗取或者以其他手段非法占有公共财物的行为。版面费不由王林生管理或经手,基于学会奖金偏低的情况,经学会集体研究决定,将工作人员的劳动所得,作为奖金发放,发放方式公开透明,均制作了支付单,签字领取,并非少数人的秘密行为,且基于学会文件形成,是单位的私分行为,而非王林生的个人行为。

原审被告人管仲国提出如下辩解:1. 贪污印刷费是其主动交代的,且套取的印刷费有部分款项用于公务支出,一审判决对此未予考虑,对其量刑过重;2. 收取版面费的行为不构成受贿罪或贪污罪。

原审被告人王宝库提出如下辩解:1. 一审判决认定“管理办法”具有承包属性没有法理依据,其分配版面费的行为不构成行贿罪或贪污罪。2. 检察机关办案程序违法,存在诱供行为,诱导其供述为获取不正当利益向王林生等人行贿。3. 一审判决未认定其自首情节,对其量刑过重。

出庭检察员提出如下出庭意见:一、一审适用法律错误,主刑量刑基本适当,但未按照相关法律规定适用罚金刑,附加刑量刑错误,审判程序合法。二、上诉人的上诉理由不能成立。1. 上诉人王林生提出贪污的部分印刷费用于公务支出,却无法提供相关证据,同时根据《最高人民法院、最高人民检察院关于办理贪污贿赂刑事案件适用法律若干问题的解释》第十六条规定“国家工作人员出于贪污、受贿的故意,非法占有公共财物、收受他人财物之后,将赃款赃物用于单位公务支出或者社会捐赠的,不影响贪污罪、受贿罪的认定,但量刑时可以酌情考虑”,即便王林生等人套取的印刷费有部分用于公务接待等活动,但此时套取的印刷费已经由王林生等人实际控制,贪污行为已经既遂,之后如何使用贪污的财产并不影响贪污罪的认定。2. 关于四人占有版面费行为的定性。王林生、管仲国、王宝库、田克志四人均系沈阳铁路局委派到吉林省铁道学会从事公务的工作人员,四人分得的版面费虽系违规所得,但亦属单位财产,应依法认定为贪污行为,而非一审认定的行贿、受贿行为,对此部分事实一审法院认定错误。三、关于本案的处理意见。对于版面费部分，原审指控与判决均未对全案涉及的全部版面费进行整体查证，仅就部分事实进行了认定，且对四人侵吞版面费的行为定性错误，依法应发回重审，但因本案已发回重审过一次，一审检、法部门均未对上述未查清的事实进行补充查证，现本案已不能通过发回重审方式进行处理，故只能建议二审法院维持一审判决，或者在不违反“上诉不加刑”原则的情况下，依法作出其他处理。

经审理查明：

一、吉林省铁道学会系由沈阳铁路局出资设立的社会团体，其人、财、物均由沈阳铁路局统一管理，人员工资、办公经费等均由沈阳铁路局全额拨付。

2006年年初，原审被告人管仲国（时任吉林省铁道学会副秘书长）与原审被告人王宝库（时任吉林省铁道学会责任编审，高级工程师），利用职务上的便利，以虚报《吉林铁道》期刊印刷费的方式从吉林铁路印刷厂套取现金，二人平分。此事系管仲国首先提出，并由他负责与吉林铁路印刷厂的厂长侯泽政联系，取得了侯泽政的同意，由王宝库和印刷厂的工作人员联系具体工作。2006年至2007年，二人共套取现金40,656元。2008年9月，上诉人（原审被告人）王林生（时任吉林省铁道学会秘书长）到任后，决定继续沿用此办法套取现金，套取的现金由管仲国、王林生、王宝库三人平分，该行为从2008年持续至2013年年底，期间共套取200,580元。管仲国、王宝库参与套取印刷费的数额为241,236元，王林生参与数额为200,580元。管仲国、王宝库每人分得87,188元，王林生分得66,860元。

二、2005年12月20日，经王宝库起草，管仲国签字同意，吉林省铁道学会制定了《关于办好〈吉林铁道〉刊物的管理办法》，规定：《吉林铁道》实行责任编审岗位负责制，责任编审可以聘用或解聘临时编审人员，临时编审人员的工资从向作者收取的版面费中支出，如果《吉林铁道》每年出版超过6期，超过部分每期从版面费中向吉林省铁道学会交款2000元，其余部分作为责任编审支付临时编审人员的工资使用。王宝库作为《吉林铁道》的责任编审，具体负责论文的收集、编辑、印刷、发行、版面费的收取、支付等工作，并聘用其妻子韩娟作为临时编审人员，得到了时任吉林省铁道学会副秘书长管仲国的同意。

王宝库从2006年开始收取版面费，直至2015年，版面费始终没有入账管理。

2008年9月，被告人王林生被任命为吉林省铁道学会秘书长，其到任后为解决吉林省铁道学会的工资待遇较低问题，几次向沈阳铁路局反映，但都没有得到解决。经管仲国汇报，王林生了解到吉林省铁道学会刊发的《吉林铁道》具有收取版面费的收费项目，并曾为此制定了《关于办好〈吉林铁道〉刊物的管理办法》，王宝库担任责任编辑，负责收支版面费、聘任临时编审人员、管理和发行《吉林铁道》，而王宝库聘用的临时编审人员就是其妻子韩娟。王林生认为版面费全由王宝库所有及支配不合理，遂与管仲国商议，后二人分别与王宝库进行沟通，王宝库最终同意每发行一期《吉林铁道》期刊，就从版面费中分给王林生、管仲国每人1500元，如《吉林铁道》期刊某期发表文章数目小于等于36篇，就从版面费中分给王林生、管仲国每人1000元。2009年2月，田克志（另案处理）被任命为吉林省铁道学会副秘书长，从2010年开始王宝库也按照上述标准分给田克志版面费。从2009年第1期至2015年第2期，《吉林铁道》共发行48期，其中有四期发表文章数目小于等于36篇（2009年第六期35篇、2011年第六期36篇、2012年第八期34篇、2014年第五期35篇）。2009年至2015年，管仲国、王林生分别收到版面费计70,000元。2010年至2015年，田克志（另案处理）收到版面费计58,500元。王宝库分给管仲国、王林生、田克志版面费合计198,500元。

三、案发后，王林生返还赃款139,600元，王宝库返还赃款89,900元。

二审认定上诉事实所依据的证据与一审一致，且经一审庭审举证、质证，本院予以确认。

关于上诉人王林生提出的其占有版面费的行为不构成受贿罪或贪污罪以及不应认定为犯罪的上诉理由。经查，吉林省铁道学会系国有企业出资设立的社会团体，王宝库作为吉林省铁道学会的责任编审，以吉林省铁道学会名义向投稿作者违法收取的版面费，属于吉林省铁道学会占有、管理和支配的公共财物，而非王宝库个人钱款。王林生、管仲国、王宝库作为国家工作人员，利用职务便利，对违法收取的版面费不入账管理，合谋共同侵吞，其行为均已构成贪污罪。故，本院对王林生及其辩护人提出的其行为不构成受贿罪的上诉理由予以采纳，对其行为不构成贪污罪及不应认定犯罪的上诉理由不予采纳。对原审被告人管仲国、王宝库提出的相关辩解，亦不予以采纳。对检察机关提出的王林生、管仲国、王宝库占有版面费的行为应认定为贪污罪的意见，予以采纳。

关于上诉人王林生提出的一审认定的贪污数额不确实充分的上诉理由。经查，上诉人王林生及原审被告人王宝库供述的虚报印刷《吉林铁道》的时间、册数与吉林铁路印刷厂出具的《吉林铁道》虚开提现统计表、财务记账凭证、发货单、印刷费发票等证据相互吻合、相互印证，能够证实2008年至2013年王林生参与套取的印刷费数额为200,580元。关于上诉人王林生提出的其将印刷费提取现金后，曾拿出39,820元用于吉林省铁道学会的公务活动，请求二审在量刑时作为酌定从轻情节予以考虑的上诉请求。经查，上诉人王林生在侦查阶段、审查起诉阶段均明确供述“套取的印刷费都用于个人支出，没有公务支出”，其在一审提交的旅游照片、会议合影及情况说明亦不足以证实上述活动的相关费用系来自套取的印刷费。故，王林生及其辩护人的此项上诉请求及理由因证据不足，且无法律依据，本院不予支持。对原审被告人管仲国提出的相关辩解，亦不予采纳。对检察机关提出的王林生的上诉理由证据不足、于法无据，不应采信的意见，予以采纳。

关于原审被告人管仲国提出的其主动交代贪污印刷费的犯罪事实，一审对其量刑过重的辩解。经查，原审法院已认定管仲国对贪污印刷费一节成立坦白，并在量刑时已酌情考虑，故本院不再重复考虑，对该辩解不予采纳。

关于原审被告人王宝库提出的侦查机关引诱其供述为获取不正当利益，向管仲国、王林生、田克志行贿的辩解。经查，王宝库对其分给管仲国、王林生、田克志版面费的犯罪事实予以供认，该辩解不影响其行为构成贪污罪，故本院对该辩解不予采纳。

关于原审被告人王宝库提出的其对贪污印刷费存在自首情节的辩解。根据《最高人民法院、最高人民检察院关于办理职务犯罪案件认定自首、立功等量刑情节若干问题的意见》的规定，办案机关掌握部分犯罪事实，犯罪分子如实交代了同种其他犯罪事实的，依法不成立自首，但可以酌情从轻处罚。本案中，检察机关在发现管仲国、王林生、王宝库涉嫌贪污版面费的犯罪线索后，在对三人讯问期间，三人如实交代了贪污印刷费的犯罪事实，其行为属于如实供述同种罪行，不能认定为自首。故，本院对该辩解不予采纳。

本院认为，上诉人王林生与原审被告人管仲国、王宝库作为国家工作人员，利用职务便利，以虚报印刷费的手段，非法占有公共财物，其行为均已构成贪污罪，对此部分事实原审法院定性准确。王林生、管仲国、王宝库利用职务便利，对违法收取的版面费不入账管理，合谋共同侵吞，其行为均已构成贪污罪。原审认定王林生、管仲国的行为构成受贿罪，王宝库的行为构成行贿罪，属定性错误，依法应予以纠正。关于量刑部分，本案犯罪行为虽发生在刑法修正案（九）、《最高人民法院、最高人民检察院〈关于办理贪污贿赂刑事案件适用法律若干问题的解释〉》公布实施之前，但按照“从旧兼从轻”原则，应当适用新的法律规定及司法解释，即认定为“数额巨大”，在“三年以上十年以下有期徒刑，并处罚金或者没收财产”的法定刑幅度内量刑。原审量刑时未依法适用附加刑，属适用法律错误。因原公诉机关在一审宣判后未在法定期限内提出抗诉，尽管本院在二审程序中已查明原审判决存在上述错误，但基于“上诉不加刑”原则，本院对一审量刑不作改判。关于原审认定管仲国成立自首的问题。经查，管仲国没有自动投案，系在办案机关调查谈话期间，如实交代了办案机关掌握的线索所针对的事实，依法不能认定为自首，应予纠正。关于原审认定管仲国为主犯，王林生、王宝库为从犯的问题。经查，综合本案两起贪污犯罪事实来看，三人在共同犯罪中所起作用基本相当，不宜区分主从犯，对此应予纠正。

综上，上诉人王林生提出的上诉请求及理由理据不足，依法不能成立。依照《中华人民共和国刑事诉讼法》第二百二十二条、第二百二十五条第一款第（三）项、第二百二十六条第一款，《中华人民共和国刑法》第三百八十二条第一款、第三百八十三条第一款第（二）项、第二十五条第一款、第六十四条，《最高人民法院、最高人民检察院〈关于办理贪污贿赂刑事案件适用法律若干问题的解释〉》第二条第一款、第十八条之规定，经本院 2018 年第 1 次审判委员会研究决定，判决如下：

一、撤销长春铁路运输法院(2018)吉7101刑初2号刑事判决;

二、原审被告人管仲国犯贪污罪,判处有期徒刑三年;

(刑期从判决执行之日起计算。判决执行以前先行羁押的,羁押一日折抵刑期一日,即自2016年5月14日起至2019年5月13日止。)

三、上诉人王林生犯贪污罪,判处有期徒刑二年六个月;

(刑期从判决执行之日起计算。)

四、原审被告人王宝库犯贪污罪,判处有期徒刑二年;

(刑期从判决执行之日起计算。判决执行以前先行羁押的,羁押一日折抵刑期一日,即自2016年5月15日起至2018年5月14日止。)

五、在案扣押的上诉人王林生违法所得人民币136,860元、原审被告人王宝库违法所得人民币87,188元依法予以没收;对原审被告人管仲国违法所得人民币157,188元依法予以追缴。

本判决为终审判决。

审　判　长　包蕴琦
审　判　员　李长清
审　判　员　侯德顺

二〇一八年五月十一日

书　记　员　王禹霖

【推荐意见】

本判决结构严谨,层次分明,对上诉人的上诉理由及辩护意见,以及原审被告人的意见,采用综合归纳的方式,有理有据且有针对性地逐条分析辩证,准确把握焦点,逻辑清晰、说理透彻,最重要的是在不违背“上诉不加刑”原则的前提下,纠正了一审判决中的定性错误,对类似案件的审判具有指导意义。

甘丽丽

公主岭市人民法院

公主岭市人民法院立案庭庭长。曾办理李凤娟非法吸收公众存款罪（一审生效）、韩桂香诈骗罪（一审生效）、高鑫抢夺案（一审生效）、单德本伪造公司印章罪（二审维持）等案件。

【裁判要旨】

运输毒品罪中的运输是指明知是毒品而采用携带、寄递、托运、利用他人或者使用交通工具等方法非法运输毒品的行为。这里的“明知”应指行为人认识到自己运输的是毒品,且该行为会发生危害公众健康的结果而为之,对于该毒品实际的成分、名称、效用等性质,不影响犯罪的成立。

行为人将数量大的“假毒品”(不含有任何毒品成分)误认为是“真毒品”而利用交通工具在我国领域内将毒品从此地转移到彼地的部分,以运输毒品罪论处,但因意志以外的原因未能得逞,应认定为犯罪未遂形态。

【裁判文书】

吉林省公主岭市人民法院
刑事判决书

(2018)吉0381刑初234号

公诉机关吉林省公主岭市人民检察院。

被告人李小保(又名大宝子),男,1965年1月17日出生于吉林省公主岭市,汉族,小学文化,无业,住吉林省公主岭市××医院家属楼。因涉嫌贩卖毒品罪,于2017年8月26日被公主岭市公安局刑事拘留,于2017年9月29日被公安机关逮捕。现羁押于四平市看守所。

辩护人田耕,系吉林硕实律师事务所律师。

被告人梁玉春,女,1972年4月22日出生于吉林省公主岭市,汉族,小学文化,无业,住吉林省公主岭市××新城,因涉嫌犯有贩卖毒品罪,于2017年8月26日被公主岭市公安局刑事拘留,同年9月29日被逮捕。现羁押于公主岭市看守所。

辩护人李邵奎,系吉林满誉律师事务所律师。

辩护人靳小燕,系吉林响铃律师事务所律师。

被告人蒋磊,男,1982年4月15日出生于吉林省长岭县,汉族,小学文化,无业，住吉林省长岭县××镇，因涉嫌犯有贩卖毒品罪，于2017年8月26日被公主岭市公安局刑事拘留，同年9月29日被逮捕。现羁押于公主岭市看守所。

吉林省公主岭市人民检察院以公检刑检公诉刑诉[2018]229号起诉书，指控被告人李小保、梁玉春、蒋磊犯贩卖毒品罪，于2018年4月25日向本院提起公诉。本院依法组成合议庭，于2018年6月8日、6月22日公开开庭审理了本案，吉林省公主岭市人民检察院指派代理检察员王琳、书记员李祥出庭支持公诉，被告人李小保、梁玉春、蒋磊到庭参加诉讼。现已审理终结。

吉林省公主岭市人民检察院指控：2017年8月24日，被告人梁玉春在被告人李小保位于公主岭市××小区××室家中以600元价格卖给被告人蒋磊、李小保冰毒吸食。

第二天，被告人李小保、梁玉春、蒋磊预谋买冰毒进行贩卖，三人乘坐梁得君驾驶的黑色吉××××轿车从公主岭市到榆树市后，由李小保联系上家史求子从其手中以10万元的价格购买冰毒532.69克。后李小保、梁玉春、蒋磊、二东子等人共同出资21,000元，由李小保联系上家刘成从其手中购买冰毒95.51克，后在七中路口北侧火车道附近李小保、梁玉春、蒋磊被公安机关抓获归案。公主岭市产品质量计量检测所测试报告：疑似白色冰毒628.2克，疑似麻古的5片红色片剂0.5克，样品编号1、95.51克；2、163.66克；3、71.03克；4、99.50克；5、99.14克；6、99.36克；7、0.50克。吉林省公安厅物证鉴定中心刑事科学技术鉴定书：从理化2017－376－1、2017－376－7号检材中均检出甲基苯丙胺；从理化2017－376－2、2017－376－3、2017－376－4、2017－376－5、2017－376－6号检材中均未检出甲基苯丙胺。

吉林省公主岭市人民检察院指控上述犯罪事实所列举的证据有：书证：照片、常住人口数据查询详细信息、交易明细清单、微信界面照片、涉案人员到案经过等；搜查笔录，光盘四张，鉴定意见，证人梁得君证言；被告人李小保、梁玉春、蒋磊的供述与辩解。

吉林省公主岭市人民检察院认为，被告人李小保、梁玉春、蒋磊贩卖毒品，其行为均已触犯了《中华人民共和国刑法》第三百四十七条之规定，犯罪事实清楚，证据确实充分，应当以贩卖毒品罪追究其刑事责任。

被告人李小保在庭审过程中称：其本人吸食毒品的量很大，所以去买毒品就是回来自己吸食，从没卖过毒品。购买毒品的钱是梁玉春拿的，其中一部分借给他，到史求子那看能买更多的毒品，就叫梁玉春上来，梁玉春说这10万元钱都买了。然后回去大家根据拿钱的多少再分得毒品，就是一起去买毒品了。

被告人梁玉春在庭审过程中称，其同李小保、蒋磊一同去买毒品，是其联系梁得君开车拉他们去的，走之前在银行取了10万元钱，是借给李小保的，因为李小保欠别人的钱。李小保的毒品吸食量确实大。

被告人蒋磊在庭审过程中称当天是李小保让跟着出躺门，就去了，没等出公主岭市就睡着了，到哪了也不知道，后来去了长春，到长春买了4个西瓜就走了，下公主岭市收费站就被抓了。不清楚是怎么回事。

辩护人田耕的辩护意见是：指控被告人李小保构成贩卖毒品罪的证据不足，李小保、梁玉春、蒋磊三人所谓的预谋是买毒品，没有提到买毒品进行贩卖。虽然李小保和梁玉春在侦查阶段互相供述对方是贩卖，但是只是出于自己的猜测，没有证据对这一猜测予以支持。整个案件中没有反映李小保、梁玉春涉案毒品的下家。不足以认定其构成贩卖毒品罪。对于本案是否涉嫌运输毒品罪，辩护人认为，没有证据证明被告人运输毒品的目的是什么，说其构成运输毒品罪不充分。本案应认定其为非法持有毒品罪，非法持有毒品包括静态的、动态的持有，本案被告人李小保多年吸毒，吸食量大，也被强制戒毒过。虽然说查获了600多克，但是几个人分摊后毒品的数量就下来了。根据几个会议纪要的精神，吸毒者在携毒过程中被查获，没有证据证明是为了贩卖运输，只能按照非法持有定性。

辩护人李邵奎、靳小燕的辩护意见是：1. 公诉机关指控梁玉春将冰毒贩卖给被告人蒋磊、李小保吸食的指控不能成立。卷宗虽然显示李小保、蒋磊吸食了梁玉春带来的毒品，但是不能证明是梁玉春卖给二人的，是借用关系，现有证据只能证明是梁玉春借给李小保毒品。2. 现有证据不能证明梁玉春出资10万元购买毒品。3. 本案的定性应为非法持有毒品罪，现有证据认定被告人预谋买冰毒、联系卖家、去买冰毒没有问题，但没有被告人具有贩卖目的的确切证据。本案被告人都是吸毒者,虽然毒品数量较大,但是也不能排除被告人自用的可能性。卷宗中没有证明被告人曾有贩卖毒品经历的证据,也没有本次买毒品是为了贩卖的证据,不能构成贩卖毒品罪。4. 被告人持有毒品的数量应为95.51 克,并且应按照被告人出资额认定各自购买毒品的数量。5. 被告人梁玉春在共同犯罪中是从犯。6. 被告人亦不构成运输毒品罪,运输毒品罪不能以起获毒品是否在运输环节,应当重点考量行为人的运输目的和意图,并以此来确定是非法持有毒品还是运输毒品。梁玉春等人在外地购买毒品返家,是购买毒品的延续,不是单纯运输毒品。

本院经审理查明:被告人李小保、梁玉春、蒋磊在榆树市“史求子”处以及长春市刘成手中共购买冰毒 628.2 克,0.5 克麻古后,三人乘坐梁得君驾驶的黑色吉××××轿车回到公主岭市,在公主岭市七中路口北侧火车道附近李小保、梁玉春、蒋磊被公安机关抓获归案。公主岭市产品质量计量检测所测试报告:疑似白色冰毒 628.2 克,疑似麻古的 5 片红色片剂 0.5 克,样品编号 1、95.51 克;2、163.66 克;3、71.03 克;4、99.50 克;5、99.14 克;6、99.36 克;7、0.50 克。吉林省公安厅物证鉴定中心刑事科学技术鉴定书:从理化 2017 -376 -1、2017 -376 -7 号检材中均检出甲基苯丙胺;从理化 2017 -376 -2、2017 -376 -3、2017 -376 -4、2017 -376 -5、2017 -376 -6 号检材中均未检出甲基苯丙胺。

认定上述事实,有公诉机关出示、宣读的下列证据予以证明:

1. 常住人口数据查询详细信息及犯罪嫌疑人基本情况表,证明被告人的自然信息及具有刑事责任能力的情况。

2. 涉案人员到案经过,证明 2017 年 8 月 25 日晚上,公主岭市公安局有组织犯罪侦查大队民警在公主岭市七中路口北侧的火车道附近将李小保、梁玉春、蒋磊、梁得君查获。

3. 违法犯罪记录查询,证明李小保于 2008 年 5 月 24 日因吸毒被沈阳市公安局强制戒毒 3 个月并劳动教养;于 2010 年 6 月 21 日因吸毒被强制戒毒 2 年;梁玉春于 2013 年 3 月 3 日因吸毒被行政拘留,于 2016 年 1 月 12 日因吸毒被四平公安局铁东分局行政拘留,于 2016 年 4 月 12 日因吸毒被长春市公安局朝阳分局行政拘留；蒋磊于2013年1月31日因吸毒被长岭县公安局行政拘留，2014年5月9日因吸毒被长岭县公安局行政拘留，于2015年7月22日因故意毁坏财物被长岭县公安局行政拘留；梁得君无违法犯罪记录。

4. 入所健康检查表，证明李小保额头一外伤，梁玉春高血压、子宫肌瘤、左肾多发囊肿等；蒋磊左额头有外伤，梁得君检查状况正常。

5. 强制戒毒执行通知书，证明李小保因吸毒被沈阳市公安局皇姑分局强制戒毒三个月（自2008年5月24日至2008年8月23日）。

6. 劳动教养决定书，证明2008年5月29日李小保被沈阳市教养管委会决定劳动教养一年。

7. 行政处罚决定书，证明2016年1月12日梁玉春被四平市公安局铁东分局因吸毒行政拘留十五日；于2016年4月12日因吸食毒品被长春市公安局朝阳区分局行政拘留十日；于2016年4月12日被长春市公安局朝阳区分局决定社区戒毒三年。

8. 行政处罚决定书，证明蒋磊于2015年7月22日因故意毁损财物被长岭县公安局决定行政拘留十五日。

9. 异地羁押审批表，证明因同案较多，将李小保异地羁押至四平市看守所。

10. 尿样毒品检测试验笔录，证明李小保、蒋磊的检测结果为阳性，近期内有吸毒行为；梁少春、梁得君的检测结果为阴性，近期内无吸毒行为。

11. 行政处罚决定书，2017年9月14日李小保因向蒋磊提供冰毒，被公主岭市公安局行政拘留五日，因吸食毒品被行政拘留十五日并处罚款2000元，因容留蒋磊吸食毒品被刑事拘留十日并处罚款人民币2000元，决定执行行政拘留二十日，并处罚款4000元；蒋磊因吸食毒品被公主岭市公安局决定行政拘留十五日并处罚款2000元。

12. 搜查证、搜查笔录，证明搜查李小保的黑色宾利轿车，搜查出六袋疑似冰毒晶体，其中一个塑料袋装的白色晶体，一个透明密封塑料袋装的白色晶体，四个黑色密封塑料袋装的白色晶体和一个小透明塑料袋装的麻古及建行卡；在李小保位于安康医院家属楼、××××小区×号楼×单元×室住处进行搜查,未搜查到毒品及吸毒工具。

13. 照片、录像,证明搜查物品的外观、数量等情况。

14. 扣押决定书,证明扣押疑似冰毒的白色晶体六袋,疑似麻古白色晶体、黑色宾利车、建行卡。

15. 产品质量计量测试报告,证明经称重,产品编号为1的净重为95.51克;编号为2的净重量为163.66克;编号为3的净重量为71.03克;编号为4的净重量为99.50克;编号为5的净重量为99.14克;编号为6的净重量为99.36克;编号为7的净重量为0.50克。

16. 鉴定意见,证明吉林省公安厅物证鉴定中心刑事科学技术鉴定书:从理化2017－376－1、2017－376－7号检材中均检出甲基苯丙胺;从理化2017－376－2、2017－376－3、2017－376－4、2017－376－5、2017－376－6号检材中均未检出甲基苯丙胺。

17. 银行交易流水,证明户名孙楠,卡号为××××的卡于2017年8月25日现金支取人民币15,000元;户名为孙晓辉,卡号为××××的卡于2017年8月25日现金支取49,900元;查询梁玉春名卡卡号为××××的卡自2017年8月1日至2017年9月6日的交易记录显示其2017年8月15日至2017年9月6日无交易记录。

18. 微信聊天记录截图,证明李小保的微信名为军哥(微信号××××)、宝哥(微信号××××),其分两次转给梁得君车费400元的情况;其通过微信向微信名为天道酬勤,实名为刘成转账3000元购买冰毒;蒋磊微信名为"我就是我(微信号××××)"其给微信名为天道酬勤,实名为刘成的人转了6000元买冰毒钱。

19. 蒋磊转给微信名为"人生如梦(微信号××××)"的女子购买冰毒款4000元、1000元、1000元、1000元、500元。

20. 蒋磊向李小保退还梁玉春向二姐购买冰毒的3000元钱。蒋磊给二东子转账1200元购买麻古。

21. 驾驶证、行驶证,证明李小保的准驾车型是C1。

22. 微信名为"人生如梦(微信号××××)"的二姐女子通过微信转账

的方式退给蒋磊7000元买冰毒钱。

23. 情况说明,证明购买毒品的上家史求子、刘成、二东子的男子和涉嫌贩卖毒品的二姐,现公安机关正在核实其真实身份后积极抓捕中;因李小保于2010年6月21日因为吸毒被公主岭市公安局行政拘留并强制戒毒2年,但公安局的档案部门查找李小保的吸毒前科时无法找到该本卷宗;梁玉春于2013年3月3日因为吸毒被公主岭市公安局行政局留但无法找到该卷宗;蒋磊于2013年1月30日因为吸毒被长岭县公安局行政拘留,2014年5月9日因吸毒被长岭县公安局行政拘留,办案人员正积极调取这两次前科中;李小保是否构成强制隔离戒毒,公主岭市公安局正在积极取证中;蒋磊于2017年11月8日被依法决定社区戒毒三年,相关法律文书在李小保、蒋磊等人吸毒行政案件卷宗中。

24. 吉林省九台强制隔离戒毒所证明,李小保曾在该处戒毒,自2011年5月24日调入延边州强制隔离戒毒所。

25. 证人梁得君的证言,证明2017年8月25日那天梁得君在二十家子水库钓鱼,梁玉春给他打电话,说让帮李小保出趟车,之后李小保给了梁得君400元钱的红包,梁得君拉着李小保等人去了榆树市,进了榆树市之后有一个奥迪车接的。之后进了一个小区,李小保就下车上楼了,过了一会梁玉春也下车上楼了,没一会两人就下来了,就开车往回走了,回去的路上开到长春北高速口,李小保自己下车,一个男子给了他一个纸盒箱子,之后李小保就放车后面了,然后继续开车往回走,在七中路口被警察抓到了。

26. 被告人李小保的供述,证明2017年8月24日朋友小龙给李小保打电话称一个吸毒的朋友叫蒋磊来公主岭了,小龙不在,李小保将蒋磊接到家中,因二人想吸毒,蒋磊让李小保联系买毒品吸食,李小保就联系了梁玉春,梁玉春拿出2.3分冰毒,并说在市场上价格得600元,蒋磊要给钱,李小保没让,说等有毒品了多还梁玉春点,吸完毒品后感觉不过瘾,蒋磊让李小保再联系点,李小保联系二东子,二东子送来了20片麻古,蒋磊和二东子互相加的微信,蒋磊给二东子转了1200元钱。蒋磊和李小保吸完麻古后,蒋磊和梁玉春让李小保再联系点毒品,李小保就联系了微信名为“人生如梦”的女子,也就是王桂香买20克,王桂香说有冰毒,400元一克,一共8000元。蒋磊加了王桂香的微信,然后开始凑钱,因为李小保妻子欠梁玉春2400元,梁玉春又给了李小保600元钱,李小保把3000元给了蒋磊,就是梁玉春买了3000元的,剩下的是蒋磊拿的,蒋磊通过微信给二姐王桂香转了7500元,说见面再给500元现金,后来二姐王桂香没有买到冰毒,就把钱退给蒋磊了。之后蒋磊和梁玉春又让我联系买冰毒,李小保就联系了史求子,史求子说有100多克冰毒,220元一克,但是不送货得取,梁玉春联系她哥梁得君拉李小保、梁玉春去了榆树,在走之前梁三春在市医院附近的建行取了钱,看着手里拿着一个黑色的塑料袋。在快到榆树的高速路口史求子让一个人开着奥迪A8车来接的,到榆树的一个小区院内,和一个小孩一起上楼了,见到史求子之后验了货,吸了几口感觉不错,就让一个小孩把梁玉春叫上来了,梁玉春说带10万元来的,要买10万元钱的。史求子说有100多克可以问问别人,但是得240元、250元一克,梁玉春说行,梁玉春给了史求子10万元钱,史求子就出去准备毒品了,后来在高速路口附近一个桥边上石碑下取到了毒品。交易成功后,李小保接到刘成的电话,刘成说给整到100克毒品,210元一克,共计21,001元,李小保拿了3000元,梁玉春拿了5000元,二东子拿了7000元,蒋磊拿了6000元,共计21,000元都是买毒品的。到长春高速路口取到的该100克毒品。后来史求子说给的毒品多了,清点后发现是多了,梁玉春就说她要了。回到公主岭市后就被抓了。

27. 被告人梁玉春的供述,证明2017年8月24日李小保给梁玉春打电话,梁玉春去了李小保家,看见李小保、二东子和一个不认识的男的在,李小保在梁玉春的包里翻出了一包毒品,李小保和蒋磊吸食了,李小保说等有毒品了再还给梁玉春,后来二东子出去一趟回来时又拿回来的麻古,不知道多少钱,他们三人就吸食了麻古。李小保问买不买毒品,梁玉春说买,因为李小保的妻子欠梁玉春2400元钱,梁玉春又给了李小保600元钱,梁玉春就以该3000元买的毒品,当时李小保说买8000元的毒品,25日早上那个二姐王桂香把钱退还给蒋磊了,蒋磊又把钱转给了李小保。梁玉春的3000元也在李小保的微信里。李小保说在榆树市能买到毒品,是梁得君拉着去的,但是他不知道是买毒品,就是出一趟车,在去榆树之前,李东岩给李小保打电话,让还10万元钱。

李小保让梁玉春给整10万元钱,2天还,利息5000元,梁玉春同意了。梁玉春在建设银行取了99,800元给了李小保,当时没有写借条,李小保放进自己的包里了。到榆树买毒品的时候,李小保没有拿包直接上去了,后来让梁玉春拿包上楼的,梁玉春在副驾驶位置上把包拿了上去。上去后看见李小保在吸毒,还有一个小孩和史求子,该二人说出去拿一样毒品就出去了。之后小孩给领的路,在一个路边有一个塑料袋,李小保把袋子拿走了,放在驾驶后座靠背了,就往回走了。在从榆树往回走时,李小保接到了刘成的电话,说刘成能卖给他毒品,李小保给刘成转了3000元,二东子给转了7000元,蒋磊给转了6000元,梁玉春通过朋友给转了5000元,就是为了购买毒品。

28. 被告人蒋磊的供述与辩解,证明蒋磊来公主岭市找刘成,刘成不在,给了一个电话,联系的就是李小保,李小保在一个小区接的蒋磊,李小保带蒋磊到李小保家,待了一会后,蒋磊问李小保能不能联系买冰毒吸食。过了一会儿来了一个胖女的,胖女的从衣服兜里拿出一个卫生纸,卫生纸里面包着冰毒直接给了李小保,冰毒有三分,胖女的说市场价600元,蒋磊说微信支付给她,她把手机拿出来说收不了钱是老板手机,问有没有现金,蒋磊说没有现金,李小保说先不用给钱,那女的有点生气了,之后蒋磊和李小保就吸食毒品了。李小保没吸过瘾,蒋磊和李小保说再买点,之后来了一个男的叫二东子,蒋磊买了20片麻古给该男子转了1200元钱,之后蒋磊和李小保又吸了麻古。吸的不过瘾,蒋磊让李小保再联系买点冰毒,之后来个女的,微信名是"人生如梦",蒋磊说买1000元钱的,大概能买2克多点,那个胖女的说等送冰毒时,除了蒋磊的1000元钱的冰毒她都要了,蒋磊才知道,总共要买20克冰毒,8000元钱的。其中蒋磊转了1000元,李小保转了3400元,二东子替梁玉春转的钱一次1000元,一次1200元共计2200元,还差几百元,二东子转到蒋磊手机里了,一共凑了7500元给"人生如梦"转过去了。后来因为没有买到毒品,就把钱给返回来了。当天晚上胖女的和那名男子走了,蒋磊在李小保家住的,李小保说把他车卖给蒋磊10,000元,双方都同意了,之后第二天李小保让蒋磊和他出门,蒋磊就去了,上车就睡觉了,不知道去哪,在走之前还在建行附近接了那名胖女的,蒋磊就睡觉了,之后李小保接了一个电话,对方管他要钱,李小保说蒋磊要买车就先把钱付了，蒋磊说只有6000元，李小保说行，另外4000元后给，李小保用蒋磊的手机给微信名为“天道酬勤”的人转了6000元。该6000元钱是买车钱，之后就睡觉了，什么都不知道了。

本院就控辩双方就有关犯罪事实和证据提出控辩意见经审查后认为：

（一）本案被告人李小保、梁玉春、蒋磊的行为不构成贩卖毒品罪

贩卖毒品罪的贩卖，是指明知是毒品而非法销售或者以贩卖为目的而非法收买的行为。起诉书中认定被告人李小保、梁玉春、蒋磊主观存在贩卖毒品意图的只有被告人李小保和梁玉春曾供述过对方是用于贩卖，而对于本人都称是用于吸食。其指认对方是用于贩卖具有一定的猜测、推断的性质，除三被告人所购买的毒品数量大以外，卷宗中没有二人曾经贩卖过毒品的证据，也没有其他证据佐证本次购买毒品的被告人李小保、梁玉春、蒋磊等人存在贩卖目的。故对指控被告人李小保、梁玉春、蒋磊构成贩卖毒品罪的证据不足，本院不予认定。另对于指控梁玉春向李小保、蒋磊贩卖毒品的事实，本院认为，梁玉春、李小保及蒋磊在侦查阶段及庭审中均称李小保及蒋磊未向梁玉春给付购毒款，只是李小保称等有了毒品再还给梁玉春，应当认定系吸毒者相互借用毒品吸食的行为，不能证明客观牟利的事实。故指控被告人李小保、梁玉春、蒋磊贩卖毒品证据不足，本院不予认定。对梁玉春辩护人认为被告人梁玉春向李小保、蒋磊提供毒品的性质系互借毒品的意见，予以采纳。

（二）本案被告人李小保、梁玉春、蒋磊的行为构成运输毒品罪

运输毒品罪中的运输是指明知是毒品而采用携带、寄递、托运、利用他人或者使用交通工具等方法非法运输毒品的行为。本案被告人李小保、梁玉春、蒋磊即共同实施了运输毒品的行为，该三人明知是毒品，将其从榆树、长春运输至公主岭市内。虽然李小保、梁玉春称所买毒品系用于吸食，但确系以数量大的毒品作为运输的目标，不具有可信性，且李小保称该毒品购买后等回到公主岭再根据出资购买的金额来具体分得毒品，同时本案中还存在三人以外的“二东子”通过转账出资并等待分得毒品的情形，故本案被告人运输的毒品存在进入毒品交易领域的可能，结合本案被告人虽为吸毒者，但其运输的毒品数倍于毒品数量大的标准，符合运输毒品罪的犯罪构成，应以其客观运输毒品的

行为状态以运输毒品罪定罪处罚。虽然蒋磊称其并不知情去榆树购买毒品的情况,但同案李小保、梁玉春均指认其明知是购买毒品而同行,并称蒋磊并未一路睡觉的供述,结合蒋磊向张成转款购买毒品的行为,足以认定其明知。而对于其转款行为辩称系向李小保购买车的款项的辩解意见,因得不到李小保的印证以及客观上转款给张成的事实,则不具有可信性,故本院对其辩解意见不予采纳。

(三)本案中被告人蒋磊在犯罪中起次要作用,是从犯

本案中,是李小保联系购买毒品的上家,李小保和梁玉春存在出资购买的行为,是梁玉春联系了去榆树购买毒品的车辆。均起到积极作用。被告人蒋磊同李小保、梁玉春同去,仅存在购买的行为,起辅助作用,故应认定为从犯。

本院认为,被告人李小保、梁玉春、蒋磊明知是毒品而非法运输,其行为均已构成运输毒品罪,犯罪事实清楚,证据确实充分。鉴于被告人李小保、梁玉春、蒋磊所购买的532.69克疑似冰毒中未检出毒品成分,系因意志以外的原因未能得逞,是犯罪未遂,可比照既遂犯从轻处罚。被告人蒋磊在共同犯罪中起次要作用,是从犯,可比照既遂犯减轻处罚。公诉机关指控被告人李小保、梁玉春、蒋磊犯贩卖毒品罪罪名不当,应予修正。对辩护人认为构成非法持有毒品罪的辩护意见,本院不予采纳。依据《中华人民共和国刑法》第三百四十七条(运输毒品罪),第五十二条及第五十三条(罚金),第二十五条(共同犯罪),第二十七条(从犯),第二十三条(犯罪未遂),第六十四条(犯罪所得之物、所用之物的处理)以及《最高人民法院关于适用〈中华人民共和国刑事诉讼法〉的解释》第二百四十一条第(二)项、第(五)项规定的规定,判决如下:

一、被告人李小保犯运输毒品罪,判处有期徒刑十五年,并处没收财产。

(刑期从判决执行之日起计算,判决执行以前先行羁押的,羁押一日折抵刑期一日,即自2017年8月26日起至2032年8月25日止。)

二、被告人梁玉春犯运输毒品罪,判处有期徒刑十五年,并处没收财产。

(刑期从判决执行之日起计算,判决执行以前先行羁押的,羁押一日折抵刑期一日,即自2017年8月26日起至2032年8月25日止。)

三、被告人蒋磊犯运输毒品罪,判处有期徒刑十年零五个月,并处罚金人

民币10,000元。(此款于本判决发生法律效力后三日内缴纳。)

(刑期从判决执行之日起计算,判决执行以前先行羁押的,羁押一日折抵刑期一日,即自2017年8月26日起至2028年1月25日止。)

四、扣押在案,未随卷移送的毒品予以没收,由扣押机关处理。

如不服本判决,可在接到判决书的第二日起十日内,通过本院或者直接向吉林省四平市中级人民法院提出上诉。书面上诉的,应当提交上诉状正本一份,副本八份。

审 判 长　甘丽丽
人民陪审员　钟　蔚
人民陪审员　马晓莉

二〇一八年六月二十二日

书 记 员　石良玉

【推荐理由】

1. 本案正确区分贩卖毒品罪与运输毒品罪的犯罪构成,准确定性。贩卖毒品罪的贩卖,是指明知是毒品而非法销售或者以贩卖为目的而非法收买的行为。本案应当认定系吸毒者相互借用毒品吸食的行为,不能证明客观牟利的事实,故不应认定构成贩卖毒品罪。而本案被告人运输的毒品存在进入毒品交易领域的可能,结合本案被告人虽为吸毒者,但其运输的毒品数倍于毒品数量大的标准,符合运输毒品罪的犯罪构成,应以其客观运输毒品的行为状态以运输毒品罪定罪处罚。

2. 正确认定运输毒品罪既遂与未遂的犯罪形态。通常来说,对于运输毒品罪来说,只要行为人将毒品带离原来的存放地进入运输状态,就应构成运输毒品罪的既遂,在本案中涉及存在部分假毒品的情形,行为人误将购买的假毒品进行运输,是对象不能犯,亦属于因意志以外的原因未得逞,构成犯罪未遂。

3. 正确区分主犯和从犯。在运输毒品案中,多名被告人参与,彼此分工,共同实施运输毒品行为,则需结合在犯罪中所起的作用,认定主犯、从犯,进行区别量刑,本案结合犯意的提起、具体行为分工、出资多少等方面比较各个共同犯罪人在共同犯罪中的地位和所起的作用,区分主从犯,均衡量刑。

王宝秀

吉林省梅河口市人民法院

梅河口市人民法院刑事审判庭审判员。审理过的重大案件以及获得的学术成果：

（1）2018 年审理于镇通等六被告人寻衅滋事、敲诈勒索、非法占用农用地、强迫交易、妨害公务案恶势力集团案件。

（2）2004 年刑事判决书被编入吉林省高级人民法院案例选编。

（3）刑事裁判文书被吉林省高级人民法院授予优秀裁判文书二等奖。

【裁判要旨】

以高额利息借款实施诈骗行为,在认定诈骗数额时应当将已归还的利息予以扣除。虽我国现行法律没有明确规定,但通过司法实践证明,如果承认被告人支付被害人的高额利息是合法的,那么双方之间签订的民间借款协议就是有效的,被告人的行为就不构成诈骗罪。相反,要认定被告人的行为构成诈骗犯罪,就不能承认双方所签订的超出银行同期贷款利率的民间借贷行为所产生的高额利息合法性。

【裁判文书】

吉林省梅河口市人民法院
刑事判决书

(2018)吉 0581 刑初 45 号

公诉机关吉林省梅河口市人民检察院。

被告单位梅河口市振源粮食购销有限公司,住所地梅河口市××乡××村。

诉讼代表人王喜琴,女,1971 年 4 月 16 日出生,汉族,户籍所在地吉林省梅河口市××乡××村×组,现住梅河口市××街江××室。

被告人陆明国,男,1972 年 1 月 30 日出生,汉族,小学文化,系梅河口市振源粮食购销有限责任公司法定代表人,住梅河口市××乡××村×组;因涉嫌诈骗罪,于 2017 年 8 月 8 日被公安机关刑事拘留;同年 9 月 14 日被逮捕,现羁押于梅河口市看守所。

辩护人李红伟,系吉林荣华律师事务所律师。

梅河口市人民检察院以梅检刑检刑诉[2018]202 号起诉书及梅检刑检刑追诉[2018]3 号追加起诉决定书指控被告单位梅河口市振源粮食购销有限公司犯合同诈骗罪与被告人陆明国犯合同诈骗罪、诈骗罪,于 2018 年 4 月 9 日向本院提起公诉。2018 年 5 月 14 日,公诉机关因追加起诉遗漏单位犯罪需要补充侦查,建议本院延期审理。该案于2018年6月14日恢复审理后,本院依法组成合议庭,于2018年8月24日公开开庭审理了本案。梅河口市人民检察院指派检察员张维忠、李建华出庭支持公诉,被告单位诉讼代表人王喜琴、被告人陆明国及其辩护人李红伟到庭参加诉讼。在审理过程中,公诉机关因陆明国涉案金额事实不清需要补充侦查,建议本院延期审理。2018年9月24日该案补查结束,并于2018年9月28日公开进行了第二次开庭审理,梅河口市人民检察院指派检察员张维忠、郭世杰出庭支持公诉,被告单位梅河口市振源粮食购销有限责任公司诉讼代表人王喜琴、被告人陆明国及其辩护人李红伟到庭参加诉讼,本案现已审理终结。

梅河口市人民检察院指控:

2011年以前,被告人陆明国以自己名义或以他人名义分别注册了梅河口市振源粮食购销有限责任公司(以下简称振源公司)、梅河口市新星谷物收储销售有限责任公司等企业。

1.2014年7月,被告人陆明国让其亲属车喜武、丁水海(均另案)为其"顶名"贷款。车、丁受陆明国指使,谎称陆明国仓库内的水稻(约500吨)系自己存放,并在陆明国伪造的银行流水、土地租赁合同、购房手续、代储存合同等材料上签名,以其向通化宝通担保有限责任公司(以下简称宝通公司)提供反担保并签订《抵押反担保合同》,由宝通公司向中国农业银行股份有限公司梅河口支行担保,分别获取贷款45万元,被陆明国使用。贷款逾期未还,宝通公司代为清偿本息90.940898万元后,向车、丁追偿无果。

2.2014年6月至9月,被告人陆明国以柳河鑫汇融资担保公司(以下简称鑫汇公司)急需向金融机构交纳保证金等事由,利用被害人刘玉芬,曹玉海有贷款愿望,并承诺月息3分、多次向刘玉芬、曹玉海"借款",共计金额855万元。2015年10月19日,陆明国汇总此前欠款,向刘玉芬出具了"今欠刘玉芬人民币1105万元"的欠据,至今未还。

3.2014年12月15日,被告人陆明国以"倒粮用钱"为由,并承诺给付"月息2%",向被害人刘丹借款50万元,至今未还。

4.2013年7月至2015年2月,被告人陆明国以"收粮"等事由,并承诺给付利息,陆续向被害人王延志“借款”,累计出具借据金额326.17万元,至今未还。

5.2014年1月至4月,被告人陆明国以“用于资金周转”事由,分两笔向宝通公司借款共计300万元,至今未还。

追加指控:

2014年11月29日,被告人陆明国找尚久光“顶名”向宝通公司借款,陆明国“充当”担保人,“借取”宝通公司资金200万元,至今未还。

2012年,被告人陆明国由宝通公司担保,在辉南县农村信用合作社(现变更为吉林辉南农村商业银行股份有限公司)贷款500万元,贷款期限一年,到期后,“将本金和利息一次性还清,然后继续贷款”,至2016年12月5日,因宝通公司“找不到陆明国”,只好以鲍庆敏名义在吉林辉南商业银行股份有限公司借款500万元,用于清偿了此前陆明国借款。

针对上述指控,公诉机关向法庭提供了书证、证人证言、被害人陈述,被告人的供述与辩解、视听资料等证据,证明其指控的事实。并认为,被告人陆明国冒用他人名义,以虚假的产权证明作担保与他人签订合同,骗取他人财物,数额巨大;虚构事实,隐瞒真相,骗取他人财物,数额特别巨大;其行为触犯了《中华人民共和国刑法》第二百二十四条第(一)项、第(二)项和第二百六十六条之规定,应当以合同诈骗罪、诈骗罪追究其刑事责任,数罪并罚;被告单位梅河口市振源粮食购销有限公司及其法定代表人陆明国以非法占有为目的,在签订履行合同过程中,骗取他人财物,数额巨大,其行为触犯了《中华人民共和国刑法》第二百二十四条、第二百三十一条,犯罪事实清楚、证据确实、充分,应当以合同诈骗罪追究被告单位梅河口市振源粮食购销有限公司及被告人陆明国的刑事责任。依照《中华人民共和国刑事诉讼法》第一百七十二条及《人民检察院刑事诉讼规则(试行)》第四百五十八条的规定,追加起诉,并提请法院依法判处。

被告人陆明国辩称:一、针对第一份起诉书指控:1.对公诉机关指控第一起利用签订合同形式诈骗宝通公司90万元的事实无异议;2.关于指控第二起其骗取刘玉芬、曹玉海855万元的金额当中,其中借款本金只有500万元左右，其他均为利息，该利息不应视为其犯罪金额，且已部分还款，但其无法提供还款的有效证据；3. 关于指控第三起其骗取刘丹50万元无异议；4. 关于指控第四起其骗取王延志326.17万元，其中含有利息；5. 关于指控第五起其骗取宝通公司300万元，已归还，但无法提供有效证据。二、针对追加指控：1. 关于指控其第一起诈骗宝通公司200万元，无异议；2. 关于指控其单位振源公司利用签订合同诈骗宝通公司500万元，只用了300万元。

其辩护人辩护意见如下：一、对公诉机关认定被告人陆明国犯合同诈骗、诈骗罪定性无异议，但对认定的部分事实有异议，并认为根据被害人陈述和银行转账记录证明被告人陆明国实际诈骗曹玉海、刘玉芬的金额为399.6万元。理由是：（1）证据证明陆明国向刘玉芬、曹玉海转账借款835万元。①根据被害人曹玉海、刘玉芬笔录，陆明国骗了4次钱，第1次是500万元，第二次300万元，第3次是50万元，第4次是5万元，通过银行的转账记录，2014年6月18日曹玉海通过中国农业银行转账190万元，2014年6月20日转账296万元，实际金额为486万元，而不是500万元。②2014年7月1日曹玉海通过中国农业银行转账陆明国296万元，证明被告人第二笔实际金额为296万元，而不是300万元。③2014年7月2日被告人陆明国中国农业银行卡号××××交易清单显示转账48万元，证明第三笔实际借款是48万元，而不是50万元。（2）证据证明陆明国还款435.4万元。2014年7月1日、2014年7月21日被告人陆明国通过农行银行卡××××转账300.4万元、135万元给曹玉海。以上没有包括最后一笔296万元。二、被告人陆明国有以下酌定从轻情节：①陆明国到案后如实供述自己犯罪事实，具有坦白情节；②陆明国系初犯，无前科劣迹。综上意见，建议法庭对被告人陆明国从轻或减轻处罚。

被告单位振源公司诉讼代表人对公诉机关指控辩称其对公司经营不参与，不了解公司具体运营及相关情况。

经依法审理查明：

2011年以前，被告人陆明国以自己名义或以他人名义分别注册了振源公司、梅河口市新星谷物收储销售有限责任公司（以下简称新星公司）等企业，其中，陆明国担任振源公司法定代表人。

一、关于单位合同诈骗的事实

2012年,被告单位振源公司及其法定代表人陆明国与宝通公司签订反担保保证合同,并由该公司担保向辉南县农村信用合作社(以下简称辉南农联社,现变更为吉林辉南农村商业银行股份有限公司)贷款500万元,贷款期限为一年,每年贷款到期后,振源公司将本金和利息一次性还清并继续贷款。直至2015年8月6日,振源公司与辉南农联社、宝通公司签订流动资金借款合同、辉南县农村信用合作社保证合同抵押反担保合同后,辉南农联社如期向被告单位放款500万元。其中,100万元宝通公司作为保证金予以留存,另400万元被振源公司法定代表人陆明国骗取后逃匿。2016年12月5日,宝通公司以鲍庆敏名义借款500万元对该款予以代为清偿。该代偿款至今未归还。

二、关于陆明国个人合同诈骗的事实

2014年7月,被告人陆明国指使其亲属车喜武、丁水海(均另案)谎称其仓库内的水稻(约500吨)系车、丁存放,并在陆明国伪造的银行流水、土地租赁合同、购房手续、代储存合同等材料上签名,并以此与宝通公司签订抵押反担保合同,分别向中国农业银行股份有限公司梅河口支行"顶名"获取贷款各45万元被陆明国使用。贷款逾期未还,宝通公司代为清偿本息90.940898万元。该被骗代偿款至今未归还。

三、关于陆明国诈骗的事实

1. 2014年6月至9月,被告人陆明国以虚构鑫汇公司急需向金融机构交纳保证金等事由,利用被害人刘玉芬、曹玉海(二人系夫妻)有贷款愿望,向其二人出具借据,并承诺月息3分,共骗取刘玉芬、曹玉海借款695.6万元。其中,2014年6月18日骗取借款190万元、6月20日骗取借款296万元、7月1日骗取借款296万元、7月2日骗取借款48万元、7月10日骗取借款296万元、2014年9月16日骗取借款5万元。案发前,陆明国已归还借款435.4万元。

2. 2014年12月15日,被告人陆明国以"倒粮用钱"为由,向被害人刘丹出具借据,并承诺给付"月息2%",骗取借款50万元,至今未归还。

3. 2013年7月至2015年2月,被告人陆明国以"收粮"为由,先后九次向被害人王延志出具借据，并承诺给付利息，累计借款326.17万元。其中第三笔于2014年6月25日，陆明国为尚久光担保借款20万元，第九笔于2015年2月15日借款46.17万元当中10万元为利息。陆明国共骗取王延志借款金额为296.17万元，至今未归还。

4. 2014年1月至4月，被告人陆明国以“用于资金周转”为由，分两笔向宝通公司借款300万元。其中，陆明国在案发前于2014年8月11日归还100万元，陆明国骗取宝通公司200万元，至今未还。

5. 2014年11月29日，被告人陆明国找尚久光“顶名”向宝通公司借款，陆明国“充当”担保人，骗取宝通公司资金200万元，至今未还。

上述关于被告人陆明国对冒用他人名义，以虚假的产权证明作担保与他人签订合同，骗取宝通公司代为清偿本息90.940898万元的事实无异议，并有公安机关出具的抓捕经过、企业信息、陆明国所提供贷款及反担保的虚假资料、转账凭证等相关书证与证人车喜武、丁水海、刘维学、田永军、车俊林、曾鑫、刘波、赵立宏、邵公财、陆洋、田宝军、贾清锋、李金林、张古俊、班耀辉、杨巨宝、吕春发的证实，被害人徐盛涛的陈述以及陆明国的供述相互印证，形成证据链条，足以认定；对其虚构事实，隐瞒真相，骗取被害人刘丹50万元、王延志296.17万元、找尚久光冒名骗取宝通公司200万元的事实无异议，并有借据、个人储蓄凭证、转账凭证，证人尚久光、郭宝和的证言，被害人刘丹、王延志、鲍庆敏的陈述以及被告人陆明国的供述予以印证，形成证据链条，足以认定，本院对上述证据予以采信，作为定罪依据。

上述关于被告单位振源公司及其法定代表人陆明国，在签订、履行合同过程中，对宝通公司实施合同诈骗400万元以及陆明国对刘玉芬、曹玉海实施诈骗695.6万元的事实，经当庭举证、质证，有下列证据予以证实：

一、关于被告单位振源公司合同诈骗的证据

（一）书证

1. 吉林省农村信用社个人经营借款合同（编号：Z20161205）证明，2016年12月5日鲍庆敏向辉南农联社贷款500万元用于清偿被告单位借款；

2. 辉南县农村信用合作社保证合同（编号：Z2016120501）证明，宝通公司为鲍庆敏提供担保；

3. 流动资金借款合同(编号:Z20150806)证明,2015 年 8 月 6 日,振源公司向辉南农联社贷款 500 万元,贷款至 2016 年 8 月 5 日止；

4. 辉南县农村信用合作联社保证合同(编号:Z2015080601)证明:宝通公司为被告单位提供担保并附民事连带责任；

5. 宝通公司经理鲍庆敏于 2018 年 6 月 1 日出具的关于路明国贷款情况的说明证明同上,同时证实 2015 年年末陆明国本人失踪、该公司彻底联系其本人,并向梅河口市公安局报案；

6. 反担保保证合同(编号:2012 年反担保字第 5 号)证明,宝通公司与振源公司反担保保证合同;王喜琴、陆明国、赵连有、于德霞均签名；

7. 振源公司出具承诺书证明其手续合法。承诺人为:陆明国(签名);时间为 2012 年 12 月 19 日并加盖梅河口市振源购销有限公司印章、陆明国名章；

8. 抵押反担保合同(合同编号:2013 年反抵押保字第 000003 号)证明,2013 年为振源公司提供担保；

9. 宝通公司抵押财产清单(该抵押财产清单序号)证明,2013 年被告单位提供抵押反担保物情况；

10. 抵押反担保合同(编号:2014 年反抵押保字第 0004 号)证明,2014 年振源公司抵押反担保情况；

11. 宝通公司抵押财产清单证明,抵押时间:2014 年 6 月 26 日;抵押人:陆明国、产品名称:水稻;数量:2500 吨;金额:750 万元;存放地点:梅河口市杏岭乡永平村;抵押人签字:陆明国、王喜琴(手签)。

(二)证人证言

1. 杨沛远证实,我母亲张洪艳是宝通担保公司最大的股东,张庆昌是公司的法定代表人,也是我家远房亲属,我平时在公司负责跑银行跟管账之类的工作;宝通公司就是我母亲张洪艳和张庆昌两个人,我母亲占股百分之九十五,张庆昌占股百分之五;宝通公司为陆明国担保在辉南农商银行贷款 500 万元,公司当时留了陆明国 100 万元的保证金,担保费是 12 万元,后续用来偿还陆明国贷款后的利息了，这 120 万元都没够给利息的；2013 年秋天，陆明国找到我们公司要办理贷款，用贷款钱去收粮食，我们就跟合作银行辉南农商银行办理的抵押担保手续。陆明国办理抵押手续是先向我们宝通担保公司申请贷款，我们和银行申请贷款，银行派信贷员调查贷款人的贷款资质，符合贷款标准后，宝通担保公司出具担保手续包括：担保函，股东会决议，提交给银行，银行审核后给贷款人放款，放款后银行信贷员来核查贷款钱款用途是否用于粮食收购，信贷员用粮探子探粮发现没有问题，但是在陆明国失去联系之后，我们担保公司准备去看抵押的粮食，发现粮食下面都是玉米棒子和稻壳子，只有少部分的粮食，等于这一仓库的粮食都是假的，我们发现陆明国把我们和银行都给骗了；这个钱是我们宝通担保公司帮忙还的本金和利息。

2. 证人曹金红证实，我是辉南农村商业银行借款中心的经理，我 2009 年至今都担任借款中心的经理了，负责对贷户的前期审核工作和后期的贷款发放工作；陆明国名下的振源公司在我们行有贷款，陆明国是 2012 年开始贷款的，当时是宝通公司给担保的，在我们行担保贷款 500 万元，贷款期限一年，到期后，陆明国将本金和利息一次性还清，然后在我们行继续贷款，到 2016 年 8 月左右，陆明国就还不上这笔贷款了，导致贷款逾期了；这笔贷款已经偿还了，是宝通公司帮陆明国还的这笔贷款，是用宝通公司鲍庆敏的户在我们行贷款 500 万元，款放下来后，我们直接从鲍庆敏的账户把钱划转到我们行里的专用过渡账户，再由这个账户把陆明国的贷款 500 万元还上的。

3. 证人王喜琴（陆明国之妻）证实，我们家关系生意上所有的事都是陆明国办的，我不知道陆明国到底从通化宝通担保公司借了多少钱，我从来都不参与企业的生产经营，再说我俩已经离婚了；我不知道在宝通公司借款 400 万元这个事。

（三）被害人陈述

鲍庆敏述称，最开始是从 2012 年宝通公司给陆明国担保在辉南农村银行贷款 500 万元，贷款期限一年，每年到期后把贷款还上，再把款续贷下来，我们收取担保费用，陆明国自己支付银行利息，到 2014 年陆明国就还不上银行利息了，就是宝通公司帮他还的银行利息。2015 年我们公司续贷的时候，陆明国手里就拿不出钱来了，我们公司出面跟银行协商的，帮陆明国又续贷了一年，2016 年贷款到期的时候，陆明国在外面欠了很多债就跑了，我们公司也找不到陆明国了，贷款到期了银行就催着宝通公司还款，实在没办法了，我们跟银行协调的，用我的名在辉南农村银行贷款 500 万元，把陆明国欠的 500 万元给还上了，宝通公司就替陆明国把 500 万元贷款给还上了，宝通公司替陆明国背负了 500 万元债务；陆明国在没有能力还上这 500 万元贷款时，宝通公司没有让陆明国和王喜琴分别打了 100 万元和 200 万元借条，这 100 万元和 200 万元借条跟这 500 万元没有关系，这两笔钱是以个人名义从宝通公司借的钱，我不知道陆明国具体拿钱干什么用了。

（四）被告人供述

陆明国供称，在辉南农商银行有贷款 500 万元，当时是宝通公司给我担保的，用振源公司的厂房做的标的物，在辉南农商行贷款 500 万元，我实际使用了 300 万元，剩下的 200 万元被宝通公司给扣下了，每年去银行续贷的时候，都是宝通公司替我把 300 万元贷款还上，加上宝通使用的 200 万元一起还给银行，再从银行把钱贷下来，宝通公司还是给我使用 300 万元的贷款；宝通公司让我媳妇王喜琴分别给打了一个 100 万元和 200 万元的借条，借条上没有写具体日期，后期借条也没有抽回来，宝通公司这次把这 500 万元和欠条上的 300 万元加在一起都算我身上了，这个算法不对，贷款的 500 万元加上欠条上的 300 万元，这样加起来就是 800 万元，实际我就使用了 300 万元；我现在外面欠两千万元左右，我的厂房、库房建设和购买设备，购买土地证，欠款的利息，还有倒银行贷款花时找过桥公司，每次都得给人家好几十万元；我肯定还不上，我手里一分钱都没有了，要不我也不能把信用卡的钱都透支出来花了。

二、陆明国诈骗刘玉芬、曹玉海的证据

（一）书证

1. 鑫汇公司企业信息、设立登记、法定代表人信息、董事监事经理信息、出资信息、出资协议、章程、验资报告（P97－105）、孙庆付、赵洁身份证复印件、房屋租赁合同等，证明该企业的相关信息及资质。

2. 孙庆付转让自己在鑫汇公司股权 50% 股权转让给冷树丰材料（公证

书、协议书、转让证明),证明该公司存在,但现已转让。

3. 陆明国向刘玉芬出具的借据五份:第一份借款合同证明:“甲方:陆明国、王喜琴、乙方:刘玉芬;1. 甲方向乙方借款人民币500万元,自借款之日起按月息3分给付,借款期限为三个月;2. 甲方陆明国、王喜琴保证此借款存入指定柳河信用社用于开办担保公司存入保证金,并用振源公司全部财产进行抵押;甲方:陆明国(签名)、乙方:刘玉芬(签名);2016年6月18日”;第二份借据:“今借刘玉芬人民币叁佰万元整;倒贷用10天利息已付;用本人及公司全部财产抵押;借款人陆明国;2014.6.30”;第三份借据:“今借刘玉芬人民币50万元整,交粮款由本人及公司全部财产抵押,借款期10天;借款人:王喜琴(签名)、陆明国(签名)20140702”;第四份借条:“今借刘玉芬5万元(还新星借款);借款人:陆明国;2014.9.16”;第五份欠据:“今欠刘玉芬人民币1105万元;借款人:陆明国”;2015年10月19日,以上证据证明陆明国向刘玉芬、曹玉海共出具五份证据,其中前四份证据,证明陆明国分四次借款共计855万元;第五份证据证明陆明国向刘玉芬、曹玉海出具汇总以前借款及利息共计1105万元。

4. 曹玉海中国农业银行卡取款凭证查询××××、陆明国账户××××(20140321-20160907)及刘玉芬民生村镇银行转账记录,证明曹玉海向陆明国转存五笔:第一笔2014年6月18日转存190万元;第二笔2014年6月20日转存296万元;第三笔2014年7月1日转存296万元;第四笔2014年7月2日转存48万元;第五笔2014年7月10日转存296万元,共计1126万元;陆明国向曹玉海于2014年7月1日回款300.4万元、于2014年7月21日回款135万元,上述证据证明陆明国欠刘玉芬、曹玉海695.6万元。

(二)证人证言

1. 郗东哲证实,鑫汇公司是2014年2月左右成立的。我在张罗这个公司的时候,陆明国提出要和我合伙干,经过协商我们每人出资2500万元人民币,在组织筹建公司过程中,陆明国提出由他指派一个人作为公司的法定代表人,我同意了,就这样孙庆付作为陆明国的代理人出任公司的法人代表;当时还不知道陆明国自己本身并没有任何能力,我误以为他有能力与我合伙经营,所以公平起见,我也同意了由他找来的孙庆付来担任法人代表,但在实际申报公司手续的时候,陆明国没有按照事先的约定将 2500 万元的投资投入到公司账户,但公司手续已经在审批的流程中,我出于无奈,除了自己应拿的 2500 万元外,我另筹款 2500 万元才将公司手续办下来,因为陆明国除了这件事情失约外,另在公司手续办下来之后,陆明国跟我保证能联系到银行准入,但也没办到,所以我俩就彻底分开了,公司与他没有任何的关系,只不过由于陆明国之前找来的孙庆付在审批手续的时候是法人代表,后期也没有变更,近期我已经联系了孙庆付,正在办理法人更名手续;这家担保公司是我主张干的,所有的情况我都知道,根本就没有与任何一家金融机构有所谓的交保证金 2000 万元,10% 保证金以及银行有 2 亿的贷款需要我公司办手续发放的事;陆明国在外面怎么借钱我不知道,什么理由借款我也不知道,我没参与,另外,公司最开始我俩有合作意向的时候,由于需要先期办手续的费用,我俩都各自投资了,他当时投资的金额是 30 多万元吧,我也差不多,然后就是张罗办公地点,装修等花费,后期他没有钱注入资金,我俩分开的时候,我个人退给了陆明国现金 40 多万元,公司与他没关系了。

2. 赵洁证实,2014 年 12 月 4 日签署的鑫汇公司转让证明上的签字是我本人签署的,孙庆付当时是法定代表人,他只是个挂名,实际控股人是陆明国,我和郗东哲占 50% 的股份,陆明国占另外 50% 的股份,2014 年 12 月 4 日签署这个协议时我才知道陆明国欠冷树丰 200 万元,陆明国没有钱偿还给冷树丰了,用这个公司 50% 的股份来顶欠冷树丰的钱,我们当天在冷树丰的公司签署的转让证明,当时陆明国、冷树丰、孙庆付和我在场;鑫汇公司自成立到现在一笔业务也没做过;孙庆付是给陆明国挂名法人代表,我们法人代表变更为郑硕。

3. 孙庆付证实,我现在已经不是鑫汇公司的法人代表了,这次来我也是来说明这个问题的,并且提供股份转让协议书、转让证明、公证书、法人变更协议书,我想说明我与这家公司没有任何关系,2014 年我自愿将我所谓的鑫汇公司的全部股权转让给了冷树丰,并且在 2015 年又进行了公证,陆明国在转让证明上签字了,因为根据我知道的是陆明国借了冷树丰 200 万元,但是后来陆明国还不上了,所以陆明国就将这个公司的股权都给了冷树丰还账。

4. 冷树丰证实，2014 年秋天的时候陆明国找到我，跟我说要跟我这借 200 万元去还银行贷款，十天八天地从银行再把钱贷出来就还给我，我觉得都是朋友就把钱借给他了，当时也没说利息的事，过了两三个月我需要用钱，我跟陆明国要钱，他没有钱给不上我了，一拖再拖，到了 2015 年春天，陆明国手里实在拿不出钱，陆明国说他在柳河县合伙跟别人成立了一个担保公司，其中有他 50% 的股份，要把这个担保公司的股份转让给我，就当顶我的 200 万元欠款，陆明国当时说手里什么都没有了，就剩这么一个空壳公司了，看你面子就把这个公司的股份转让给你了；法人孙庆付与郑硕他俩是原公司法人代表与现公司法人代表的关系。

5. 王喜琴证实，我和陆明国是夫妻关系，我俩三四年前的冬天离婚的，我俩感情不和，陆明国总不回家，我就知道陆明国名下只有一个振源公司，我之前在这个厂子住，其他的我不知道；曹玉海和陆明国就是大约四五年前的一天，陆明国开车拉着我到梅河口市内曹玉海家中在一个欠条上签了一次字，陆明国当时就是和我说他向曹玉海借了点钱，让我签个字，我问怎么回事，陆明国就说啥事就不用我管了，我也不识字，欠条上怎么写的我都不知道；公安机关给我读的借款 50 万元的欠条上是我签字的，贷款 500 万元的欠条我记不清是不是我签的字了，我记得我和陆明国离婚之后陆明国还找过我让我给他签字，我没有给他签；我现在什么都没有，一分钱存款都没有。

（三）被害人陈述

1. 刘玉芬陈述，我来报案，我被杏岭乡的陆明国、王喜琴两口子骗了人民币 550 万元。2014 年 6 月，陆明国找到曹玉海，跟曹玉海说他在柳河县要开一个担保公司，并且已经与柳河县的信用社讲好了，柳河信用社现在有钱，但是没有手续贷款放不出来，所以由陆明国在柳河县开一个担保公司，因为信用社有 2 亿元人民币的贷款可以放贷，前提是陆明国必须向信用社提供 10% 的保证金，也就是 2000 万元保证金，这钱必须要存在信用社内才可以放贷，达到放贷条件之后陆明国可以给梅河口的商户每户最低争取到 500 万元的贷款，但是陆明国手中没有这些钱，所以陆明国就跟曹玉海说这些事情，求曹玉海借钱，这样曹玉海回家跟我说的这件事，由于陆明国所说的条件很好，也答应给我们利息,我和曹玉海就在2014年6月18日与陆明国、王喜琴签订借款合同一份,第二天,也就是6月19日在银行卡对卡转账给陆明国银行账户内人民币500万元,并且又写了一份借据,内容与贷款合同一致。2014年7月2日陆明国又找到我、曹玉海,说还差点钱凑齐2000万元保证金,还要借100万元,但是我和曹玉海只借给了50万元,然后由陆明国、王喜琴夫妻给写的一个借条,7月2日借的,当日写的借条,也是卡对卡转账给陆明国。然而,陆明国夫妻不仅本金没有偿还,至今连利息也没有给一分钱,我们多次找他要钱,他夫妻俩都是拿话推脱我们,两个月前陆明国夫妻失联,当时陆明国夫妻说的有板有眼的,我们没有想到他会骗我,另外,陆明国夫妻说将来办成了还可以给我们办借款手续,还能解决我家生意上的资金缺口,所以被他骗了;我上次报案之后回家与我丈夫曹玉海回忆了一下,我被骗的金额远不止550万元。第一次就是2014年6月18日签订的借款合同,6月19日针对这份合同又补充的欠条,这个证据我已经提供给公安机关,事实没有变化;第二次是2014年6月30日陆明国、王喜琴两个人找到了我,当时我丈夫曹玉海也在场,陆明国、王喜琴跟我们要借300万元,说这个钱不是他们自己用,是他的在柳河开的那家贷款公司用,借这个钱就用十天时间,给我利息4万元,然后他用这个钱给柳河县安口镇一个人还银行贷款用,他在中间也能赚4万元,我就直接给付他296万元,扣除4万元是我的收益,十天的利息钱,当时陆明国、王喜琴说好了是只用十天就还,但是一直到现在没还,给我的理由就是他用自己经营的这个柳河小额贷款公司将我的这个钱用于倒贷款用赚取费用,但是这笔钱帮安口镇那个人还给银行后,银行没有继续放贷,所以我拿出的这个倒贷钱反倒拿不出来了,因为这个原因就还不了我了,这个他给我写的是借条,是陆明国自己给我签的名字,当时王喜琴也在,由于相信了他夫妻,我没有要求王喜琴也在上面签字;第三次是2014年7月2日,是陆明国、王喜琴夫妻找到我和曹玉海,求我俩再借款50万元,当时他俩跟我说陆明国、王喜琴在长春市着急要用钱拍卖粮食款,求着我们借款,由于之前有贷款没还,我和曹玉海原本是不同意的,但是陆明国、王喜琴说用这个拍卖粮食款继续经营,并将盈利用于还款,我和曹玉海这才相信他俩,同意并借给陆明国、王喜琴50万元,陆明国、王喜琴承诺十天还款，我和曹玉海又借给了他俩50万元，十天之后没还，一直拖到现在；第四次是2014年9月6日，陆明国给我打电话说他妹夫田宝军开的新星公司在银行有笔贷款是中国银行的，还差5万元还款，着急用，要不就被列入黑名单了，很急，怕以后贷不上款了，贷不了款以后就不能与他开的柳河县的贷款公司合作，无法走这个公司的手续在他经营的柳河小额贷款公司贷出500万元，那么以前欠我的钱也不好还了，由于他这么说我也就相信了，借给他5万元，由陆明国给我写的借条，这个钱至今也没有还，到了2015年10月19日，我虽然多次催讨，但是陆明国、王喜琴之间算了一下本金和利息的情况，陆明国给我写了一张欠款1105万元的欠据，这个欠据金额是截至10月19日当天的，签这个条之后陆明国、王喜琴就失踪了。四次借给陆明国、王喜琴本金是851万元，利息是截至2015年10月19日为254万元。

2. 曹玉海陈述，2014年6月时候，陆明国和王喜琴找到我说在柳河县开了一个担保公司，柳河县的信用社有两个亿的资金放不出去了，需要找担保公司合作把款放出去，但是担保公司得给信用社交纳2000万元的保证金，现在手里有1000多万元的现金，就差八九百万元就能办理担保贷款业务了，我当时是粮食协会的副会长，由于梅河本地的粮食企业运转都不太好，都需要去银行贷款，正好陆明国开了一个担保公司还能贷下来款，并且陆明国还承诺我们月利息三分，陆明国当时还承诺我们借的钱都是存在银行指定的账户的保证金，我和我媳妇合计就先借给了陆明国500万元，并于2014年6月18日签订了借款合同，6月30日，陆明国和王喜琴又找到我们借钱，说要是有这300万元，担保公司就能给柳河县安口镇的一个客户办理贷款了，帮这个人贷款300万元能挣到4万元钱，陆明国说挣的这4万元给我媳妇，这样我媳妇借给陆明国296万元，陆明国跟王喜琴给我打的借条，陆明国承诺就借款10天，到期就还钱，到2014年9月的时候，陆明国给我打电话说自己的新星谷物有限公司在中国银行贷款还差5万元没有还上，要是还不上这钱这个公司在银行就黑户了，以后就不能办理贷款了，这样我就借给了陆明国5万元，陆明国给打的5万元借条；一共被骗850万元，还有我5万元是我借给陆明国的；陆明国共诈骗我四次，第一次是陆明国以在柳河县成立担保公司交银行保证金诈骗我

500万元钱,我们是2014年6月18日签署的贷款合同,在2014年6月19日或20日前后不差两天,分别用我和刘玉芬的农行卡、民生银行卡向里面,陆明国、陆明国小女儿、陆明国妻子王喜琴、陆明国大姑父邵强的银行卡内转的款,一共转了500万元;第二次是陆明国还是以成立那个担保公司交保证金的方式诈骗我300万元钱,当时陆明国说要用十多天,我先收4万元利息,2014年6月20日我在农业银行给陆明国账户转了296万元;第三次陆明国以用钱拍卖粮食款诈骗我50万元,2014年7月2日我给陆明国转账50万元,当时不是我就是刘玉芬在农业银行给陆明国、陆明国小女儿、陆明国妻子王喜琴、陆明国大姑父邵强其中一个人转的钱;第四笔陆明国说在梅河口市的中国银行还贷款还差5万元钱,2014年9月16日下午我在梅河口市党校路口的中国银行给陆明国5万元,第四笔是向我借的,不是诈骗我的钱。

(四)被告人供述与辩解

陆明国供述,2017年8月8日上午8时左右,我刚从我在通化市二道江区老头店租的房子里出来警察就把我抓了,因为我欠曹玉海,刘玉芬的钱,我还不上,我到外边挣钱去了,我关闭了所有联系方式,他们找不到我,我知道他们肯定到公安机关告我;我想自己在外面挣点钱,再回到梅河口向公安机关自首。我欠曹玉海、刘玉芬五六百万元钱。2014年6月左右,我以在柳河要开办一家担保公司需要提供给银行保证金的名义共计向曹玉海、刘玉芬借款人民币五六百万元,在柳河注册担保公司用了点,其他的钱都用于偿还东丰恒源担保公司的贷款、中国银行贷款的利息;我找我朋友孙庆富以他的名注册的这个担保公司,担保公司名叫鑫汇公司,我有好几个公司,我已经是法人了,有规定,我不能再当法人代表了,大约在2014年我和我朋友郗东哲一起跑的手续,有时候我忙我给郗东哲拿钱让他跑手续,我答应给希东泽百分之二三十的干股,但是手续下来后,我发现郗东哲占有百分之五十的股份,我还挺不乐意的。公司在柳河经济局三楼,这房子是我租的,租金一年两三万元,租金都是我拿的,注册资金是5000万元,我让郗东哲找的过桥公司,2014年六七月,我用我的建行卡给那个过桥公司转了五六十万元钱,作为办理五千万元钱注册资金的费用;因为我欠冷峰五六十万元,所以在郗东哲同意的情况下,我让孙庆富把我的股份转让给了冷峰,具体转让时间以孙庆富和冷峰签署转让股份协议的时间为准;注册资金的过桥费用、租房子的租金、购置办公桌椅的钱,一共投入五六十万元。我自己手里两三万元钱,剩下的钱有我向曹玉海借的三四十万元钱,还有我向别人借的,具体向谁借的,我都记不清了;我从2010年开始贷款后,当时我已经用振源公司在中国银行贷款1500万元钱,每年我还二百左右万元钱的利息,我的合作社没有地,办公地点都是用振源公司的,贷不了款,新星公司在中国银行贷款一百七十多万元钱,我每年还二十多万元钱的利息,在2014年在我注册担保公司时我最后一次还银行利息钱,之后再也没有还过,这些年一直负债经营,所以手里没有钱;我就想用别人的钱成立这家公司,成立后再把钱贷款出来还给给我拿钱的人;需要近两千万元交给银行做风险抵押金,才可以开办贷款业务;因为没有人给我出资,所以汇鑫担保有限公司只是个壳只是在工商部门注册了,因为没有注入银行要求的风险抵押金,公司没有开办贷款业务;因为曹玉海、王世昌、杨守斌等人到鑫汇公司的办公地点,我和他们说缺少资金交纳银行的风险抵押金,公司不能开办贷款业务,曹玉海说他可以给我出资金,但是公司开办贷款业务后,必须给王世昌、杨守斌等人贷款,好让他们贷款还钱给曹玉海。所以他给我拿了二百多万元,我把这笔钱用于还款我个人欠银行的利息了;我什么都没有,现在我的那几个公司,也都是银行的;因为有时借款,曹玉海、刘玉芬必须让我和王喜琴共同签字他们才同意把钱借给我,所以有的欠条有王喜琴的签字,她是个家庭妇女什么都不知道;借据的内容和壹仟壹佰零五万元的借款金额都是真实的。但是,其中的本金是陆佰万元左右,其他的是利息。这张借据是我欠曹玉海,刘玉芬的总额的欠条;我没有出资2500万元,也没有让孙庆付出资2500万元,孙庆付就是个农民,他压根就没有这么多钱;2014年6月18日曹玉海给我转的190万元,6月20日曹玉海给我转的296万元,7月1日曹玉海给我转的296万元,这些我是我跟曹玉海借的;2014年7月1日我给曹玉海转的300.4万元是我还给曹玉海的钱;2014年7月1日我给李鸿海转的798,990元我记不住了,2014年7月2日我给卢基成转的200万元是我还他本人的借款;2014年7月2日我转给任传坤的116,000元是我还他本人的借款;2014年7月10日我转给李淑萍的100万元是还的借款；2014年7月10日我转给邢艳娟的100万元是我还她的借款；2014年7月20日我转给李淑萍的117,000元是我还的借款；2014年7月21日我转给宋加伟的124,000元是还的借款；2014年7月21日我转给曹玉海的135万元是我还给曹玉海的借款；2014年8月17日我转给孙立红的钱我记不住了；2014年7月10日曹玉海给我转的296万元是我跟他借的钱；我都用于倒卖粮食了，有的债主着急用钱的，我就从别人那借钱还给着急用钱的倒个短，但是具体都跟谁借钱还给谁了，时间太长我记不清了。

（五）办案视频4张证明，各被讯问人言清语明，回答问题自主。

上述证据，来源合法、真实有效，且相互印证，形成证据链条，足以认定。

本院认为，被告单位梅河口市振源粮食购销有限公司已多年负债经营，在明知无能力偿还借款的情况下，以非法占有为目的，在签订、履行合同过程中，骗取他人财物400万元，数额巨大，其行为已构成合同诈骗罪；被告人陆明国作为犯罪单位的法人、直接责任人员，其行为已构成合同诈骗罪；被告人陆明国冒用他人名义，以虚假的产权证明作担保与他人签订合同，骗取他人财物90.940898万元，数额巨大，其行为已构成合同诈骗罪；虚构事实，隐瞒真相，骗取他人财物1441.77万元，数额特别巨大，其行为已构成诈骗罪，并实行数罪并罚。公诉机关指控罪名成立，本院予以支持，但指控其单位及个人以非法占有为目的骗取他人财物的犯罪数额与审理查明的事实不符，不予支持。关于陆明国对公诉机关指控其单位振源公司诈骗宝通公司500万元的犯罪数额提出异议，辩称其中200万元已被宝通公司截留，其公司只收到300万元的贷款，该200万元不应作为犯罪数额认定。经查，宝通公司财物人员杨沛远证实，从辉南农联社贷款500万元，其中有100万元被宝通公司作为保证金予以留存，该证据能够证明陆明国单位实得贷款400万元，与陆明国辩解的部分事实予以印证，故本院对此证据予以确认，并认定其单位犯罪金额为400万元。但陆明国辩解宝通公司截留200万元无证据支持，本院不予采信；关于陆明国对公诉机关指控其诈骗刘玉芬、曹玉海855万元的事实提出异议，该犯罪数额中包含利息，也返还过本金，对公诉机关指控的犯罪数额予以否认。经查，通过曹玉海在中国农业银行卡的取款凭证以及刘玉芬所提供的民生村镇银行转账记录等相关书证，与陆明国在中国农业银行银行卡交易明细清单相互印证，并有刘玉芬、曹玉海的证言予以佐证，能够证明曹玉海向陆明国转存借款五笔，共计1126万元；但该证据亦能证明陆明国在案发前于2014年7月分两笔向曹玉海还款435.4万元，同时，被害人刘玉芬、曹玉海证实陆明国所出具汇总的1105万元的借据，以及另四张共计855万元的借据当中均含有利息，上述证据经当庭质证，证据能够证明陆明国骗取刘玉芬、曹玉海借款本金为695.6万元。故对陆明国辩称已归还的欠款及利息不应视为犯罪数额的辩解意见，理由充分，本院予以采信。但其辩护人辩称陆明国诈骗刘玉芬、曹玉海犯罪金额应为399.6万元的辩护意见，无证据支持，理由不充分，本院不予采纳。关于陆明国对公诉机关指控其骗取王延志借款326.17元的犯罪数额提出异议，该借款当中含有利息，有部分借款自己没有使用，不应视为犯罪数额予以认定。经查，证人尚久光证实其中20万元已被其使用，该证实有转账记录及被害人王延志的证言予以印证并认可；另王延志证实陆明国出具的借据当中，其中有10万元为利息，故本院认为，上述尚久光所使用的20万元及利息10万元应从陆明国的犯罪数额当中予以扣除，并确认陆明国诈骗王延志借款金额为296.17万元。因此，对陆明国辩称利息及其未使用的借款应当从犯罪数额中予以扣除的辩解，理由充分，本院予以采信。关于陆明国对公诉机关指控其诈骗宝通公司两笔（一笔200万元，另一笔100万元）借款计300万元的事实提出异议，辩称该款已全部归还。经查，2014年8月11日，宝通公司杨沛远收到陆明国100万元的个人储蓄凭证，该证据能够证明宝通公司收到陆明国在案发前还款100万元的事实，该证据与陆明国的部分辩解予以印证，故本院认为该100万元应从陆明国的犯罪金额300万元当中予以扣除，并确认陆明国诈骗宝通公司借款金额为200万元。因此，对陆明国部分辩解，本院予以采信。但其辩解案发前已全部归还，没有证据支持，本院不予采信。综上，本院认定被告单位梅河口市振源粮食购销有限公司以及该单位法人陆明国合同诈骗金额为400万元；被告人陆明国个人合同诈骗金额为90.940898万元；被告人陆明国个人诈骗金额五起计1441.77万元。被告人陆明国归案后如实供述自己的罪行，系坦白，对其依法可以从轻处罚。辩护人关于陆明国到案后如实供述自己犯罪事实，具有坦白情节，并建议法庭对其从轻处罚的辩护意见,理由充分,本院予以支持。根据被告单位梅河口市振源粮食购销有限公司以及被告人陆明国的犯罪事实、性质、情节以及对社会的危害程度,依照《中华人民共和国刑法》第二百二十四条、第二百三十一条、第二百六十六条、第五十二条、第五十三条、第六十四条、第六十七条第三款和第六十九条之规定,判决如下:

一、被告单位梅河口市振源粮食购销有限公司犯合同诈骗罪,判处罚金人民币五十万元(罚金于本判决生效之日起立即缴纳)。

二、被告人陆明国犯(单位)合同诈骗罪,判处有期徒刑三年,并处罚金人民币五万元;犯诈骗罪,判处有期徒刑十四年,并处罚金人民币十万元;犯合同诈骗罪,判处有期徒刑七年,并处罚金人民币五万元,决定执行有期徒刑十八年,并处罚金人民币二十万元。

(刑期从判决执行之日起计算。判决执行以前先行羁押的,羁押一日折抵刑期一日。即自2017年8月8日起至2035年8月7日止,罚金于本判决生效之日起立即缴纳。)

三、责令被告梅河口市振源粮食购销有限公司退赔被害单位通化宝通担保有限公司四百万元;责令被告人陆明国退赔被害人刘玉芬、曹玉海六百九十五万六千元;退赔被害人刘丹五十万元;退赔被害人王延志二百九十六万一千七百元;退赔被害单位通化宝通担保有限公司四百万元。

如不服本判决,可在接到判决书的第二日起十日内,通过本院或者直接向吉林省通化市中级人民法院提出上诉。书面上诉的,应当提交上诉状正本一份,副本一份。

审 判 长 王光庆
审 判 员 王宝秀
审 判 员 张大勋

二〇一八年十一月一日

书 记 员 金 萍

【推荐意见】

虽然我国现行法律没有明确规定，但通过司法实践证明，如果承认被告人支付被害人的高额利息是合法的，那么双方之间签订的民间借款协议就是有效的，被告人的行为就不构成诈骗罪。相反，要认定被告人的行为构成诈骗犯罪，就不能承认双方所签订的超出银行同期贷款利率的民间借贷行为所产生的高额利息合法性。综合本案，被告人陆明国与受害者签订1126万元、855万元民间借款协议，证据证明借据当中均含有利息，能够证明陆明国骗取刘玉芬、曹玉海借款本金为695.6万元。故对陆明国辩称已归还的欠款及利息不应视为犯罪数额。

杨　丹

长岭县人民法院

刑事审判庭副庭长、审判员，审理了全国有重大影响的被告人岳某某等167人诈骗案以及参审了被告人张某某组织、领导参加黑社会性质组织罪案。2012年撰写的《论法院廉政建设长效机制》论文被省法官协会评为“三等奖”；2013年撰写的《探索建立“如何让人民群众在每一个司法案件中感受到公平正义”工作新机制》在长岭县“12345”征文中获得“一等奖”。

【裁判要旨】

1. 村民委员会等村基层组织人员协助人民政府从事清理林地内高秆农作物的行政管理工作时，属于刑法规定的“其他依照法律规定从事公务的人员”。

2. 在政府组织清理林地内种植的高秆农作物过程中，被告人主观上明知对方系正在依法执行职务的国家机关工作人员，客观上故意对其实施暴力、威胁方法加以阻挠、妨害，侵犯的客体是正在依法执行职务的国家机关工作人员的公务活动，其行为符合妨害公务罪的犯罪构成要件。

【裁判文书】

吉林省长岭县人民法院
刑事判决书

（2018）吉0722刑初255号

公诉机关吉林省长岭县人民检察院。

被告人季士春，男，1954年8月16日出生，身份证号××××，汉族，吉林省长岭县人，初中文化，农民，住长岭县流水镇××村××屯。因涉嫌犯寻衅滋事罪于2018年7月24日被刑事拘留，同年8月9日被逮捕，现羁押于长岭县看守所。

辩护人陶树学，系长岭县法律援助中心律师。

被告人韦福山，男，1956年3月9日出生，身份证号××××，汉族，吉林省长岭县人，小学文化，农民，住长岭县流水镇××村××屯。因涉嫌犯寻衅滋事罪于2018年7月24日被刑事拘留，同年8月9日被逮捕，现羁押于长岭县看守所。

辩护人张亮亮，系长岭县法律援助中心律师。

长岭县人民检察院以长检刑检诉刑诉［2018］202号起诉书指控被告人季士春、韦福山犯寻衅滋事罪，于2018年10月8日向本院提起公诉。本院依法组成合议庭,公开开庭审理了本案。长岭县人民检察院指派检察员李鹏、代理检察员欧银贺出庭支持公诉,被告人季士春、韦福山及辩护人陶树学、张亮亮到庭参加了诉讼。现已审理终结。

公诉机关指控,2018 年 7 月 14 日,长岭县流水镇××村村委会和流水镇林业站工作人员按照政府要求对季士春、韦福山家林地清理高棵作物时,遭到季士春、韦福山的阻拦,在阻拦过程中季士春、韦福山分别强行把两台四轮车开到家中非法扣留,以村委会未赔偿其清理高棵作物为由拒绝归还,并将两台四轮车右前轮卸下藏匿。两台四轮车分别作价 6000 元和 5500 元。2018 年 7 月 17 日,流水镇林业站工作人员到该屯测量被耕种林地面积时,被季士春、韦福山等人强行拦截围堵长达 5 小时。2018 年 7 月 24 日,流水镇政府、县林业局工作人员及村干部再次组织清理活动,季士春、韦福山及家人到现场阻拦、辱骂,在民警出警过程中,季士春拦截执法车辆,阻碍执法人员进入现场,造成公共场所秩序失控。长岭县公安局紧急抽调多名警力前往处置,将参与阻碍执行的韦福山、季士春等人强制传唤到公安机关。韦福山、季士春二人仍不交代被卸车轮去向,不归还四轮车,后被公安人员追回返还车辆所有人。

针对上述指控,公诉机关向本院提交了相关证据,认为被告人季士春、韦福山为发泄情绪、逞强耍横,起哄闹事,任意占用他人财物;阻拦、辱骂村委会和林业站人员耙出林地高棵作物、土地测量工作及公安人员依法执行职务,严重影响他人工作、生活,造成公共场所秩序严重混乱,情节严重,影响恶劣,其行为触犯了《中华人民共和国刑法》第二百九十三条的规定,应当以寻衅滋事罪追究其刑事责任。

被告人季士春对公诉机关指控的犯罪事实和罪名提出异议,辩解他没有在屯路上放车拦堵执法车辆,他同意律师做妨害公务罪的辩护意见。

辩护人陶树学认为,被告人季士春因为自己承包经营自主权问题对政府清理林地高棵作物抗衡,并不是无事生非,寻求刺激,季士春的行为应构成妨害公务罪。

被告人韦福山对公诉机关指控的事实和罪名未提出异议,请求法庭对其从轻处罚。

辩护人张亮亮认为，被告人韦福山在自家林地阻拦政府和林业部门清理林地高棵作物，将镇政府委派清理高棵作物的四轮车开回家中，目的不是非法占有，而是为了阻拦清理林地玉米。公诉机关指控韦福山的三次行为都是阻拦清理林地玉米，其行为侵犯的客体不是公共秩序，是一种妨害公务的行为。韦福山案发前表现良好，无前科劣迹，系初犯，当庭自愿认罪，没有给被害人造成经济损失，希望法庭对其从轻处罚。

经审理查明，被告人韦福山于2000年8月23日同粮窝村委会签订了一份《承包片林合同书》，该合同约定"村委会将三社屯北片林地，由韦福山经营，承包费6000元，承包期28年，自2000年至2027年止。树采伐后，根据林业法规定必须更新造林或者栽植果树。"被告人季士春于2001年7月2日与××村委会签订了一份《经济林承包经营合同》，该合同约定"村委会将坐落在三社家北还果林地2.9公顷发包给季士春，发包期限30年，自2001年7月20日至2030年7月20日止，2002年5月1日前必须全部栽上果树，双方不得改变承包期限及使用用途"。2018年春季，季士春和韦福山均在上述林地内种植了玉米。7月14日早上，长岭县流水镇政府按照县政府要求清理林地高棵作物，委派流水镇林业站工作人员和××村村委会对林地高棵作物进行清理。村委会雇佣两台四轮车对季士春、韦福山家承包的林地进行清理时，遭到季士春、韦福山的阻拦，并将两台作业的四轮车开到家中非法扣留。2018年7月17日12时30分许，流水镇林业站工作人员驾车到季士春、韦福山家测量林地间种高棵作物面积时，季士春和韦福山以解决林地事宜为由进行阻止，将工作人员和车辆拦截，直至下午5点多才放行。2018年7月24日6时许，流水镇政府再次委派林业站和村委会相关人员到××村耙出林地高棵作物，季士春、韦福山及家人再次进行阻拦。林业站工作人员报警，在民警出警过程中，季士春、韦福山拦截执法车辆，阻碍执法人员进入林地，韦福山、季士春被公安机关强制带离现场。7月24日，公安机关将两台四轮车扣押并返还给车辆所有人。

上述事实，有公诉机关提交并经法庭质证、认证的下列证据予以证实：

1. 破案经过证实，2018年7月24日，季士春、韦福山被公安机关抓获归案。

2. 扣押、返还笔录证实,王小亮和史洪阳的四轮车被公安机关在韦海文和韦福山家依法扣押后返还给车辆所有人。

3. 提取笔录证实,看守所民警在季士春身上搜出《长岭县人民政府关于加强幼林管护的通告》《长岭县林业局关于幼林地加强抚育和严禁间种高棵作物的通知》《告知书》被公安机关依法提取。

4.《流水镇××村经济林承包经营合同》《承包片林合同书》记载证实,季士春于2001年7月21日同××村委员会签订了经济林承包经营合同,合同约定"村委会将坐落在三社家北还果林地2.9公顷,发包给季士春,承包期限自2001年7月20日至2030年7月20日,2002年5月1日前必须全部栽上果树,不得改变土地用途";韦福山于2000年8月23日同××村委会签订了一份《承包片林合同书》,该合同约定"村委会将三社屯北片林地,由韦福山经营,承包费6000元,承包期自2000年至2027年止。树采伐后,根据林业法规定必须更新造林或者栽植果树。"

5. 公安机关依法从林业局提取的《林业执法工作手册》记载证实,该手册汇编了《中共长岭县委办公室长岭县人民政府办公室关于印发〈关于加强森林资源保护管理工作的意见〉的通知》《中共长岭县委办公室长岭县人民政府办公室关于印发〈长岭县开展林地清理实施停耕还林工作方案〉的通知》《长岭县人民政府关于开展林地清理实施停耕还林公告》,上述文件均系2016年9月22日印发的。

6. 林业执法证复印件证实,宋利辉系长岭县林业局林业行政执法人员。

7. 提取笔录证实,公安机关提取了流水镇××村一社的砖墙上喷绘的"严禁林地种高棵作物"照片。

8. 公安机关提取的相关视频资料证实,被告人季士春、韦福山等人阻碍政府、林业站、公安工作人员到林地清理高棵作物现场有关情况。

9. 证人史洪阳证言证实,2018年7月14日,流水镇××村雇我开四轮车去清理林地高棵农作物,韦福山不让我整,他和村里人理论,后来韦福山就把车开走了,四轮车被韦福山扣下了,不让作业。7月24日,警察把车送回来。

10. 证人王小亮证言证实,2018 年 7 月 14 日早上,村里雇我和史洪阳开四轮车推果树地的高棵庄稼,四轮车被季士春开走了。7 月 24 日,四轮车被送回来。

11. 证人栾海东证言证实,2018 年 7 月 14 日 4 时,我们林业站和村委会到韦福山和季士春家林地里耙出高棵作物推了几垄苞米,季士春、韦福山等人把我们拦住,并把四轮车开回家。7 月 17 日,我们林业站到季士春和韦福山的林地里去测量高棵作物面积,韦福山和季士春把我们林业站的车拦住,从 12 点 30 分一直挡到下午 5 点多钟。7 月 24 日,我们又去地里耙出高棵作物,季士春和韦福山又来阻挡,不让我们的四轮车和林业站的车往前开,我们报警了,警察来到现场,崔风华和季书芝躺到警车前,不让警车开走,警察就把季士春和韦福山带走了。

12. 证人宋利辉证言证实,我是流水镇林业站站员。2018 年 7 月 17 日中午,我和栾海东站长、× ×村护林员王启文还有王志一起去测量 × ×村民在林地种植高棵农作物面积时,被季士春、韦福山等人阻挡,让我们处理完再走,不让我们离开。后来,郑义镇长去了,派出所的警察也来了,才让我们离开。

13. 证人王启文证言证实,我是流水镇林业站护林员。2018 年 7 月 17 日,我和林业站站长栾海东一起到 × ×村树地测量高棵农作物面积,被季士春和韦福山等人拦住,后来派出所和政府工作人员去了,才让我们离开。

14. 证人郑义证言证实,镇里和林业部门在种地之前就宣传不允许林地间种高棵作物。今年五月开始,陆续清理高棵作物,被农户阻挡三次。2018 年 7 月 14 日 6 点多钟,林业站长栾海东和村支部书记崔福彬向我汇报说耙出林地高棵作物被季士春和韦福山等村民阻挡,还把雇佣的两台四轮车扣留了。第二次是当天中午 12 点左右,镇里委派林业站栾海东和站员到季士春和韦福山的林地里测量间种高棵作物面积,被季士春和韦福山阻挡。我是下午 5 点多到现场的,我伸手和季士春、韦福山讲政策的时候,韦福山打我胳膊一下。7 月 24 日 6 点多钟,镇里再次委派林业站和村委会到林地里耙出高棵作物,季士春和韦福山再次阻挡,季士春的女儿和儿媳躺到警车前不让警车进入现场,后来被警察带走了。

15. 证人郑福民证言证实,我是流水镇副书记。根据县里的政策,经济林里不让种植高棵作物,县林业局发布公告清理林地的高棵作物,电视台也播出公告,镇里林业站和村干部都已经进行宣传,下发公告,镇里林业站在执行此政策时被××村民阻拦三次,前两次我不在现场,第三次是7月24日,我在现场了。6点30分左右,镇里、村里的干部和林业站的工作人员准备再次进行清理高棵作物,我们走到××村三社屯东头土路上的时候,季士春和韦福山等人用车把路挡住,不让车辆通过,季士春和韦福山站在公安执法车辆前吵骂,季书芝躺在执法车辆前,后来警察把季士春和韦福山带离现场。

16. 证人刘绍山证言证实,我是流水镇副镇长。工作人员在清理××村高棵作物受阻三次。第一次是7月14日,我没在现场。第二次是2018年7月17日,镇林业站站长领工作人员去××村三社测量林地面积,季士春和韦福山进行阻拦,不让工作人员离开,季士春和韦福山又吵又骂,韦福山还用手打了郑镇长手一下,郑镇长对他们宣讲政策,并说按照县里的政策和林业法的规定,林地里种植的高棵必须清理,答应第二天给他们一个答复,我们才离开。第三次是7月24日,经镇里领导决定再次到××村三社林地清理高棵作物。我们走到三社屯子东头土道的时候,路中间被车挡上了,季士春和韦福山都在那进行阻挡,警察来到现场,他们也拦住执法车辆,后被警察带离现场。

17. 证人崔福彬证言证实,我是长岭县××村村委会支部书记。按照县政府文件规定林地不允许间种高棵作物,开春时我们就通知了。韦福山和季士春的林地是经济林,种的是果树,没卖果就种地了,已经种了很多年了。2018年7月14日早上,村里雇佣四轮车到季士春、韦福山家林地清理高棵作物,被他二人阻拦,还把四轮车开回家中。7月17日,林业站站长栾海东到林地里测量高棵作物面积,被季士春、韦福山阻挡,从12点多一直挡到下午5点多钟。7月24日6点多钟,季士春和韦福山再次阻拦林业站和村委会工作人员到林地里去。

18. 证人孙立勋证言证实,我是流水镇××村的村长。按照县政府文件要求清理林地高棵作物。我们村从2016年开始就在村里醒目的墙上刷字、大喇叭广播、张贴公告,向各户下发停耕还林合同书和耙出通知单。2018年7

月14日5点多钟，林业站和村部雇佣王小亮和史洪阳驾驶两台四轮车一起到××村三社耙出林地高棵作物，被季士春和韦福山阻挡，不让车干活，还把四轮车开家去了。7月24日早上，村里和镇林业站去××村林地清理高棵作物，走到屯东头，被季士春和韦福山阻拦，不让工作人员和车进入林地，林业站的人就报警了。公安出警，季士春和韦福山等人不让执法车辆往前走。

19. 证人曲立中证言证实，我是流水镇××村会计。2016年11月左右和2017年3月左右，林业站下发两次不让在林地中种植高棵农作物通知。2018年，韦福山在林地中种了9亩多玉米，季士春种了3垧多地玉米。7月14日5时许，林业站要对村上林地高棵作物进行清除，我和孙立勋、崔福彬、刘洪伍到林地，看到韦福山和季士春阻拦作业的四轮车进行清除，四轮车被他俩开走了。

20. 证人孙桂平证言证实，我是流水镇××村监督委员会成员。2016年10月我们村各社主任就向各农户下发过退耕还林告知书。

21. 证人孙友军证言证实，我是流水镇××村一社主任。从2016年到2018年，每年开春种地的时候都用社主任的大喇叭广播，不让在林地种高棵作物。2016年10月至2017年10月，我都去季士春家下发停耕还林合同书，2016年，季士春家的三亩林也还林了。

22. 证人王志证言证实，我是流水镇××村二社社主任。2016年11月左右和2017年3月左右，林业站和村里告知村民不让在林地里种植高棵作物。2018年，季士春和韦福山都在林地里种植了玉米，季士春种了三垧多地，韦福山种了七八亩左右。2018年7月14日，我们和林业站工作人员到韦福山家林地里清理高棵作物时，四轮车被韦福山开走了。

23. 证人刘洪伍证言证实，我是流水镇××村三社社长。1997年左右，韦福山从村里承包树地，他把树卖了就开始种植玉米。2016年和2017年，林业站下发通知，告知村民不让在林地种植高棵作物，我用广播也告知村民了，韦福山家也收到通知了。2018年，韦福山还是在林地种植了9亩多玉米。7月14日，林业站要到村里林地清除高棵农作物，村干部也一同去现场了，韦福山把作业的四轮车司机给骂了。季士春家也在林地种植了高棵作物。

24. 被告人季士春供述证实，我于2001年与村里签订了土地经营合同，面积2.9公顷的树林带，承包费10,800元，约定五年内不得在树带种植高棵作物。林业站说幼林不让种高棵作物，我家这片林地不算是幼林，我已经种了17年了。2018年7月13日早上3点左右，村里和林业站雇了一辆四轮车到我地里推了大约一垧地的苞米，我一喊，开四轮的那个人就跑了，我把四轮车开到家里，怕村里偷着把四轮车开跑，我就把四轮车的右车轱辘卸下来，村里不给我解决被推一垧地苞米的事情，我就不归还四轮车。7月17日中午，林业站的人开一辆黑色轿车来了，跟我说不允许我家地种玉米，我不让车走，流水镇郑镇长答应给我解决，我就让车走了。7月24日6点多钟，林业站的人要推苞米，我和我媳妇、姑娘挡着不让推，公安局的人就把我们带走了。

25. 被告人韦福山供述证实，1998年开始，我从村里承包了2公顷左右的林地，承包期30年，我在这片林地种植了杏树。2018年，我在林地种植了玉米和豆子。6月左右，林业站说把我们种了十七八年的果树定为幼林，通知我们这几家说要把果树间种的高棵农作物清理了，有点欺负人。7月14日早上4点多钟，我发现有人开四轮车推我家玉米，我把拖拉机截住，司机说是村里的人让来的，我把司机撵下来，把四轮车开到我家里去了，怕被村里偷开回去，就把右前轮卸下去，村里不给我解决被推的苞米和豆子的事情就不还四轮车。又过了几天，林业站站长还有两个人开两辆车到我们树地，我和季士春不让林业站的人走，后来，镇里的人来了就让他们走了。7月24日早上，林业部门通知我们清理高棵作物，我们提前在屯东头等着，流水镇领导、林业站的站长和村里干部都来了，季士春向他们要文件，站长没拿出来，季士春让他女儿和儿媳躺在警车前，警察就把我们带走了。

26. 户籍证明证实，季士春、韦福山出生时间和出生地。

综合以上证据，公诉机关指控被告人季士春、韦福山多次阻碍政府、林业部门清理林地高棵农作物的犯罪事实成立。

本院认为，被告人季士春、韦福山擅自在从村里承包的林地内种植高棵农作物玉米，在政府组织清理过程中，季士春、韦福山因对承包合同条款的误解，对相关法律和政策的不理解，情绪偏激、态度不冷静，多次与工作人员发生争吵、纠缠，并采取暴力、威胁方法进行阻挡，经政府工作人员对其宣传法律政策后仍然阻碍工作人员依法执行职务，其行为已构成妨害公务罪。二被告人在共同实施妨害公务活动过程中，所起作用相当。公诉机关指控季士春、韦福山涉嫌犯寻衅滋事罪，经查，本案四轮车驾驶员史洪阳和王小亮虽然不具有正式的国家工作人员身份，但是他们二人是受村委会委托协助人民政府从事清理林地高棵农作物的行政管理工作；季士春、韦福山扣留四轮车的主观目的是阻止政府组织清理林地高棵农作物的行政活动，并没有非法占有或占用；二被告人是在自家林地和通往林地的屯路上阻碍工作人员依法执行职务，并不是在公共场所肆意挑衅，无事生非，起哄闹事，其行为侵犯的客体是公务活动，并不是公共秩序，故季士春、韦福山的行为不符合寻衅滋事罪的犯罪构成要件，故对辩护人认为二被告人行为构成妨害公务罪的辩护意见本院予以采纳，公诉机关指控被告人季士春、韦福山的犯罪事实与罪名不符。鉴于季士春、韦福山当庭认罪态度较好，有明显的悔罪表现，依法酌情对其从轻处罚。经本院审判委员会讨论决定，依照《中华人民共和国刑事诉讼法》第二百条第一款第（一）项，《中华人民共和国刑法》第二百七十七条、第二十五条、第六十一条之规定，判决如下：

被告人季士春犯妨害公务罪，判处有期徒刑一年。

（刑期从判决执行之日起计算。判决执行以前先行羁押的，羁押一日折抵刑期一日，即自2018年7月24日起至2019年7月23日止。）

被告人韦福山犯妨害公务罪，判处有期徒刑一年。

（刑期从判决执行之日起计算。判决执行以前先行羁押的，羁押一日折抵刑期一日，即自2018年7月24日起至2019年7月23日止。）

如不服本判决，可在接到判决书的第二日起十日内，通过本院或者直接向吉林省松原市中级人民法院提出上诉。书面上诉的，应交上诉状正本一份，副本二份。

审　判　长　杨　丹
人民陪审员　甘晓亮
人民陪审员　邹晶莹

二〇一八年十一月二十七日

书　记　员　慈中源

【推荐意见】

1. 优秀裁判文书可以息诉息访。2016 年，长岭县人民政府在落实中央提出的“退耕还林、促进民生发展”政策过程中，由于村民于 1998 年前后同村里签订的《林业承包合同》约定不明，导致政府在清理林地高棵农作物受阻，并产生大量信访案件的发生，进而引发刑事犯罪。本案中的二被告人，系当地有影响的上访户代表，该案的审理关系到能否让众多百姓息访，事关重大。检察机关以被告人季士春、韦福山涉嫌寻衅滋事罪提起公诉。法院为了有效审理该类案件，不仅要有效打击犯罪，而且要更好地进行法律宣传，开庭审理邀请当地人大代表和新闻媒体参与，并为二被告人指定律师为其辩护，尽管旁听人数众多，但是整个庭审顺畅。公诉机关指控的罪名与审理认定的罪名不一致，法院变更检察机关指控的罪名作出判决，由于判决书论理充分，二被告人均息诉服判，并劝诫其他上访村民息访。

2. 充分发挥审判职能，开展专项治理和专项打击活动。刑事审判职能不仅是依法惩罚犯罪，维护社会稳定，同时，注重依法保障人权，坚持贯彻宽严相济的刑事政策和法治原则，做到不同情况区别对待，该宽则宽，当严则严，宽严相济，罚当其罪，切实增强人民群众的安全感，维护社会稳定。真正做到法律效果和社会效果的有机统一。

李志慧

靖宇县人民法院

靖宇县人民法院刑事审判庭副庭长，一级法官，系靖宇县人民法院少年犯罪案件、邪教犯罪案件、黑恶犯罪案件专审法官。

五年来，李志慧同志主审了公安部督办的“被告人孔某等二十二名被告人利用电信网络跨国诈骗案”“被告人骆某、邢某、王某等六名被告人组织利用邪教组织破坏法律实施案”“被告人肖某、李某、王某非法买卖枪支案”等刑事案件 189 件，判处被告人 273 人。

【裁判要旨】

在以审判为中心的刑事诉讼中,证据必须能够经受庭审的检验,据以定案的事实应当达到"证据确实充分,形成证据链条"才是准确裁判的关键。首先,形成证据链的证据至少包括两项独立来源的证据,两项证据因存在独立性,可以为彼此提供证明其真实性作为独立支撑,进而确认其真实性和证明力;其次,证据链中至少有一项接近案件待证事实、证明力强的核心证据,否则即使非核心证据数量很多,也不能达到排除合理怀疑的证明标准,不能认定案件事实;最后,如果综合控辩双方提交的证据判断,发现矛盾或者疑点即出现"反印证"现象应当提供新证据印证以消除矛盾或疑点。对于某项待证事实,可能同时存在证明该事实成立和不成立的证据,在审理案件时应该结合两方面的证据综合判断,而不能仅仅重视证明事实成立或证明被告人有罪的证据,对于有罪证据和无罪证据之间的矛盾或疑点需要慎重对待,由承担举证责任的一方提供新的证据印证,以充分的证据和理由消除疑点,否则不能认定案件事实。

【裁判文书】

吉林省靖宇县人民法院
刑事判决书

(2017)吉0622刑初21号

公诉机关吉林省靖宇县人民检察院。

被告人肖作刚,男,1992年9月26日出生于黑龙江省齐齐哈尔市拜泉县,汉族,小学文化,农民,捕前住黑龙江省齐齐哈尔市××乡××村。因涉非法买卖枪支罪,于2016年5月9日被靖宇县公安局刑事拘留。同年6月15日被靖宇县公安局执行逮捕。现羁押于白山市江源区看守所。

辩护人张海军,吉林泉成律师事务所律师。

被告人李长宇,男,1991年5月10日出生于黑龙江省拜泉县,汉族,初中文化,农民,捕前住黑龙江省拜泉县××村。因涉非法买卖枪支罪,于2016年5月10日被靖宇县公安局刑事拘留,同年6月15日被逮捕。现羁押于白山市看守所。

辩护人徐华,吉林靖吉律师事务所律师。

被告人邹杰,男,1986年3月10日出生于黑龙江省明水县,汉族,高中文化,农民,捕前住黑龙江省××县。因涉嫌非法买卖枪支罪,于2016年5月10日被靖宇县公安局刑事拘留,同年6月15日被逮捕。现羁押于白山市江源区看守所。

辩护人岳春辉,黑龙江东旭律师事务所律师。

被告人王宏博,男,1995年9月18日出生于通化市柳河县,汉族,初中文化,无职业,捕前住长春市××小区××室。因涉嫌非法买卖枪支罪,于2016年5月31日被靖宇县公安局刑事拘留,同年6月15日被逮捕。现羁押于白山市江源区看守所。

辩护人刘忠生,吉林法公律师事务所律师。

吉林省靖宇县人民检察院以靖检刑检刑诉[2017]13号起诉书指控被告人肖作刚、李长宇、邹杰、王宏博犯非法买卖枪支罪,于2017年3月14日向本院提起公诉。因本案需补充侦查证据,靖宇县人民检察院于2017年6月12日、10月11日两次建议本院延期审理。因本案案情复杂,经报请白山市中级人民法院批准,决定对本案延期审理三个月。2018年4月28日,靖宇县人民检察院对被告人肖作刚追加起诉。2018年7月26日,靖宇县人民检察院对追加起诉事实建议补充侦查一个月。2018年9月5日,本院依法组成合议庭公开开庭对本案进行了合并审理。靖宇县人民检察院指派检察员吴迪、王帅出庭支持公诉,被告人肖作刚及其辩护人张海军、被告人李长宇及其辩护人徐华、被告人邹杰及其辩护人岳春辉、被告人王宏博及其辩护人刘忠生到庭参加诉讼。现已审理终结。

吉林省靖宇县人民检察院指控:2015年9月以来,被告人肖作刚通过微信朋友圈散布涉枪广告视频的形式发展专业下级代理及零售客户,肖作刚的下级代理或零售客户通过微信转账将货款支付给肖作刚,并告知买家的收货地址,肖作刚再联系出售枪支配件的商家,由这些商家直接将气枪配件以物流、快递等形式邮寄给买家,并由买家自行将气枪配件组装。肖作刚以非接触、邮寄的方式,销售以压缩气体为动力的“快排”“秃鹰”“1911”等多款气枪,共计185支,销售区域涉及全国各省市。

被告人李长宇、邹杰系肖作刚的下级代理,李长宇、邹杰在微信朋友圈散布涉枪视频广告,有买家联系购买枪支后,李长宇、邹杰再联系肖作刚发货。被告人李长宇通过肖作刚出售气枪15支,被告人邹杰通过肖作刚出售气枪5支。

被告人王宏博系李长宇的下级代理,通过微信朋友圈散布涉枪视频广告,有买家联系王宏博购买枪支后,王宏博再联系李长宇发货。王宏博共出售气枪2支。

经鉴定机构鉴定,本案目前已有25支涉案气枪被认定为以压缩气体为动力的枪支。

吉林省靖宇县人民检察院追加起诉:2016年4月,被告人肖作刚通过微信出售给于天权两套“快排”气枪配件,于天权将“快排”气枪配件组装后出售给陈金,陈金将2支“快排”气枪出售给姜风,姜风将两支“快排”出售给王振和刘伟。经鉴定,上述两支“快排”气枪系以气体为动力的枪支。

靖宇县人民检察院指控上述事实列举的证据有:

(一)被告人肖作刚、李长宇、邹杰、王宏博的供述与辩解;

(二)证人张洪君、董桂芳、邵庆辉等人的证人证言;

(三)涉案枪支等物证;

(四)通化市公安司法鉴定中心枪支鉴定书等鉴定意见;

(五)电子数据、户籍证明等其他证据。

靖宇县人民检察院认为,被告人肖作刚、李长宇、邹杰、王宏博利用微信等网络平台,非法出售枪支,其行为触犯《中华人民共和国刑法》第一百二十五条第一款之规定,应当以非法买卖枪支罪追究肖作刚、李长宇、邹杰、王宏博的刑事责任。

被告人肖作刚、李长宇、邹杰及其辩护人对起诉书指控的事实和罪名有异议。被告人肖作刚及其辩护人张海军认为起诉书指控肖作刚销售了185支枪,但其中经过鉴定构成枪支的有25支,后公诉机关追加指控肖作刚向于天权出售2支气枪,针对上述指控,辩护人对肖作刚销售其中的7支枪支没有异议,但认为其余有鉴定意见的20支气枪因销售记录不明确,证据无法形成链条,无法排除其他可能性,无法唯一得出肖作刚出售其余20支枪支的结论,辩护人张海军认为被告人肖作刚主观恶性较小,其出售的枪支已被公安机关查扣,到案后如实供述,庭审中认罪悔罪,请求法庭对其从轻处罚。

被告人李长宇及其辩护人徐华对起诉书指控的事实有异议,辩护人认为虽李长宇曾在公安供述出售了十四五支,但仅为口供,根据不能以被告人单一供述作为定案依据的刑事证据原则,对于被告人李长宇出售枪支数量的认定,需经过公安机关查证确定的数量来确定,同时认为李长宇无前科劣迹,一贯表现良好,认罪态度好,请求法庭对其从轻处罚。

被告人邹杰及其辩护人岳春辉对起诉书指控邹杰出售5支枪支的犯罪事实有异议,辩护人岳春辉认为现有证据有鉴定意见、有买家卖家陈述、有销售记录,能成为证据链条的仅有2支枪支,对于该2支枪支的出售行为,邹杰及其辩护人无异议,对于出售其余3支枪支的指控证据不足,同时辩护人认为邹杰无前科劣迹,主观恶性较小,具有坦白情节,请求法庭对其从轻处罚。

被告人王宏博及其辩护人刘忠生对起诉书指控的事实及罪名无异议,辩护人刘忠生认为王宏博系初犯,具有从犯情节,到案后如实供述其犯罪事实,系坦白,请求对其从轻处罚。

本院经审理查明,2015年9月以来,被告人肖作刚(微信名为“A冬雨”)利用微信群、微信朋友圈,以散布各类气枪广告的形式招揽客户,出售“快排”“秃鹰”等气枪。肖作刚的客户通过微信转账将货款支付给肖作刚后,并告知买家的收货地址,肖作刚通过某网站联系出售气枪配件的商家,由这些商家直接将气枪配件以物流、快递等形式邮寄给买家,肖作刚提供安装视频,由买家自行将气枪配件组装。

被告人李长宇(微信名为“起点商贸BOSS李”)在微信朋友圈散布气枪广告出售“快排”等气枪。如有买家购买气枪,李长宇收取货款后,其再联系肖作刚,从肖作刚处购买气枪,并提供买家地址,由肖作刚向买家发货,李长宇赚取差价。被告人李长宇自肖作刚处以370元/支的价格购买气枪2支,后以420元/支的价格出售给王宏博(微信名为"AAA普遍需求"),非法获利100元,王宏博将在李长宇处购买的2支气枪,后以900元/支的价格卖给王岩、王广文,非法获利960元。涉案枪支被公安机关在王岩、王广文处查扣,经鉴定,系以压缩气体为动力的枪支。

被告人邹杰(微信名为"A军品商贸")在微信朋友圈散布气枪广告出售"快排"等气枪。如有买家购买气枪,邹杰收取货款后,其再联系肖作刚,从肖作刚处购买气枪,并提供买家地址,由肖作刚向买家发货,邹杰赚取差价。被告人邹杰自肖作刚处以380元/支购买气枪2支,后以450元/支的价格出售给王宁、闫中杰,邹杰每支获利70元。王宁以850元/支的价格,闫中杰以700元/支的价格将枪支分别出售给吉林居民董桂芳、黑龙江居民邵庆辉。涉案枪支被公安机关在董桂芳、邵庆辉处查扣,经鉴定,系以压缩气体为动力的枪支。

靖宇县居民李雪(微信名为"诚信商贸")通过微信在被告人肖作刚处以900元的价格购买气枪1支,后其将该气枪出售给微信好友张洪君。涉案枪支被公安机关在张洪君处查扣,经鉴定,系以压缩气体为动力的枪支。

被告人肖作刚向于天权(另案处理)以800元/支的价格出售"快排"气枪2支,每支获利50元。后该2支气枪被于天权转售给陈金,陈金转售给姜风,姜风最后出售给王振和刘伟。公安机关在王振、刘伟处查扣2支气枪,经鉴定,系以压缩气体为动力的枪支。

综上,被告人肖作刚出售枪支7支,非法获利750元;被告人李长宇、邹杰、王宏博出售枪支各2支,分别获利100元、140元、960元。

以上事实,有经当庭举证、质证的下列证据为证:

1. 受案登记表、案件来源,证明2016年4月25日,靖宇县公安局治安大队接到群众举报,称靖宇县居民李雪在微信上销售各种仿真枪、刀具等物品。公安机关对该案立案侦查,在办理李雪非法买卖枪支案件中,经侦查,李雪销售的"快排"气枪是从肖作刚手中购买,且邹杰、李长宇从肖作刚处购买枪支对外销售,2016年5月17日,吉林省公安厅指定靖宇县公安局对肖作刚、邹杰、李长宇等人非法买卖枪支案件管辖。

2. 扣押清单，证明2016年5月10日公安机关依法扣押肖作刚持有的大、小账本各一本（大账本有效页码77页、小账本有效页码33页）、苹果6S玫瑰金手机、苹果5金色手机各一部；同年5月11日，扣押李长宇苹果6S金色手机、苹果5黑色手机各一部，扣押邹杰黑色三星手机一部；2016年5月31日，扣押王宏博苹果6S黑色手机一部。

3. 户籍证明信，证明被告人肖作刚、邹杰、李长宇、王宏博已达到刑事责任年龄。

4. 扣押清单，证明靖宇县公安局查扣张洪君持有的"快排"气枪一支，钢珠半袋。

5.（吉）公（通）鉴（痕检）字［2016］017号通化市公安司法鉴定中心枪支鉴定书及物证照片，证明对在张洪君处查扣的疑似气枪进行编号，为编号1。经鉴定，1号枪支发射弹丸的枪口比动能为5.82J/cm^2，系以压缩气体为动力的枪支。

6 扣押清单，证明2016年6月23日，公安机关扣押王岩持有的"快排"气枪1支、钢珠110颗。

7. 通化市公安司法鉴定中心枪支鉴定书（吉）公（通）鉴（痕检）字［2016］017号及物证照片，证明经鉴定，送检的王岩持有的气枪枪口比动能为24.34 J/cm^2，认定为以气体为动力的枪支。

8. 快递单号记录本，证明扣押在案的肖作刚书写的小账本第15页，记载"小李、黑龙江、老、王岩"的字样，同时记录了"申通227457668288瞄；汇通70146709099970粮；汇通70173007026186主体；中通719311863880握；天天66647291042管"的字样。

9. 接受证据材料清单，证明2016年5月17日，通化市公安局东昌区分局收到王广文上交的气手枪一支、气枪一支。

10.（吉）公（通）鉴（痕检）字［2016］015号通化市公安司法鉴定中心枪支鉴定书，证明王广文持有的气枪，经测试，发射弹丸的枪口比动能为27.98J/cm^2，系以压缩气体为动力的枪支，王广文持有的手枪经测试发射弹丸的枪口比动能为 0.5J/cm²,不认定为枪支。

11. 快递单号记录本,证明扣押在案的肖作刚书写的小账本第 28 页,记载"小李、吉林省、老、王广文"的字样,同时记录了"申通 227458246380 瞄;汇通 70146704093780 粮;汇通 70173003027512 主体;中通 719311863880 握;韵达 1000691519777 管"的字样。

12. 扣押清单,证明 2016 年 5 月 12 日,靖宇县公安局扣押董桂芳持有的"快排"气枪一支,钢珠 16 颗。

13. (吉)公(通)鉴(痕检)字[2016]017 号通化市公安司法鉴定中心枪支鉴定书及物证照片,证明对在董桂芳处查扣的疑似气枪进行编号,为编号 2。经鉴定,2 号枪支发射弹丸的枪口比动能为 27.33J/cm²,系以压缩气体为动力的枪支。

14、快递单号记录本,证明扣押在案的肖作刚书写的小账本第 23 页,记载"军品、吉林、老、董贵峰"的字样,同时记录了"申通 227457668282 瞄;汇通 70146705080975 粮;汇通 70173000026340 主体;中通 719311863895 握;天天 666476212130 管"的字样。

15. 扣押清单,证明 2016 年 5 月 21 日,公安机关扣押邵庆辉持有的"快排"气枪 1 支、钢珠 47 颗。

16. (吉)公(通)鉴(痕检)字[2016]017 号通化市公安司法鉴定中心枪支鉴定书及物证照片,证明在邵庆辉处查扣的疑似气枪进行编号,为编号 3。经鉴定,3 号枪支发射弹丸的枪口比动能为 26.20J/cm²,系以压缩气体为动力的枪支。

17. 快递单号记录本,证明扣押在案的肖作刚书写的小账本第 23 页,记载"军品、黑龙江、老、胖子小串"的字样,同时记录了"汇通 70173008025935 主体;中通 719311863818 握;申通 227457668498 瞄;汇通 70146705077195 粮"的字样。

18. 证据保全清单及物证照片,证明 2016 年 8 月 9 日,公安机关查扣王振、刘伟持有的气枪 2 支以及气枪的外观特征。

19. (辽锦)公(物证)鉴(痕)字[2016]24 号锦州市公安局司法鉴定中心

枪支鉴定书及照片2张，证明在王振、刘伟处查获的两支气枪，枪口比动能分别为17.4586J/cm²、24.6477J/cm²，系以气体为动力的枪支。

20. 刑事判决书，证明于天权通过微信以800元的价格向其上家（微信号：xzg45678，昵称"AAA诚信商贸"）购买气枪两支后出售给陈金以赚取差价。2017年10月31日，于天权犯非法买卖枪支罪，被辽宁省北镇市人民法院判处有期徒刑三年，缓刑三年。

21. 指认笔录、指认照片，证明王振、刘伟对其购买的枪支，陈金对其出售的枪支分别进行了指认。

22. 微信交易记录截图，证明2016年4月24日，于天权给微信名为A（经指认为被告人肖作刚）的人转账800元，并收到小金哥（陈金）930元，陈金2016年4月24日收到A00000不忘初心（姜风）转账1100元。

23. 微信详细信息截图，证明于天权购买气枪的上家在微信上的信息为"冬雨（账号xzg55888）"及"AAA诚信商贸（账号xzg45678）"，该截图经于天权、肖作刚指认。

24. 证人李雪的证言，证明李雪微信名为"诚信商贸"。2015年秋，其加了一个名为"冬雨"的微信好友，该人经常在朋友圈发布枪支、子弹、弩的视频和图片。李雪与其联系问是否可以帮其代卖枪支，对方表示同意。于是李雪在朋友圈里发布关于枪支的广告，如果有人购买，其在询问"冬雨"价格后，加上一定的价格报给买家。买家如果表示购买，将钱款和地址转给李雪，李雪留下差价后，将货款和地址转给"冬雨"，由其发货。李雪以这种方式出售了"645"手枪4支。2015年年末，以1500元的价格出售给微信好友"随风"（通化市辉南县朝阳镇人，名为"张军"音同）"快排"1支，后李雪转给"冬雨"900元，自己赚了600元，由"冬雨"发货给"随风"。"冬雨"有三个微信，分别是xzg55888、xzg45678、xzg55999。后李雪改微信名为"大象国际诚信商贸"。

25. 证人张洪君的证言，证明其微信名为"随风"，2015年11月加了微信好友李雪，看见李雪的朋友圈中有许多关于枪支的视频和图片，张洪君与李雪见面后，当面咨询了枪支的问题并给了李雪1500元现金，一个星期后，李雪让张洪君到靖宇县五金胡同内其经营的洗衣店取枪，张洪君将枪支取走后放在家里，后被公安机关收缴。

26. 证人王岩的证言，证明王岩的微信号为“xiaodongbei850”，微信名为“A 小东北”。2016 年 4 月末 5 月初，王岩的微信名为“AAA 普遍需求（招代理）”（微信号为 whbdww1314）的微信好友在朋友圈内发布关于枪支的图片和视频，后王岩在“AAA 普遍需求（招代理）”处以 900 元（支付宝转账）的价格购买了“快排”气枪 1 支。王岩提供的收货地址是黑龙江省和平牧场王岩收，电话 18749919196。付款后一个星期，王岩陆续收到了中通、汇通、天天快递的包裹，包裹内是气枪的零部件，后王岩将枪支组装好后藏在和平牧场的一个树林中。后王岩将该枪支上交至公安机关。

27. 证人王广文的证言，证明 2016 年 5 月 1 日，王广文到通化市公安局东昌区公安分局团结派出所举报名为“AAA 普遍需求（招代理）”的网友利用微信出售枪支；后王广文在“AAA 普遍需求（招代理）”（微信号为 whbdww1314）处分别以 350 元、1000 元的价格购买灰色仿真手枪和压缩气体钢珠枪。钢珠气枪系分别收到了瞄准镜、枪管、把手、子弹的包裹，由王广文自己组装的，同年 5 月 17 日，王广文到公安机关上缴其在“AAA 普遍需求（招代理）”处购买的两支枪支。

28. 证人王宁的证言，证明王宁的微信号为“A 意志团 BOSS 小武”。2016 年 4 月左右，王宁通过微信认识了一名叫“A 军品商贸”的黑龙江省绥化市的网友，该网友对外出售以气压为动力的钢珠枪。同年 5 月初，王宁的一个微信名为“AA000 万金塔无极限小六哥”的网友从王宁处以 850 元的价格购买“快排”1 支，邮寄地址为吉林省长春市农安县万金塔乡，董贵峰收，联系电话××××。后王宁支付给“A 军品商贸”450 元枪支货款后，将董贵峰的地址提供给“A 军品商贸”，由其向董贵峰发货。五六天后董贵峰收到了货。

29. 证人董桂芳的证言，证明董桂芳别名董桂峰，其微信号为 dong408646429，微信名为“AA000 万金塔无极限小六哥”。2016 年 5 月左右，董桂芳通过微信认识了名为“A 意志团 BOSS 小武”的微信好友，该好友在微信朋友圈发布了许多枪支的图片和视频，后董桂芳在该网友处以 850 元的价格购买了一支“快排”钢珠气枪。董桂芳提供的收货地址是吉林省长春市农安县万金塔乡，董贵峰收，联系电话××××。四五天后，董桂芳陆续收到了申通、中通、汇通、天天快递的包裹，包裹里是枪支的零部件，其根据“A意志团BOSS小武”提供的安装视频将枪支装好并打鸟使用。后其将该枪支上交至公安机关。“A意志团BOSS小武”的微信号为wang1218274122。

30. 证人闫中杰的证言，证明闫中杰的微信名为“顶级商贸”。其微信好友“A军品商贸”在微信朋友圈上发布枪支的广告和视频，闫中杰将枪支视频转发到自己的朋友圈，后来，其微信网友“开心就好”在闫中杰处以700元的价格购买“快排”气枪1支，收货地址为明水县公园附近小胖烧烤店。闫中杰留下250元后，转给“A军品商贸”450元以及买家地址，由“A军品商贸”直接给“开心就好”发货。后因“开心就好”反应钢珠少，闫中杰又给其退回50元。

31. 证人邵庆辉的证言，证明邵庆辉微信号为lang1903417543，微信名为“开心就好”，2016年4月，邵庆辉发现其微信好友“顶级商贸”（微信号a3220648266）在朋友圈发布钢珠气枪的视频，经与其联系，邵庆辉以700元的价格购买了“快排”枪支1支，并留下了胖子小串烧烤店的邮寄地址。几天后，邵庆辉陆续收到枪支的零部件，自行将枪支零件组装。因为钢珠少，“顶级商贸”给退回50元。后邵庆辉将枪支上缴至公安机关。

32. 证人于天权的证言，证明于天权的微信号是yumiaoye。于天权买卖的气枪是2016年4月24日，从微信昵称“A冬雨”（微信号：xzg55888）的人手中买的，于天权直接把陈金的收货地址告诉“A冬雨”，并转账给其800元，“A冬雨”是以枪支零件形式用快递发货。

33. 证人陈金的证言，证明陈金卖给姜风的两支“快排”气枪是其在2016年4月24日从微信号“yumiaoye”处购买，陈金共收到六个装有枪支配件的快递包裹。

34. 证人姜风的证言，证明姜风于2016年4月24日在陈金处以1100元购买了两支气枪。陈金将气枪的枪管和打气筒组装好，瞄准镜和塑料外壳是姜风组装的。姜风后来将这两支气枪卖给了王振和刘伟。

35. 证人王振、刘伟的证言，证明王振、刘伟持有的气枪是2016年4月、5月从姜风处购买。

36. 被告人肖作刚的供述与辩解，证明其有三个微信号码，一个是“xzg45678”，昵称“AAA 诚信商贸”；一个微信是“xzg55888”，昵称“A 冬雨”；一个是“xzg55999”，昵称“A”。2015 年 9 月，其通过微信发布广告售卖“快排”“秃鹰”“1911”型号的钢珠枪。网友通过微信看见肖作刚发布的广告便和其联系，通过微信或者支付宝将钱款转给肖作刚，如果要购买“快排”和“秃鹰”，是由肖作刚在淘宝上购买组装件，由卖组装件的商家将枪支部件邮寄给买家，其再教买家组装，“1911”型号的钢珠枪是肖作刚联系卖家整支发货。“快排”每支售价 400 ~ 450 元，“秃鹰”每支售价 2400 元，1911 每支售价 750 ~ 800 元。肖作刚每天能出售 3 支左右，卖了 100 多支枪，对于其销售的枪支肖作刚记录了两个账本，标注邮寄的快递单号、具体物品以及买货人的微信昵称。2015 年 12 月及 2016 年春节前后，其向吉林省白山市靖宇县的微信昵称为“大象国际，诚信商贸”的女性出售两支“快排”，收货人为李雪。另，邹杰系肖作刚的表哥，也在微信上发布广告卖钢珠枪，如果有人要买，邹杰收完钱后联系肖作刚，由肖作刚将组装件直接发给买家。邹杰有两个微信号，一个用户名为“zuojiezs”，昵称“A 军品商贸”，另一个微信用户名为“xg7788945888”，昵称“A 军品商贸备用号”。从 2016 年 3 月开始，邹杰通过肖作刚出售了三四支“快排”、1 支“秃鹰”，邹杰通过肖作刚出售了 5 支钢珠气枪，肖作刚在账本上标注“军品”代表邹杰，邹杰通过肖作刚出售的枪支，肖作刚记载在账本上，标注了省份和收货人简单称号；李长宇是肖作刚的二姐夫，李长宇通过微信发布广告出售钢珠枪，如果有人买，李长宇收完钱后联系肖作刚直接给买家发货。李长宇的微信号码为“aa1114652121”，昵称“小李子商贸香烟杂货招代理”，李长宇通过肖作刚卖出 15 支枪，李长宇通过肖作刚出售的枪支，肖作刚记载在账本上，肖作刚在其账本上标注的“小李”和“小李子”代表李长宇，标注了省份和收货人简单称号。肖作刚向邹杰和李长宇出售枪支每只 370 元或者 380 元，每支获利二三十元。微信名为“男人杂货铺”在肖作刚处买了 5 支钢珠气枪，在账本上标注“男人杂货”或“男人杂货铺”，肖作刚卖给男人杂货铺四百五六十元一支，每支盈利 100 元左右。此外还有刘俊，微信号“A 起点商贸 boss 俊”，在肖作刚处购买“快排”10 多支(400 元/支)、“秃鹰”两三支

(2800 元/支)、"1911"六七支(800 元/支),由肖作刚直接发给买家;庞小龙也在肖作刚处买七八支"快排"钢珠枪(400 元/支),由肖作刚直接发给买家,庞小龙的微信号为"qidianshangmao888",昵称"起点商贸暴力机车"。

37. 被告人邹杰的供述与辩解,证明其微信名为"A 军品商贸",2016 年 3 月开始跟其弟弟肖作刚学习在网上出售钢珠枪,其将买家地址和联系方式发给肖作刚,由肖作刚在网上找人代发货物。其通过微信卖出过 4 支枪,由肖作刚发货,其中,其向哈尔滨的微信好友"A 意志团 boss 小武"以 2200 元的价格出售过钢珠枪 1 支;以 400 元的价格卖给其家商店隔壁卖瓜子的微信名为"鼎盛商贸"女人 1 支钢珠气枪,邮寄的地址为明水县公园前的一个烧烤店;还有两支卖出的气枪其记不清卖给谁了,因为其系通过肖作刚发货,肖作刚记得邹杰卖出过几支枪。"快排"每支卖 400 余元,其给肖作刚 380 元,自己赚二三十元;秃鹰每支 2500 元,其给肖作刚 2350 元,自己赚 150 元;型材秃子每支 2200 元,其给肖作刚 2000 元,自己赚 200 元。

38. 被告人李长宇的供述与辩解,证明其微信号为 1114652121,微信名为"起点商贸 boss 李招代理",系被告人肖作刚的姐夫。2016 年 2 月,其和邹杰跟肖作刚在微信上出售钢珠枪等。其先是在微信朋友圈上发布各类枪支的视频,如果有人要买,会将购买枪支的钱和收货地址发给李长宇,李长宇将地址和要买枪支种类、钱款发给肖作刚,由肖作刚负责找到货源给买家发货,李长宇赚取其中差价。其向微信好友"普遍需求"出售两三支钢珠枪;向微信好友"小喇叭"出售三四支钢珠枪;向微信好友"A 意志团阿江"出售两三支钢珠枪;向微信好友"东北商贸"出售一两支钢珠枪。大握把的钢珠枪卖 450 元、小握把的卖 420 元。每支钢珠枪盈利 50 ~ 80 元不等,其一共卖出十四五支枪,获利 2000 余元。

39. 被告人王宏博的供述与辩解,证明其微信号为 13620789691 和 whbd-ww1314,微信名为"AAA 普遍需求",其微信好友中有人叫"起点商贸 BOSS 李"的男子,他在微信朋友圈每天发布关于枪的视频和图片,有"快排""秃鹰"等气枪,该人跟王宏博说,让其转发视频卖枪支,王宏博可以自己赚取差价。于是,王宏博在微信上发布广告,如有人要买就把钱和收货地址转账给王宏博,王宏博留下自己的差价后,将货款和地址转给“起点商贸 boss 李”,由该人发货。一支枪分成五个包裹的零件邮寄,由买家自己组装。王宏博的好友叫王岩的人,以 900 元的价格在王宏博这里购买“快排”一支,王宏博赚了 480 元差价后,将 420 元转给“起点商贸 boss 李”,第二日将“快排”枪支以快递形式邮寄到黑龙江省大庆市××区××牧场,王岩收,1874661××××,邮编 163851。王宏博的另一微信好友以 800 元或者 900 元的价格在王宏博处购买了“快排”一支,王宏博按照之前的方法,给了“起点商贸 boss 李”420 元,由“起点商贸 boss 李”发货至吉林省通化市新领路隆成园小区,王广文收,电话××××。这支枪王宏博赚取 400 元左右。此外,还有一个网友“A 烟云商贸”在王宏博处购买“快排”卖给别人。

以上证据经当庭质证,四被告人及其辩护人均无异议,且以上证据来源合法、客观真实,依法予以采信。

关于公诉机关指控被告人肖作刚向全国各省市其他人员销售以压缩气体为动力的“快排”“秃鹰”“1911”等多款气枪,共计 180 支,被告人李长宇通过肖作刚另外出售气枪 13 支,被告人邹杰通过肖作刚另外出售气枪 3 支的指控,公诉机关当庭出示了以下证据:

1. 受案登记表,证明 2016 年 8 月 10 日,龙江县公安局接到黑龙江省公安厅交办的肖作刚等人非法贩卖枪支的案件线索通知后,对该案调查处理,于当日将非法购买枪支的七棵树居民陈超查获。

2. 收缴物品清单,证明 2016 年 8 月 10 日,龙江县公安局依法收缴陈超持有的气枪一支。

3.(齐)公(刑技)鉴(痕)字[2016]35 号鉴定文书,证明经齐齐哈尔市公安局司法鉴定中心枪支鉴定,陈超持有的疑似枪支可正常击发、枪口比动能为 $31.31j/cm^2$,经认定该物品为枪支。

4. 龙江县公安局行政处罚决定书,证明 2016 年 8 月 10 日,陈超因通过微信平台购买气枪一支并到野外打鸟。根据《中华人民共和国治安管理处罚法》第三十二条第一款之规定,龙江县公安局决定给予陈超罚款伍佰元的行政处罚。

5. 枪支零部件快递单号,证明在公安机关扣押的被告人肖作刚记录的小账本反数第八页上,记载着“黑龙江、陈先生、龙江”字样,同时记载“申通22747754749 瞄;韵达 1202110519421 瓶;汇通 21119926476 管、套件;中通719287835859 消、粮;汇通 280491359350 气筒”。

6. 证人陈超的证言,证明陈超微信账号为 137484960,微信名为“588 捆草作业队”。2016 年 4 月,陈超在微信群中结识网友“起点商贸 boss 李”(微信账号为 aa1114652121),该人经常在微信群中发布气枪的图片和小视频,后陈超与其商谈后,以 4500 元的价格购买了“秃鹰”气枪一支,留下的收货地址为龙江县龙江镇陈超收。十多天后,陈超收到了中通、圆通、百世汇通等 6 个包裹,里面是枪支的零部件,后其根据“起点商贸 boss 李”发来的安装视频,将气枪安装上。后陈超将该气枪上缴至公安机关。

7. 受案登记表,证明 2016 年 8 月 5 日,北京市公安局丰台分局得到线索,在北京市丰台区刘庄子 100 号有人非法制造枪支,公安机关对该案立案侦查。

8. 京公司鉴(痕)字[2016]第 389 号枪支鉴定书,证明蒋西阳持有的枪状物枪口比动能为 10.24j/cm^2。该枪状物认定为枪支。

9. 证人王倩倩的证言,证明王倩倩系北京市丰台区刘庄子安能物流员工,2016 年 8 月 5 日公安机关查一个通过安能物流邮寄的违禁品,经其查询,收取该包裹的系该单位之前的员工蒋西阳,经其带公安机关到蒋西阳宿舍检查,查获黑色仿真枪一把。

10. 证人蒋西阳的证言,证明 2016 年 4 月蒋西阳通过微信群认识了一个名为“苏宁张波”(微信号 miliange9509)的网友,该人在微信群内发布枪支的照片,5 月 3 日蒋西阳在该人处以 1300 元的价格购买一支“快排”气枪,卖家将气枪部件快递给蒋西阳后,由蒋西阳自行组装。蒋西阳收货地址是北京市丰台区刘庄子 100 号,收货人是:少爷。卖家分五次给蒋西阳发的货。

11. 枪支零部件快递单号,证明在公安机关扣押的被告人肖作刚记录的小账本第三十七页上,记载着“高小某、北京、老、少爷”字样,同时记载“中通719287835897 握;汇通 70173007026935 主体;汇通 70146706088481 粮;申通227317542100 瞄;中通 728678919648 管”等字样。

12. 扣押物品清单,证明德州市公安局德城分局依法扣押贾庆芳持有的“快排”气枪一支。

13. 德公物鉴痕字[2016]786 号德州市公安局物证鉴定研究中心枪支鉴定书,证明经鉴定贾庆芳持有的枪支是以气体为动力发射弹丸的枪支。

14. 微信交易记录截图,证明公安机关在贾庆芳手机微信内调取到其曾于2016 年4 月19 日向好友转账1000 元,经贾庆芳指认,该转账系其购买气枪的转账记录。

15. 申通快递单号查询,证明2016 年4 月21 日,贾庆芳收到了装有“快排”气枪部件的包裹,该包裹单号为申通22731837686。

16. 物证照片,证明公安机关查扣的贾庆芳购买的气枪图片。

17. 枪支零部件快递单号,证明在公安机关扣押的被告人肖作刚记录的大账本第三页反页上,记载着“大头、山东省、老、贾庆芳”字样,同时记载“中通 728678208781 管;申通 227318317686 瞄;汇通 70173029236 主体;汇通 70146703070120 粮;中通 719286369768 握把”等字样。

18. 证人贾庆芳的证言,证明2016 年4 月19 日,贾庆芳在微信好友“A 小音音速驿站车行”(微信号为 feiaixiao - 1314)以1000 元的价格购买了1 支气枪,卖家通过申通快递和百世快递将气枪部件邮寄给贾庆芳,由贾庆芳自行组装。贾庆芳向卖家提供的收货地址是山东省德州市××区××镇黄××村,收件人贾庆芳,电话号码为1515340××××。

19. 搜查证、搜查笔录、扣押清单、扣押决定书,证明2016 年8 月10 日鹿寨县公安局依法对蒋荣幸家进行搜查,在其住宅的三楼房间的衣柜内搜出一个黑色装气枪的布袋,布袋内有扳手一把、起子一把、红外线瞄准器一个、钢珠两小袋。后公安机关对以上物品予以扣押。

20. 鹿寨县公安局治安大队出具的收缴证明,证实2016 年8 月15 日,鹿寨县公安局治安管理大队依法收缴邓高远涉嫌非法持有的气枪一支、扳手一个、起子一个、布袋一个、红外线瞄准器一个、钢珠556 颗。

21. 柳公物鉴(痕检)字[2016]364 号柳州市公安局物证鉴定所枪支鉴定书,证明邓高远在网上购买的气枪经鉴定,枪支发射的弹丸距枪口30 厘米处比动能为 27.16J/cm^2，该检材是枪支。

22. 证人邓高远的证言，证明 2016 年 3 月，其在微信上认识了名叫“永恒国际一店”（微信号：lei316035507）的网友，该网友在朋友圈发布气枪的广告。2016 年 5 月 5 日，邓高远以 1500 元的价格通过微信转账在该网友处购买一支“快排”气枪，并留下收货地址：鹿寨县××市场××号（小光砂锅饭）、收件人邓高远、电话 1777606××××。后卖家在微信上将货物单号发给邓高远，单号分别为“广西、邓高远、申通快递 227458246570 瞄、绿外线；汇通快递 70146707092251 粮；韵达快递 1000691519914 管；汇通快递 70173008027393 主体；中通快递 719311510473 握把”十天后，邓高远陆续接到快递，邓高远依据卖家提供的安装视频将气枪自行组装。后邓高远将这支气枪存放在蒋荣幸家中，由公安机关在蒋荣幸家收缴。

23. 证人蒋荣幸的证言，证明其与邓高远系朋友，2016 年 5 月，邓高远拿了一支气枪约蒋荣幸打鸟，后发现气枪不好使，邓高远说得了一个假货，后将气枪存放在蒋荣幸家中三楼杂物房内。

24. 微信转账照片，证明公安机关在邓高远的手机微信内提取到其于 2016 年 5 月 5 日向朋友转账 1500 元。

25. 微信聊天记录照片，证明公安机关在邓高远的手机微信内找到其与“永恒国际一店”的聊天记录，其中在 5 月 9 日 20:44，邓高远问“永恒国际一店”有两个快递单号查询不到。

26. 微信好友信息照片，证明公安机关在邓高远的手机微信内提取到“永恒国际一店”的个人信息，其微信号为 lei316035507。

27. 快递查询单照片，证明对申通快递 227458246570；中通快递 719311510473 进行查询，证明该两个快递邮寄到广西。

28. 指认照片，证明邓高远对其购买的气枪进行指认。

29. 枪支零部件快递单号，证明在公安机关扣押的被告人肖作刚记录的小账本第三十四页上，记载着“精诚、广西、老、邓高远”字样，同时记载“申通 227458246570 瞄、绿外线；汇通 70146707092251 粮；韵达 1000691519914 管；汇通 70173008027393 主体；中通 719311510473 握把”等字样。

30. 立案决定书,证明2016年8月4日,黑龙江省牡丹江农垦公安局对曾何福非法持有枪支、弹药案立案侦查。

31. 牡丹江农垦公安局扣押物品清单,证明2016年8月4日,牡丹江农垦公安局依法扣押曾何福持有的“M1911”型号气手枪1支、黑色气枪1支。

32. (七)公(刑技)鉴(痕)字[2016]028号七台河市公安局刑事技术支队鉴定文书,证明曾何福持有的气手枪弹丸枪口比动能为1.91j/cm^2;曾何福持有的气枪弹丸枪口比动能为4.23j/cm^2。两支气枪均认定为枪支。

33. 物证照片,证明涉案气枪情况。

34. 证人曾何福的证言,证明2016年5月,曾何福通过微信名为“A起点商贸BOSS玉”(微信号:tuhaowanju110)的微信好友,分别以2000元和4200的价格购买了一支气手枪和一支长气枪,并提供收货地址为黑龙江省密山市八五七农场,曾福收,手机号为1565666××××。后卖家通过快递将枪支配件邮寄给曾何福,由曾何福自行将气枪组装。后曾何福将两支气枪上缴至公安机关。

35. 枪支零部件快递单号,证明在公安机关扣押的被告人肖作刚记录的小账本反数第十二页上,记载着“黑龙江省曾福”字样,同时记载“汇通2804913599694气筒;申通227317542058瞄;汇通211169926487阀”等字样。

36. 受案登记表,证明2016年三四月,高海鲁在网上购买气枪一支,后于2016年8月10日被公安机关查获,当日鱼台县公安局城区派出所对该案立案侦查。

37. 证据保全决定书、证据保全清单,证明鱼台县公安局城区派出所依法扣押高海鲁持有的双排气枪一支。

38. (济)公(刑)鉴(痕)字[2016]75号济宁市公安局刑事科学技术研究所枪支鉴定书,证明公安机关在高海鲁处扣押的气枪枪口比动能为5.11J/cm^2。经鉴定,是以气体压力为动力的枪支,具有杀伤力。

39. 鱼台县公安局行政处罚决定书,证明因高海鲁非法携带枪支的违法行为成立,根据《中华人民共和国治安管理处罚法》第三十二条之规定,鱼台县公安局决定给予高海鲁行政拘留五日,并处罚款伍佰元的行政处罚。

40. 证人高海鲁的证言，证明高海鲁的微信号是 jiuganpingmaiwo，微信名是“诚信商贸(招代理)”。2016 年 4 月，高海鲁在微信上从“微商价格低”(微信号为 Yuri_Vaz)网友处以 550 元的价格购买一支“快排”气枪和五百发子弹，收货地址为山东省济宁市鱼台县亿龙家电。卖家通过中通快递和韵达快递共四个包裹(两个中通、两个韵达)将枪支零部件邮寄到高海鲁处。高海鲁将枪支组装后放在妻弟李冲家中，后被公安机关收缴。

41. 枪支零部件快递单号，证明在公安机关扣押的被告人肖作刚记录的大账本第十三页上，记载着“山东省、新、高海鲁”字样，同时记载“申通 227683125556 握；汇通 70173004796025 主体；汇通 70146705076167 粮；申通 227318552830 瞄；申通 227434580518 管”等字样。

42. 受案登记表，证明 2016 年 8 月 8 日 17 时 50 分，鄂托克前旗公安局敖勒召其派出所接到白山市公安局治安支队办理白山市靖宇县李雪利用微信向鄂前旗敖镇刘波销售枪支的案件线索，当日公安机关对该案立案侦查。

43. 收缴物品清单、证据保全决定书、证据保全清单，证明鄂托克前旗公安局依法收缴刘波持有的“快排”气枪 1 支。

44. 鄂尔多斯市公安司法鉴定中心检验结果报告单，证明经检验，刘波非法持有的枪型物为以压缩气体为动力能有效发射的枪支。

45. 鄂托克前旗公安局行政处罚决定书，证明因刘波在网上购买一支“快排”气枪，该气枪经鉴定认定为枪支。根据《中华人民共和国治安管理处罚法》第三十二条第一款、第十一条第一款之规定，鄂托克前旗公安局决定对刘波处 200 元的罚款并收缴刘波的“快排”枪支。

46. 指认照片，证明 2016 年 8 月 9 日，刘波对其购买的气枪进行指认，同时其指认向其出售气枪的卖家系其微信好友“AAA 军车地带”。

47. 证人刘波的证言，证明刘波的微信号为 573162989，2016 年 2 月，刘波在微信上从名为“AAA 军车地带”(微信号：ZW521yhy)的网友处以 820 元的价格购买 1 支“快排”气枪，刘波的收货地址是内蒙古鄂前旗，收件人是刘波。后卖家通过申通快递，分三个包裹将气枪配件邮寄给刘波，由刘波自行组装。

48. 扣押在案的被告人肖作刚手机截图,证明在其手机中存有给内蒙古鄂尔多斯市鄂托克前旗刘波的快递单照片。

49. 受案登记表,证明2016年8月4日,砚山县公安局接到线索,当地居民吴绍兴、张怀于2016年4月在网上购买气枪,次日,公安机关对该案立案侦查。

50. 证据保全清单及物证照片,证明砚山县公安局依法扣押吴绍兴持有的"快排"气枪1支、扣押张怀持有的"快排"气枪1支。

51. (文)公(司)鉴(痕)字[2016]006号、007文山壮族苗族自治州公安司法鉴定中心枪支鉴定书,证明经鉴定吴绍兴持有的气枪枪口比动能达到29.83J/cm^2,具有致伤力,系枪支;张怀持有的气枪枪口比动能达到11.27J/cm^2,具有致伤力,系枪支。

52. 快递单复印件,证明吴绍兴收到了728678556086、765008491112、765017213514的中通快递包裹;张怀收到了765017213515号中通快递包裹。

53. 扣押在案的被告人肖作刚手机内快递单号照片,证明在肖作刚的手机中查找到邮寄给云南省文山州砚山县盛世新城门口恒光灯饰的吴绍兴的单号为765008491112的中通快递单照片。

54. 张怀农业银行账户流水,证明2016年4月12日,张怀向××××陈静琪的账户内转入8000元。

55. 证人吴绍兴的证言,证明2016年4月,吴绍兴通过其亲家张怀以4000元价格在网上购买"快排"气枪1支。卖家将气枪配件用中通快递分三次邮寄给吴绍兴,由吴绍兴和张怀将配件组装成气枪。吴绍兴的收货地址是云南省文山州砚山县盛世新城门口恒光灯饰,收件人是吴绍兴。

56. 证人张怀的证言,证明张怀的微信号为zhanghuai1033,昵称"复兴科技"。2016年4月,张怀通过微信在微信名为"A商贸……"(名字记不清)的微信网友处以8000元的价格为自己和朋友吴绍兴各购买一支"快排"气枪,卖家用中通快递分三个包裹以及一个记不住公司名字的快递包裹将气枪零部件邮寄给张怀,由张怀和吴绍兴将配件组装成气枪。张怀的收货地址为云南省文山州砚山县江那镇龙头街飞龙网吧,张怀收。

57. 曹公(治)仿认字[2016]第12号曹县公安局仿真枪认定书附枪支照片,证明根据公安部《仿真枪认定标准》第一条第二项、第三项之规定,认定甄灿省购买的"快排"气枪为仿真枪。

58. 曹公(治)行罚决字[2016]00062号曹县公安局行政处罚决定书,证明根据《中华人民共和国枪支管理法》第四十四条第一款之规定,曹县公安局决定对甄灿省处以行政拘留十日,"快排"气枪予以没收。

59. 证人甄灿省的证言,证明甄灿省的微信账号是18354076444,昵称是"A8远航驾校,包过关,针对文盲!"。2016年四五月,甄灿省在微信好友处用微信转账方式以1200元的价格购买"快排"气枪一支,卖家通过快递将气枪零件发给甄灿省,由甄灿省自行组装。甄灿省的收货地址是山东曹县,收货人是甄灿省。

60. 枪支零部件快递单号,证明在公安机关扣押的被告人肖作刚记录的小账本第二页上,记载着"婷、山东、老、红外、甄灿省"字样,同时记载"中通719311863815 握;汇通70173009025925 主体;汇通70146701077183 粮;申通227457668488 瞄"等字样。

61. 广州市公安局白云区分局收缴物品清单,证明广州市公安局白云区分局依法扣押李喜雀持有的气步枪一支、铅弹942发、打气筒一个。

62. 广东省广州市公安司法鉴定中心枪支、弹药鉴定书,证明经鉴定李喜雀持有的气枪为以压缩气体为动力的非制式枪支,铅弹为气枪铅弹。

63. 行政处罚决定书,证明2016年8月17日,因李喜雀携带枪支弹药被广州市公安局白云区分局行政拘留十日。

64. 证人李喜雀的证言,证明李喜雀的微信号为lixique1380245174,2016年4月,李喜雀在微上在微信名为"诗意"(微信号:ccnn1633)的微信好友处以4500元的价格购买一支气枪,942铅弹,一个打气筒。其提供给卖家的收货地址是广州市白云区××路××号,林生收,电话1348024××。卖家分8个包裹陆续用申通、韵达等快递公司将气枪配件邮寄给李喜雀,由李喜雀自行组装。后李喜雀将该枪支上缴至公安机关。另证明,李喜雀将手机内卖家的微信号、聊天记录、转账记录全部删除。

65. 扣押在案的被告人肖作刚手机截图,证明在其手机中存有给广东省广州市天河区沙坦旺菠萝山 25 - 2 林生的快递单照片。

66. 受案登记表,证明营口市公安局老边区公安分局接到上级机关交办的辽宁营口仁安宁在网上购买气枪的线索后对该案立案,经侦查,营口市老边区商场里 3 号 124 居民董国峰以安宁的名义在网上购买气枪,2016 年 8 月 12 日董国峰上缴该气枪。

67. 检查证、现场勘验笔录及收缴现场照片,证明 2016 年 8 月 12 日 12 时 15 分至 12 时 40 分,公安机关对董国峰停放在营口高铁东站的辽 HNW201 丰田汽车进行检查,在后备厢查获一个黑色类似气枪的物品。

68. 收缴物品清单,证明 2016 年 9 月 29 日,公安机关扣押董国峰持有的气枪 1 支。

69.(辽)公(营)鉴(痕)字[2016]51 号营口市公安司法鉴定中心枪弹鉴定书,证明经营口市公安司法鉴定中心经鉴定,董国峰主动上缴的枪形物品发射的弹丸枪口比动能大于 1.8J/cm^2,系枪支,具有致伤力。

70. 行政处罚决定书,证明董国峰因在网上购买枪支,被营口市公安局老边分局行政罚款 200 元。

71. 证人董国峰的证言,证明董国峰通过微信认识了微信名为"A 中华人民共和国 $(郭部长)"(微信号:gxy17sui)的朋友,该人发布出售气枪的广告,后董国峰于 2016 年 6 月 15 日,给其微信转账 1350 元购买了一支气枪。收货地址留了其表哥安宁的信息和地址。一周后,气枪以快递形式邮寄到安宁处,安宁将包裹转交给董国峰。2016 年 8 月 12 日,公安机关找到安宁询问,安宁给董国峰打电话才得知包裹里是气枪。后董国峰联系朋友马辉,告诉其枪支放在营口东站停车场车牌号为辽 HNW021 汽车的后备厢里,让其将枪支转交给公安机关。

72. 证人安宁的证言,证明安宁系董国峰的表哥,2016 年 5 月,董国峰向其借身份证在网上购物,后其接到快递公司电话说有快递到了,安宁将包裹取完后给董国峰送去,不知道包裹里是什么东西。

73. 证人马辉的证言,证明马辉系董国峰的朋友,2016 年 8 月 12 日 13 时许，其接到董国峰的电话称其在三个月前购买一支黑色气枪，放在营口市老边区高铁东站停车场董国峰的汽车内。后马辉到该地点将气枪取出后交给公安机关。

74. 董国峰网上购买枪支的手机截图，证明“A 中华人民共和国 $（郭部长）”微信号为：gxy17sui 以及其向他人转账 1350 元。

75. 枪支零部件快递单号，证明在公安机关扣押的被告人肖作刚记录的大账本第三页上，记载着“辽宁、老、安宁”字样，同时记载“中通 728672808777；申通 227318317700 瞄；汇通 70173003025235 主体”等字样。

76. 扣押物品清单及收缴物品清单，证明通辽市公安局科尔沁区分局于 2016 年 8 月 9 日扣押白林持有的气步枪 1 支。

77. 中警鉴字［2016］1618 号中国刑事警察学院物证鉴定中心检验意见书，证明白林持有的疑似气步枪比动能为 34.21J/cm^2，认定为枪支。

78. 证人白林的证言，证明白林的微信名为“铁南大呲花”，微信号码是 anbd6696。2016 年 6 月，其在黑龙江出差期间，一个微信名为“火苗图案加 9”的人添加白林为好友，该人为男子，南方口音，后白林以 560 元的价格在该人处购买气枪一支。收货地址为通辽市森林公园管理处，白林收。几天后，卖家通过三个快递向白林邮寄枪支零部件，由白林自行组装。白林收到枪支零部件后将卖家拉黑。

79. 枪支零部件快递单号，证明在公安机关扣押的被告人肖作刚记录的小账本反数第十三页上，记载着“内蒙古、白林”字样，同时记载“中通 719311510433 消；汇通 211169926498 阀；汇通 70146705076167 粮；申通 227317542091 瞄、支架；邮政 9620048925386 气筒；申通 227434580518 管”等字样。

80. 受案登记表，证明连城县公安局收到肖作刚等人贩卖枪支涉案线索，2016 年 8 月 10 日 16 时许，公安机关在黄小烽家搜查出气枪 1 支，钢珠 295 发。公安机关对该案立案侦查。

81. 证据保全决定书、证据保全清单，证明连成县公安局依法扣押黄小烽持有的“快排”气枪 1 支。

82. 岩公鉴[2016]515号龙岩市公安局物证鉴定所鉴定书及检验照片，证明在黄小烽处查获的疑似枪支枪口比动能为23.95J/cm^2，认定为枪支。

83. 连城县公安局行政处罚决定书，证明因黄小烽在网上购买1支气枪，该气枪鉴定为枪支。根据《中华人民共和国治安管理处罚法》第三十二条第一款、第十一条第一款之规定，连城县公安局决定对黄小烽处以行政拘留四日，收缴钢珠295个，气步枪1支。

84. 证人黄小烽的证言，证明2015年12月，黄小烽通过淘宝以500元左右的价格购买一支“快排”气枪。黄小烽淘宝用户名为“钱在飞v123”，昵称：烽火涟云。黄小烽的收件地址是连城县莲峰镇董屋山G幢志明建材超市，收件人是黄先生。

85. 扣押在案的被告人肖作刚手机截图，证明在其手机中存有给浙江省义乌市锦都豪苑黄先生的快递单照片。

86. (滨)公(刑)鉴(痕)字[2016]012号滨州市公安局物证检验鉴定中心枪支鉴定书，证明经鉴定，李新意持有的两支疑似枪支枪口比动能分别为9.91J/cm^2、28.69J/cm^2，系以气体为动力的枪支。

87. 证人李新意的证言，证明2016年5月，李新意在淘宝网上联系名为“天空气动”的淘宝店以2000元的价格购买两支“快排”气枪，李新意留下的收货地址为“劳店镇曹家胡同李牌村李新意收”，后李新意陆续收到气枪零部件，并自行组装。

88. 枪支零部件快递单号，证明在公安机关扣押的被告人肖作刚记录的大账本第五页上，记载着“大头、山东省、老、李新意”字样，同时记载“汇通350540837393 瞄；汇通70173008025370 主体；中通728677931087 管”等字样。

89. (毕)公(司)鉴(痕检)字[2016]45号毕节市公安司法鉴定中心物证鉴定书，证明经鉴定，公安机关依法查获赵跃购买的疑似枪支是以气体为动力的枪支。

90. (毕)公(司)鉴(痕检)字[2016]50号毕节市公安司法鉴定中心物证鉴定书，证明经鉴定，公安机关依法查获汪林购买的疑似枪支是以气体为动力的枪支。

91. 周润鸿微信截图，证明周润鸿微信号为 DHY41982。

92. 赵跃持有的“快排”气枪、钢珠照片及赵跃指认“快排”气枪照片，证明赵跃持有的“快排”气枪外观特征及赵跃对自己购买的“快排”气枪进行指认。

93. 汪林持有的“快排”气枪、钢珠照片及汪林指认购买“快排”气枪的照片，证明汪林持有的“快排”气枪外观特征及汪林对自己购买的“快排”气枪进行指认。

94. 徐远祥指认其购买“快排”气枪的照片，证明徐远祥对其购买的“快排”气枪零件进行指认。

95. 证人周润鸿的证言，证明周润鸿的微信号是 DHY41982，昵称使用过“男人站”“百宝商贸”“立秋”“星空”“小何雨”“心无归宿、继续漂浮”“飞利商贸”等。2015 年 6 月，周润鸿在百兴镇农贸街钱江摩托店对面认识了一个叫张佳伟的安徽人，并加了该人微信号，该人微信名为“男人站”。“男人站”经常在微信上发布气枪广告，后周润鸿在该人处购买“快排”气枪 3 支，并通过微信将该 3 支气枪分别卖给汪林、赵跃、徐远祥各 1 支。

96. 证人赵跃的证言，证明 2015 年 7 月 6 日，赵跃以微信转账的形式以 1000 元的价格向微信号为“DHY41982”的卖家购买“快排”气枪一支，卖家将气枪零部件发给赵跃，由赵跃自行组装。

97. 证人徐远祥的证言，证明徐远祥通过微信向周润鸿购买“快排”气枪 1 支，但收到零件后，部分气枪零件损坏，无法组成完整枪支。

上述证据经当庭质证，被告人肖作刚的辩护人张海军对上述证据的真实性无异议，但认为上述证据无法形成完整的证据链条，无法证实肖作刚向李新意、董国峰、白林等人出售枪支，且有部分鉴定意见中无鉴定人资质证书，无法证实鉴定意见的有效性。

本院对控辩双方就部分事实和证据提出异议的问题，经审查后认为：

（一）关于公诉机关对肖作刚向李雪出售气枪 1 支的指控。经查，2015 年年末，肖作刚使用其“诚信冬雨”的微信向微信名为“诚信商贸”的女性微信好友（昵称“白山李雪”）以 900 元的价格出售“快排”气枪一支，肖作刚获利 550

元。后李雪将该气枪出售给通化市辉南县朝阳镇的张洪君,后公安机关在张洪君处扣押该气枪,经鉴定,该气枪枪口比动能为 5.82J/cm^2,系以压缩气体为动力的枪支。上述事实,有被告人肖作刚的供述与辩解,证人李雪、张洪君的证言,扣押清单、鉴定意见等证实,证据之间能形成完整的证据链条,因此公诉机关的该项指控成立,本院予以确认。

(二)关于公诉机关对肖作刚向李长宇出售快排气枪 2 支,后李长宇将气枪出售给王宏博,王宏博最终将 2 支气枪出售给黑龙江居民王岩、通化居民王广文的指控。经查,2016 年四五月,肖作刚向李长宇(微信名:“起点商贸 boss 李”)以 370 元/支的价格出售快排气枪 2 支,每支获利 20 元。后该 2 支气枪被李长宇以 420 元/支的价格出售给王宏博,李长宇每支获利 50 元。王宏博以 900 元/支的价格将枪支分别出售给黑龙江居民王岩、通化居民王广文,每支获利 480 元。王宏博将买家地址提供给李长宇,再由李长宇将买家地址提供给肖作刚后,由肖作刚联系卖家以快递形式给买家发货,肖作刚将李长宇销售的枪支单号买家姓名等记录在账本上,并且备注了“小李”字样。后公安机关在王岩、王广文处查扣两支气枪,经鉴定,2 支气枪的枪口比动能分别为 24.34J/cm^2、27.98J/cm^2,均系枪支。上述事实,有被告人肖作刚、李长宇、王宏博的供述与辩解,证人王岩、王广文的证言,肖作刚记录的物流单号账本,证实卖家和买家均能指认出销售或购买枪支的人身份、枪支的价格、枪支的邮寄形式、买家的收货地址,且与肖作刚销售账本上记录内容一致,同时扣押清单,鉴定意见可证实涉案气枪为枪支,以上证据可以形成完整的证据链条,因此,公诉机关的该项指控成立,本院予以确认。

(三)关于公诉机关对肖作刚向其下级代理邹杰出售“快排”气枪 2 支,后邹杰将气枪转售给微信网友“意志团 boss 小武”(王宁)、“顶级商贸”(闫中杰),后该二人将 2 支气枪出售给吉林居民董桂芳、黑龙江居民邵庆辉的指控。经查,2016 年四五月,肖作刚向邹杰(微信名:“A 军品商贸”)以 380 元/支的价格出售“快排”气枪 2 支,每支获利 30 元。后该 2 支气枪被邹杰以 450 元/支的价格出售给王宁、闫中杰,邹杰每支获利 70 元。王宁以 850 元/支的价格,闫中杰以 700 元/支的价格将枪支分别出售给吉林居民董桂芳、黑龙江居民邵庆辉。王宁、闫中杰将买家地址提供给邹杰，再由邹杰将买家地址提供给肖作刚后，由肖作刚联系卖家以快递形式给买家发货，肖作刚将邹杰销售的枪支单号买家姓名等记录在账本上，并且备注了“军品”字样。后公安机关在董桂芳、邵庆辉处查扣两支气枪，经鉴定，2 支气枪的枪口比动能分别为 27.33J/cm^2、26.20J/cm^2，均系枪支。上述事实，有被告人肖作刚、邹杰的供述与辩解，证人王宁、闫中杰、董桂芳、邵庆辉的证言，肖作刚记录的物流单号账本，证实卖家和买家均能指认出销售或购买枪支的人身份、枪支的价格、枪支的邮寄形式、买家的收货地址，且与肖作刚销售账本上记录内容一致，同时扣押清单，鉴定意见可证实涉案气枪为枪支，以上证据可以形成完整的证据链条，因此，公诉机关的该项指控成立，本院予以确认。

（四）关于公诉机关对肖作刚向于天权出售“快排”气枪 2 支，后于天权将气枪转售给陈金，陈金将气枪转售给姜风、姜风将 2 支气枪转售给王振和刘伟的指控。经查，2016 年 4 月 24 日，肖作刚向于天权以 800 元/支的价格出售“快排”气枪 2 支，每支获利 50 元。后该 2 支气枪被于天权转售给陈金，陈金转售给姜风、姜风最后出售给王振和刘伟。于天权将买家地址提供给肖作刚后，由肖作刚联系卖家以快递形式给买家发货，后公安机关在王振、刘伟处查扣两支气枪，经鉴定，2 支气枪的枪口比动能分别为 17.4586J/cm^2、24.6477J/cm^2，均系枪支。上述事实，有被告人肖作刚的供述与辩解，证人于天权、陈金、姜风、王振、刘伟的证言，指认笔录及指认照片，微信交易截图，扣押清单、鉴定意见，刑事判决书等证据证实，证据之间可形成完整的证据链条，因此，公诉机关的该项指控成立，本院予以确认。

（五）关于公诉机关对肖作刚向周润鸿出售气枪 3 支的指控。经查，在扣押在案的肖作刚记录的账本内记载有“徐远祥”字样，账本上记载的单号无包裹的流转信息，无徐远祥对快递单号的指认，同时，徐远祥陈述其系在周润鸿处购买的气枪，且该气枪因为缺少零部件无法组装成枪支使用，现有证据中无该气枪是否为枪支的鉴定意见；证人周润鸿陈述其向安徽人张伟伟（微信名：“男人站”）购买的气枪再出售给汪林、赵跃，现有证据中没有张伟伟的陈述，无其与肖作刚存在交易行为的相关证据，无证据证明周润鸿出售给汪林、赵跃的气枪与本案被告人的关联关系，现有证据无法形成完整的证据链条，无法证明汪林、赵跃购买的枪支系被告人肖作刚出售。公诉机关的该项指控，事实不清，证据不足，不予认定。

（六）关于公诉机关对肖作刚向李新意出售气枪2支的指控。经查，在扣押在案的肖作刚记录的账本内记载有“李新意”字样，但李新意陈述其系在淘宝网上购买的气枪，该购买方式与本案被告人肖作刚供述通过微信销售枪支的方式不符；账本上记载的单号无包裹的流转信息，无李新意对快递单号的指认，无法证实肖作刚记载快递单号的包裹被李新意收取；无交易记录，无货款的流转记录，现有证据存在矛盾，无法成为链条，无法证明李新意购买的枪支系肖作刚出售。公诉机关的该项指控，事实不清，证据不足，不予认定。

（七）关于公诉机关对肖作刚向董国峰出售气枪1支的指控。经查，在扣押在案的肖作刚记录的账本内记载有“安宁”字样，但董国峰陈述向其出售枪支的人系“A中华人民共和国$（郭部长）”，现有证据中没有该人的陈述，无其与董国峰交易的相关证据，无证据证明“A中华人民共和国$（郭部长）”与本案被告人的关联关系；账本上记载的单号无包裹的流转信息，无安宁、董国峰对快递单号的指认，无法证实肖作刚记载快递单号的包裹被安宁收取；卷内无交易记录，无货款的流转记录，现有证据无法形成完整的证据链条，无法证明董国峰购买的枪支系被告人肖作刚出售。公诉机关的该项指控，事实不清，证据不足，不予认定。

（八）关于公诉机关对肖作刚向白林出售气枪1支的指控。经查，在扣押在案的肖作刚记录的账本内记载有“白林”字样，但“白林”陈述系微信名为“火苗图案加9”的人向其出售气枪，现有证据中无该人的陈述，无其与白林交易的相关证据，无证据证明微信名为“火苗图案加9”的人与本案被告人的关联关系；账本内记载的单号无包裹的流转信息，无白林对快递单号的指认，无法证实肖作刚记载快递单号的包裹被白林收取；同时白林陈述枪支是以3个包裹邮寄到其手中，而肖作刚账本中记有“白林”的页面内，有8个快递单号；白林陈述向其出售枪支的系南方口音的男子，而本案被告人肖作刚系北方人，因此，现有证据之间存在矛盾，且无法成为链条，无法证明白林购买的枪支系被告人肖作刚出售。公诉机关的该项指控，事实不清，证据不足，不予认定。

（九）关于公诉机关对肖作刚向黄小烽出售气枪1支的指控。经查，公安机关从扣押在案的被告人肖作刚的手机中，找到了邮寄给“黄先生”的快递单号照片，但邮寄给“黄先生”的快递地址为“浙江省义乌市”与黄小烽陈述的“连城县莲峰镇”收货地址不同（连城县属福建省龙岩市）；黄小烽陈述其系在淘宝网上购买的气枪，该购买方式与本案被告人肖作刚供述通过微信销售枪支的方式不符；此外，黄小烽持有气枪的鉴定意见无鉴定人资质证明，无法证明该鉴定意见系经具有鉴定资质的鉴定人员作出，鉴定意见存在瑕疵，无法采信。因此，现有证据之间存在矛盾，不能形成完整的证据链条，无法证明黄小烽持有的气枪系被告人肖作刚出售，公诉机关的该项指控，事实不清，证据不足，不予认定。

（十）关于公诉机关对肖作刚向蒋西阳出售气枪1支的指控。经查，扣押在案的肖作刚记载的账本中，记载有“少爷”字样，蒋西阳陈述其留给卖家的收货地址是北京市丰台区刘庄子100号，收货人少爷。但根据蒋西阳陈述，系微信名为“苏宁张波”的人向其出售气枪，但现有证据无“苏宁张波”的陈述，无其与蒋西阳交易的相关证据，无证据证明“苏宁张波”与本案被告人的关联关系；肖作刚账本中记载的单号无包裹的流转信息，无蒋西阳对快递单号的指认，无法证实肖作刚记载快递单号的包裹被蒋西阳收取。现有证据之间无法形成链条，无法证明蒋西阳购买的枪支系被告人肖作刚出售。公诉机关的该项指控，事实不清，证据不足，不予认定。

（十一）关于公诉机关对肖作刚向高海鲁出售气枪1支的指控。经查，扣押在案的肖作刚记载的账本中，记载有“高海鲁”字样，根据高海鲁陈述，系微信名为“微商价格低”的人向其出售气枪，但现有证据中无该人的陈述，无其与高海鲁交易的相关证据，无证据证明“微商价格低”与本案被告人的关联关系；此外，高海鲁陈述枪支是以四个包裹邮寄到其手中，其中两个中通快递、两个韵达快递，而肖作刚账本中记有“高海鲁”的页面内，并无中通或韵达的快递单号。因此，现有证据之间存在矛盾，无法成为链条，无法证明被告人肖作刚向高海鲁出售枪支。公诉机关的该项指控，事实不清，证据不足，不予认定。

(十二)关于公诉机关对肖作刚向刘波出售气枪 1 支的指控。经查,在肖作刚的手机中存有邮寄给内蒙古鄂尔多斯市鄂托克前旗刘波的快递单照片,但并无该快递单照片来源的证据,无法确定该照片的出处;且快递单无流转信息,无刘波的指认信息,无法证实该单号包裹内物品属性,无法证实该单号包裹系刘波收取;同时,根据刘波陈述,系微信名为"AAA 军车地带"的人向其出售气枪,但现有证据中并无该人陈述,无其与刘波交易的相关证据,无证据证明"AAA 军车地带"与本案被告人的关联关系;同时,该支气枪的鉴定意见无鉴定人资质证明,无法证明该鉴定意见系经具有鉴定资质的鉴定人员作出,对该鉴定意见存在瑕疵,无法采信。因此,公诉机关的该项指控,事实不清,证据不足,不予认定。

(十三)关于公诉机关对肖作刚向李长宇出售气枪 1 支,后李长宇转售给陈超的指控。经查,在肖作刚的账本上存在"黑龙江陈先生"的记录,且根据陈超陈述,系"起点商贸 boss 李"向其出售气枪,但李长宇并未供述其向陈超微信名为"588 捆草作业队"出售过气枪,现有证据中也未有陈超与李长宇微信聊天或货款转账的交易记录,肖作刚账本上记录的陈先生的快递单号无流转信息,其邮寄轨迹无法查询,陈超也未能指认该单号系其收取的装有枪支的包裹;此外,肖作刚证实李长宇售出的枪支其会在账本上标注"小李"或者"小李子",但是记载该单号的账本上未显示上述字样。因此,现有证据之间无法形成完整的证据链条,公诉机关的该项指控,事实不清,证据不足,本院不予认定。

(十四)关于公诉机关对被告人肖作刚向李喜雀出售气枪 1 支的指控。经查,在肖作刚的手机中存有给广东省广州市天河区沙坦旺菠萝山 25 - 2"林生"的快递单照片,李喜雀也陈述其向卖家提供的收件人姓名系"林生",但其陈述其向卖家提供的收货地址"广州市白云区 × × 路 × × 号",这与肖作刚手机中快递单照片记录不一致;李喜雀陈述为微信名为"诗意"的好友向其出售气枪,但现有证据中并无该人身份信息,或其陈述,无其与李喜雀交易的相关证据,无证据证明"诗意"与本案被告人的关联关系;同时,该涉案枪支的鉴定意见无鉴定人资质证明,无法证明该鉴定意见系经具有鉴定资质的鉴定人员作出，该鉴定意见有瑕疵，无法采信。因此，现有证据之间无法形成完整的证据链条，公诉机关的该项指控，事实不清，证据不足，本院不予认定。

（十五）关于公诉机关对被告人肖作刚向邓高远出售气枪1支的指控。经查，在肖作刚记录的账本内记载有“广西邓高远”字样以及各部件物流单号，该单号与邓高远手机聊天记录上中各气枪零部件的快递单号一致，且经查询收货地址系广西，但邓高远陈述系“永恒国际一店”向其出售气枪，现有证据中并无该人陈述，无转账记录、交易记录，无其与邓高远交易的相关证据，无证据证明“永恒国际一店”与本案被告人的关联关系。因此，现有证据之间无法形成完整的证据链条，公诉机关的该项指控，事实不清，证据不足，本院不予认定。

（十六）关于公诉机关对被告人肖作刚向贾庆芳出售气枪1支的指控。经查，在肖作刚记录的账本内记载有“山东省、贾庆芳”字样以及各部件物流单号，其中记载于肖作刚账本上的申通22731837686号快递包裹经物流信息查询于2016年4月21日被贾庆芳收取。贾庆芳陈述系微信名为“A小音音速驿站车行”的人向其出售气枪，但现有证据中无“A小音音速驿站车行”的陈述，虽有贾庆芳微信转账1000元的截图，但无收款人信息，无“A小音音速驿站车行”与贾庆芳交易的相关证据，无证据证明“A小音音速驿站车行”与本案被告人的关联关系；同时，该枪支的鉴定意见无鉴定人资质证明，无法证明该鉴定意见系经具有鉴定资质的鉴定人员作出，该鉴定意见有瑕疵无法采信。因此，现有证据之间无法形成完整的证据链条，公诉机关的该项指控，事实不清，证据不足，本院不予认定。

（十七）关于公诉机关对被告人肖作刚向曾何福出售气枪2支的指控。经查，在肖作刚记录的账本内记载有“黑龙江、曾福”字样以及各部件物流单号，曾何福也陈述其向卖家提供的收件人姓名系“曾福”，但以上单号无包裹的流转信息，无曾何福的指认，无法证实账本上记载的快递包裹被曾何福领取，无法证实包裹内物品性质；根据曾何福陈述，系微信名为“A起点商贸BOSS玉”向其出售气枪，但现有证据内无该人陈述，无其与曾何福交易的相关证据，无证据证明“A起点商贸BOSS玉”与本案被告人的关联关系；同时，该枪支的鉴定意见无鉴定人资质证明,无法证明该鉴定意见系经具有鉴定资质的鉴定人员作出,该鉴定意见存在瑕疵无法采信。因此,现有证据之间无法形成完整的证据链条,公诉机关的该项指控,事实不清,证据不足,本院不予认定。

(十八)关于公诉机关对被告人肖作刚向吴绍兴、张怀出售气枪2支的指控。经查,扣押在案的被告人肖作刚手机内存有邮寄给“云南省文山州砚山县盛世新城门口恒光灯饰吴绍兴”的单号为765008491112的中通快递单照片,该对该快递单号查询,在云南省文山州砚山县中通公司调取了该快递单复印件,证明吴绍兴收到了765008491112的中通快递包裹。但无吴绍兴对快递包裹的指认,无法证明该快递包裹内物品种类;卖给吴绍兴、张怀的枪支,系张怀联系卖家购买,但张怀无法说出销售给其气枪的人,且卷内无该卖家的陈述,无其与张怀交易的相关证据,无证据证明该卖家与肖作刚的关联关系;公安机关调取了张怀的转账记录证实张怀将8000元购枪款转入“陈静琪”的账户,无证据证明陈静琪与肖作刚的关联性。因此,仅有肖作刚手机内一张快递单号的照片,并不能唯一证实肖作刚向张怀、吴绍兴出售气枪的销售行为,现有证据之间无法形成完整的证据链条,公诉机关的该项指控,事实不清,证据不足,本院不予认定。

(十九)关于公诉机关对被告人肖作刚向甄灿省出售气枪1支的指控。经查,经曹县公安局鉴定在甄灿省处查扣的枪支系仿真枪,非枪支,且无鉴定人鉴定资质证书,无法证明该鉴定意见系经具有鉴定资质的鉴定人员作出,该鉴定意见存在瑕疵,无法采信。公诉机关的该项指控,事实不清,证据不足,不予认定。

(二十)关于被告人王宏博是否构成从犯。经查,被告人王宏博利用微信发布枪支广告招揽买家,且与买家沟通,双方讨论买卖事宜,收取买家货款、确定买家收货地址后,向他人(被告人李长宇)购买枪支,再转售给买家,同时,本案中买家王岩、王广文所陈述的气枪卖家是“普遍需求”(被告人王宏博)。综上可知,在王宏博与买家王岩、王广文的气枪交易过程中,王宏博与王岩、王广文分别单独完成了买与卖的对向行为,因此王宏博的行为构成非法买卖枪支罪。辩护人认为王宏博具有从犯情节的辩护理由不成立，本院不予支持。

本院认为，被告人肖作刚、李长宇、邹杰、王宏博未经国家有关部门批准，非法买卖枪支，其行为构成非法买卖枪支罪，应依法惩处。公诉机关指控被告人肖作刚、李长宇、邹杰、王宏博犯非法买卖枪支罪的事实清楚，证据确实、充分，指控罪名成立，本院予以确认。四被告人到案后能如实供述其犯罪事实，系坦白，庭审中认罪悔罪，且涉案枪支已被收缴，可酌情从轻处罚，四辩护人该辩护意见成立，本院予以支持。根据被告人的犯罪事实，情节及对社会的危害程度，依据《中华人民共和国刑法》第一百二十五条第一款、第六十七条第三款、第六十四条，《最高人民法院关于审理非法制造、买卖、运输枪支、弹药、爆炸物等刑事案件具体应用法律若干问题的解释》第一条以及《最高人民法院、最高人民检察院关于涉以压缩气体为动力的枪支、气枪铅弹刑事案件定罪量刑问题的批复》第一款之规定，判决如下：

一、被告人肖作刚犯非法买卖枪支罪，判处有期徒刑六年。

（刑期从判决执行之日起计算。判决执行以前先行羁押的，羁押一日折抵刑期一日，即自2016年5月9日起至2022年5月8日止）。

二、被告人李长宇犯非法买卖枪支罪，判处有期徒刑三年。

（刑期从判决执行之日起计算。判决执行以前先行羁押的，羁押一日折抵刑期一日，即自2016年5月10日起至2019年5月9日止）。

三、被告人邹杰犯非法买卖枪支罪，判处有期徒刑三年。

（刑期从判决执行之日起计算。判决执行以前先行羁押的，羁押一日折抵刑期一日，即自2016年5月10日起至2019年5月9日止）。

四、被告人王宏博犯非法买卖枪支罪，判处有期徒刑三年。

（刑期从判决执行之日起计算。判决执行以前先行羁押的，羁押一日折抵刑期一日，即自2016年5月31日起至2019年5月30日止）。

五、追缴被告人肖作刚的违法所得人民币750元；追缴被告人李长宇的违法所得人民币100元；追缴被告人邹杰的违法所得人民币140元；被告人王宏博的违法所得人民币960元，上缴国库。

六、对扣押在案的被告人肖作刚的作案工具苹果6S玫瑰金手机、苹果5

金色手机;被告人李长宇的作案工具苹果5黑色手机;被告人邹杰的作案工具黑色三星手机;被告人王宏博的作案工具苹果6S黑色手机予以没收,上缴国库。

七、扣押在案的被告人李长宇的个人物品苹果6S手机一部,予以返还。

八、对扣押在公安机关的涉案枪支,予以没收。

如不服本判决,可在接到判决书的第二日起十日内,通过本院或者直接向吉林省白山市中级人民法院提出上诉。书面上诉的,应当提交上诉状正本一份,副本二份。

审　判　长　姜允国
审　判　员　李志慧
人民陪审员　高志玲

二〇一八年九月五日

书　记　员　孙华宇

【推荐意见】

该案系吉林省公安厅指定靖宇县公安局管辖的重大案件,案件涉案区域涉及全国各省市,案件审理主程序规范合法,事实清楚,判决公正。

裁判文书格式体例规范。格式规范,结构分明,层次谨严,要项齐备,事实叙写明确具体,证据列举全面准确,质证过程充分,是非辨析分明,理由阐述充实有力,针对性强,逻辑严密,文字通顺,语言准确、判词简洁无歧义是裁判文书的基本要求,体现了当代法官办案的严谨性、规范性,值得推荐。该份裁判文书通俗流畅、辨法析理形象生动地展现了庭审纪实,仿佛激烈的抗辩就在眼前,法官驾驭庭审、评判案件的智慧尽显其中。

裁判文书事实客观。对控辩双方意见均完整列举,证据内容具体明确,分析论证充分,事实认定清楚,为定罪判刑的理由奠定坚实基础。

裁判文书说理充分。法院权威的源泉是公信,而公信源于公正,公正则必须建基于信任和信服,所以裁判理由在整个文书中显得特别重要。

三等奖

民事

王东竹

吉林市中级人民法院

2013 年 12 月考入吉林市丰满区人民法院，历任法官助理、助理审判员，2018 年 5 月至 2019 年 5 月到吉林市中级人民法院挂职，任民事审判第二庭助理审判员。工作期间撰写的论文曾获 2014 年全国法院系统第二十六届学术讨论会优秀奖、吉林省法院系统学术讨论会三等奖、吉林省法院系统 2017 年度学术讨论会优秀奖、2019 年吉林市中级人民法院高质量发展征文活动二等奖，撰写的案例分析被评为 2019 年全国法院系统年度优秀案例。

【裁判要旨】

子女有对父母死亡的知情权,有对遗体的告别权利及对骨灰进行祭拜的权利。近亲属在处理死者遗体时应尽到通知死者子女的义务,并尊重其享有的权利。近亲属违背善良风俗私自将遗体火化并遗弃骨灰的行为侵害了死者权益,导致死者子女失去了祭拜特定物而受到精神痛苦,该行为人应当承担精神损害赔偿责任。

【裁判文书】

吉林省吉林市中级人民法院
民事判决书

(2018)吉02民终2779号

上诉人(原审原告):林超,女,1986年4月22日出生,汉族,无职业,住吉林市船营区××小区××号。

委托诉讼代理人:孟淑华(系林超的母亲),住吉林市船营区××小区××号。

委托诉讼代理人:孙超,吉林明达伟业律师事务所律师。

被上诉人(原审被告):林春梅,女,1966年9月26日出生,汉族,无职业,住吉林市龙潭区××路××。

委托诉讼代理人:胡刚宁,吉林圣力律师事务所律师。

上诉人林超因与被上诉人林春梅一般人格权纠纷一案,不服吉林省吉林市龙潭区人民法院(2018)吉0203民初1692号民事判决,向本院提起上诉。本院于2018年11月20日立案后,依法组成合议庭进行了审理。本案现已审理终结。

林超上诉请求:1.撤销一审判决;2.支持林超的诉讼请求;3.诉讼费由林春梅负担。事实和理由:一、一审判决认定事实错误。林春梅作为林超的姑姑,为霸占林杰利遗产,在无任何人授权且未通知林超的情况下,将林杰利遗体火化并遗弃骨灰。严重剥夺了林超对父亲的悼念权和祭奠权，给林超造成无法挽救、无法衡量的伤害。二、一审判决适用法律错误。《中华人民共和国民法总则》第一百零九条、第一百一十条规定：自然人的人格尊严和名誉权受法律保护。民事活动应当遵守社会公德。林超有对其父亲死亡的知情权，有参加父亲葬礼的权利，有对其父亲安葬、祭奠、悼念、墓碑署名、保存墓碑及坟墓完整等权利。这是社会生活中的基本伦理道德和民间习俗，应受法律保护。林春梅未及时通知林超参加林杰利的葬礼和祭奠活动，构成侵权。一审判决未依据公序良俗等规定而判决驳回林超的诉请错误。

林春梅答辩称，一审判决认定事实正确。首先，林杰利死亡事发突然。林杰利自杀后两日被发现，现场血腥、遗体腐朽，应由近亲属意愿处理。在近亲属不能达成一致情况下，按配偶、父母、子女的关系顺位来确定如何行使安葬权。林杰利离婚多年，故由其母亲决定如何安葬。火化当日，是林杰利的母亲、兄妹商议后决定不留骨灰。其次，林杰利自杀与其没有工作、没有配偶、与子女不往来、和人无联系等不无关系。林超在其父母离婚后与母亲生活，后在外地工作，与林春梅多年不见。事发仓促，林春梅没有林超的联系方式。一审判决适用法律正确。林超所称的祭奠权不是《中华人民共和国民法总则》第一百零九条、第一百一十条规定的权利，林春梅也不构成侵权。林杰利有母亲、兄弟姐妹，林超顺位在后，对后事的处理不享有优先权。因林杰利系自杀，故林春梅及家人不存在应受责难的主观过错。林春梅的行为未违反《殡葬管理条例》第四条、第五条规定，故未违反社会公德，不具有精神损害赔偿事由。一审判决应予维持。

林超向一审法院起诉请求：1. 判决林春梅向林超书面赔礼道歉并赔偿精神抚慰金 6 万元；2. 诉讼费用由林春梅承担。

一审法院认定事实：林杰利与林超系父女关系。林杰利与林春梅系兄妹关系。2017 年 11 月 16 日，林杰利自杀死亡。经林杰利母亲、兄妹商议：当日对林杰利的尸体进行火化，不要骨灰。林春梅在火化票据上签写：家属同意不要骨灰。

一审法院认为，根据国务院《殡葬管理条例》第五条规定“实行火葬的地区,国家提倡以骨灰寄存的方式以及其他不占或者少占土地的方式处理骨灰……”本案中,林超的父亲去世后,其近亲属选择不留骨灰并无不妥。《最高人民法院关于确定民事侵权精神损害赔偿责任若干问题的解释》第三条规定“自然人死亡后,其近亲属因下列侵权行为遭受精神痛苦,向人民法院起诉请求赔偿精神损害的,人民法院应当依法予以受理:(一)以侮辱、诽谤、贬损、丑化或者违反社会公共利益、社会公德的其他方式,侵害死者姓名、肖像、名誉、荣誉;(二)非法披露、利用死者隐私,或者以违反社会公共利益、社会公德的其他方式侵害死者隐私;(三)非法利用、损害遗体、遗骨,或者以违反社会公共利益、社会公德的其他方式侵害遗体、遗骨。”本案中,林春梅亦不存在上述情形,故林超的诉讼请求不予支持。综上,根据《殡葬管理条例》第五条、《最高人民法院关于确定民事侵权精神损害赔偿责任若干问题的解释》第三条、《中华人民共和国民事诉讼法》第六十四条第一款之规定作出判决。

一审法院判决:驳回林超的诉讼请求。案件受理费100元,由林超承担。

本院二审期间,当事人没有提交新证据。

本院对一审查明的事实予以确认。

本院认为,林超对其父亲林杰利的死亡有知情权,有对林杰利的遗体告别及对林杰利的骨灰进行祭拜的权利。林春梅在处理林杰利遗体时应尽到通知林超的义务,并尊重林超的权利。虽林春梅主张因林杰利系非正常死亡,故其与母亲及兄妹协商后将林杰利的遗体火化并将骨灰遗弃。但林春梅的行为使林超失去了祭拜林杰利的特定物,确有不妥,对林超造成不可逆转的精神痛苦,故林春梅应对林超道歉并进行精神损害赔偿。综合林春梅的过错及本案案情,本院酌情判定林春梅赔偿林超精神损害抚慰金5000元。综上所述,林超的上诉请求部分成立,予以支持。依照《中华人民共和国民法总则》第八条,《中华人民共和国侵权责任法》第二条、第三条、第十五条,《最高人民法院关于确定民事侵权精神损害赔偿责任若干问题的解释》第一条,《中华人民共和国民事诉讼法》第一百七十条第一款第(二)项的规定,判决如下:

一、撤销吉林省吉林市龙潭区人民法院(2018)吉0203民初1692号民事判决;

二、林春梅于判决生效后五日内以书面形式向林超赔礼道歉；

三、林春梅于判决生效后五日内赔偿林超精神损害抚慰金5000元；

四、驳回林超的其他诉讼请求。

如果未按本判决指定的期间履行给付金钱义务，应当依照《中华人民共和国民事诉讼法》第二百五十三条规定，加倍支付迟延履行期间的债务利息。

一审案件受理费100元，由被上诉人林春梅负担；二审上诉人林超预交的案件受理费600元，由上诉人林超负担500元，被上诉人林春梅负担100元。

本判决为终审判决。

审 判 长 张 英
审 判 员 任宝君
代理审判员 王东竹

二〇一八年十一月二十九日

书 记 员 马铭遥

【推荐意见】

文书结构规范，无错字、多字等错误，认定事实清楚、全面，论理透彻，引用法律条文规范、完整，裁判结果正确。

罗兴国

抚松县人民法院

北京大学法学专业毕业，大学学历。现任抚松县人民法院党组书记、院长，四级高级法官，负责全院工作。

【裁判要旨】

对于债权人实现债权的形式明确既有债务人提供物的担保又有人的担保的，双方又没有对债权人在担保物和担保人并存时实现债权的先后顺序进行约定的，根据《物权法》第一百七十六条的规定，物的担保优先适用于人的担保，保证人承担补充责任。债务人不履行到期债务，债权人应先就抵押物实现债权，不足部分由保证人承担连带清偿责任。债权人未放弃物的担保，不能免除担保人的保证责任。担保人未到现场查看担保物而提供担保的情况下，法院应组织双方当事人到实地查明担保物的现状等真实情况。保证人应对现有的担保物以外承担连带清偿责任。根据《担保法》第三十一条的规定，担保人承担保证责任后，有权向债务人追偿。

【裁判文书】

吉林省抚松县人民法院
民事判决书

(2018)吉0621民初794号

原告:王保良,男,1965年11月26日出生,汉族,无职业,住抚松县抚松镇。

委托诉讼代理人:王鹏,吉林鹏诚律师事务所律师。

被告:郑全波,男,1971年9月30日出生,汉族,无职业,住抚松县万良镇××村。

被告:王安成,男,1968年7月4日出生,汉族,无职业,住抚松县万良镇××村。

原告王保良与被告郑全波、王安成买卖合同纠纷一案,本院于2017年11月16日作出(2017)吉0621民初2010号民事判决,王保良不服判决提出上诉。2018年2月11日,白山市中级人民法院作出(2018)06民终11号民事裁定:撤销本院(2017)吉0621民初2010号民事判决,发回重审。本院于2018

年4月8日立案后,依法适用普通程序,于2018年11月19日公开开庭进行了审理。原告王保良的代理人王鹏、被告王安成到庭参加诉讼。被告郑全波经传票传唤,无正当理由拒不到庭,本案现已审理终结。

王保良向本院提出诉讼请求:1.依法判令郑全波、王安成连带偿还78万元参籽款及利息(以78万元为本金,从2015年10月1日起,按月利率1%计算,利随本清);2.判令郑全波偿还9.2万元参籽款。事实和理由:2015年10月1日,郑全波在王保良处赊购人参籽欠款78万元,约定月息1%,2016年秋天起参时偿还,担保人王安成。2015年10月25日,郑全波又在王保良处单独赊购人参籽欠款9.2万元,两次合计欠款87.2万元,其中78万元体现由王安成担保,但实际上郑全波、王安成为合伙关系,应由二人共同按连带承担偿还责任;如果二人不是合伙关系,按"2015年10月1日欠据"本身内容,王安成也应承担78万元参籽款本息偿还的连带责任。由于到期未还,王保良向二人分别主张权利未果。

被告郑全波未答辩和提供证据。

被告王安成辩称,这78万元是郑全波用1万丈人参担保的,我才签的担保协议,要是我与郑全波是合伙关系,借条也不会这么打。郑全波如果没有1万元丈人参,我也不会在借条上签字。我和王保良说过,如果把这1万丈人参执行回来,我可以偿还参籽款,他没有做到,所以我不承担法律责任。

本院经审理认定事实如下:2015年10月1日,郑全波为王保良出具一份"欠据"载明"今有郑全波欠王保良人参籽钱柒拾扒(捌)万元整,1万丈每丈壹佰元做低压(抵押),明年起参保证还钱,利息1分,欠款人郑全波,2015年10月1日,保人王安成"。"欠款人""保人"处由郑全波、王安成分别签名、捺印。同年10月25日,郑全波又为王保良出具一份"欠据"载明"今有郑全波买王保良西洋参籽230×400元=92,000元,3个月付款,2015年10月25日,郑全波"。郑全波共欠王保良参籽款87.2万元。从2016年秋天至2017年8月28日起诉前,王保良一直向郑全波、王安成主张权利。

2017年8月28日,王保良向本院起诉并申请对郑全波所有的位于黑龙江省沾河林业局防火道的抵押物人参10,000丈(价值约100万元)进行财产保全。本院于2017年9月7日到参地依法采取了财产保全措施，经实地勘验查封，郑全波没有人参10,000丈，仅有四年生普通园参500丈，案外人郑全刚约有1000丈，其他人参是否存在或灭失不清楚。至今，郑全波未给付王保良参籽款87.2万元，王安成对78万元参籽款也未承担保证责任。

上述事实，有原告王保良提供的2015年10月1日、2015年10月25日欠据两份，本院作出的（2017）吉0621民初2010号之一民事裁定书，本院作出的查封财产笔录、查封财产清单、（2017）吉0621执保48号结案通知书，白山市中级人民法院听证笔录，当事人的陈述等证据予以证实，本院予以确认。

根据原告王保良的诉讼请求与被告王安成的答辩，归纳本案争议焦点为：1.郑全波赊购的78万元参籽款是否为郑全波与王安成的合伙行为；2.王安成对郑全波赊购的78万元参籽款应如何承担责任。

1.关于"郑全波赊购的78万元参籽款是否为郑全波与王安成的合伙行为"的问题。

本院经查，郑全波于2015年10月1日为王保良出具的"欠据"载明，78万元参籽款"欠款人"为王保良，用其1万丈人参作抵押，"保人"为王安成；王安成在白山市中级人民法院听证时陈述称"人参籽是我和郑全波合伙用的不假，但是该人参籽是郑全波出资与我无关，赊购人参籽的事实是对的，由于2016年春天我与郑全波合伙的1.7万丈人参全都被冻了，造成郑全波无法还款的主要原因……"。对以上陈述，王安成抗辩称，郑全波买的参籽与我没有关系，提供担保是因为郑全波有1万丈人参，才给担保的，并不是因为二人是合伙关系，才给担保的。本院认为，郑全波无正当理由未参加诉讼，原审中承认欠款事实，未就赊购的参籽是否用于合伙经营进行陈述和抗辩。从王保良提供的现有证据，和双方的陈述及抗辩来看，无法判断王安成与郑全波合伙共同赊购了王保良78万元的参籽款，况且，原审王保良诉讼请求也未以二人系合伙关系为由要求王安成与郑全波连带承担78万元参籽款的给付责任。因此，对王保良以王安成与郑全波系合伙关系，要求二人连带偿还78万元参籽款的主张，本院不予支持。

2. 关于“王安成对郑全波赊购的78万元参籽款应如何承担责任”的问题。

本院认为，根据《中华人民共和国担保法》第十九条“当事人对保证方式没有约定或者约定不明确的，按照连带责任保证承担保证责任”的规定，“欠据”中对王安成的保证方式没有约定，故王安成对该款应承担连带责任保证；同时“欠据”载明，郑全波用1万丈人参作抵押，明年起参还钱，保人为王安成。对于债权人王保良实现债权的形式明确既有债务人郑全波提供物的担保又有人的担保。而“欠据”中没有对债权人在担保物和担保人并存时实现债权的先后顺序进行约定，根据《中华人民共和国物权法》第一百七十六条“被担保的债权既有物的担保又有人的担保的，债务人不履行到期债务或者发生当事人约定的实现担保物的情形，债权人应当按照约定实现债权；没有约定或者约定不明确，债务人自己提供物的担保的，债权人应当先就该物的担保实现债权……”的规定，即物的担保优先适用于人的担保，保证人承担补充责任。债务人郑全波不履行到期债务，债权人王保良应先就抵押物人参实现债权，不足部分由保证人承担连带清偿责任。庭审中王保良代理人述称，郑全波出具欠据时未到参地查看，不知抵押人参的具体位置，也不知是否存在；2016年秋人参收获时向郑全波、王安成主张债权，郑全波说因欠别人款人参被扣押，而王安成不配合到参地查看实际情况，现仅查封500丈人参而无法通过担保物实现债权。王安成当庭辩解，不去参地是因本人在山东有工程，不在本地，是本人要求王保良起诉，对这1万丈人参查封后，郑全波不还款，本人还，不能把担保物弄没了，再让本人还款。通过到庭当事人、代理人陈述，王保良未放弃物的担保，不能免除王安成的保证责任，故对王安成的抗辩主张不予支持，依照《中华人民共和国物权法》第一百七十六条的规定，应在500丈人参以外承担连带清偿责任。

综上所述，本院认为，当事人的合法权益应受法律保护。郑全波从王保良处赊购人参籽共计87.2万元，并出具“欠据”约定了给付参籽款的期限，该“欠据”即视为买卖合同，合同合法有效。王保良已履行了交付参籽的义务，郑全波也应按约定支付参籽款的合同义务；王安成对78万元参籽款自愿作为担保人，担保合同有效，其应在500丈人参以外承担连带给付保证责任。王安成承担保证责任后，有权向债务人郑全波追偿。对王保良提出78万元按月息1%主张，符合法律规定，本院予以支持。依照《中华人民共和国合同法》第一百零七条、第一百零九条、第一百三十条，《中华人民共和国担保法》第十九条、第二十一条、第二十六条、第三十一条，《中华人民共和国物权法》第一百七十六条，《中华人民共和国民事诉讼法》第六十四条第一款、第一百四十四条及《最高人民法院关于适用〈中华人民共和国民事诉讼法〉的解释》第九十条之规定，判决如下：

一、被告郑全波于本判决生效后十日内给付原告王保良参籽款92,000.00元；

二、被告郑全波于本判决生效后十日内给付原告王保良参籽款780,000.00及利息（按月利率1分计算，从2015年10月1日起至付清之日止）；

三、被告王安成对参籽款780,000.00及利息，在郑全波提供的担保物500丈四年生普通园参以外承担连带给付责任。

如果未按本判决指定的期间履行给付金钱义务，应当依照《中华人民共和国民事诉讼法》第二百五十三条之规定，加倍支付迟延履行期间的债务利息。

案件受理费6,260.00元、保全费5,000.00元，由被告郑全波负担。

如不服本判决，可在判决书送达之日起十五日内，向本院递交上诉状，并按对方当事人的人数提出副本，上诉于吉林省白山市中级人民法院。

审　判　长　罗兴国
审　判　员　刘金军
人民陪审员　仇锦丽

二〇一八年十一月二十日

书　记　员　李春丽

【推荐意见】

当事人在买卖合同、民间借贷等经济交往过程中经常会发生既有物的担保又有人的担保的情况，一旦债务人不履行义务，债权人诉讼至法院，相关法律规定之间存在冲突时，法官如何裁判，该案具有代表性，可作参考。

颜美华

长春市宽城区人民法院

研究生学历，长春市宽城区人民法院行政审判庭（综合审判庭）审判员（二级法官）。因工作业绩突出，曾多次受到区政府的嘉奖。

【裁判要旨】

1. 民间借贷,是指自然人、法人、其他组织之间及其相互之间进行资金融通的行为,主张借款关系成立的当事人应当提供借据、收据、收条等债权凭证以及其他能够证明借贷法律关系存在的相关证据。

2. 在民间借贷案件中,当事人之间发生多笔借贷关系,一方当事人主张已偿还欠款后又与对方签订还款计划,并在还款计划中明确借款数额的,应当认定还款计划中的数额为应偿还的数额。

【裁判文书】

吉林省长春市宽城区人民法院
民事判决书

(2017)吉0103民初3611号

原告:姚利明,男,1968年7月4日出生,汉族,住所地长春市宽城区××胡同××号。

委托代理人:徐新伟,吉林普卓律师事务所律师。

委托代理人:王子,吉林普卓律师事务所律师。

被告:吉林省大亮商品混凝土工程有限公司,住所地长春市双阳区××街道办事处××村。

法定代表人:袁兆亮,董事长。

委托代理人:于淼,吉林衡丰律师事务所律师。

被告:袁兆亮,男,1975年9月21日出生,汉族,现住长春市朝阳区××名城××号。

委托代理人:于淼,吉林衡丰律师事务所律师。

被告:李金玲,女,1980年1月20日出生,汉族,现住长春市朝阳区××名城××号。

委托代理人:于淼,吉林衡丰律师事务所律师。

原告姚利明与被告吉林省大亮商品混凝土工程有限公司(以下简称大亮商混公司)、袁兆亮、李金玲民间借贷纠纷一案,本院于2017年10月19日立案后,依法适用普通程序,公开开庭进行了审理。原告姚利明及其委托代理人徐新伟、王子到庭参加了诉讼,被告李金玲及其委托代理人于森、被告大亮商混公司、被告袁兆亮的委托代理人于森到庭参加诉讼,本案现已审理终结。

原告向本院提出诉讼请求:1. 判令三被告立即连带偿还原告欠款人民币伍佰贰拾五万元(￥5,250,000)整;2. 律师代理费30万元由三被告承担;3. 诉讼费用由三被告承担。事实和理由:自2014年3月起,被告大亮商混公司共分9次向原告借款人民币525万元整。2016年6月30日经双方对账后,原告与被告大亮商混公司及担保人袁兆亮、李金玲签订《还款协议》一份,协议约定:被告大亮商混公司尚欠原告人民币525万元,被告大亮商混公司承诺上述借款将于2017年6月30日前全部偿还完毕,被告袁兆亮、李金玲作为担保人为被告大亮商混公司提供连带保证,保证范围包括大亮商混公司欠款本金、利息及原告为实现债权所支付的费用,保证期限为主债务履行期限届满后两年。因三被告未能按照《还款协议》约定履行还款义务,故诉至法院,请求维护原告的合法权益。

三被告答辩称:1. 原告在诉状中所述与事实不符。原被告签订的《还款协议》确认被告2014年共计收到原告出借款525万元,约定该款于2017年6月30日前全部偿还完毕,但双方并未对账确认协议签订时被告尚欠原告欠款数额;2. 被告已经向原告清偿过欠款,现欠款数额并非原告诉请数额。被告袁兆亮为被告大亮商混公司法定代表人,被告袁兆亮及李金玲为夫妻关系并为该公司股东。《还款协议》约定袁兆亮、李金玲对欠款承担连带清偿责任,但事实上,被告2014年分别多次向原告借款后,袁兆亮、李金玲已经多次向原告还款。但双方一直未有对账。被告主张在此次诉讼中与原告对账,确定具体欠款数额。

原告为证实自己的主张,向法庭提供如下证据:

1. 原告身份证、被告营业执照、身份证复印件各一份,证明原被告是本案适格主体。经当庭质证,三被告认为营业执照为五证合一之前的,李金玲的身份证已丢失,对真实性有异议,但对双方出庭主体无异议。

2.《还款协议》一份,证明被告大亮商混公司向原告借款人民币525万元整,被告大亮商混公司承诺于2017年6月30日前偿还全部欠款,并由被告袁兆亮及李金玲提供担保。经当庭质证,三被告对该份证据的真实性无异议,该协议确定了三被告已收到现金525万元,但被告袁兆亮及李金玲已经偿还了部分欠款。

3.银行汇款凭证3张、中国工商银行借记卡账户历史明细清单5张,证明原告共分9次向被告汇款525万元整。经当庭质证,三被告对该份证据的真实性无异议,2014年三被告确认已收到上述款项525万元。

4.工商银行汇款凭证复印件1张,证明银行流水记载的账号系被告袁兆亮名下的卡号。经当庭质证,三被告认为该证据为复印件不能作为定案依据,但该复印件所记载的姚利明及袁兆亮卡号,经李金玲现场核对为双方交易卡号。

5.委托代理合同一份,情况说明一份,汇款证明2张,证明2017年9月25日,原告与吉林普卓律师事务所达成委托协议,原告委托吉林普卓律师事务所律师徐新伟、王子作为其代理人,代理费用人民币30万元;2017年12月15日,原告将代理费支付给吉林普卓律师事务所,因吉林普卓律师事务所正在办理五证合一相关事项,暂时无法开具发票。经当庭质证,三被告对代理合同及银行转账凭证的真实性无异议,对未开具发票的情况说明认为不能代替律所发票。在三被告清偿大部分款项后,原告代理费的主张被告不同意给付。

6.律师费发票三张,证明原告向律师事务所支付代理费30万元。经当庭质证,三被告对真实性无异议,但认为被告已经偿还大部分债务,不同意支付如此高额的代理费。

7.(1)原告与冯绍孝《借款合同》复印件及身份证复印件各一份;(2)被告李金玲、袁兆亮与原告《借款合同》原件;(3)赵丹汝出具的情况说明及身份证复印件各一份;(4)浦发银行记录清单原件,证明2014年1月28日,被告袁兆亮、李金玲向原告借款人民币4,000,000元,原告因现金不足,向冯绍孝借款4,000,000元,冯绍孝指派其员工赵丹汝将4,000,000元现金支付给原告,被告所答辩偿还4,000,000余元系偿还该笔借款而不是偿还原告所述5,250,000

元。经当庭质证,三被告认为:(1)系复印件,不能证明原告的主张;对(2)的真实性无异议,当时为原被告拟借款,并未实际履行,此款包含在5,250,000元的借款中;(3)证人没有出庭作证,不应采信;(4)认为与原告主张的其与冯绍孝签订的借款合同无关。

被告为证实自己的主张,向法庭提交如下证据:

中国建设银行存款账户信息及明细账查询打印单、借记卡账户历史明细清单各一份,证明李金玲于2014年4月29日、2014年7月28日、2014年9月2日分三次向原告转款2,130,000元,袁兆亮于2014年5月15日向原告转款2,000 000元。经当庭质证,原告对证据的真实性无异议,但认为该份证据系原告与三被告的其他借款关系,且均以履行完毕,与本案无关。

法院依原告申请向冯绍孝及赵丹汝的调查笔录。冯绍孝证实其曾于2014年1月28日出借给姚利明4,000,000元,并指示其员工赵丹汝将现金4,000,000交于姚利明;赵丹汝证实其受老板冯绍孝的指示,从银行取款并将4,000,000元现金交于姚利明。原告质证认为通过两份笔录结合赵丹汝在浦发银行的取款凭证及2014年1月28日原告与袁兆亮签订《借款合同》,三份证据能说明2014年1月28日,原告与袁兆亮达成借款意向,原告出借款项来源合法,被告袁兆亮接到该款项,被告所举还款证明与本案借款无关;三被告对该份证据的真实性没有异议,但认为冯绍孝的笔录叙述的是与姚利明的借款事实,冯绍孝与姚利明的借款与本案无关,冯绍孝叙述款项用途为出借他人王铁峰非被告,后听说借给被告袁兆亮,不能证明该款项已交付给被告,赵丹汝的笔录与本案无关,其对出借款项取款方式及具体叙述不完整,不能证明该款项具体用途。

经审理查明,被告袁兆亮与李金玲系夫妻,双方系大亮商混公司的股东。2016年6月30日,原告与被告大亮商混公司及被告袁兆亮、李金玲共同签订《还款协议》一份,该协议第一条明确约定,被告大亮商混公司自2014年3月起,共分9次向原告借款人民币共计525万元整,原告已通过银行转账方式将全部出借款项支付给被告大亮商混公司指定人员袁兆亮及李金玲,三被告确认已收到该笔借款。《还款协议》第二条约定,被告大亮商混公司承诺将借款

525万元于2017年6月30日前全部偿还完毕。同时,原告与三被告将《还款协议》第三项:“如乙方未在上述约定时间将出借款项偿还甲方,乙方应自2017年7月起按月向甲方支付利息,利息按照月利2分计算,每月利息为人民币壹拾万零五仟元(¥105,000.00元),直至乙方将全部借款偿还完毕止。”同时还约定,如果被告大亮商混公司未按协议约定按期偿还借款,被告大亮商混公司应承担原告为实现债权所支付的所有费用(包括但不限于诉讼费、保全费、律师代理费、公证费、交通费等);被告袁兆亮、李金玲作为担保人同意为被告大亮商混公司提供连带保证责任,保证范围包括本协议项下的本金、利息及原告为实现债权所支付的全部费用,保证期间为被告大亮商混公司承诺应偿还借款期限后两年。另查明,2014年1月28日,原告姚利明与被告袁兆亮及李金玲签订了一份《借款合同》,约定被告袁兆亮及李金玲向原告姚利明借款人民币400万元,还款日期为2014年7月28日,同时《借款合同》第四项约定:“借款人在本合同上签名即为收到借款的意思,无需另行出具收条。”

本院认为:一、关于被告大亮商混公司应否返还原告借款及具体数额的问题。1.原告姚利明与被告大亮商混公司签订的《还款协议》,是双方当事人的真实意思表示,不违反法律法规的强制性规定,合法有效。依据《中华人民共和国合同法》第二百零六条规定:“借款人应当按照约定的期限返还借款。”原告与被告大亮商混公司约定的还款日期为2017年6月30日,现已逾期,因此,原告姚利明要求被告大亮商混公司返还借款的请求,本院予以支持。2.关于返还借款具体数额的问题。2016年6月30日,原告与被告大亮商混公司签订《还款协议》,确定被告大亮商混公司自2014年3月至2014年10月,共分9次向原告借款人民币共计5,250,000元。庭审中,被告袁兆亮、李金玲提供中国建设银行存款账户信息及明细账、借记卡账户历史明细清单,主张其已经偿还《还款协议》中所欠款项的4,130,000元。但原告质证认为被告袁兆亮、李金玲的该项主张系偿还原、被告之间于2014年1月28日的欠款,并提供原告与被告袁兆亮、李金玲签订的《借款合同》,并主张已将4,000,000元现金交付于被告袁兆亮、李金玲。虽然原告主张将4,000,000元现金交付于被告袁兆亮、李金玲的行为不符合一般交易习惯,但是案外人赵丹汝提供了浦发银行业务凭证,证实其于2014年1月28日取出现金4,000,000元,并按照其老板冯绍孝的指示将4,000,000元现金交于原告姚利明,案外人冯绍孝也证实,其曾于2014年1月28日与原告姚利明签订《借款合同》,并指示其员工赵丹汝取现金4,000,000元交给姚利明。同时,原告与被告袁兆亮、李金玲于2014年1月28日签订的《借款合同》第四条明确约定:“借款人在本合同上签名即为收到借款的意思,无需另行出具收据收条。”借款人处袁兆亮、李金玲签字并加盖手印。同时,被告主张截止到2014年9月2日,其共偿还原告借款4,130,000元,剩余1,150,000元尚未清偿,但又于2016年6月30日与原告签订《还款协议》,确定被告收到原告借款5,250,000元,且对《还款协议》中9笔借款的时间及数额被告均予以认可。在已经偿还了4,130,000元的情况下,又与原告签订5,250,000元的《还款协议》不符合一般交易习惯。因此,对于被告主张其已经偿还《还款协议》中的4,130,000元的请求,本院不予支持。故对于原告主张被告偿还借款5,250,000元的诉讼请求,本院予以支持。

二、关于律师费的承担问题。原告与被告大亮商混公司签订的《还款协议》约定:如乙方未按本协议约定按期偿还借款,乙方应承担甲方为实现债权所支付的费用(包括但不限于诉讼费、保全费、律师代理费、公证费、交通费等)。现被告未履行还款义务已构成违约,依据《吉林省实行政府指导价的律师服务收费项目及标准》的规定,该案的收费标准在合理范围内。故本案律师费用300,000元应由被告承担。

三、关于被告袁兆亮、李金玲应否承担连带保证责任的问题。2016年6月30日,原告姚利明与被告大亮商混公司及被告袁兆亮、李金玲签订《还款协议》,袁兆亮、李金玲作为保证人在该协议上签字。《中华人民共和国担保法》第一八条第二款规定:“连带责任保证的债务人在主合同规定的债务履行期届满没有履行债务的,债权人可以要求债务人履行债务,也可以要求保证人在其保证范围内承担保证责任。”本案所涉及《还款协议》第五条约定“丙方二人同意为乙方的欠款提供连带保证责任,保证范围为本协议项下借款本金、利息及债权人实现债权的费用。担保期限为乙方承诺应偿还借款期限后两年。”被告袁兆亮、李金玲是连带责任保证人,提供连带保证责任在保证期间内;

《中华人民共和国担保法》第二十一条第一款规定“保证担保的范围包括主债权及利息、违约金、损害赔偿金和实现债权的费用。保证合同另有约定的,按照约定”,本案中《还款协议》约定的保证范围包括主债权、利息及实现债权的费用。故对于原告要求被告袁兆亮、李金玲应对被告大亮商混公司的借款及律师代理费承担连带给付责任的诉讼请求,本院予以支持。

综上,本院依照《中华人民共和国合同法》第二百零六条、第二百一十条,《中华人民共和国担保法》第十八条第二款、第二十一条第一款,《中华人民共和国民事诉讼法》第六十四条之规定,判决如下:

一、被告吉林省大亮商品混凝土工程有限公司于本判决生效后十日内立即返还原告姚利明借款人民币5,250,000元;

二、被告吉林省大亮商品混凝土工程有限公司于本判决生效后十日内给付原告姚利明律师代理费300,000元;

三、被告袁兆亮、李金玲对被告吉林省大亮商品混凝土工程有限公司以上债务承担连带给付责任。

如果未按本判决指定的期间履行给付金钱义务,应当依照《中华人民共和国民事诉讼法》第二百五十三条规定,加倍支付迟延履行期间的债务利息。

案件受理费48,550元(原告已预交),由被告吉林省大亮商品混凝土工程有限公司及袁兆亮、李金玲共同负担。

如不服本判决,可以在判决书送达之日起十五日内,向本院递交上诉状,并按照对方当事人或者代表人的人数提出副本,上诉于吉林省长春市中级人民法院。

审　判　长　颜美华
代理审判员　王　莹
人民陪审员　张　欢

二〇一八年一月十九日

书　记　员　吕思莹

【推荐意见】

随着国民经济的飞速发展，人们手中的余钱越来越多，在这种社会经济背景下，一方面，富裕起来的人们有钱出借，为民间借贷发展提供了资金条件；另一方面，越来越多的人涌入市场经济大潮，需要借入资金作为发展生产经营的资本，因而近年来民间借贷类案件数量显著激增。民间借贷作为一种传统的借贷方式，且一般发生在熟人之间，碍于情面有时可能是口头约定，一旦发生纠纷时，往往导致借款金额及利息等问题难以认定。审判实践中经常出现出借人往往仅凭借条而缺乏款项交付凭证，或者在偿还欠款后又出具还款计划、还款协议，甚至有些将利息计入本金重新出具借条等情况。希望本案可以为大家提供一些参考性建议，使大家在遇到类似问题时可以规避一些风险。

邱翠平

长春净月高新技术产业开发区人民法院

长春净月高新技术产业开发区人民法院综合审判庭庭长，吉林省法学会民法学研究会常务理事。因工作业绩突出，多次立功受奖，曾荣获翟树全式好法官、长春市维护妇女儿童权益先进个人等荣誉称号，多次被评为优秀公务员、优秀党务工作者等，2015年被吉林省高级人民法院荣记个人二等功。撰写的《转型司法的公信力：基于裁判推理模式的反思》一文获吉林大学第六届博士生学术论坛二等奖。

【裁判要旨】

对于实际施工人施工过程中增加的工程量价款，发包人和承包人承担给付责任的问题，本文结合案涉合同约定及双方确认的工程量及工程价款予以裁判，本案承包人确认了增加的工程量，而发包方未对增加工程量予以确认，发包方无须对承包人确认的增加工程量的相应价款承担给付责任。

【裁判文书】

长春净月高新技术产业开发区人民法院
民事判决书

（2018）吉0194民初749号

原告：薛书江，男，汉族，1950年6月21日出生，身份证号：××××，住长春市朝阳区××街×号。

委托代理人：王宇，吉林丁凤礼律师事务所律师。

委托代理人：王爽，吉林丁凤礼律师事务所律师。

被告：东北师范大学，住所地长春市人民大街5268号。

法定代表人：刘益春，校长。

委托代理人：李德锋，系该校法务。

委托代理人：于占波，吉林北振律师事务所律师。

被告：吉林建工鑫安高新建筑有限公司，住所地长春市宽城区××路×号。

法定代表人：吴景华，总经理。

委托代理人：李忠双，系该公司职员。

原告薛书江诉被告东北师范大学（以下简称东北师大）、吉林建工鑫安高新建筑有限公司（以下简称鑫安建筑公司）建设工程施工合同纠纷一案，本院受理后，依法适用简易程序，公开开庭进行了审理。原告薛书江委托代理人王宇、王爽，被告东北师大委托代理人李德锋、于占波，被告鑫安建筑公司委托代理人李忠双到庭参加诉讼，本案现已审理终结。

原告薛书江诉称:2013年4月18日,被告东北师大与被告鑫安建筑公司签订《东北师范大学基建工程分包施工合同》,由鑫安建筑公司承建东北师大的工程项目,而在实际施工过程中,上述合同项下的“东北师范大学星华楼加固工程”中的仿砖涂料及真石漆部分由原告负责实施。2013年8月5日工程经验收合格,但原告发现实际工程量远远多于原图纸中的工程量,经东北师大基建处确认后,实际工程量与暂定工程量确有不同,但被告却迟迟不予支付剩余价款。为维护原告的合法权益,特向贵院提起诉讼。原告诉请:1. 请求被告向原告支付工程款185,564.71元及利息(按中国人民银行同期贷款利率计算,自2013年8月5日至实际给付之日);2. 本案诉讼费等费用由被告承担。

被告东北师大辩称:一、东北师大主体不适格,原告与东北师大之间不存在合同关系,不应将东北师大列为被告。本案中原告突破合同相对性原则将发包人东北师大列为被告,并不适用《最高人民法院关于审理建设工程施工合同纠纷案件适用法律问题的解释》第二十六条关于实际施工人向与其无合同关系的发包人提起诉讼的相关规定,一方面,发包人只在欠付工程款范围内对实际施工人承担责任;另一方面,该条款的适用范围存在严格限定要求,应具备相关必要条件:一是东北师大应存在欠付违法分包人鑫安建筑公司工程款,导致鑫安建筑公司无法支付原告劳务分包工程款的情形。本案中,东北师大已依约向鑫安建筑公司履行工程款支付义务(尚欠付工程质保金约10万元,2018年质保到期后给付),且原告与鑫安建筑公司之间的合同关系为工程分包合同关系,并非劳务分包合同关系。二是原告合同相对方鑫安建筑公司须存在破产、下落不明、法人主体资格灭失等严重影响其权利实现的情形。事实上,原告通过合法途径完全可向鑫安建筑公司主张权利,鑫安建筑公司也具备相应给付能力。二、鑫安建筑公司与原告之间的工程分包属违法分包行为,该分包合同无效,原告基于无效合同要求东北师大承担给付责任于法无据。三、东北师大与鑫安建筑公司签署的工程合同系固定总价施工合同,各项工程费用为总价一次包死,原告分包的外墙工程即涵盖在内,东北师大已依约支付完毕工程款,不存在欠付工程款问题。四、本案已过诉讼时效。工程完工后,东北师大已于2013年5月至2014年12月,依合同约定先后向鑫安建筑公司支付完毕所有工程款。原告至起诉前,从未向东北师大主张过工程款,根据《中华人民共和国民法通则》规定,原告起诉已超过两年诉讼时效。

被告鑫安建筑公司辩称:1. 我单位于2013年4月8日通过东北师大的招标,为东北师大星华楼加固工程项目的中标施工单位,中标价为2,398,519元(其中暂列金额为2,244,803元),于2013年4月25日至2013年8月3日施工,工程结束后进行工程审计,于2013年12月17日吉林全委工程造价咨询有限公司出具东北师大星华楼工程结算审核报告。2. 2014年1月6日我单位在星华楼工程项目成本核算时发现,招标文件上暂列金额项目的苯板与涂料工程量与实际工程量偏差较大,总差额约40万元,此差异是由于我方预算人员在上报决算时,没有把暂列金额的项目进行单独的提报,而是与合同内清单工程量一起直接提报到基建处。最后提报到造价所,造价所也未对暂列金额项目的工程量与单价进行实际核算。3. 我方于2014年1月8日向基建处提报了星华楼苯板与涂料的实际工程量与单价的工程造价,基建处已经给予确认,工程造价差额为372,277.30元,由基建处报到审计处。4. 经审计处提报到造价所,工程造价差额为372,277.30元,造价所说"能只质保星华楼暂列金额苯板与涂料的增项,如其他项目减少呢",所以,我方与基建处工程师共同到造价所进行沟通,要求我方就暂列金额项目全部报审。于是我方于2014年9月30日重新提报了暂列金额项目的工程量与单价的工程造价,并经基建处审定工程造价差额为401,306元。提报造价所审核,确定暂列金额项目最终的工程造价差额为381,666元,我方在造价所取回审核报告的签字页已经签字、盖章,并返回到造价所。5. 造价所与审计处就暂列金额项目最终的工程造价差额381,666元进行沟通,审计处认为不合理,不予确认此项工程款。关于暂列金,因为招投标时没有施工图纸,我方出具的是暂列金项目,包括卫生间隔断、雅阁太三玻塑钢窗、苯板、仿砖涂料、真石漆、蘑菇石瓷砖,现在差异处在暂列金项目。招投标文件将3－6楼80厚的苯板和仿砖涂料遗漏,上述东北师大均已出具证明,故应按照新的说明进行结算。

经审理查明,2013年4月13日,被告鑫安建筑公司中标被告东北师大公开招标的东北师范大学星华楼加固工程,中标价格为8,398,519元。2013年

4 月18 日,被告东北师大与被告鑫安建筑公司签订《东北师范大学基建工程分包施工合同》,由鑫安建筑公司承建东北师大星华楼加固工程项目,合同约定合同总价为 8,398,519 元,关于结算办法及依据约定工程采用招标定价,完成合同第二条规定的工程及工程量的所有费用为总价一次包死,除东北师大在招标文件中明确规定的东北师大供应及东北师大选样定价的材料按实找差、设计变更和现场签证外,其余均不作调整,施工过程中发生的设计变更及现场签证按照投标文件所取费率及相应定额标准进行结算,如果投标文件中没有此项定额,则由被告鑫安建筑公司提报,东北师大和监理批准后进入决算。关于合同变更,双方约定,承包人不得将本合同涵盖的工作内容私自转包或者分包,如确实需要,需要征得发包人的书面同意。2013 年 8 月 5 日,被告东北师大对上述工程进行验收,被告东北师大、被告鑫安建筑公司及监理单位均在工程竣工验收报告上签字盖章。2013 年 11 月 8 日、9 日、11 日,二被告对上述工程进行确认,确认上述工程验收合格,无甩项,土建工程款为 5,370,368 元,电气工程款为1,440,796元,水暖工程款为 1,550,883 元。2014 年 1 月 8 日,东北师大基本建设处及被告鑫安建筑公司在星华楼加固改造工程暂列金项目追加造价上盖章,并有双方工作人员签字,确认上述工程原暂列金项目中方(仿)砖涂料为4293.23平方米,单价为 76.5 元,实际暂列工程数量及造价中方(仿)砖涂料为 6598.35 平方米,单价为 76.5 元,暂列金项目追加造价为 372,277.3 元。2014 年7 月4 日,东北师大基本建设处在星华楼外墙保温、涂料增加工程量说明上盖章确认,3 -6 层楼 80 厚苯板和仿砖涂料漏算工程量造价、实际完成工程量大于暂列金项目工程量。2014 年9 月30 日,被告东北师大基本建设处及被告鑫安建筑公司在东北师大星华楼加固工程暂列金项目造价审定汇总表上盖章确认,本案所涉工程的仿砖涂料暂列金项目量为 4293.23 平方米,实际工程量为 6803.32 平方米,单价为 76.5 元,实际工程量合计为 520,453.98 元,真石漆暂列金项目量为 962.74 平方米,单价为 145 元,实际工程量为 712.251 平方米,实际工程量合计为 103,276.395 元。2014 年 10 月 16 日,东北师大基本建设处在东北师大星华楼工程甲指项目单价建设单位确认单盖章确认,确认仿砖涂料每平方米单价为 76.5 元,真石漆每平方米单价为 145 元。2014 年

11月2日，东北师大基本建设处在星华楼加固暂列工程结算说明上盖章确认，确认本项目为专业工程暂估价项目，列入招标文件暂列金项目，工程量为暂定，单价定死，结算时以暂定工程量为依据，多退少补，按实际发生工程量结算。2015年1月27日，被告鑫安建筑公司出具了东北师大星华楼加固工程暂列金额追加结算说明，被告鑫安建筑公司主张就上述工程经基建处审定，存在工程造价差额381,666元，审计处不予确认此项工程款，被告东北师大基本建设处两名工作人员分别于2015年1月28日及2015年2月3日在上述说明上签字确认，并注明情况属实、事实存在。2013年5月10日至2014年12月22日，被告东北师大就本案所涉工程及其他工程向被告鑫安建筑公司付款908万元，被告鑫安建筑公司确认工程款已收到，但不包括本案诉请的部分。

另查明，被告鑫安建筑公司将本案所涉工程的仿砖涂料及真石漆部分分包给原告薛书江，薛书江系该部分工程的实际施工人。2013年4月27日至2016年2月3日，原告薛书江共收到49万元工程款。原告薛书江主张其自行测量的仿砖涂料的实际施工面积为7006.32平方米，真石漆的实际施工面积为962.74平方米，被告鑫安建筑公司对此不予认可，原告薛书江在规定的时间内未对实际工程量提出鉴定。

上述事实，有东北师范大学基建工程分包施工合同、中标通知书、工程竣工验收报告、星华楼加固暂列工程结算说明等证据在卷为凭，足以认定。

本院认为，被告鑫安建筑公司承包被告东北师大星华楼加固工程后，将该工程中的仿砖涂料及真石漆部分分包给不具备资质的自然人即本案原告薛书江，该分包违反了二被告的合同约定及法律强制性规定，应当无效。现本案所涉工程已竣工验收合格，根据《最高人民法院关于审理建设工程施工合同纠纷案件适用法律问题的解释》第二十六条“实际施工人以发包人为被告主张权利的，人民法院可以追加转包人或者违法分包人为本案当事人。发包人只在欠付工程价款范围内对实际施工人承担责任”的规定，原告可以诉请二被告结算工程价款。

原告诉请被告鑫安建筑公司支付工程款及利息，根据原告举证，对原告施工的工程量，被告鑫安建筑公司于2014年9月30日在东北师大星华楼加固工程暂列金项目造价审定汇总表上盖章确认,本案所涉工程的仿砖涂料实际工程量合计为520,453.98元,真石漆实际工程量合计为103,276.395元,虽然原告主张其实际施工量超过被告鑫安建筑公司认可的工程量,但并未提供证据证明其主张,故关于工程总量,应以被告鑫安建筑公司自认为准,即总工程价款为仿砖涂料及真石漆的工程量合计,共计为623,730.38元,原告薛书江自认收到工程款为49万元,尚欠工程款为133,730.38元。又,本案所涉工程虽于2013年8月5日验收合格,但被告鑫安建筑公司就工程款金额的确认时间为2014年9月30日,故支付工程款的时间应以工程款确定时间为准,原告诉请自2013年8月5日起支付利息,本院不予支持,被告鑫安建筑公司应自2014年10月1日起按中国人民银行同期贷款利率向原告薛书江支付利息至实际支付之日止。

关于被告东北师大应否承担责任问题,本院认为,二被告在签订的《东北师范大学基建工程分包施工合同》中明确约定所有费用为总价一次包死,除东北师大在招标文件中明确规定的东北师大供应及东北师大选样定价的材料按实找差、设计变更和现场签证外,其余均不作调整,施工过程中发生的设计变更及现场签证按照投标文件所取费率及相应定额标准进行结算,如果投标文件中没有此项定额,则由被告鑫安建筑公司提报,东北师大和监理批准后进入决算。本案原告诉请的增加的工程量并非合同中约定的可变更的工程项目,原告及被告鑫安建筑公司也未举证证明存在设计变更及现场签证,虽然被告鑫安建筑公司向被告东北师大进行了提报,且有东北师大基本建设处的多次确认,但被告鑫安建筑公司自认被告东北师大审计处对上述申报未予确认,也就是说,二被告对原告主张的增加的工程量未达成一致。结合2013年11月8日、9日、11日二被告就本案所涉工程进行工程量确认,双方确认上述工程验收合格,无甩项,故,可以认定二被告对本案所涉工程已经确认完毕,原告再向被告东北师大诉请已经确认外的工程款,没有事实依据。又,当事人应当珍视自己的权利,在法律规定的期限内,及时主张己方权利。本案工程验收后,2014年1月8日至2015年2月3日,被告鑫安建筑公司曾多次向被告东北师大基本建设处主张原告施工过程中增加工程量对应部分的工程款,二被告对增加的工程量多次进行协商确认，说明原告自被告鑫安建筑公司向被告东北师大主张增加工程量的工程款时，原告已经知道自己的权利受到损害。2015 年 2 月 4 日至原告向本院起诉日即 2018 年 7 月 10 日，原告及被告鑫安建筑公司均未提供证据证明其曾向被告东北师大主张过权利，现被告东北师大主张原告的诉请超过《中华人民共和国民法通则》第一百三十五条规定的两年的诉讼时效期间于法有据，原告未提供能够构成时效中断或中止的证据，本院对被告东北师大的该项主张予以支持。综上，原告对东北师大的诉请，本院依法予以驳回。

综上，依据《中华人民共和国民法通则》第五十二条、第一百三十五条、第一百三十七条，《最高人民法院关于审理建设工程施工合同纠纷案件适用法律问题的解释》第四条、第二十六条之规定，判决如下：

一、被告吉林建工鑫安高新建筑有限公司于本判决生效之日起十日内支付原告薛书江工程款 133，730.38 元及利息（自 2014 年 10 月 1 日起至实际给付之日止，按中国人民银行同期贷款利率计算）；

二、驳回原告薛书江的其他诉讼请求。

如果被告未按本判决指定的期间履行给付金钱义务，应当依照《中华人民共和国民事诉讼法》第二百五十三条之规定，加倍支付迟延履行期间的债务利息。

案件受理费 4734 元，减半收取为 2367 元，原告薛书江负担 567 元，由被告吉林建工鑫安高新建筑有限公司负担 1800 元。

如不服本判决，可在判决书送达之日起十五日内，向本院递交上诉状，并按对方当事人的人数提出副本，上诉于吉林省长春市中级人民法院。

审　判　员　邱翠平

二〇一八年十月八日

书　记　员　金秋月

【推荐意见】

该案系一起建设工程施工合同纠纷,案件审理程序合法规范,定案事实清楚明了,判决结果公正恰当。法官的逻辑清晰、论理充分、层次严谨,判决中的证据分析条理清晰,透彻流畅,体现了法官较强的业务水平,本判决值得推荐。对于实际施工人施工过程中增加的工程量价款,发包人和承包人承担给付责任的问题,本案结合案涉合同约定及双方确认的工程量及工程价款予以裁判,本案的承包人确认了增加的工程量,而发包方未对增加工程量予以确认,发包方无须对承包人确认的增加工程量的相应价款承担给付责任。

赵秀峰

东丰县人民法院

现任吉林省东丰县人民法院审判员、一级法官。2013 年开始从事审判工作，现审结各类民商事案件 1222 件，曾办理商庆祥诉吉林省建筑集团有限公司财产损害赔偿纠纷案，东丰镇老范头大肉烧烤店诉杨丽、杨平名誉权纠纷案等在本地有重大影响案件。在市级刊物发表调研文章及报道各 1 篇。2013 年、2014 年、2015 年连续三年荣立个人三等功，连续三年被评为办案标兵，并多次获市县各种嘉奖。

【裁判要旨】

个人之间形成劳务关系,提供劳务一方因劳务自己受到损害的,根据双方各自的过错承担相应的责任。

【裁判文书】

吉林省东丰县人民法院
民事判决书

(2018)吉 0421 民初 487 号

原告:张有宝,男,1955 年 8 月 7 日生,汉族,农民,住吉林省东丰县××镇××村×组。

委托诉讼代理人:郭志超,吉林常春律师事务所律师。

被告:孙士军,男,1965 年 4 月 28 日生,汉族,农民,住吉林省东丰县××镇××村×组。

被告:东丰县那丹伯镇中学,住所地:东丰县那丹伯镇××村。

法定代表人:陈旺,该中学校长。

委托诉讼代理人:杨秀英,吉林瑞邦律师事务所律师。

原告张有宝与被告孙士军、东丰县那丹伯镇中学(以下简称那丹伯中学)提供劳务者受害责任纠纷一案,本院于 2018 年 3 月 13 日立案后,依法适用简易程序,公开开庭进行了审理。原告张有宝及其委托诉讼代理人郭志超,被告孙士军、被告东丰县那丹伯镇中学的法定代表人陈旺及其委托诉讼代理人杨秀英到庭参加诉讼。本案现已审理终结。

张有宝向本院提出诉讼请求:1. 请求依法判令孙士军赔偿张有宝经济损失为 26,655.30 元;判令那丹伯中学赔偿张有宝经济损失为 106,621.21 元,并对孙士军赔偿部分承担连带赔偿责任;2. 判令孙士军、那丹伯中学承担本案的律师费 10,000.00 元及鉴定费 5000.00 元;3. 由孙士军、那丹伯中学承担本案的诉讼费用。事实和理由:2017 年 9 月 13 日,孙士军与那丹伯中学签署协议,由孙士军承包里墙拆除工作。张有宝受雇于孙士军。2017 年 9 月 17 日,张有宝在干活时,墙体倒塌,张有宝在逃脱时,被那丹伯中学提前砌好的墙体阻挡,导致张有宝腿部被砸伤。因孙士军不具备施工资质,那丹伯中学选择承揽人不当;同时,那丹伯中学对定做、指示皆有过失,故要求孙士军、那丹伯中学承担赔偿责任。张有宝受伤后入院治疗 28 天,花费医疗费 40,231.62 元、交通费 500.00 元;随后,张有宝就相关伤情向吉林常春司法鉴定中心申请鉴定,吉林常春司法鉴定中心出具鉴定意见为:张有宝此次左踝关节伤情达十级伤残、此次外伤后续治疗费需 11,000.00 元、此次外伤护理期限以 60 天为宜、此次外伤误工期限以 240 天为宜、此次外伤需营养期为 90 天。现张有宝依法诉至法院,请求法院就其医疗费 40,231.62 元、住院伙食补助费 2800.00 元、误工费30,384.00元、护理费 7539.60 元、交通费 500.00 元、后续治疗费11,000.00元、营养费 9000.00 元、伤残赔偿金 21,821.29 元、精神损害抚慰金10,000.00 元、律师代理费10,000.00 元及鉴定费 5000.00 元等各项经济损失由孙士军、那丹伯中学依法予以赔偿。

孙士军辩称,我同意赔偿张有宝合理部分的经济损失。那丹伯中学刘振久老师给我打电话,让我雇四个人(含我本人)及一辆四不像车干点活,我们谈了一下具体价格,但没有谈妥。过了十天左右,那丹伯中学同意我们双方当初谈的关于干活的价格(2400.00 元),此次干活主要是砸三道间壁墙(其中,砸东丰县那丹伯镇中心小学两道间壁墙;砸东丰县那丹伯镇十八道中学一道间壁墙,并且将墙边给予修复),工期为周末两天,随后,那丹伯中学刘振久老师拿出协议让我签字。到周末了,我找了张有宝、孙士华、匡庆华就去干活了,其中,周六那天,我们把东丰县那丹伯镇中心小学的两道间壁墙给砸掉了,砸墙产生的废料被我们用四不像车运出去了,并将墙壁边予以修复;周日那天,我们到东丰县那丹伯镇十八道中学砸一道间壁墙,该间壁墙是单砖墙,外面是水泥抹的,里面是沙泥砌的。当时,我拿的大锤负责从西南面开始从上面往下砸墙,张有宝在下面负责拿铁锹装废料,孙士华负责推车将废料运出去。当我砸了两米长的时候,张有宝便开始装车,此时,张有宝听到墙体发出沙粒哗哗响的动静时,便往西跑,但西面是教室的大墙,被砸的墙此时倒掉了,将张有宝砸了。张有宝被砸后,我们将张有宝抬上四不像车并送到东丰县那丹伯镇卫生院打了一针,随后,张有宝被救护车送至辽源矿业医院。

东丰县那丹伯镇中学辩称,我方不同意张有宝的诉讼请求,不同意赔偿张有宝的经济损失。具体理由如下:1. 那丹伯中学与孙士军之间是承揽关系,且张有宝也认可那丹伯中学与孙士军之间是承揽关系,那丹伯中学对张有宝的受伤并不存在过错,故那丹伯中学不应该承担张有宝的赔偿责任;2. 张有宝的赔偿责任应该由孙士军承担,孙士军与张有宝之间是雇佣关系,按照相关法律规定,孙士军应该承担张有宝经济损失的赔偿责任;3. 张有宝在拆墙过程中,本身没有尽到安全注意义务,其自身存在过错,张有宝应该对自己的损失承担相应的责任;4. 张有宝的具体诉讼请求,有部分赔偿项目计算过高,其中,营养费的计算标准过高,虽然鉴定意见书中张有宝需要营养期限为 90 日,但该期限没有具体的营养费标准予以支持;精神损害抚慰金要求过高;律师代理费的请求没有相关依据;5. 对具体事实予以补充,因为那丹伯中学正在新建校舍,我方将砸墙这个活包给孙士军,工程地点分别为东丰县那丹伯镇中心小学原校舍及东丰县那丹伯镇十八道中学,因此次工程的标准不高,仅是砸两道间壁墙及墙体边修复,将三个教室变成两个教室,不涉及砌墙问题,我们双方就具体干活的价款进行了协商,最终确定每道墙为 800.00 元,三道墙的价款为 2400.00 元,并签订了承揽合同。随后,孙士军雇用几个人干活,我方也现在才知道。后来,我方将 2400.00 元也付给了孙士军。

本院经审理认定事实如下:对于当事人双方没有争议的事实,本院予以确认。1. 关于那丹伯中学与孙士军之间的关系问题,那丹伯中学因新建校舍,便借用了原东丰县那丹伯镇中心小学和东丰县那丹伯镇十八道中学作为临时校舍,因教室的空间较小,需要将上述两个学校的部分教室进行改造,便将拆间壁墙的工程与孙士军间进行了协商,孙士军带着张有宝、孙士华与那丹伯中学进行了协商,最终因工程款问题没有达成一致的意见。过了几天,那丹伯中学再次找到孙士军,并同意了孙士军提出的工程款数额,双方之间就该工程的施工地点、承包方式、开工时间等内容进行了确认,并签订了拆间壁墙协议书,据此,那丹伯中学将拆间壁墙的工程发包给孙士军,由孙士军对该工程进行具体的施工。虽然那丹伯中学主张其与孙士军之间系承揽关系，但从当事人当庭陈述、拆间壁墙协议书及证人证言来看，那丹伯中学并没有举出充分的证据予以证明其与孙士军之间系承揽关系。综上所述，本院认定那丹伯中学与孙士军之间是发包人与承包人之间的关系。2. 关于孙士军与张有宝之间的关系，张有宝主张其与孙士军之间系雇佣关系，而孙士军认为因其文化程度有限，且工程款大家平均分配，无法确认其与张有宝之间的具体关系（可能是雇佣关系，也可能是合伙关系），从本案的事实来看，孙士军与那丹伯中学之间签订了拆间壁墙协议书，那丹伯中学将该工程发包给孙士军，孙士军因此具备了雇用人员施工，并完成其因签订该协议而产生的相应义务，因此，孙士军与张有宝之间系接受劳务一方及提供劳务一方的关系，也就是俗称的雇佣关系。3. 关于张有宝的各项经济损失的认定问题，（一）医疗费，张有宝受伤后，被送至辽源矿业集团有限责任公司职工总医院住院治疗两次，分别花费了医疗费33,658.93 元及 6572.69 元，上述费用均有正规医院出具的正规票据，故本院认定张有宝花费的医疗费为40,231.62 元；（二）住院伙食补助费，张有宝两次在辽源矿业集团有限责任公司职工总医院住院治疗分别为 12 天及 16 天，上述事实有医疗费票据、住院病案首页为凭，故本院认定张有宝因住院 28 天而产生的住院伙食补助费为2800.00元（28 天 ×100.00 元/天 =2800.00 元）；（三）误工费，张有宝分两次住院治疗 28 天，且吉林常春司法鉴定中心出具的司法鉴定意见认定张有宝此次外伤误工期限以 240 天为宜，故本院认定张有宝此次受伤的误工费为30,384.00元（240 天 ×126.60 元/天 =30,384.00 元）；（四）护理费，张有宝分两次住院治疗 28 天，两次住院的长期医嘱单均显示为二级护理，且吉林常春司法鉴定中心出具的司法鉴定意见认定张有宝此次外伤护理期限以 60 天为宜，故本院认定张有宝此次受伤的护理费为 7539.60 元（60 天 ×125.66 元/天 =7539.60 元）；（五）交通费，张有宝虽然先后入院治疗两次，均未向本院提供交通费票据予以证明其经济损失的具体数额，但该项损失确实客观存在，故本院酌情认定张有宝的交通费为 200.00 元；（六）后续治疗费，吉林常春司法鉴定中心出具的司法鉴定意见认定张有宝此次外伤后续治疗费需 11,000.00 元，故本院认定张有宝后续治疗费为 11,000.00 元；

(七)营养费,吉林常春司法鉴定中心出具的司法鉴定意见认定张有宝此次外伤需营养期为90天,并建议参考住院病人伙食标准每日100.00元,故本院根据客观情况,认定张有宝的营养费为9000.00元(90天×100.00元/天=9000.00元);(八)伤残赔偿金,张有宝系现年62周岁的农民,且吉林常春司法鉴定中心出具的司法鉴定意见认定张有宝此次左踝关节伤情达十级伤残,根据法律、法规及司法解释的相关规定,本院认定张有宝的伤残赔偿金为21,821.29元[(20年-2年)×12,122.94元/年×10%=21,821.29元];(九)精神损害抚慰金,张有宝的此次左踝关节伤情达十级伤残,本院酌情认定张有宝的精神损害抚慰金为5000.00元;(十)律师代理费,张有宝主张为此次诉讼支出了律师代理费10,000.00元,并要求孙士军、那丹伯中学予以承担该项损失,因该项主张没有法律依据,本院不予认定;(十一)鉴定费,张有宝此次向吉林常春司法鉴定中心鉴定而支出了鉴定费5000.00元,上述事实有吉林常春司法鉴定中心出具的正规票据予以证明,故本院认定张有宝支出的鉴定费为5000.00元。

本院认为,个人之间形成劳务关系,提供劳务一方因劳务自己受到损害的,根据双方各自的过错承担相应的责任。孙士军承包该工程后,没有对该工程潜在的危险进行预判,没有对提供劳务者进行安全作业的技术培训,在拆间壁墙过程中,更没有对提供劳务者张有宝等人采取相应的安全防范措施,导致提供劳务者张有宝被间壁墙砸伤致残的损害后果,故接受劳务者孙士军应对该起事故的发生承担主要的过错责任,并赔偿提供劳务者张有宝的经济损失;提供劳务者张有宝作为完全民事行为能力人,其应该意识到此次劳务活动中存在的危险,尤其是在拆间壁墙时,张有宝有义务对自身的安全加以防控,但张有宝并没有将自身的安全放在首位而继续干活,其本身对损害后果的发生存在过错,故提供劳务者张有宝对该起事故的发生承担次要的过错责任,并承担自身部分的经济损失;同时,在中华人民共和国境内从事建设工程的改建和拆除等有关活动,应该严格遵守中华人民共和国国务院颁布的《建设工程安全生产管理条例》,此次工程的发包方那丹伯中学本应将拆除工程发包给具有相应资质等级的施工单位,但那丹伯中学仅以拆间壁墙协议的方式将拆除间壁墙工程交予没有施工资质的孙士军个人完成的行为，显然与上述规定相悖，并且在施工时未提供安全保障措施，存在重大安全隐患，由此造成提供劳务者张有宝身体损害致残的严重后果，那丹伯中学应与接受劳务者孙士军承担连带赔偿责任。

综上所述，张有宝要求孙士军、那丹伯中学承担赔偿其经济损失的诉讼请求，本院根据审理的具体情况，酌情予以支持。依照《中华人民共和国侵权责任法》第二条、第六条、第十六条、第二十六条、第三十五条，《最高人民法院关于审理人身损害赔偿案件适用法律若干问题的解释》第十一条、第十七条、第十八条、第十九条、第二十条、第二十一条、第二十二条、第二十三条、第二十四条、第二十五条，《最高人民法院关于民事诉讼证据的若干规定》第二条，《建设工程安全生产管理条例》第十一条，《中华人民共和国民事诉讼法》第一百五十二条规定，判决如下：

一、被告孙士军于本判决生效后三日内赔偿原告张有宝各项经济损失89,583.56元（医疗费40,231.62元、住院伙食补助费2800.00元、误工费30,384.00元、护理费7539.60元、交通费200.00元、后续治疗费11,000.00元、营养费9000.00元、伤残赔偿金21,821.29元，鉴定费5000.00元，合计127,976.51元中的70%，即89,583.56元）。

二、原告张有宝自己承担38,392.95元（承担合计127,976.51元中的30%，即38,392.95元）。

三、被告孙士军于本判决生效后三日内赔偿原告张有宝精神损害抚慰金5000.00元。

四、被告东丰县那丹伯镇中学对被告孙士军在本案中的赔偿义务承担连带赔偿责任。

五、驳回原告张有宝的其他诉讼请求。

如未按本判决指定的期间履行给付金钱义务，应当依照《中华人民共和国民事诉讼法》第二百五十三条之规定，加倍支付迟延履行期间的债务利息。

案件受理费2966.00元（原告张有宝已垫付），减半收取计1483.00元，余下案件受理费1483.00元，由原告张有宝承担444.90元，被告孙士军与东丰县那丹伯镇中学连带承担1038.10元,于本判决生效后与上款一并给付。

如不服本判决,可在判决书送达之日起十五日内向本院递交上诉状,并按对方当事人的人数提出副本,上诉于吉林省辽源市中级人民法院。

审　判　员　赵秀峰

二〇一八年六月五日

书　记　员　李欣儒

【推荐意见】

建设工程合同与承揽合同有相近之处,承揽合同涵盖着建设工程合同的特征,但《中华人民共和国合同法》对两种合同进行了不同的法律规范,两者又是不同的合同类型。从具体规定来看,建设工程合同实际上是承揽合同的一种特殊类型,因此,法律对建设工程合同没有特别规定的,适用法律对承揽合同的有关规定。

在现实生活中,法律、行政法规及部门规章虽对工程建设进行了明确的规定,但农村农民自建低层住宅的建筑活动存在特殊性,其不适用《中华人民共和国建筑法》,但农村居民安全意识较为淡薄,针对部分低层住宅的建筑活动具有高度危险性,仍需要具备相应施工资质的单位或个人科学的施工,才能更好地完成工作任务。

推荐本裁判文书的主要目的是最大限度地保护人民群众的根本利益,既要降低建筑施工风险发生的概率,又要保护受伤当事人的合法利益,故法院应通过典型案例的以案说法及加大普法宣传力度,彻底纠正人民群众存在的错误认识,树立正确的法律观念,让基层人民群众能够真切地意识到工程风险的存在及法律后果的严重,并根据客观实际情况,通过寻找有资质的单位或个人予以科学施工,从根本上解决基层群众的生产生活需要。

马艳红
辽源市西安区人民法院

吉林省辽源市西安区人民法院灯塔法庭副庭长，多次被评为调解先进个人，优秀公务员。由其主笔撰写的《全国典型案件调解适用情况分析与评估——以家事案件为视角》的课题报告获得2019年最高人民法院第四届司法大数据中服务法治建设组一等奖。

【裁判要旨】

婚约财产纠纷案件中,接受彩礼给付的一方一般是婚恋关系当中的女方或者女方的父母等其他近亲属。如果接受给付的一方是女方本人,女方应作为被告;如果接受给付的一方是女方父母或者其他亲属的,将其与女方并列作为共同被告,既符合审判实际需要,也更有利于此类案件的顺利解决。未婚男女双方确已共同生活但未能办理结婚登记手续,给付彩礼方请求返还彩礼的,根据双方共同生活的时间、彩礼数额、彩礼是否用于共同生活、是否怀孕生子、双方经济状况并结合当地风俗习惯等因素以及公平原则,酌定返还的数额和比例。

【裁判文书】

吉林省辽源市西安区人民法院
民事判决书

(2018)吉0403民初1158号

原告:祝贵东,男,汉族,1998年11月16日出生,住所地吉林省东丰县××镇××村×组。

委托诉讼代理人:王书利,吉林望候律师事务所律师。

委托诉讼代理人:刘秋野,吉林恒太师事务所律师。

被告:戴阁丰,男,满族,1971年10月31日出生,住所地吉林省东丰县××镇××村×组。

被告:白艳荣,女,满族,1967年7月1日出生,住所地吉林省东丰县××镇××村×组。

被告:戴莹霜,女,满族,1998年11月16日出生,住所地吉林省东丰县××镇××村×组。

委托诉讼代理人:施君,吉林恒太律师事务所律师。

原告祝贵东诉被告戴阁丰、白艳荣、戴莹霜婚约财产纠纷一案,本案于

2018年6月19日受理后,依法适用简易程序于2018年7月17日公开开庭进行了审理。原告祝贵东及其委托代理人王书利、刘秋野、被告戴阁丰、戴莹霜及其委托代理人施君到庭参加了诉讼,被告白艳荣经传票传唤未到庭参加诉讼,本案现已审理终结。

原告祝贵东向本院提出诉讼请求:1.要求判令三被告返还原告彩礼款15万元;2.由三被告承担本案的诉讼费用。事实与理由:原告与被告戴莹霜系恋爱关系,2016年5月14日在双方亲属见证下,原告的母亲给付被告彩礼15万元,作为原告与被告戴莹霜的结婚彩礼,2016年6月12日原告与被告戴莹霜举办了婚礼,但未进行婚姻登记。原告与被告戴莹霜共同生活一年,被告戴莹霜于2017年11月外出打工不再与原告联系,双方因感情产生裂痕无和好可能。原告就彩礼返还事宜与三被告多次协商未果,故原告诉至法院请求判令三被告返还彩礼15万元,以维护原告的合法权益。

被告戴阁丰、白艳荣辩称:1.不同意返还彩礼,因为该彩礼钱已经全部用于日常生活以及购买结婚用品了。2.被告戴莹霜生产一名男孩,名为祝令轩,患有先天性疾病,经过9个月的治疗无效死亡,用彩礼钱给孩子看病也花费不少。

被告戴莹霜辩称:原告给付的彩礼钱已经用于购买结婚的用品、衣服及日常花销,已经全部花完,不同意返还。

当事人围绕诉讼请求依法提交了彩礼单、出生证明、死亡证明各一份,本院组织当事人进行了证据交换和质证,对当事人无异议的以上证据本院予以确认,并在卷佐证。

根据当事人陈述和经审查确认的证据,本院认定的事实如下:原告祝贵东与被告戴莹霜系恋爱关系,2016年5月14日在双方亲属见证下,原告的母亲给付被告方彩礼15万元,2016年6月12日原告与被告戴莹霜举办了婚礼,但未进行婚姻登记。原告与被告戴莹霜自2016年6月12日起共同生活至2017年11月,双方因感情产生裂痕无法缔结婚姻关系。原告就彩礼返还事宜与三被告多次协商未果,故原告诉至法院请求判令三被告返还彩礼15万元。另查明,原告与被告戴莹霜共同生育一子取名祝××(2016年11月21日出生),

于2017年8月26日因病夭折。

本院认为:原告请求三被告返还彩礼,属于婚约财产纠纷,婚约财产是在婚约关系存续期间订婚的男女双方为缔结婚姻关系而产生的财产关系。彩礼款的给付、接受,不仅是婚约中的男女双方当事人的行为,也是一方父母或亲属通过婚姻介绍人给付或者接受另一方彩礼款的行为。本案中三被告是共同家庭成员,共同接受、支配该彩礼款。被告戴阁丰接受彩礼款15万元的行为可视为三被告的共同行为,该款属于彩礼款。是否返还彩礼要看双方是否缔结婚姻关系,根据《最高人民法院关于适用〈中华人民共和国婚姻法〉若干问题的解释(二)》第十条规定,当事人请求返还按照习俗给付彩礼的,如果查明属于以下情形,人民法院应当予以支持:(一)双方未办理结婚登记手续的;(二)双方办理结婚登记手续但确未共同生活的;(三)婚前给付并导致给付人生活困难的。适用前款(二)、(三)项的规定,应当以双方离婚为条件。本案中,原、被告按照习俗缔结婚约给付彩礼款,因原告与被告戴莹霜未办理结婚登记手续,故原告要求三被告返还为缔结婚姻给付的彩礼款,具有法律依据,应予支持。对于三被告辩称原告给付的彩礼款已经用于购买结婚备品以及日常生活,因三被告未提供任何证据予以证明,鉴于男女双方缔结婚姻应以感情为基础,依照风俗习惯而进行的婚约财产给付的行为,不为法律所提倡,原、被告按照习俗举办了婚礼,共同生活了一年多,且共同生育一子,结合本地农村常情和本案的实际情况,对于原告返还彩礼的请求,本院酌定三被告返还原告彩礼5万元。依照《最高人民法院关于适用〈中华人民共和国婚姻法〉若干问题的解释(二)》第十条,《中华人民共和国民事诉讼法》第六十四条、第一百四十四条之规定,判决如下:

被告戴阁丰、白艳荣、戴莹霜于本判决书生效之日起五日内返还原告祝贵东彩礼5万元。

如果未按本判决指定的期间履行给付金钱义务,应当依照《中华人民共和国民事诉讼法》第二百五十三条规定,加倍支付迟延履行期间的债务利息。

案件受理费3300元,减半收取计1650元由原告祝贵东负担1100元、被告戴阁丰、白艳荣、戴莹霜负担550元。

如不服本判决，可在本判决送达之日起十五日内本院递交上诉状，并按对方当事人的人数提出副本，上诉于吉林省辽源市中级人民法院。

审　判　员　马艳红

二〇一八年七月二十五日

书　记　员　于圣剑

【推荐意见】

是否返还彩礼一直是家事案件中值得争议的问题，原告要求与其共同生活一年并育有一子的被告全额返还彩礼，是否应予以支持？法律又该如何认定？该案通过考虑道德、情感、时间来判定，具有一定的借鉴意义。本案中原、被告按照习俗缔结婚约给付彩礼，举办婚礼却未办理登记手续，是本案产生争议的重要原因之一，也是当下农村普遍存在的现象，所以本案具有一定的代表性。

卢伟光

洮南市人民法院

卢伟光，就职于吉林省洮南市人民法院，书写的学术论文《论调解的艺术》曾发表于《审判纵横》杂志。

【裁判要旨】

对金融借款担保合同类,诉讼案件而言,在借贷双方约定的借款期限届满的情况下,法院依法应判决借款人按约定偿还借款,保证人按约定履行保证责任。办案的焦点在于在借款未到期的情况下,是否可以判决解除合同,是否可以判令借款人提前还款,是否可以判令保证人履行保证责任?本案承办法官在裁判文书说理部分,对上列问题进行了较充分的论述,对《合同法》和《担保法》中上述问题的法律依据作了较为全面的释法明理,解决了借期未到、解除合同、偿还借款、履行保证责任的方面的问题,具有较高的参考价值。

【裁判文书】

吉林省洮南市人民法院
民事判决书

(2018)吉0881民初2579号

原告:洮南惠民村镇银行股份有限公司。住所:吉林省洮南市××路××号。

法定代表人:马义,董事长。

委托代理人:石健,副总经理。

委托代理人:赵辉,吉林赵辉律师事务所律师。

被告:朱明月,女,1988年1月28日出生,汉族,农民,住吉林省洮南市××镇××村××屯。

被告:邢红伟,男,1983年2月7日出生,汉族,农民,住吉林省洮南市××镇××村××屯。

被告:李春景,男,1963年1月8日出生,汉族,公务员,住吉林省洮南市××镇××村××屯。

原告洮南惠民村镇银行股份有限公司(以下简称惠民村镇银行)与被告朱明月、邢红伟、李春景金融借款合同纠纷一案,本院于2018年9月3日立案后,依法适用简易程序,公开开庭进行了审理。原告惠民村镇银行的委托代理人石健、赵辉,被告朱明月、李春景到庭参加诉讼,被告邢红伟经本院传票传唤,无正当理由未到庭参加诉讼。本案现已审理终结。

惠民村镇银行向本院提出诉讼请求:1. 解除惠民村镇银行与朱明月、邢红伟、李春景之间的借款合同;2. 要求朱明月、邢红伟共同清偿贷款本金 8 万元,并按合同约定支付利息至实际还款之日止(执行利率 7.6%,逾期利率在执行利率基础上上浮 50%),李春景承担连带保证责任;3. 朱明月、邢红伟、李春景承担本案诉讼费用。事实和理由:朱明月、邢红伟夫妇于 2016 年 7 月 13 日在惠民村镇银行申请发放贷款 10 万元,执行利率 7.6%,逾期利率在执行利率基础上上浮 50%,担保方式为保证,保证人为李春景,李春景为洮南市福顺镇人民政府公职人员,还款方式为 5 年分期(借款合同期限为 2016 年 7 月 13 日至 2021 年 7 月 12 日,每年的 6 月 21 日还款本金 2 万元),按季结息。朱明月于 2017 年 6 月 20 日偿还第一期本金 2 万元,剩余本金 8 万元,朱明月于 2018 年 6 月 20 日应还第二期本金 2 万元,经惠民村镇银行多次催收至今未还,朱明月、邢红伟表示财务状况恶化丧失还款能力,李春景也无还款意愿,对于惠民村镇银行催收工作非常不配合,同时朱明月按季收息时也多次逾期,惠民村镇银行认为朱明月、邢红伟、李春景未能履行合同义务。

朱明月辩称:朱明月、邢红伟在惠民村镇银行贷款 8 万元属实,惠民村镇银行所说利息情况也属实,朱明月与邢红伟是夫妻关系,这钱是当时朱明月、邢红伟两人借的,是朱明月做的手续。对于惠民村镇银行要求解除合同,朱明月、邢红伟共同偿还借款本金及利息的诉讼请求,朱明月没有意见,但是朱明月现在没钱,还不上,朱明月想分期偿还。

邢红伟未答辩。

李春景辩称:惠民村镇银行所陈述都是事实,以前这个合同是分期偿还的,这次惠民村镇银行要求解除合同,全部偿还借款本金及利息,李春景认为惠民村镇银行的要求不太合理,还应分期偿还,对于惠民村镇银行要求李春景承担连带保证责任的诉讼请求,李春景没有意见。

经审理查明:朱明月、邢红伟系夫妻。2016 年 7 月 13 日由李春景担保,朱明月、邢红伟在惠民村镇银行借款100,000.00元,朱明月、邢红伟、李春景与惠民村镇银行签订了"个人担保借款合同"一份,该合同约定:借款金额为10万元,借款用途为购买农机,还款方式为分期偿还按季结息,每年贷款到期日归还贷款本金2万元及相应利息,保证方式为连带责任保证,保证期间为2年,执行利率为年利率7.6%,逾期利率在执行利率基础上上浮50%,以及其他相关事宜。合同签订后,惠民村镇银行向朱明月、邢红伟发放了贷款,朱明月、邢红伟按合同约定的期限偿还了第一期借款本金20,000.00元及相应利息,利息截至2018年3月21日,但第二期借款本金20,000.00元及相应利息未按合同约定期限偿还,经催告仍未偿还。惠民村镇银行诉至本院,要求:解除惠民村镇银行与被告朱明月、邢红伟、李春景于2016年7月13日签订的个人担保借款合同;朱明月、邢红伟共同偿还惠民村镇银行借款本金80,000.00元及利息(按年利率11.4%计算,从2018年3月22日起至实际还款之日止);李春景承担偿还上述借款本息的连带责任。庭审中,朱明月明确表示已不能按照合同约定的期限偿还借款本息,对惠民村镇银行要求解除合同,朱明月、邢红伟共同偿还剩余借款本金8万元及相应利息的诉讼请求没有意见;李春景同意承担保证责任,对惠民村镇银行的要求其承担连带保证责任的诉讼请求亦没有意见。

认定上述事实的证据有:朱明月、邢红伟、李春景的身份证及常住人口登记卡复印件各一份、朱明月和邢红伟的结婚证复印件一份、李春景个人经济收入证明一份、"个人担保借款合同"一份、"借款借据"一份、"对私账户对账单"一份、银发[2015]325号"中国人民银行关于下调金融机构人民币贷款和存款基准利率并进一步推进利率市场化改革的通知"一份、"朱明月归还本金及利息统计表"一份、"解除借款合同通知书"一份。

上述证据,惠民村镇银行、朱明月、李春景对其真实性均未提出异议,且来源合法、与本案事实有关联,本院予以确认和采信。

根据惠民村镇银行的诉讼请求和朱明月、李春景的答辩意见,本院归纳本案的争议焦点:1. 应否解除惠民村镇银行与朱明月、邢红伟、李春景于2016年7月13日签订的个人担保借款合同? 2. 朱明月、邢红伟应否共同偿还贷款本金8万元及利息（按年利率11.4%计算，从2018年3月22日起至实际给付之日止）？3. 李春景应否承担偿还上述借款本息的连带保证责任？

本院认为：朱明月、邢红伟、李春景与惠民村镇银行签订了“个人担保借款合同”，朱明月、邢红伟、李春景与惠民村镇银行之间的金融借贷关系以及连带保证担保关系成立，合法有效。朱明月明确表示已不能按照合同约定的期限偿还借款本息，即双方所签合同已经不能实际履行，且对惠民村镇银行要求解除“个人担保借款合同”的诉讼请求没有意见，故对惠民村镇银行要求解除“个人担保借款合同”的诉讼请求，本院予以支持。朱明月、邢红伟向惠民村镇银行借款应按合同约定的期限偿还借款本息，李春景为朱明月、邢红伟向惠民村镇银行借款提供连带保证担保，至惠民村镇银行提起本案诉讼之日尚在保证期间内，应承担连带保证责任，故对惠民村镇银行要求朱明月、邢红伟共同偿还借款本金8万元及利息（按年利率11.4%计算，从2018年3月22日起至实际给付之日止），李春景承担偿还上述借款本息的连带保证责任的诉讼请求，本院予以支持。依照《中华人民共和国合同法》第六十条、第九十四条、第一百零七条、第二百零五条、第二百零六条，《中华人民共和国担保法》第十八条、第二十一条、第二十六条，《中华人民共和国民事诉讼法》第一百四十四条的规定，判决如下：

一、解除原告洮南惠民村镇银行股份有限公司与被告朱明月、邢红伟、李春景于2016年7月13日签订的个人担保借款合同；

二、被告朱明月、邢红伟于本判决生效之日起十日内共同偿还原告洮南惠民村镇银行股份有限公司借款本金80,000.00元及利息（按年利率11.4%计算，从2018年3月22日起至实际还款之日止）；

三、被告李春景承担偿还上述借款本息的连带责任。

如果未按本判决指定的期限履行给付金钱义务，应当依照《中华人民共和国民事诉讼法》第二百五十三条之规定，加倍支付迟延履行期间的债务利息。

案件受理费1800.00元，减半收取计900.00元，由被告朱明月、邢红伟、李春景连带负担。

如不服本判决,可在判决书送达之日起十五日内,向本院递交上诉状,并按对方当事人的人数提出副本,上诉于白城市中级人民法院。

审　判　员　卢伟光

二〇一八年九月三十日

书　记　员　李　铎

【推荐意见】

此判决书是按照吉林省高级人民法院民商事裁判文书制作规范制作,对规范法律文书写作具有指导性作用,故推荐。

张俊韬

江源林区法院

吉林省江源林区法院审判委员会专职委员，一级法官。承办过辖区各类重大疑难复杂案件，涉及民商、刑事领域。2018 年 4 月，其执笔完成的司法统计分析课题报告——《关于辖区涉林企业民商事案件的成因、趋势、以及对策》被吉林省高级人民法院评为三等奖。

【裁判要旨】

健康权纠纷符合“多因一果”的侵权损害民事责任，属于原因竞合。行为人因过错侵害他人民事权益，应当承担侵权责任，受害人对事故的发生也有过错的，应当减轻侵权人的责任，各责任人应根据责任大小在各自的责任比例范围内承担赔偿责任。

另外，由于本案事故车辆投保了交强险，事故发生地虽不属于交通安全法规定的道路范畴，但事故发生时车辆处于倒车行驶的状态，且事故发生在保险期间内，属于车辆在道路以外的其他地方通行时发生事故，应当由保险人在交强险限额内承担赔偿责任。剩余不足部分由各责任人按照承担的责任范围予以赔偿。

【裁判文书】

吉林省江源林区基层法院
民事判决书

(2018)吉7605民初12号

原告：张玉杰，男，1978年1月7日出生，汉族，个体运输户，住吉林省白山市××区××街××委××组，现住吉林省白山市××区××小区××室。

委托诉讼代理人：刘阳，吉林龙达律师事务所律师。

被告：吉林省三岔子林业局，住所地吉林省白山市江源区城墙街道森工街。

法定代表人：宋健，局长。

委托诉讼代理人：孔德勇，男，吉林省三岔子林业局公司律师事务部律师。

被告：王庆雷，男，1984年2月17日出生，汉族，个体运输户，住吉林省白山市××区××镇××村×社，现住吉林省白山市××区××小区××室。

委托诉讼代理人：窦庆利，吉林修然律师事务所律师。

被告：中国人寿财产保险股份有限公司哈尔滨市中心支公司，住所地哈尔滨市道里区群力第五大道与丽江路交汇处汇智金融企业总部独6号。

主要负责人:王玉军,总经理。

委托诉讼代理人:李小平,黑龙江晟义律师事务所律师。

委托诉讼代理人:万立新,黑龙江晟义律师事务所律师。

原告张玉杰与被告吉林省三岔子林业局、王庆雷、中国人寿财产保险股份有限公司木兰县营销服务部健康权纠纷一案,本院于2018年4月16日立案后,中国人寿财产保险股份有限公司哈尔滨市中心支公司申请替代被告中国人寿财产保险股份有限公司木兰县营销服务部承担诉讼,本院依法裁定准许。2018年9月13日,本院依法适用普通程序,公开开庭进行了审理。原告张玉杰及其委托诉讼代理人刘阳,被告吉林省三岔子林业局的委托诉讼代理人孔德勇,被告王庆雷及其委托诉讼代理人窦庆利,被告中国人寿财产保险股份有限公司哈尔滨市中心支公司的委托诉讼代理人李小平到庭参加诉讼。本案现已审理终结。

张玉杰向本院提出诉讼请求:1.请求依法对原告的伤残等级进行司法鉴定,并依据鉴定意见对原告进行赔偿(先请求10万元,准确数额鉴定后明确);2.诉讼费用由被告承担。事实和理由:2017年12月间,吉林省三岔子林业局雇用张玉杰为其龙湾林场运送木头。当月15日张玉杰在龙湾林场作业区内等待运送木头时,被王庆雷驾驶的车辆撞伤,后送入白山市便民医院,又转院至白山市中心医院。经白山市中心医院诊断为手部损伤,指骨骨折,于2018年1月26日好转出院。出院后张玉杰多次找到被告协商赔偿事宜,但因双方的赔偿数额差距过大,无法达成一致意见。原告认为,原告系受雇于吉林省三岔子林业局,受伤地又是三岔子林业局龙湾林场施工作业区,无论是基于雇佣关系或者是基于施工现场的安全管理责任,被告吉林省三岔子林业局均有不可推卸的责任,而被告王庆雷作为驾驶员也有责任对原告进行赔偿,另事故车辆在被告中国人寿财产保险股份有限公司木兰县营销服务部处投保了交强险。综上,原告为维护自身之合法权益,特向贵院依法提出上述请求,望贵院依法公正审理。

经司法鉴定,张玉杰将诉讼请求赔偿数额明确为:1.精神损害抚慰金

10,000元;2.误工费55,395.75元[(203+30)×237.75];3.护理费9047.52元[(42+30)×125.66];4.医疗费24,873.20元(506+114.70+11+6×9+84+85+24,018.50);5.二次手术费17,000元;6.伙食补助费7200元[(42+30)×100];7.交通费130元。共计123,646.47元。

因2018年度人身损害赔偿执行标准自2018年9月1日起执行,相关赔偿请求依据数据发生变化,庭审中张玉杰再次将诉讼请求重新变更明确为:1.精神损害抚慰金10,000元;2.误工费60,624.27元[(203+30)×260.19];3.护理费10,088.64元[(42+30)×140.12];4.医疗费24,873.20元(506+114.70+11+6×9+84+85+24,018.50);5.二次手术费17,000元;6.伙食补助费7200元[(42+30)×100];7.交通费130元。共计132,616.11元。事实和理由:2017年12月,原告张玉杰为被告吉林省三岔子林业局龙湾林场运送木头。当月15日原告在龙湾林场作业区内等待运送木头时,被被告王庆雷驾驶的车辆撞伤,后送入白山市便民医院治疗,又转院至白山市中心医院接受治疗。经白山市中心医院诊断为手部损伤,指骨骨折,于2018年1月26日好转出院。出院后,原告张玉杰多次找到被告协商赔偿事宜,但因双方的赔偿数额差距过大,无法达成一致意见。原告认为,事发地点系被告三岔子林业局施工作业地区,根据《中华人民共和国安全生产法》第四条、第二十五条之规定,被告三岔子林业局有对作业区进行安全生产管理的职责,也有对原告张玉杰及被告王庆雷进行安全教育和指导的义务,同时也应当派遣安全管理人员进行现场管理,而原告张玉杰受伤时并未进行作业,是在等候作业时受伤,如三岔子林业局派员进行现场安全管理,就不会发生本次事故,因此基于施工现场的安全管理责任,被告吉林省三岔子林业局具有不可推卸的责任;而被告王庆雷作为驾驶员也有责任对原告进行赔偿;另外,事故车辆在被告中国人寿财产保险股份有限公司木兰县营销服务部处投保了交强险。因此,各被告应当连带对原告进行赔偿。综上,原告为维护自身之合法权益,根据《中华人民共和国安全生产法》第一百一十一条及人身损害赔偿司法解释第六条第二款之规定,特提出上述诉讼请求。

吉林省三岔子林业局未提交书面答辩意见,其委托诉讼代理人在庭前会议和庭审中口头辩称,本案不构成安全生产责任事故,吉林省三岔子林业局在生产作业现场已尽到了安全教育及现场管理的责任,对原告受伤后果没有任何过错,不承担任何责任。第一,张玉杰在装车作业现场擅自行走,无视现场安全员的警告是造成这次事故发生的主要原因。吉林省三岔子林业局同张玉杰所签订的是木材运输合同,张玉杰作为一名驾驶员,在装车现场因随意走动被现场安全员及主管安全的副厂长进行过批评和纠正,在安全员及主管安全副厂长离开作业现场后不到半个小时期间,又擅自走到装车现场,擅自指挥王庆雷摆手倒车,在倒车过程中被车上脱落的原木砸伤,其过错责任在于张玉杰本人。张玉杰在明知现场安全人员警告的情况下还擅自指挥他人倒车,在明知所装载的原木没有封车存在危险的情况下仍然靠近车辆,所造成的后果应由其张玉杰本人自行承担。第二,王庆雷在车辆没有封车及车辆周边有人的情况下擅自启动车辆,导致木材掉落造成他人受伤的情形,所以第二被告王庆雷应承担事故的主要责任;第三,第一被告在现场由主管场长和安全员、现场员进行了安全教育和明示,所以第一被告吉林省三岔子林业局对原告张玉杰的受伤害后果不承担任何责任。

王庆雷未提交书面答辩意见,其委托诉讼代理人在庭前会议和庭审中口头辩称,第二被告王庆雷不负责赔偿责任。首先,本案是安全生产责任事故,依据《中华人民共和国安全生产法》的规定,生产经营单位即第一被告应承担安全生产主体责任;其次,第二被告王庆雷受雇于第一被告吉林省三岔子林业局,双方形成雇佣关系,依据《中华人民共和国侵权责任法》第三十四条、《最高人民法院关于审理人身损害赔偿案件适用法律若干问题的解释》第九条规定,应由雇主即第一被告吉林省三岔子林业局承担赔偿责任;第三,第二被告王庆雷的车辆在第三被告中国人寿财产保险股份有限公司哈尔滨市中心支公司处投保了交强险,应由第三被告中国人寿财产保险股份有限公司哈尔滨市中心支公司在交强险限额内先行赔付。

中国人寿财产保险股份有限公司哈尔滨市中心支公司未提交书面答辩意见,其委托诉讼代理人庭审中口头辩称,交强险的赔偿前提是机动车在交通道路上行驶过程中致使第三者损害而产生的赔偿责任。本案中原告张玉杰的生命权、健康权、身体权纠纷一案起诉并不是以机动车交通事故责任起诉，且原告张玉杰是被木头砸伤并非因道路行驶过程中被机动车撞伤，不符合机动车强制保险的赔偿事由，也不符合交强险设立的目的，故我公司对原告张玉杰的诉讼请求不予认可。吉××××车辆在我公司投保交强险，医疗限额为1万元，其中包含医疗费、住院期间伙食补助费、营养费、二次手术费，伤残赔偿金限额11万元。原告张玉杰未被认定为残疾，主张精神损失费1万元不符合法律规定也不合理，原告目前无职业，应当依据其户口性质计算误工费，因原告未构成残疾，故其误工期间只能以住院天数或鉴定意见载明的期间为准，护理期间应以鉴定或医嘱载明的护理期间为准，否则对该部分诉讼请求不应该得到支持。鉴定费与诉讼费并没在交强险的范围。我公司认为本案不应当由我公司在交强险限额内来承担赔偿责任，应当由第一被告吉林省三岔子林业局和第二被告王庆雷承担。

当事人围绕诉讼请求依法提交了证据，本院组织当事人进行了证据交换和质证。对当事人无异议的证据，本院予以确认并在卷佐证。对有争议的证据和事实，本院认定如下：

在庭审时，双方进行了举证、质证。张玉杰当庭列举了如下证据：

1. 白山市便民医院出具发票一张及门诊处方三份，用以证明原告伤后在白山市便民医院治疗花费506元。

2. 2017年12月15日白山市中心医院出具的病情介绍及门诊费用票据各1份，证明原告花费门诊治疗费114.70元，被收骨外二疗区住院治疗。

3. 白山市中心医院医疗住院病历、费用清单，出院诊断书，费用结算票据各一份，证明原告2017年12月15日至2018年1月26日，住院治疗42天经过及花费医疗费24,018.50元。

4. 白山市中心医院挂号费收据七份，证明原告挂号费65元(2017年12月15日11元,2018年3月5日9元,3月26日9元,4月19日9元,5月2日9元,5月18日9元,6月6日9元)。

5. 白山市中心医院门诊诊断五份(2018年3月5日,3月26日,4月19日,5月2日,5月18日)，证明根据医嘱原告需要长期休息。

6. 白山市便民医院出具的发票及处置单各两份（2018 年 7 月 5 日和 7 月 30 日），证明原告在便民医院复查费用 169 元。

7. 张玉杰的驾驶证、行车证、运输人员从业资格证、营运证各一份，证明原告系运输业从业人员，误工费应当按照运输业进行赔偿。

8. 吉林正达司法鉴定中心司法鉴定意见书，鉴定意见：1. 被鉴定人张玉杰此次外伤致左手多发骨折未达到伤残等级；2. 被鉴定人张玉杰的后续治疗费用需人民币 1.7 万元；3. 被鉴定人张玉杰后续治疗的住院时间评定为 30 日，需 1 人护理。证明原告张玉杰二次住院费及护理等级且直至鉴定日原告左手仍有部分受限，不具备合法的且符合安全的驾驶条件，因此误工期限连续计算至鉴定日前一日。鉴定费发票 1 张证明因鉴定支付费用 2700 元。

9. 出租车专用定额发票 26 张，证明原告因就医花费 130 元交通费。

10. 三岔子森林公安分局交通警察大队于 2018 年 6 月 12 日出具的情况说明，证明事发经过。

11. 交强险保险单一份，证明事故车辆承保的交强险，承保公司应在保险限额内承担赔付义务。

吉林省三岔子林业局当庭出具了下列证据：

1. 申请法院调取的三岔子森林公安分局交通警察大队龙湾林场 1 号线采伐原木装载场伤人案卷材料 40 页；

2. 木材运输合同两份（龙湾林场分别与张玉杰、王庆雷签订的）；

3. 作业现场安全生产检查记录 1 份；

4. 证人李斌当庭陈述证言；

5. 证人郭生辉当庭陈述证言。

王庆雷当庭出示了下列证据：

1. 吉××××机动车交通事故责任强制保险单复印件；

2. 张玉杰于 2017 年 12 月 23 日给王庆雷出具的收据 1 份（今收到王庆雷送来住院费伍仟元整），证明王庆雷为张玉杰垫付医疗费 5000 元，属于垫款。

中国人寿财产保险股份有限公司哈尔滨市中心支公司的委托代理人当庭未出示证据。

经质证,原告张玉杰列举的证据1—6项医疗文证资料,证据7张玉杰的驾驶证、行车证、运输人员从业资格证、营运证,证据8司法鉴定意见及鉴定费发票、证据9出租车专用定额发票、证据10交警大队出具的情况说明、证据11交强险保险单,被告吉林省三岔子林业局、被告王庆雷、被告中国人寿财产保险股份有限公司哈尔滨市中心支公司均对证据的真实性无异议,本院对原告张玉杰列举的证据1—11项的客观性予以确认。

被告吉林省三岔子林业局列举的反驳证据1交警大队案卷材料、证据2木材运输合同,原告张玉杰、被告王庆雷、被告中国人寿财产保险股份有限公司哈尔滨市中心支公司均对证据的真实性无异议,本院对被告吉林省三岔子林业局列举的证据交警大队案卷材料、木材运输合同的客观性予以确认。

被告吉林省三岔子林业局列举的反驳证据3作业现场安全生产检查记录、证据4证人李斌当庭陈述证言、证据5证人郭生辉当庭陈述证言,原告张玉杰、被告王庆雷、被告中国人寿财产保险股份有限公司哈尔滨市中心支公司均对前述反驳证据的真实性提出异议,该部分证据经审核分析认为:作业现场安全生产检查记录系单方记录的复印件,证人李斌、郭生辉均系吉林省三岔子林业局工作人员,又是事发时生产作业林场的生产副厂长和安全员,与本案当事人存在利害关系,前述证据在没有其他证据佐证的前提下,证实的内容客观性成立条件不足,因此本院不予确认。

被告王庆雷列举的反驳证据1交强险保险单、证据2张玉杰给王庆雷出具的垫付医疗费5000元的收据,原告张玉杰、被告吉林省三岔子林业局、被告中国人寿财产保险股份有限公司哈尔滨市中心支公司均无异议,本院对被告王庆雷列举的证据的客观性予以确认。

经审理查明,张玉杰、王庆雷均系机动车驾驶员、个体运输户、交通运输从业人员。2017年冬季,吉林省三岔子林业局龙湾林场作为甲方与乙方张玉杰、王庆雷等分别为签订了木材运输合同。2017年12月15日上午,张玉杰驾驶自有吉××××福田中型自卸货车到吉林省三岔子林业局龙湾林场施业区1号线原木装载现场等待原木装车时,装载现场的钩机正在给王庆雷的吉××××解放牌中型自卸货车上装载原木。在临近装满时,应钩机司机挪动车辆倒车的要求,王庆雷未采取任何封车锁紧车载原木的安全措施,直接启动车辆进行倒车,在倒车过程中车载原木滑落一根,将站在车辆左后侧主动助其倒车摆手指挥的张玉杰砸伤。伤后,张玉杰被龙湾林场工作人员送入白山市便民医院就诊,支付费用506元。随即又转至白山市中心医院就诊,经门诊收骨外二疗区住院治疗42天,被诊断为:左手多发性掌骨骨折、左手食指近节指骨粉碎性骨折、左手皮肤挫裂伤、头部外伤、头皮裂伤、头皮血肿,住院期间为二级护理。2018年1月26日张玉杰出院,出院诊断书中记载:"出院医嘱:继续促进骨折愈合治疗,保脑、营养神经及对症治疗,暂休息一个月,科学功能锻炼,病情变化随诊,术后6周拔出左手食指克氏针,待掌骨骨折愈合后拆除内固定物,如果骨折出现骨连不上需要行植骨术,关节及肌腱黏连通过严格而科学的功能锻炼无改善可能需要行松解术。注意事项:每2周复诊1次"。出院后,张玉杰遵医嘱分别于2018年3月5日、3月26日、4月19日、5月2日、5月18日到白山市中心医院门诊复查,每次复诊医生均有休息和治疗意见,其中2018年5月18日门诊诊断书医生处理意见栏中记载:"1.建议继续功能练习;2.休息两周,对症治疗"。张玉杰在白山市中心医院住院及复诊期间共花费治疗费24,873.20元,其中住院费24,018.50元、2017年12月15日门诊费用114.70元、挂号费65元(2017年12月15日11元,2018年3月5日9元,3月26日9元,4月19日9元,5月2日9元,5月18日9元,6月6日9元),2018年7月5日和7月30日,张玉杰又到白山市便民医院就诊,支付费用169元。

在诉讼中张玉杰针对伤残等级、后续治疗费、后续治疗时间及护理等级申请进行司法鉴定,鉴定机构吉林正达司法鉴定中心作出吉正司鉴中心[2018]法临鉴字第F0729号司法鉴定意见书,鉴定意见:1.被鉴定人张玉杰此次外伤致左手多发骨折未达到伤残等级;2.被鉴定人张玉杰的后续治疗费用需人民币1.7万元;3.被鉴定人张玉杰后续治疗的住院时间评定为30日,需1人护理。张玉杰为司法鉴定支付鉴定费用2700元。

另查明,事发当日,吉林省森林公安局三岔子森林公安分局交通警察大队接到报警后,对事故现场进行了现场勘查和调查,最终认为此事故不符合道路交通事故的构成要件，不属于道路交通事故，对此事故未作出事故责任认定，未予处理。

2017 年 12 月 23 日，王庆雷给付张玉杰医疗费用 5000 元。吉××××解放牌中型自卸货车在中国人寿财产保险股份有限公司木兰县营销服务部投保了机动车交通事故责任强制保险，本次事故发生在保险期间内。

木材运输合同内容具体约定：“一、运输内容（一）雇佣车辆运输木材时间：2017 年 11 月 1 日起至 2018 年 4 月 30 日止。（二）运输地点：甲方伐区（装车点）至甲方三岔子林业局贮木场院内。（三）运输费用及结算：1. 运输价格按局运输价格。此运费价格含山场内产生的转运费以及将木材从运输起点至运输终点卸货所发生的一切费用。直至合约结束前，价格不再变动。2. 当月运输费用次月底对账并结算。3. 雇用车辆可在三岔子林业局五零一加油站加油，燃油费可冲抵运输费用。4. 乙方承运甲方木材，需向甲方缴纳履约安全保证金人民币 2000.00 元。合同结束后，如无交通、安全等生产事故，甲方 7 个工作日内支付乙方履约安全保证金。二、甲、乙双方应尽责任和义务（一）甲方责任：1. 甲方应按本合同约定与乙方进行结算及支付运费。2. 甲方在山场区域提供必要装车环境，并与乙方同时确认装车情况以及装车数量，以便于结算运费。3. 甲方负责解决林木采伐的相关政策手续，办理林业管理部门所需的相关证件。（二）乙方责任：1. 乙方的车辆必须具备完整的车辆相关手续，保证车辆正常行驶，在履行协议期间，必须按照国家规定按时办理相关手续、费用和保险等；否则，因此导致的所有损失，均由乙方承担。如：驾驶证、车辆保险、证照年检、事故处理、维护保养等各项手续。甲方有权对乙方的相关手续进行核查、备案、存档。2. 雇佣车辆运输期内乙方需积极配合甲方正当合理的车辆使用安排。3. 乙方必须按照甲方工作安排和要求确保准时、安全将木材运输至甲方指定地点；如运输途中发生的任何事故，一切费用全部由乙方负责承担，甲方不负任何连带责任。4. 乙方应按时将甲方的货物运至甲方收货地点，如有特殊原因乙方须提前向甲方说明。交接货物时，必须提供标准的托运单据，同事与甲方办理相关手续，此单据可作为甲乙双方的结算凭证。5. 乙方进入甲方施业区内严格执行甲方相关护林、防火制度规定，因乙方原因造成的任何事故均由乙方自行妥善处理并承担全部赔偿责任。6. 乙方保证本合同签订后3天(日历天)内进场施工。乙方需按甲方的要求出车，随叫随出车。7. 乙方需遵守国家相关法律、法规规定。三、违约责任1. 乙方没有按时在本合同签订后3天内进场施工，甲方有权解除本合同，履约安全保证金作为乙方违约金赔偿甲方。2. 如乙方不按合同约定安排运输的，乙方已缴纳履约安全保证金可作为合同违约金。3. 乙方在运输甲方木材过程中，不得私拉便乘或半途卸车、丢失(不可抗力因素除外)，违者按实际损失(包括包装费、杂物费)赔偿，构成犯罪的依法追究其法律责任。4. 如有乙方参与偷运甲方木材，除由当地森林公安予以处理外，合同可无条件自行解除，解除时除前述约定外，甲方另向乙方追诉所偷盗木材价款的四倍赔偿。5. 因不可抗力、国家或政府政策的调整无法继续执行本合同，双方均不构成违约，不承担违约责任。四、其他事宜1. 甲、乙双方需签订安全责任书，由甲方安全处同乙方另行签订。2. 本合同自甲、乙双方签字盖章之日起生效。本合同一式四份，甲方执三份、乙方执一份。3. 本合同未尽事宜，双方协商解决，经协商一致后，可签订补充协议。协商不成，甲乙任何一方均可向江源林区基层法院提起诉讼解决。”

本院认为，本案健康权纠纷符合“多因一果”的侵权损害民事责任，属于原因竞合，诉辩双方分歧观点各异，争议的问题较多，本院逐一评判如下：

(一)关于张玉杰、王庆雷与三岔子林业局之间的法律关系属于运输合同关系还是雇佣关系的问题

本案中张玉杰、王庆雷均系个体运输户，又都是自有车辆的驾驶员，三岔子林业局龙湾林场同张玉杰、王庆雷等分别签订了木材运输合同。针对该木材运输合同的性质当事人之间各持己见。张玉杰承认签订的是运输合同，三岔子林业局抗辩意见亦坚持是运输合同，而王庆雷则认为合同属性名为运输实为雇佣，因为合同中多处体现雇佣车辆字样。

在此本院必须明确，雇佣关系是受雇人按照雇佣人的指挥和安排，为其提供特定或不特定的劳务，雇佣人按照受雇人提供的劳务支付报酬的权利义务关系。如果当事人之间存在控制、支配和从属关系，由一方指定工作场所、提供劳动工具或设备，限定工作时间，定期给付劳动报酬，所提供的劳动是接受

劳务一方生产经营活动的组成部分的，可以认定为雇佣。而运输合同是根据《中华人民共和国合同法》第二百八十八条、第二百九十条的规定，是承运人将旅客或者货物从起运地点运输到约定地点，旅客、托运人或者收货人支付票款或者运输费用的合同。本案中，张玉杰、王庆雷等自备车辆，按三岔子林业局龙湾林场的要求，将施业区冬采山场木材运送到指定地点三岔子林业局贮木场，根据运输量定期结算运费，工作时间和工作量不受三岔子林业局的支配和控制，与三岔子林业局之间不存在人身依附隶属关系。因此，双方之间不属于雇佣关系，本院对王庆雷提出的与三岔子林业局之间系雇佣关系的抗辩意见不予采纳。

（二）关于本案事故性质是否属于安全生产责任事故，是否适用《中华人民共和国安全生产法》调整问题

针对该争议问题，双方当事人分歧依然很大，本院在此必须重申，《中华人民共和国安全生产法》系行政法属于公法范畴，其以保障人民群众生命和财产安全，促进经济社会持续健康发展为立法宗旨，而非属民法范畴，不涉及对平等民事主体之间人身和财产关系的具体调整。《生产安全事故报告和调查处理条例》［国务院令（第493号）］第二条规定："生产经营活动中发生的造成人身伤亡或者直接经济损失的生产安全事故的报告和调查处理，适用本条例……"第五条规定："县级以上人民政府应当依照本条例的规定，严格履行职责，及时、准确地完成事故调查处理工作。"本案事故是否属于生产安全事故应当由政府有关职能部门予以调查处理。人民法院无权对本次事故的性质即是否属于生产安全事故做出认定，但不影响人民法院适用民法体系来对民事侵权案件的审理和民事责任的认定。

吉林省三岔子林业局将生产作业经营项目木材运输任务发包给个体运输户承运，并不违反法律的禁止性规定，张玉杰、王庆雷作为承运人，均有运输资质，并且在运输合同中也对此进行了约定，在发包或选任对象方面不存在错误。另外，《中华人民共和国安全生产法》第二条规定："在中华人民共和国领域内从事生产经营活动的单位的安全生产，适用本法；有关法律、行政法规对消防安全和道路交通安全和铁路交通安全、水上交通安全、民用航空安全以及

核与辐射安全、特种设备安全另有规定的，适用其规定”。因此，本案纠纷不适用《中华人民共和国安全生产法》来调整。本院对张玉杰、王庆雷主张适用《中华人民共和国安全生产法》来调整本案纠纷的观点不予采纳。

（三）关于中国人寿财产保险股份有限公司哈尔滨市中心支公司在本次事故中应否承担交强险责任问题

本案事故发生后，吉林省森林公安局三岔子森林公安分局交通警察大队对事故现场进行了现场勘查和调查，但认为此事故不符合道路交通事故的构成要件，不属于道路交通事故，虽未作出事故责任认定和处理，但并不影响人民法院对本案纠纷的最终认定和处理。本案事故系王庆雷驾驶机动车在装车作业过程中倒车时，因未采取任何封车锁牢安全措施，车上装载的原木从车上滑落砸伤张玉杰所致。事故发生在三岔子林业局龙湾林场冬采施业区内原木装载场地里，事故发生地虽不属于《中华人民共和国道路交通安全法》第一百一十九条规定的道路范畴，属于道路以外的地方，但事故发生时车辆处于倒车行驶的状态，符合《中华人民共和国道路交通安全法》第七十七条、《机动车交通事故责任强制保险条例》第四十四条、《最高人民法院关于审理道路交通事故损害赔偿案件适用法律若干问题的解释》第二十八条规定的机动车在道路以外的地方通行时发生事故的情形，且根据《中华人民共和国安全生产法》第二条规定，本案事故属车辆在道路以外的其他地方通行时所发生的事故，并且发生在保险期间内，应当比照适用《机动车交通事故责任强制险条例》，作为保险人的中国人寿财产保险股份有限公司哈尔滨市中心支公司应当在交强险限额范围内承担赔偿责任。被告中国人寿财产保险股份有限公司哈尔滨市中心支公司以本次事故为安全生产责任事故，不适用交强险为由拒绝赔偿，据理不足，本院不予采纳。

（四）关于本案侵权民事责任主体确定、责任如何承担以及应否承担连带责任问题

本争议问题的实质是谁应该对张玉杰受伤的后果负责并承担侵权责任。在一般情况下，侵权损害的民事责任，必须同时具备四个构成要件：一是损害事实的存在，它是构成侵权损害民事责任前提；二是侵权行为与损害事实有因

果关系,它是构成侵权损害民事责任的又一重要条件;三是行为人的过错,它是指民法上所说的过错,是指行为人对其实施某种行为和损害结果的发生所持的一种心理状态,包括故意和过失;四是行为人的违法性,它是构成侵权损害民事责任的必要条件。上述要件缺一不可。本案中,到底谁是适格的责任主体以及该如何承担侵权责任,本院分析、认定及其理由如下:

第一,关于王庆雷的责任。王庆雷作为多年从业交通运输行业的人员,在倒车前应当确保行车环境和车载货物安全,其未对车载原木采取封车安全措施,明知张玉杰站在车后左侧的非安全距离内,仍然倒车行驶,轻信能够避免事故发生而未能幸免,虽无主观故意,但安全意识和守法观念淡薄,具有重大过失,是本案事故发生的直接原因。王庆雷的行为违反了《中华人民共和国道路交通安全法》第二十二条"机动车驾驶人应当遵守道路交通安全法律、法规的规定,按照操作规范安全驾驶、文明驾驶"、第四十八条第一款"机动车载物应当符合核定的载质量,严禁超载;载物的长、宽、高不得违反装载要求,不得遗洒、飘散载运物"和《中华人民共和国道路交通安全法实施条例》第五十条"机动车倒车时,应当察明车后情况,确认安全后倒车……"第五十四条第一款中"机动车载物不得超过机动车行驶证上核定的载质量,装载长度、宽度不得超出车厢,并应当遵守下列规定:(一)重型、中型载货汽车,半挂车载物,高度从地面起不得超过 4 米,载运集装箱的车辆不得超过 4.2 米……"的规定,应当对其行为后果负责,应承担主要侵权责任。

第二,关于吉林省三岔子林业局的责任。《中华人民共和国安全生产法》第四条规定:"生产经营单位必须遵守本法和其他有关安全生产的法律、法规,加强安全生产管理,建立、健全安全生产责任制和安全生产规章制度,改善安全生产条件,推进安全生产标准化建设,提高安全生产水平,确保安全生产",三岔子林业局作为生产经营单位,其安全生产的保障、监督和管理均应遵守《中华人民共和国安全生产法》的相关规定。事故发生在三岔子林业局龙湾林场冬采施业区原木装载场地里,该场地系属三岔子林业局龙湾林场生产作业区域,装车环节仍属于生产作业项目,等候装车运输的驾驶人应当属于从业人员,作为生产经营单位应当对生产作业区域内的生产作业活动、作业现场的从业人员，以及进入现场的车辆和相关人员负有安全管理和安全保障义务责任，并根据《中华人民共和国安全生产法》第二十五条第一款“生产经营单位应当对从业人员进行安全生产教育和培训，保证从业人员具备必要的安全生产知识，熟悉有关的安全生产规章制度和安全操作规程，掌握本岗位的安全操作技能，了解事故应急处理措施，知悉自身在安全生产方面的权利和义务。未经安全生产教育和培训合格的从业人员，不得上岗作业”的规定履行法定义务。三岔子林业局没有证据证明事故发生时有人对倒车过程的安全隐患进行了监督和管理，也没有足够证据证明针对承运木材运输车辆的驾驶人员已完全尽到安全管理、教育、培训、提醒、注意义务，主观上应当能够预见到生产作业活动中要伴随安全风险，但客观作业中造成张玉杰被倒车中的车载木材砸伤，属于没有尽到安全管理、注意和保障义务，存在一定的过失，尽管三岔子林业局安全保障义务的过失行为，并不必然直接导致张玉杰受伤，但为王庆雷的重大过失后果创造了条件，与张玉杰受伤也有一定的原因。王庆雷和三岔子林业局分别实施的侵权行为，均不足以造成全部损害，二者行为结合在一起造成了张玉杰受伤的同一损害后果，对此，三岔子林业局针对其过失应负一定的侵权责任。

第三，关于张玉杰的责任。张玉杰作为多年从事交通运输业的机动车驾驶人，在从事装车作业中理应有较强的安全意识，在工作中应谨于防范，尽到审慎注意义务，以加强自我保护。但张玉杰在事发现场主动摆手助人倒车时，忽视了自身安全，将自己置身于危险区域内，其并未尽到上述义务，对本案事故的发生也有一定的原因，应承担相应过错，应当减轻侵权人的责任。

综上，本案当事人如果任何一方能够尽到谨慎注意义务，均不可能导致本案事故发生的后果。本案中各侵权责任人之间既不具备意识联络的共同侵权，也不具备共同危险行为，又不属于无意识联络的行为聚合，不构成连带责任承担要件，因此，不承担连带责任。针对张玉杰的损害后果，本院应根据上述过失大小或原因力比例分析，并依照《中华人民共和国侵权责任法》第十二条“二人以上分别实施侵权行为造成同一损害，能够确定责任大小的，各自承担相应的责任；难以确定责任大小的，平均承担赔偿责任”的规定，确定本案各侵权行为人应承担的过错及责任大小为：王庆雷承担主要过错，负70%的赔偿责任；三岔子林业局承担一定过错，负20%赔偿责任；张玉杰承担相应过错，自负10%损失。

（五）关于张玉杰主张赔偿的各项损失是否合理问题

《中华人民共和国侵权责任法》第十六条规定："侵害他人造成人身损害的，应当赔偿医疗费、护理费、交通费等为治疗和康复支出的合理费用，以及因误工减少的收入。造成残疾的，还应当赔偿残疾生活辅助具费和残疾赔偿金。造成死亡的，还应当赔偿丧葬费和死亡赔偿金"，《最高人民法院关于审理人身损害赔偿案件适用法律若干问题的解释》第十七条规定："受害人遭受人身损害，因就医治疗支出的各项费用以及因误工减少的收入，包括医疗费、误工费、护理费、交通费、住宿费、住院伙食补助费、必要的营养费，赔偿义务人应当予以赔偿。受害人因伤致残的，其因增加生活上需要所支出的必要费用以及因丧失劳动能力导致的收入损失，包括残疾赔偿金、残疾辅助器具费、被扶养人生活费，以及因康复护理、继续治疗实际发生的必要的康复费、护理费、后续治疗费，赔偿义务人也应当予以赔偿。受害人死亡的，赔偿义务人除应当根据抢救治疗情况赔偿本条第一款规定的相关费用外，还应当赔偿丧葬费、被扶养人生活费、死亡补偿费以及受害人亲属办理丧葬事宜支出的交通费、住宿费和误工损失等其他合理费用"。上述法律、司法解释已明确规定了人身遭受侵害应获赔偿的项目及范围。针对张玉杰请求赔偿的各项损失数额的合理与否作以下评判：

1. 关于医疗费。《最高人民法院关于审理人身损害赔偿案件适用法律若干问题的解释》第十九条规定："医疗费根据医疗机构出具的医药费、住院费等收款凭证，结合病历和诊断证明等相关证据确定。赔偿义务人对治疗的必要性和合理性有异议的，应当承担相应的举证责任。医疗费的赔偿数额，按照一审法庭辩论终结前实际发生的数额确定。器官功能恢复训练所必要的康复费、适当的整容费以及其他后续治疗费，赔偿权利人可以待实际发生后另行起诉。但根据医疗证明或者鉴定意见确定必然发生的费用，可以与已经发生的医疗费一并予以赔偿"。原告张玉杰主张的医疗费包括两部分内容，一是伤后实际发生的门诊、住院、复查支付的医疗费24,873.20元，二是后续治疗费用（二次手术）17,000元。在张玉杰列举的医疗文证资料中，其中一次白山市中心医院9元挂号费（2018年6月6日）和二次白山市便民医院的门诊费用169元（2018年7月5日、7月30日），因无相关检查报告、处方、门诊诊断等相关医疗文证资料相佐证，缺少关联性应不予确认外。其余24,695.20元医疗费用证据确实充分，本院予以采纳。针对后续治疗费用17,000元，张玉杰有鉴定意见予以支撑，中国人寿财产保险股份有限公司哈尔滨市中心支公司在庭审中虽提出异议，认为应当以实际发生为准，但其缺席庭前会议，并且在司法鉴定过程中对鉴定申请事项及其理由并未持反对意见，并积极配合鉴定程序进行。因此，本院对司法鉴定意见中的后续治疗费用17,000元予以采纳。

2.关于误工费。根据《最高人民法院关于审理人身损害赔偿案件适用法律若干问题的解释》第二十条规定："误工费根据受害人的误工时间和收入状况确定。误工时间根据受害人接受治疗的医疗机构出具的证明确定。受害人因伤致残持续误工的，误工时间可以计算至定残日前一天。受害人有固定收入的，误工费按照实际减少的收入计算。受害人无固定收入的，按照其最近三年的平均收入计算；受害人不能举证证明其最近三年的平均收入状况的，可以参照受诉法院所在地相同或者相近行业上一年度职工的平均工资计算"。误工费的确定应当明确误工费的标准和误工期限。针对误工费的标准，张玉杰主张按照交通运输业从业人员标准260.19元/天计算，并提供了驾驶证、行车证、运输人员从业资格证、营运证等证明其职业身份，对此被告方未提出异议，本院予以采纳。针对误工期限，张玉杰主张233天的误工期限，包括住院期间72天（含后续治疗住院鉴定意见30日）和出院后至鉴定之日161天的期间，被告方仅对持续误工计算至鉴定意见之日提出异议。本院对张玉杰伤后住院42天和经司法鉴定后续治疗住院时间30天的误工时间予以采纳。另外，因原告伤情经司法鉴定未能评定伤残等级，其以作出鉴定意见之日作为持续误工的截止时间依据不足。根据原告张玉杰提供的医疗文证资料记载的医嘱及处理意见，尤其是定期复诊的门诊诊断意见，本院注意到，出院诊断及每次复诊门诊诊断，医生均有休息和治疗意见，其中2018年5月18日门诊诊断书医生处理意见栏中记载:"1. 建议继续功能练习;2. 休息两周,对症治疗",之后的就诊张玉杰未能提供出门诊诊断及医生处理意见。至此,张玉杰出院后的合理持续误工时间应自 2018 年 1 月 27 日起截止到 2018 年 6 月 1 日(含)126 天止。因此张玉杰总的误工时间应为 198 天,其应获支持的误工费应为 260.19 元/天×198 天=51,517.62 元。

3. 关于护理费。《最高人民法院关于审理人身损害赔偿案件适用法律若干问题的解释》第二十一条中规定:"护理费根据护理人员的收入状况和护理人数、护理期限确定。护理人员有收入的,参照误工费的规定计算;护理人员没有收入或者雇佣护工的,参照当地护工从事同等级别护理的劳务报酬标准计算。护理人员原则上为一人,但医疗机构或者鉴定机构有明确意见的,可以参照确定护理人员人数。护理期限应计算至受害人恢复生活自理能力时止。受害人因残疾不能恢复生活自理能力的,可以根据其年龄、健康状况等因素确定合理的护理期限,但最长不超过二十年"。张玉杰主张护理期限的为伤后住院 42 天和后续治疗住院 30 天,护理人员为 1 人的护理费 10,088.64 元,并提供了医疗文证资料和司法鉴定意见以证明,针对该项主张,被告方均无异议,对此,本院予以采纳。

4. 关于伙食补助费。《最高人民法院关于审理人身损害赔偿案件适用法律若干问题的解释》第二十三条规定:"住院伙食补助费可以参照当地国家机关一般工作人员的出差伙食补助标准予以确定。受害人确有必要到外地治疗,因客观原因不能住院,受害人本人及其陪护人员实际发生的住宿费和伙食费,其合理部分应予赔偿"。张玉杰主张伤后住院 42 天和后续治疗需住院 30 天,共计 72 天的住院伙食补助费计 7200 元,每天按 100 元标准补助,符合法律规定。对此,本院予以采纳。

5. 关于交通费。《最高人民法院关于审理人身损害赔偿案件适用法律若干问题的解释》第二十二条交通费根据受害人及其必要的陪护人员因就医或者转院治疗实际发生的费用计算。交通费应当以正式票据为凭;有关凭据应当与就医地点、时间、人数、次数相符合。张玉杰提供的 26 张出租车专用定额发票证明交通费用。对此,中国人寿财产保险股份有限公司哈尔滨市中心支公司提出异议,认为出租车发票存在连号情况且该发票不能完整反映乘坐的时间,不具备关联性。经审阅医疗文证资料注意到,张玉杰伤后先被就近送入位于白山市江源区的白山市便民医院就诊,经门诊检查后乘坐救护车被转入位于白山市浑江区的白山市中心医院住院手术治疗,转院救护车费用已包含在便民医院的就诊费用中,有处方佐证。出院后返程以及有门诊诊断的五次定期复诊往返所花交通费实属必要,出租车单程10元交通费符合常规。综合上述客观因素,并考虑张玉杰的外出就医的实际必要发生,本院对张玉杰主张的交通费中110元予以确认,其余20元因缺乏证据佐证不予采纳。

6. 关于精神损害抚慰金。《最高人民法院关于审理人身损害赔偿案件适用法律若干问题的解释》第十八条中规定:"受害人或者死者近亲属遭受精神损害,赔偿权利人向人民法院请求赔偿精神损害抚慰金的,适用《最高人民法院关于确定民事侵权精神损害赔偿责任若干问题的解释》予以确定"。《最高人民法院关于确定民事侵权精神损害赔偿责任若干问题的解释》第十条规定"精神损害的赔偿数额根据以下因素确定:(一)侵权人的过错程度,法律另有规定的除外;(二)侵害的手段、场合、行为方式等具体情节;(三)侵权行为所造成的后果;(四)侵权人的获利情况;(五)侵权人承担责任的经济能力;(六)受诉法院所在地平均生活水平。法律、行政法规对残疾赔偿金、死亡赔偿金等有明确规定的,适用法律、行政法规的规定"。根据上述司法解释的规定,张玉杰针对其遭受的损害后果主张赔偿精神损害抚慰金10,000元的观点,因未能提供有力证据,本院不予以支持。

综上,张玉杰应获赔偿的合理损失医疗费24,695.20元、后续治疗费17,000元、误工费51,517.62元、护理费10,088.64元、住院伙食补助费7200元、交通费110元,共计110,611.46元,应予以确认、采纳。

另外,张玉杰在诉讼中为申请司法鉴定而向鉴定机构支付了司法鉴定费2700元,该鉴定费属诉讼费用范畴,系合理支出,应按照《诉讼费用交纳办法》的规定处理,本院予以确认。

综上所述,本院认为,行为人因过错侵害他人民事权益,应当承担侵权责任,受害人对事故的发生也有过错的,应当减轻侵权人的责任,各责任人应根据责任大小在各自的责任比例范围内承担赔偿责任。另外,由于本案事故车辆在中国人寿财产保险股份有限公司哈尔滨市中心支公司投保了交强险,且事故发生在保险期间内。针对张玉杰的遭受的人身损害合理损失,应当先由中国人寿财产保险股份有限公司哈尔滨市中心支公司在交强险限额范围内予以赔偿;剩余不足部分由各责任人按照承担的责任范围予以赔偿。依照《中华人民共和国民法通则》第一百一十九条,《中华人民共和国侵权责任法》第六条第一款、第十二条、第十五条第一款第(六)项、第十六条、第二十五条、第二十六条、第四十八条,《中华人民共和国安全生产法》第二条,《中华人民共和国道路交通安全法》第七十六条、第七十七条、第一百一十九条,《机动车交通事故责任强制保险条例》第二十一条第一款、第二十三条、第四十三条,《最高人民法院关于审理道路交通事故损害赔偿案件适用法律若干问题的解释》第十四条第一款、第二十五条第一款、第二十八条,《最高人民法院关于审理人身损害赔偿案件适用法律若干问题的解释》第三条第二款、第十七条第一款、第十九条、第二十条、第二十一条、第二十二条、第二十三条、第三十五条,《中华人民共和国民事诉讼法》第六十四条第一款,《最高人民法院关于适用〈中华人民共和国民事诉讼法〉的解释》第九十条规定,判决如下:

一、被告中国人寿财产保险股份有限公司哈尔滨市中心支公司针对承保的吉××××号机动车第三者责任强制保险在医疗费用赔偿限额内赔偿原告张玉杰医疗费10,000元,在死亡伤残赔偿限额内赔偿原告张玉杰护理费10,088.64元、误工费51,517.62元、交通费110元,前述款项共计71,716.26元;

二、被告王庆雷赔偿原告张玉杰医疗费14,695.20元(24,695.20－10,000)、后续治疗费17,000元、住院伙食补助费7200元合理损失的70%,即38,895.20元×70%＝27,226.64元。扣除已付5000元,王庆雷还应履行22,226.64元;

三、被告吉林省三岔子林业局赔偿原告张玉杰医疗费14,695.20元(24,695.20－10,000)、后续治疗费17,000元、住院伙食补助费7200元合理损失的20%,即38,895.20元×20%＝7779.04元;

四、原告张玉杰承担医疗费14,695.20元(24,695.20-10,000)、后续治疗费17,000元、住院伙食补助费7200元合理损失的10%,即38,895.20元×10%=3889.52元;

五、原告张玉杰其他诉讼请求不予支持;

六、本判决生效后立即执行。

如果未按本判决指定的期间履行给付金钱义务,应当按照《中华人民共和国民事诉讼法》第二百五十三条规定,加倍支付迟延履行期间的债务利息。

案件受理费2952.32元,由原告张玉杰负担736.11元,被告王庆雷负担1723.72元,被告吉林省三岔子林业局负担492.49元;司法鉴定费2700元,原告张玉杰负担270元,被告王庆雷负担1890元,被告吉林省三岔子林业局负担540元。

如不服本判决,可以在判决书送达之日起十五日内,向本院递交上诉状,并按对方当事人或者代表人的人数提出副本,上诉于吉林省长春林区中级法院。

审 判 长 张俊韬
审 判 员 杨 军
审 判 员 盖东升

二〇一八年十月二十六日

书 记 员 姜博文

【推荐意见】

该案双方争议的问题较多,涉及的法律关系复杂,经历了一审、二审程序。该判决书层次分明,条理清晰、用词规范、事实认定清楚,证据采信恰当,适用法律准确,裁判结果正确,兼顾了裁判文书的专业性和可读性,具有一定的示范意义。

该文书内容全面，重点突出，案件争议焦点归纳准确。面对错综复杂的案情事实和法律关系，准确地把握了案件焦点，围绕当事人的诉辩意见，逐一回应，分段阐述，详细说明支持的理由和不支持的原因，引“法”讲“理”，辨法析理，说理透彻，裁判结果水到渠成。

该文书自然流畅，规范易懂。在对当事人的诉请进行逐一分析论证的过程中，用语准确平实，将法理、情理予以阐明，逻辑严谨，做到了文字顺达，准确规范。

行政

三等奖

王翼博

吉林省高级人民法院

吉林省高级人民法院行政审判庭副庭长，从事行政审判工作 15 年，注重总结和积累审判经验，先后参与了最高法院、省法院、省人大等部门组织的法律修正及司法解释起草等多项重大调研活动；撰写的三篇裁判文书获第一届、第四届全国法院行政审判优秀裁判文书两个二等奖、一个三等奖；参与的两个司法大数据课题被最高人民法院分别评为优秀和良好；撰写的一篇案例作为吉林省高级人民法院 2017 年第一批参考性案例在全省发布；撰写的调研文章在全省学术讨论会征文评选中获奖。

【裁判要旨】

在审理诉行政机关未依法履行、未按照约定履行行政协议案件中,原告要求按照约定违约条款予以赔偿的,人民法院应予支持;对行政协议未约定事项,人民法院可以适用地方性法规及规范性文件的有关规定依法"填漏补缺",督促行政机关在房屋征收拆迁工作中依法落实有关法律规定和民生政策,实质性保障被征收人的合法利益。

【裁判文书】

吉林省高级人民法院
行政判决书

(2017)吉行终325号

上诉人(原审原告)刘丽芬,女,汉族,住通化市东昌区。

委托代理人朱宝权,吉林星浦律师事务所律师。

委托代理人隋莉,吉林星浦律师事务所律师。

被上诉人(原审被告)通化市人民政府。

法定代表人刘化文,市长。

委托代理人张莹娟,通化市房屋征收办公室法规科科长。

委托代理人臧海涛,吉林昱诚律师事务所律师。

被上诉人(原审第三人)通化东宝金弘基房地产开发有限公司。

法定代表人程建秋,总经理。

委托代理人王微,该公司工作人员。

上诉人刘丽芬因诉被上诉人通化市人民政府(以下简称通化市政府)征收补偿协议一案,不服通化市中级人民法院作出的(2017)吉05行初10号行政判决,向本院提起上诉。本院依法组成合议庭,对本案进行了审理,现已审理终结。

原审认定,2013年5月3日被告通化市政府委托通化市房屋征收补偿办公室作为甲方与乙方刘丽芬签订一份房屋拆迁产权调换协议书，协议约定：甲方在石油工具厂一期地块为乙方安置壹套建筑面积148.42平方米1-2层门市房屋，楼号为A6号楼2号门市。进住时以产权部门测量的面积为准，如与签订的回迁安置房屋建筑面积有误差，差价多退少补。在签订协议时，A6号楼为12个门市，A5号楼为5个门市，A6号楼和A5号楼中间由4个门市相连，4个门市在签订协议时全部归属A6号楼。2015年11月24日经通化市房产测绘队测绘，将A6号楼和A5号楼相连门市从中间分开，并按照从左往右的顺序重新编号。原告原来的A6号楼2号门市变为A5号楼1号门市，位置没有改变，实测面积为150.70平方米。

原审认为，原告与被告委托的通化市房屋征收补偿办公室于2013年5月3日签订的房屋拆迁产权调换协议是双方真实意思表示，合法有效，双方均应按照协议内容履行。根据各方当事人提供的证据能够确定原告回迁的楼号原为A6号楼2号门市，现楼号变更为A5号楼1号门市，但位置没有改变，面积大小也与协议内容相符，该门市已经竣工并可以交付履行。原告拒绝接收该房屋是原告的责任，其要求赔偿没有法律依据。依照《中华人民共和国行政诉讼法》第六十九条之规定，判决如下：驳回原告刘丽芬的诉讼请求。

上诉人刘丽芬上诉称，一、原审认定事实不清。1.被上诉人故意混淆A5号楼和A6号楼的范围，两楼中间的连体房不是由被上诉人自己规定哪部分属于A5号楼，哪部分属于A6号楼，而应以在建设局、规划局备案的设计图纸为准。被上诉人和上诉人在一审中均同意法院调取在建设局和规划局的备案图纸，但一审法院没有调取该证据，对案件的事实未予查清。2.被上诉人故意扰乱房屋排序规律，以达到A5-1号房屋就是A6-2号房屋的目的。对于楼号及单元号，均是建设单位在登记备案时已均已设计好的，测绘部门进行现场测绘时，并不会对此进行变更。因此，被上诉人在一审中陈述先自行编排楼号，是测绘部门另行编号，然后再以测绘的楼号为准交房均是虚假陈述，与事实不符；按照测绘规范，楼房单元排号均是以面向楼房左手起数起，本案中，被上诉人为了否认其不能按约定履行的事实，提出楼房单元排号均是以面向楼房右手起数起，违反了测绘规范；被上诉人为其他回迁户回迁的楼房均没有按照合同约定履行,而是按照其自行建筑的面积为其他回迁户安置相应面积的房屋,虽然其他回迁户同意这样的变更合同,但并不能证明被上诉人是在履行原合同,同样不能证明被上诉人同意交付的 A5 -1 号房屋就是上诉人所要求的 A6 -2 号房屋。二、原审法院适用法律错误。根据行政诉讼举证责任倒置的原则,被上诉人一审应当提交在建设局和规划局备案的设计图纸,依据法律规定,法院应当判决被上诉人承担举证不能的责任。请求二审法院判决撤销一审判决,支持上诉人的诉讼请求。

被上诉人通化市政府答辩称,一、被上诉人与第三人提供的证据能够相互佐证,证明上诉人产权调换协议书中丽景人家三期工程 A6 -2 号门市由于规划设计原因,原位置现为 A5 -1 号门市。该位置门市一直为上诉人预留,合同随时可以履行,被上诉人不存在违约行为。二、上诉人原审提供的证人董安恒证明,原合同选定的 A6 -2 号门市位于西昌供销社的位置,而现测量表体现的A6 -2号门市位置与西昌供销社位置分别位于 A5 号、A6 号连体楼的左右相反两侧,面积比合同约定面积多出 60 余平方米,可以证明现位于西昌供销社位置的 A5 -1 号门市根据排序即为原合同约定位置。三、上诉人主张的规划备案图纸,并不标注单元号及楼号位置,单元楼号的位置与面积在被上诉人提供的房产测绘表中均有体现,能够证明原合同约定与现预留房屋位置相同。请求驳回上诉,维持原判。

被上诉人东宝公司未提交书面答辩意见,口头答辩称其观点与通化市政府的观点一致。

根据《中华人民共和国行政诉讼法》第三十九条“有权要求当事人提供或者补充证据”的规定,本院责令通化市政府提供以下证据:1. 从通化市规划局调取的丽景人家三期规划总平面图;2. 从通化市城市建设档案馆调取的丽景人家三期住宅小区 A5 号楼和 A6 号楼竣工图。经质证,上诉人对上述两份证据的真实性无异议,但认为根据图纸,A5、A6 号楼的分界线是将中间连体部分对半分开,争议房屋在 A5 号楼图纸上,因此,被上诉人实际交付的是 A5 号楼的房屋,而不是 A6 号楼的房屋。被上诉人认为,规划总平面图证明 A5、A6 号楼的分界线为连体部分 A -6M,即案涉原 A6 -2 号房屋的位置。虽然从竣工图来看,本案争议房屋在A5号楼图纸上,但该图纸并非双方选房及签订协议时用来确定房屋位置的回迁安置图,因此该证据不能达到上诉人的证明目的。

经审查,本院责令被上诉人通化市政府提供的丽景人家三期规划总平面图和丽景人家三期住宅小区A5号楼和A6号楼竣工图,能够证明案涉房屋的规划设计及竣工验收情况,符合证据的真实性、合法性与关联性,本院依法予以采信。

本院经审理查明的事实与一审法院认定的事实一致,本院予以确认。本院另查明,2013年5月3日,通化市人民政府委托通化市房屋征收补偿办公室作为甲方与乙方刘丽芬签订一份房屋拆迁产权调换协议书及补充协议。房屋拆迁产权调换协议第五条关于被拆迁人搬迁及产权调换房屋交付时间条款约定,乙方保证在2013年5月10日前搬迁腾空被拆迁房屋。甲方保证在2015年5月3日前将产权调换房屋交付给乙方。第八条违约责任条款约定,因甲方的责任延长过渡期限的,乙方自行解决过渡用房的,自逾期之月起,甲方按照原标准的1.5倍支付给乙方临时安置补助费,需要过冬的还应支付采暖补助费。补充协议约定:一、甲方在石油工具厂一期地块为乙方安置壹套建筑面积148.42平方米1-2层门市房屋,楼号为A6号楼2号门市。进住时以产权部门测量的面积为准,如与签订的回迁安置房屋建筑面积有误差,差价多退少补。二、乙方被征收房屋为私有产权非住宅房屋,产权证标注建筑面积52.78平方米,无证房屋认定补偿面积95.64平方米。三、乙方应交费用:95.64平方米×6800元/平方米=650,352元。四、乙方应得费用:临时安置费:52.78平方米×30元/平方米×24个月=38,002元;停产停业损失:52.78平方米×30元/平方米×3个月=4750元;搬迁补助费:30,000元;剩余面积补偿费:95.64平方米×4000元/平方米=382,560元;住宅兼营业损失:95.64平方米×4000元/平方米×40%=153,024元;其他补偿费:20,000元(三项电)、15,000元(承租损失);越冬补助费:6000元。以上合计:649,336元。五、甲乙双方差额结算:1016元。2016年6月,通化市房屋征收经办中心通知丽景三期A5、A6号楼回迁户办理回迁入住手续。刘丽芬开办通化市东昌区长白山焊机厂,并取得个体工商户营业执照,经营范围为三相平衡电焊机、振捣器开关柜、机电产品维修、修理服务。

本院认为,一、刘丽芬现予回迁的 A5-1 号房屋是协议约定的标的物

根据一审法院从通化市房屋征收经办中心调取的 A5、A6 号楼所有回迁户的产权调换协议及现回迁安置位置明细表,所有回迁户签订的产权调换协议中的回迁房屋位置、面积、房号与回迁安置图能够相互对应,证明丽景家人家三期住宅小区 A5 号楼和 A6 号楼所有被征收人选择产权调换房屋及签订协议时依据的是该回迁安置图。通过将回迁安置图与丽景人家三期住宅小区 A5 号楼和 A6 号楼竣工图、房产测绘部门的房产测绘平面图比较,可以认定协议约定的 A6-2 号房屋即为现 A5-1 号房屋,房屋结构、面积相符,位置没有改变,只是楼号、房号标注不一致。刘丽芬虽然主张现回迁安置的 A5-1 号房屋并非协议约定的 A6-2 号房屋,要求回迁现 A6-2 号房屋,但现 A6-2 号房屋面积为 210.49 平方米,比协议约定回迁面积多出 60 多平方米,明显不符。且除刘丽芬以外其他 A5、A6 号楼回迁户均已回迁,并未提出现重新排序的房屋与协议约定的房屋不是同一标的物。综上,双方签订的产权调换协议及补充协议系双方真实意思表示,不违反法律法规的规定,合法有效,双方应按照该协议约定履行。刘丽芬诉请要求判令通化市政府履行合同,向其交付现 A6-2 号房屋,没有事实及法律依据,本院不予支持。

二、通化市政府应承担延期交付房屋的违约责任

首先,根据协议约定,因甲方的责任延长过渡期限的,乙方自行解决过渡用房的,自逾期之月起,甲方按照原标准的 1.5 倍支付给乙方临时安置补助费。本案双方约定的交付房屋之日为 2015 年 5 月 3 日,而被上诉人实际通知上诉人办理入住手续时间为 2016 年 6 月,故被上诉人应按协议约定承担延期交付房屋的违约责任。其次,虽然被上诉人已于 2016 年 6 月通知刘丽芬办理入住,但因实际回迁的房屋与协议约定房屋的房号不一致,故刘丽芬未办理入住并提起本案诉讼。其主要原因在于被上诉人工作人员在签订房屋拆迁产权调换协议过程中,选房签订协议时提供给被征收人的回迁安置图的楼号、房屋标号均不准确,导致房产测绘部门按照房屋竣工平面图实际测绘重新标注房

号顺序后，出现了协议约定的 A6－2 号房屋变为 A5－1 号房屋的情况。对此，被上诉人应负主要责任并应给予上诉人合理的补偿。

（一）临时安置费

一是被上诉人通化市人民政府应按协议违约责任条款约定支付刘丽芬自 2015 年 5 月至 2016 年 6 月延长过渡期限的过渡费共计 33,251.40 元（52.78 平方米×30 元×1.5×14 个月）；二是被上诉人通化市政府应支付上诉人刘丽芬 2016 年 7 月至 2018 年 8 月延长过渡期限的过渡费共计 61,752.60 元（52.78 平方米×30 元×1.5×26 个月），补偿标准参照双方协议关于延长过渡期限违约责任的约定。以上临时安置费共计 95,004.00 元。刘丽芬主张临时安置费应按协议约定的产权调换面积 148.42 平方米计算。根据协议内容，双方协议约定的临时安置费是按被征收房屋的产权面积 52.78 平方米计算的，其余的 95.64 平方米无证房屋，给予货币补偿后购买的非住宅面积，故没有临时安置费用。刘丽芬该项主张不符合协议约定，本院不予支持。

（二）越冬补助费

补充协议约定支付刘丽芬越冬补助费 6000 元，同时双方签订的房屋拆迁产权调换协议关于违约责任约定，因甲方责任延长过渡期限的，需要过冬的还应支付采暖补助费。双方协议对延期交房的采暖补助费有明确约定，应按照双方协议约定的标准支付延长过渡期限的越冬补助费。协议未明确 6000 元越冬补助费是几年的，但从协议签订时间和交付房屋时间推算，推定为 2013 年和 2014 年两年的，故每年的越冬补助费为 3000 元。据此，被上诉人应支付刘丽芬 2015 年、2016 年、2017 年三个冬季的越冬补助费共计 9000 元。根据协议内容，协议仅约定延长过渡期限被上诉人需支付过冬采暖补助费，并没有约定是按 1.5 倍支付，故刘丽芬主张要求被上诉人按 1.5 倍支付 2016 年、2017 年两年越冬补助费，属于对协议内容的理解错误，本院不予支持。

（三）停产停业损失补偿

本案中，补充协议中约定由甲方支付乙方停产停业损失补偿 4750 元（52.78 平方米×30 元×3 个月），但对于延长过渡期限时停产停业损失的违约责任问题，双方在该协议中未作约定。吉林省住房和城乡建设厅《关于进一步做好国有土地上房屋征收工若干问题的规定》规定，房屋征收协议约定的过渡期限延长的，自逾期之日起应当增加停产停业损失补偿费。根据上述规范性文件规定，被上诉人应给付刘丽芬延长过渡期限的停产停业损失补偿。关于具体补偿标准，因双方协议关于停产停业损失补偿是按照《通化市国有土地上房屋征收与补偿暂行办法》第二十九条第（二）项规定的"停产停业损失＝被征收房屋附近同类性质同类用途的房屋每月每平方米的租金额×被征收房屋建筑面积×3个月"补偿标准确定的，双方均予认可，故关于延长过渡期限的停产停业损失补偿标准亦应适用该标准，故本案被上诉人应支付刘丽芬延长过渡期限的停产停业损失补偿费7125.00元。

三、关于承租损失问题

刘丽芬提出要求被上诉人支付承租损失，该项请求与其提出的延长过渡期临时安置补助费请求重复，本院不予支持。

四、关于差价款结算问题

根据补充协议，刘丽芬应交购房款650,352.00元，应得各项补偿费用649,336.00元，差价款1016.00元，双方尚未结算，故应在判决赔偿总额中予以扣除。

以上各项费用总计人民币110,113.00元（95,004.00元＋9000.00元＋7125.00元－1016.00元）

综上，原审判决认定事实不清，应予改判。依照《中华人民共和国行政诉讼法》第八十九条第一款第（二）项之规定，判决如下：

一、撤销通化市中级人民法院（2017）吉05行初10号行政判决；

二、通化市人民政府于本判决生效之日起十五日内给付刘丽芬延长过渡期限的临时安置费、越冬补助费、停产停业损失补偿等共计人民币110,113.00元；

三、驳回刘丽芬其他诉讼请求。

二审案件受理费50元，由被上诉人通化市人民政府负担。

本判决为终审判决。

审　判　长　王翼博
代理审判员　杨　迪
代理审判员　张雪莹

二〇一八年八月一日

书　记　员　王　法

【推荐意见】

本案二审法院不仅对征收补偿协议违约条款有明确约定的延期交付房屋的临时安置补助费和越冬补助费判决予以支持，而且对协议未约定的停产停业损失补偿问题，依法适用相关规范性文件规定，给予被征收人公平合理赔偿，取得了较好效果，具有一定的指导意义。

王　静

吉林市中级人民法院

吉林市中级人民法院行政审判庭庭长。办理过王佰忠等100人诉吉林市人民政府行政复议案、吉林市大新高能抽水风车有限公司诉吉林市丰满区人民政府履行征收补偿职责案、刘爱林等人诉吉林市规划局规划许可违法案等重大疑难复杂案件。

【裁判要旨】

当事人为自谋职业者或采取各种灵活方式就业的人员，其应当在年满55周岁时达到法定退休年龄，方能根据缴费年限情况确定是否符合按月领取基本养老金的条件。虽然可能达到退休年龄，但如果此时缴费不足十五年，其依照规定可以延长缴费至满十五年；如果延长缴费五年后仍不足十五年的，方可一次性缴费至满十五年。

【裁判文书】

吉林省吉林市中级人民法院
行政判决书

（2019）吉02行终12号

上诉人（原审原告）唐丽娟，女，1964年1月6日出生，汉族，无职业，住吉林省舒兰市××街××委×组。

委托代理人庞巍，吉林鸣正律师事务所律师。

被上诉人（原审被告）舒兰市社会保险事业管理局，住所地吉林省舒兰市舒兰大街5418号。

法定代表人武继有，局长。

委托代理人陈雪，该单位科员。

上诉人唐丽娟因诉被上诉人舒兰市社会保险事业管理局（以下简称舒兰市社保局）履行法定职责一案，不服吉林省舒兰市人民法院（2018）吉0283行初63号行政判决，向本院提起上诉。本院依法组成合议庭，公开开庭审理了本案。上诉人唐丽娟及委托代理人庞巍，被上诉人舒兰市社保局的委托代理人陈雪到庭参加诉讼。本案现已审理终结。

原审判决认定：原告唐丽娟自2009年12月起，按吉林省人力资源和社会保障厅吉人社字[2009]159号《关于参加基本养老保险人员退休若干政策问题的答复意见》（以下简称答复意见）规定以个人身份参加基本养老保险，持续缴费至2018年12月。按照答复意见第二条规定："参加基本养老的职工和以个人身份参保人员达到法定退休年龄或享受养老保险待遇年龄时，缴费不足规定年限的，本人申请，可以达到法定退休年龄或享受养老保险待遇年龄时上年当地在岗职工社会平均工资为基数，按照城镇个体工商户、自由职业者和灵活就业人员缴费比例一次性缴费至规定的缴费年限，并从办理手续下月起领取养老金。"原告身份证记载出生日期为1964年1月6日，原告据此到被告舒兰市社保局欲办理一次性缴费及退休手续，被告以不符合《中华人民共和国社会保险法》及《实施〈中华人民共和国社会保险法〉若干规定》为由不予为原告办理一次性缴费，原告遂诉讼来院。

原审法院认为：《中华人民共和国社会保险法》自2011年7月1日起施行，其第二章基本养老保险第十条第二款规定，无雇工的个体工商户、未在用人单位参加基本养老保险的非全日制从业人员以及其他灵活就业人员可以参加基本养老保险，由个人缴纳基本养老保险费。因此，原告符合参加基本养老保险条件。该法第十六条第二款规定，参加基本养老保险的个人，达到法定退休年龄时累计缴费不足十五年的，可以缴费至满十五年，按月领取基本养老金。结合2011年7月1日起施行的《实施〈中华人民共和国社会保险法〉若干规定》第二条的规定，参加职工基本养老保险的个人达到法定退休年龄时，累计缴费不足十五年的，可以延长缴费至满十五年。社会保险法实施前参保、延长缴费五年后仍不足十五年的，可以一次性缴费至满十五年。因此，原告虽然已经达到法定退休年龄，但其缴费尚不足十五年，按照法律规定，应延长缴费至规定年限。原告主张应按照吉人社字[2009]159号答复意见一次性缴费至十五年，但该文件在效力上低于《社会保险法》及其若干规定，遇有冲突时，应以法律及部门规章为准。综上，原告的诉讼请求无法律依据，不予支持。根据《中华人民共和国行政诉讼法》第六十九条之规定，判决：驳回原告唐丽娟的诉讼请求。

上诉人唐丽娟上诉称：原审判决认定事实和适用法律均有误。上诉人是根据吉人社字[2009]159号文件的规定，以个人身份参加养老保险，原审法院认定此种参保形式为职工基本养老保险，无事实依据，属于认定事实错误。

《中华人民共和国社会保险法》第十六条第二款明确规定:“参加基本养老保险的个人,达到法定退休年龄时累计缴费不足十五年的,可以缴费至满十五年,按月领取基本养老金……”该条款与吉人社字[2009]159号文件的规定完全一致。《社会保险法》虽没有明确此种情况可一次性补缴,但也没有明确按月缴纳,上诉人的上诉请求具有法律依据。人社部《实施〈中华人民共和国社会保险法〉若干规定》是部门规章,不能作为本案的裁判依据,该规定第二条内容属于无法定授权性的增加社会主体义务规范,且上诉人参保的并非职工基本养老保险,而是以个人身份参保,不能作为本案的裁判规范。吉人社联字[2017]105号文件不能当然的否定吉人社字[2009]159号意见,二者属于同一层次效力的政府性文件,在159号意见没有被撤销且人大常委会没有对《社会保险法》第十六条二款作出进一步明确解释的情况下,105号文件不能作为本案的裁判依据。上诉人目前身体患重疾,且属低保户,2009年基于对国家政策的信任,以个人身份参保基本养老保险,目前已达到一次性缴费至法定年限并办理退休手续领取退休金的条件,如被上诉人任意曲解法律,上诉人的合法权益难以得到保障。1978年国务院发[1978]104号文件明确规定女职工法定退休年龄为50周岁,上诉人1964年1月6日出生,现在具备一次性缴费至满15年的条件。请求撤销原审判决,改判被上诉人为上诉人办理一次性缴费至规定年限的手续,并履行为上诉人向审批机关提交申报退休材料的职责。

被上诉人舒兰市人社局答辩称:坚持原审答辩意见。

经审理,本院查明的案件事实与一审相同,不再赘述。

本院认为:一、劳社部发[2001]20号《关于完善城镇职工基本养老保险政策有关问题的通知》第三条规定:“城镇个体工商户等自谋职业者以及采取各种灵活方式就业的人员,在其参加养老保险后,按照省级政府规定的缴费基数和比例,一般应按月缴纳养老保险费,也可按季、半年、年度合并缴纳养老保险费,缴费时间可累计折算。上述人员在男年满60周岁、女年满55周岁时,累计缴费年限满15年的,可按规定领取基本养老金。累计缴费年限不满15年的,其个人账户储存额一次性支付给本人,同时终止养老保险关系,不得以事后追补缴费的方式增加缴费年限。”吉政发[2004]28号《关于调整和完善城镇企业职工基本养老金计发办法有关问题的通知》第十条规定:“个体工商业主、自由职业者、灵活就业人员,男年满60周岁、女年满55周岁时,累计缴费年限满15年的可按规定办理领取养老保险待遇手续,按月领取基本养老金。”据以上规定,上诉人唐丽娟作为自谋职业者或采取各种灵活方式就业的人员,其应当在年满55周岁时达到法定退休年龄,方能根据缴费年限情况确定是否符合按月领取基本养老金的条件。这一点上诉人在原审起诉状中也是自认无异议的,因双方在原审对上诉人于2019年1月达到退休年龄无异议,被上诉人舒兰市社保局在原审未提交上述两份规范性文件,并无不妥之处。上诉人代理人在二审庭审中提出上诉人应于50周岁达到退休年龄,不符合规定。二、2011年7月1日施行的《中华人民共和国社会保险法》第十六条第二款规定:“参加基本养老保险的个人,达到法定退休年龄时累计缴费不足十五年的,可以缴费至满十五年,按月领取基本养老金;也可以转入新型农村社会养老保险或者城镇居民社会养老保险,按照国务院规定享受相应的养老保险待遇。”国家人力资源和社会保障部通过的2011年7月1日施行的《实施〈中华人民共和国社会保险法〉若干规定》第二条规定:“参加职工基本养老保险的个人达到法定退休年龄时,累计缴费不足十五年的,可以延长缴费至满十五年。社会保险法实施前参保、延长缴费五年后仍不足十五年的,可以一次性缴费至满十五年。”按照上述规定,上诉人唐丽娟于2009年12月开始缴纳养老保险费用,虽然其于2019年1月达到退休年龄,但此时缴费不足十五年,其依照规定可以延长缴费至满十五年,如果延长缴费五年后仍不足十五年的,方可以一次性缴费至满十五年。上诉人唐丽娟要求于2019年1月达到退休年龄时即一次性缴费至满十五年,不符合上述规定。三、按照吉林省人力资源和社会保障厅吉人社字[2009]159号《关于参加基本养老保险人员退休若干政策问题的答复意见》的规定,上诉人唐丽娟在达到法定退休年龄或享受养老保险待遇年龄时,可以一次性缴费至规定的缴费年限,但该规定与之后颁布施行的国家法律及部门规章相抵触,社会保险经办机构按照现行法律、规章办理,并无不当。而且,基于相同的问题,吉林省人力资源和社会保障厅、吉林省财政厅吉人社联字[2017]105号《关于进一步加强企业职工基本养老保险省级统筹行政管理工作的通知》第一项内容中作了与国家法律、部门规章相一致的规定。故上诉人唐丽娟现要求被上诉人按照吉人社字[2009]159号《关于参加基本养老保险人员退休若干政策问题的答复意见》办理,不符合规定。

综上,原审判决认定事实清楚,适用法律正确,依法应予维持。上诉人唐丽娟的上诉理由不成立,本院不予支持。依照《中华人民共和国行政诉讼法》第八十九条第一款第(一)项之规定,判决如下:

驳回上诉,维持原判。

二审案件受理费50元,由上诉人唐丽娟负担。

本判决为终审判决。

审 判 长 王 静

审 判 员 张海啸

代理审判员 张 薇

二〇一九年二月二十七日

书 记 员 隋雨桐

【推荐意见】

文书结构规范,诉讼主体正确;用语规范严谨;论理透彻,逻辑严谨;程序合法;引用法律条文完整规范;裁判结果正确。

刘　洋

松原市中级人民法院

刘洋，松原市中级人民法院行政审判庭审判员。1993 年至 1997 年在长岭县人民法院任书记员、助理审判员。1997 年至 2003 年在乾安县人民法院任助理审判员、审判员。2003 年至今在松原市中级人民法院任助理审判员、审判员。其中，2004 年至今在行政审判庭从事行政、国家赔偿审判工作。

【裁判要旨】

行政行为违法要赔偿。混合过错责任应分担。

【裁判文书】

吉林省松原市中级人民法院
行政赔偿判决书

(2018)吉07行赔终3号

上诉人(原审原告)刘志才(系刘力东父亲),男,1949年7月8日生,汉族,农民,现住吉林省长岭县××乡××村××屯。

上诉人(原审原告)杨桂珍(系刘力东母亲),女,1949年3月27日生,汉族,农民,现住吉林省长岭县××乡××村××屯。

上诉人(原审原告)杜凤华(系刘力东妻子),女,1970年5月27日生,汉族,农民,现住吉林省长岭县××乡××村××屯。

上诉人(原审原告)刘鑫蕊(系刘力东女儿),女,2008年4月30日生,汉族,学生,现住吉林省长岭县××乡××村。

法定代理人杜凤华(系刘鑫蕊的母亲),女,1970年5月27日生,汉族,农民,现住吉林省长岭县××乡××村××屯。

被上诉人(原审被告)长岭县运输管理所,住所地吉林省长岭县长岭镇永久西路906号。统一社会信用代码:1222072241285538XW。

法定代表人赵秀鹏,所长。

委托代理人张立波,长岭县运输管理所教导员。

委托代理人关锋,北京盈科(长春)律师事务所律师。执业证号:××××。

上诉人刘志才、杨桂珍、杜凤华、刘鑫蕊因交通运输行政赔偿一案,不服吉林省长岭县人民法院(2017)吉0722行赔初1号行政赔偿判决,向本院提起上诉。本院受理后依法组成合议庭,于2018年3月26日公开开庭审理了本案。

上诉人刘志才、杨桂珍、杜凤华、被上诉人长岭县运输管理所的委托代理人张立波、关峰到庭参加诉讼。本案现已审理终结。

原审四原告诉称:2013 年 8 月 15 日 20 时 10 分,刘力东驾驶吉 JY×××× 号两轮摩托车正常行驶在长白公路上,突然前面的吉 J××××× 号货车车辆被迫紧急刹车,造成紧随其后的刘力东驾驶吉 JY×××× 号两轮摩托车撞到吉 J××××× 号货车车辆的尾部,致使刘力东死亡。事后得知吉 J××××× 号货车车辆行驶至太平山路段,被告下属的长岭县太平山运管所工作人员魏红斌、安和、兰锐剑三人驾驶吉 J5G××× 号车在长白公路上追赶吉 J××××× 号货车车辆要求停车检查,吉 J××××× 号货车没有停车接受检查。魏红斌、安和、兰锐剑三人驾驶其单位吉 J5G××× 号执法车一直追赶至太平山加油站附近将吉 J5G××× 号车横在原告的车辆吉 J××××× 号货车前面,才使该货车突然停车造成本次事故。2014 年 5 月 28 日,魏红斌、安和、兰锐剑等三人被法院以滥用职权罪追究了刑事责任[详见(2014)长刑初字第 42 号刑事判决书和(2014)松刑终字第 65 号刑事判决书],被告单位职工在工作中滥用职权是导致吉 J××××× 号货车与刘力东驾驶的摩托车发生交通事故的重要原因,因魏红斌、安和、兰锐剑等三人查车是在工作期间的执法行为,所以给刘力东造成的损失应当由被告承担赔偿责任。原告委托律师已于 2015 年 12 月 2 日上午将赔偿申请书送交到被告处,被告收到后拒绝签收。因此根据《中华人民共和国国家赔偿法》的相关规定,请求法院依法判决被告赔偿刘力东死亡各种赔偿款共计 1,509,897.03 元。

原审被告长岭县运输管理所辩称:1. 本案不具备国家赔偿责任的构成要件,原告要求国家赔偿于法无据。2. 行政行为违法不是必然导致国家赔偿。3. 针对被告的违法行政行为,被告已履行完毕国家赔偿义务,且原告的损失已依法通过民事诉讼得到救济,被告不应进行重复国家赔偿,原告依法也不应得到重复赔偿。4. 原告起诉超过了国家赔偿时效,受害人刘力东是 2013 年 8 月 15 日发生事故,在 2015 年 8 月 15 日之前未申请赔偿。综上所述,被告没有对原告进行国家赔偿的义务,依法应判决驳回原告的诉讼请求。

原审法院认定以下事实:2013 年 8 月 15 日 20 时 10 分,刘力东无证驾驶

JY××××号两轮摩托车沿省道106线自东向西行驶,行至事故地,与前方同方向周荣臣驾驶的吉J×××××号大货车追尾相撞,致刘力东死亡,两车损坏的交通事故。此事故经长岭县交通警察大队认定:刘力东承担交通事故主要责任,周荣臣承担次要责任。吉J×××××号大货车实际管理人为于淼,周荣臣为于淼雇用的司机。事故当日,在吉J×××××号货车前面行驶的三辆拉砟石的货车在经过长岭县运输管理所太平山分所门前时,该分所工作人员魏红斌、兰锐剑、安和用喊话器喊话让拉砟石的货车停车检查,货车没有停车。该分所三名工作人员驾驶本单位吉J5G×××号执法车追赶货车,追到长岭县太平山镇清和加油站南,将第一辆拉砟石的货车拦截住,随之后面的三辆货车也随即停车。吉J×××××号货车在最后面,刘力东驾驶的两轮摩托车在吉J×××××号货车停车后与其追尾,发生交通事故。2013年10月31日,经长岭县人民法院调解,吉J×××××号货车实际管理人于淼赔偿四原告经济损失208,045.12元。2014年5月28日,魏红斌、兰锐剑、安和被长岭县人民法院以滥用职权罪追究了刑事责任[见(2014)长刑初字第42号刑事判决书和(2014)松刑终字第65号刑事判决书]。2015年1月8日,于淼向长岭县人民法院提起行政赔偿诉讼,法院判运管所赔偿于淼96,945.12元。现四原告以被告工作人员在工作中滥用职权是导致吉J×××××号货车与刘力东驾驶摩托车发生交通事故的重要原因为由,要求被告赔偿各项经济损失1,509,897.03元。

原审法院认为:受害人刘力东交通事故一案,业经长岭县公安局交通警察大队交通事故认定。受害人家属已经通过民事诉讼途径按交通事故责任认定获得赔偿。被告长岭县运输管理所工作人员在执行职务中被司法机关认定为滥用职权,行政管理相对人已通过行政诉讼获得行政赔偿。原告再向行政机关提起行政赔偿,没有法律依据,对原告的诉讼请求,不予支持。经审判委员会讨论决定,依照《中华人民共和国国家赔偿法》第二条、第三条及《最高人民法院关于审理行政赔偿案件若干问题的规定》第三十三条之规定,判决驳回原告刘志才、杨桂珍、杜凤华、刘馨蕊的诉讼请求。

上诉人刘志才、杨桂珍、杜凤华、刘馨蕊上诉称,上诉人与于淼之间的民事赔偿是基于交通事故责任纠纷案而提起。上诉人与被上诉人之间的赔偿是基于被上诉人的工作人员滥用职权造成刘力东死亡。民事诉讼与行政诉讼二者之间的法律依据、赔偿范围、计算依据不同。原审法院认定一概不能获得赔偿是错误的。请求二审法院予以改判。

被上诉人长岭县运输管理所辩称，1. 本案不具备国家赔偿责任的构成要件，上诉人要求国家赔偿于法无据；2. 行政行为违法不是必然导致国家赔偿；3. 针对被上诉人的违法行政行为，被上诉人已履行完毕国家赔偿义务，且上诉人的损失已依法通过民事诉讼得到救济，被上诉人不应进行重复国家赔偿，上诉人依法也不应得到重复赔偿；4. 上诉人申请赔偿超过了国家赔偿请求时效。综上所述，被上诉人没有对上诉人进行国家赔偿的义务，原审判决驳回上诉人的诉讼请求是正确的。请求二审法院维持原判。

本院审理查明的事实与原审法院认定的事实一致。另查明，2013 年 10 月 31 日，在(2013)长民初字第 1751 号机动车交通事故责任纠纷案件审理过程中，经长岭县人民法院调解，吉 J××××× 号货车实际管理人于森赔偿四上诉人经济损失 208,045.12 元。赔偿款项具体为：于森赔偿四上诉人死亡赔偿金 134,785.36 元(死亡赔偿金总计 8598.17 元/年 ×20 年 =171,963.40 元，于森在交强险限额内承担 110,000 元，另承担剩余 61,963.40 元 ×40% =24,785.36 元)、丧葬费 7,681.40 元(19,203.50 元 ×40%)、精神损害抚慰金 20,000 元、运尸费 2000 元、修理费 1100 元，合计经济损失 165,566.76 元。赔偿刘志才被扶养人生活费 13,197.16 元(6186.17 元/年 ×16 年 ÷3 人 ×40%)、赔偿杨桂珍被扶养人生活费 13,197.16 元(6186.17 元/年 ×16 年 ÷3 人 ×40%)、赔偿刘馨蕊被扶养人生活费 16,084.04 元(6186.17 元/年 ×13 年 ÷2 人 ×40%)，共计经济损失 208,045.12 元。四上诉人自行承担的经济损失款项具体为：死亡赔偿金 37,178.04 元(61,963.40 元 ×60%)、丧葬费 11,522.10 元(19,203.50 元 ×60%)、刘志才被扶养人生活费 19,795.74 元(6186.17 元/年 ×16 年 ÷3 人 ×60%)，杨桂珍被扶养人生活费 19,795.74 元(6186.17 元/年 ×16 年 ÷3 人 ×60%)，刘馨蕊被扶养人生活费 24,126.06 元(6186.17 元/年 ×13 年 ÷2 人 ×60%)，共计 112,417.68 元。

本院认为,1. 关于是否构成行政赔偿问题。是否构成行政赔偿,应看行政行为是否违法,以及违法行政行为与损害后果之间是否具有法律上的因果关系。本案中,被上诉人的原三名工作人员魏红斌、兰锐剑、安和的行政执法行为已经人民法院生效刑事判决认定为滥用职权行为,三人被依法追究了刑事责任,人民法院生效刑事判决亦认定三人的行为是造成刘力东驾驶摩托车追尾的重要原因,三人滥用职权行为与本案交通事故之间存在法律上的因果关系。因此,被上诉人对此次事故造成的损害结果,应当承担赔偿责任。2. 关于上诉人已获得民事赔偿,能否再获得行政赔偿问题。上诉人与于淼之间的民事赔偿,其实质是双方基于道路交通事故责任认定对事故造成总体经济损失的一种分担。本案中,刘力东和货车司机周荣臣道路交通违法行为是造成事故的一部分原因,而被上诉人的原三名工作人员魏红斌、兰锐剑、安和滥用职权行为是造成事故的重要原因。被上诉人对此次事故造成的总体经济损失应当承担赔偿责任。上诉人与于淼基于道路交通事故责任认定对事故造成的总体经济损失已进行分担,双方均有向被上诉人主张行政赔偿的权利。本案中,于淼基于违法行政行为已经过诉讼获得行政赔偿,上诉人现提起行政赔偿诉讼,其请求亦应予以支持。3. 关于赔偿责任的分担及赔偿数额问题。综合考量被上诉人工作人员滥用职权行政行为、刘力东和货车司机周荣臣道路交通违法行为的性质及在事故中所起到的作用,本院酌定被上诉人承担百分之七十的赔偿责任。赔偿款项具体为:赔偿四上诉人死亡赔偿金 26,024.63 元(37,178.04 元×70%)、丧葬费 8065.47 元(11,522.10 元×70%)、赔偿刘志才被扶养人生活费13,857.02元(19,795.74 元×70%),赔偿杨桂珍被扶养人生活费 13,857.02 元(19,795.74 元×70%),赔偿刘馨蕊被扶养人生活费 16,888.24 元(24,126.06 元×70%),以上共计 78,692.38 元。因侵权行政行为及损害后果发生在 2013 年 8 月 15 日,上述款项自 2013 年 8 月 15 日起至给付之日止的利息亦属于违法行政行为造成的直接经济损失,被上诉人应予赔偿。四上诉人其它各项赔偿请求没有事实根据及法律依据,本院不予支持。综上所述,原审判决适用法律错误,应予纠正。依照《中华人民共和国行政诉讼法》第八十九条第一款第(二)项,《中华人民共和国国家赔偿法》第三条第

(五)项、第三十四条第一款第(三)项,《最高人民法院关于适用〈中华人民共和国行政诉讼法〉的解释》第九十七条,《最高人民法院关于审理行政赔偿案件若干问题的规定》第三十三条之规定,判决如下:

一、撤销吉林省长岭县人民法院(2017)吉0722行赔初1号行政赔偿判决;

二、被上诉人长岭县运输管理所赔偿上诉人刘志才、杨桂珍、杜凤华、刘鑫蕊死亡赔偿金26,024.63元、丧葬费8065.47元,赔偿上诉人刘志才被扶养人生活费13,857.02元,赔偿上诉人杨桂珍被扶养人生活费13,857.02元,赔偿上诉人刘馨蕊被扶养人生活费16,888.24元,以上共计78,692.38元。并自2013年8月15日起至给付之日止按中国人民银行同期同类贷款利率给付上述赔偿款的利息。上述款项于本判决发生法律效力之日起十五日内给付;

三、驳回上诉人刘志才、杨桂珍、杜凤华、刘鑫蕊其他各项赔偿请求。

本判决为终审判决。

审　判　长　刘永学
审　判　员　刘　洋
代理审判员　张　雷

二〇一八年四月十一日

书　记　员　李克举

【推荐意见】

2018年2月8日起施行的《最高人民法院关于适用〈中华人民共和国行政诉讼法〉的解释》第九十七条规定"原告或者第三人的损失系由其自身过错和行政机关的违法行政行为共同造成的,人民法院应当依据各方行为与损害结果之间有无因果关系以及在损害发生和结果中作用力的大小,确定行政机关系相应的赔偿责任”。之前的审判实践中，对混合过错下如何承担行政赔偿责任的裁判往往较为极端：要么不赔，要么全赔，错、责不相匹配，达不到很好的法律效果和社会效果。上述法律规定的出台，为法官在类案裁判中大胆行使自由裁量权，厘清是非，精准裁判提供了法律依据。该判决适用上述最新法律规定进行裁判，对类案裁判有示范意义。

李　丹

白山市浑江区人民法院

白山市浑江区法院行政审判庭审判员，一级法官。曾任长白朝鲜族自治县人民法院立案庭庭长、执行局综合监督科科长、书记员管理科科长。

【裁判要旨】

工伤保险待遇中的一次性工伤(亡)补助金与第三人侵权损害赔偿中的死亡赔偿金属于两种不同的赔偿项目,可以兼得,只是在待遇范围上,医疗费不能重复享受。

【裁判文书】

吉林省白山市浑江区人民法院
行政判决书

(2019)吉0602行初10号

原告:关文杰,女,1974年6月11日生,汉族,无职业,住白山市红土崖镇××村。身份证号码:××××。

原告:韩景如,女,1995年3月27日生,汉族,无职业,住白山市红土崖镇××村。身份证号码:××××。

原告:韩风桐,男,1941年8月26日生,汉族,无职业,住白山市红土崖镇××村。身份证号码:××××。

三原告委托诉讼代理人:宋薇,吉林连星律师事务所律师。

被告:白山市社会医疗保险管理局。

统一社会信用代码:12220600668793055H.

法定代表人:孙增建,局长。

参加诉讼行政机关负责人:梁文厚,副局长。

委托诉讼代理人:周永胜,白山市社会医疗保险管理局工伤科科长。

原告关文杰、韩景如、韩风桐诉被告白山市社会医疗保险局不履行工伤保险待遇法定职责一案,于2019年3月5日向本院提起行政诉讼,本院受理后,依法由审判员李丹适用简易程序公开开庭进行了审理。原告韩景如及三原告的委托诉讼代理人宋薇、被告白山市社会医疗保险管理局行政机关负责人梁文厚及委托代理人周永胜到庭参加诉讼。本案现已审理终结。

原告关文杰、韩景如、韩风桐诉称:2018 年 10 月 27 日 17 时,白山市路安养护工程有限公司员工韩砚生受该公司指派在辉三线 116 公里 +900 米处卸载公路防滑料时,被车辆撞倒,致使韩砚生当场死亡。经白山市公安局交通警察支队浑江区大队第 220601120180000210 号道路交通事故认定书认定,韩砚生在事故中无责任。白山市路安养护工程有限公司于 2018 年 12 月 26 日为韩砚生向白山市人力资源和社会保障局申请工伤认定,该局于 2019 年 1 月 4 日作出 2018 年第 276 号认定工伤决定书,认定韩砚生所受到的事故伤害,属于工伤认定范围,予以认定为工伤。韩砚生被认定为工伤后,原告向被告申请工伤保险待遇,被告以原告提供的材料不全、肇事车辆保险理赔数目不清,抵消、减免工伤保险待遇数额无法核算为由,拒绝支付工伤保险待遇。原告认为:职工发生工伤后享有工伤待遇是法律赋予的权利,也是被告应履行的法定义务。我国《劳动法》和《工伤保险条例》中均专门对此作了明确的规定。被告主张抵消、减免工伤保险待遇没有法律依据。请求法院依法 1. 判令被告给付原告工伤保险待遇 751,294.5 元。(一次性工亡补助金 727,920 元;丧葬补助金23,374.5元)2. 判令被告承担本案诉讼费。

原告向本院提交以下证据:

1. 红土崖镇宏达社区出具的关系证明一份,证明三原告为韩砚生近亲属,主体适格。

2. 韩砚生身份证及户口簿一份,证明韩砚生为城镇户口。

3. 第 220601120180000210 号《道路交通事故认定书》一份,证明韩砚生于 2018 年 10 月 27 日工作时因交通事故伤害当场死亡,且韩砚生在该起交通事故中无责任。

4. 工亡证明一份及工伤保险参保单位事故报告备案表一份,证明用人单位白山市路安养护工程有限公司确认韩砚生系工作中因交通事故死亡,并于 2018 年 10 月 29 日向被告报案、备案。

5.(2018)白山公法字第 92 号死亡证明通知单、(白山)公鉴(法验)字[2018]105 号检验报告一份,证明经白山市公安司法鉴定中心检验,韩砚生系因交通事故致创伤性失血性休克死亡。

6. 白山公鉴(理化)字[2018]356 号鉴定文书一份,证明王相如、夏培岭血液中未检出乙醇成分。

7. [2018]第 276 号认定工伤决定书一份,证明韩砚生受到的事故伤害,符合《工伤保险条例》规定,属于工伤认定范围,白山市人力资源和社会保障局予以认定为工伤,系工亡。

8. 参保证明、社会保障卡、工伤保险缴费记录截图各一份,证明韩砚生参加城镇职工基本医疗、工伤、生育等保险的参保人,且其正常缴费,参保情况良好。

9. 证明一份,证明白山市路安监护工程有限公司对[2018]第 276 号《认定工伤决定书》无异议。

10. 白山市社会医疗保险管理局出具的说明一份,证明白山市社会医疗保险管理局因原告未提交民事赔偿调解书,无法核算补足公司待遇差额,未受理工伤保险待遇申请。

11. 中华人民共和国 2017 年国民经济和社会发展统计公报一份,证明 2017 年全国城镇居民人均可支配收入 36,396 元。

12. 吉人社办字[2018]49 号关于印发 2017 年在岗职工平均工资有关问题的通知一份,证明 2017 年白山市在岗职工年平均工资为 46,749 元。

被告白山市社会医疗保险管理局辩称,韩砚生发生工亡时间为 2018 年 10 月 27 日,生前系白山市路安养护工程有限公司员工,该单位来医保局登记时间为 2019 年 1 月,登记当天,医保工作人员详细说明享受工亡待遇所需提交的材料,尤其是涉及第三人交通事故需要提交事故民事赔偿调解书。根据《吉林省实施〈工伤保险条例〉办法》(省政府令 242 号)第四十九条"因第三人原因造成工伤的,在依法获得第三人经济赔偿后,由工伤保险基金补足医疗费(含康复费)、住院伙食费、交通费、一次性伤残补助金(伤残赔偿金)……的差额"以及《关于印发工伤保险经办规程的通知》(人社部发[2012]11 号)第七十三条"涉及第三人责任的,业务部门审核工亡待遇时,还应审核一下民事伤害赔偿法律文书:(一)属于交通事故或者城市轨道交通、客运轮渡、火车事故的,需提供相关的事故责任认定、事故民事赔偿调解书……"的规定,因原告始终未能提供事故民事赔偿调解书,导致被告无法计算工亡待遇。

被告向本院提交如下证据:1. 吉林省实施工伤保险条例办法(吉林省人民政府令242号);2. 关于印发工伤保险经办规程的通知(人社部[2012]11号)。

经庭审质证,被告对原告提交的12份证据均无异议,本院予以确认,因被告提交的是部门规章和操作规章,对其真实性予以确认。

经审理查明:韩砚生生前系白山市路安养护工程有限公司职工,原告关文杰系韩砚生妻子,原告韩风桐系韩砚生父亲,韩景如系韩砚生女儿。2018年10月27日17时20分,韩砚生因交通事故当场死亡。2018年12月18日白山市公安局交通警察支队浑江区大队2018年12月18日作出道路交通事故认定书,认定韩砚生无过错行为。经白山市路安养护工程有限公司申请,白山市人力资源和社会保障局于2019年1月4日作出《认定工伤决定书》,韩砚生生前所在单位白山市路安养护工程有限公司为其缴纳城镇职工基本医疗、工伤、生育、大额医疗补充保险。原告于2019年1月向被告申请工伤保险待遇,被告以应提交交警部门事故民事赔偿调解书,调解书有第三方的赔偿金额,才能计算工亡待遇为由,没有受理原告的申请及提交的材料,因此原告请求法院判令被告依法履行支付工伤保险待遇的义务。

本院认为,根据《中华人民共和国社会保险法》第八条"社会保险经办机构提供社会保险服务,负责社会保险登记、个人权益记录、社会保险待遇支付等工作"的规定,被告白山市社医疗保险管理局具有在本辖区内履行支付工伤保险待遇工作的职责。本案三原告关文杰、韩景如、韩风桐系工亡者韩砚生的近亲属,向被告申请支付韩砚生的工伤保险待遇主体适格。《中华人民共和国社会保险法》第四十二条规定:"由于第三人的原因造成工伤,第三人不支付工伤医疗费或者无法确定第三人的,由工伤保险基金先行支付。工伤保险基金先行支付后,有权向第三人追偿"。《最高人民法院关于审理工伤保险行政案件若干问题的规定》第八条第二款规定:"职工因第三人的原因受到伤害,社会保险行政部门已经做出工伤认定的,职工或者其近亲属未对第三人提起民事诉讼或者尚未获得民事赔偿,起诉要求社会保险经办机构支付工伤保险待遇的,人民法院应予支持。"第三款规定:"职工因第三人的原因导致工伤,社会保险经办机构以职工或者其近亲属已经对第三人提起民事诉讼为由,拒绝支付工伤保险待遇的,人民法院不予支持,但第三人已经支付医疗费用除外。"《最高人民法院因第三人造成工伤的职工或者其亲属在获得民事赔偿后是否还可以获得工伤保险补偿问题的答复》([2006]行他字第12号)中规定:"因第三人造成工伤的职工或其近亲属,从第三人处获得民事赔偿后,可以按照《工伤保险条例》第三十七条的规定,向工伤保险机构申请工伤保险待遇补偿"。根据以上规定因第三人原因导致工伤,工伤保险待遇支付请求权和民事损害赔偿请求权这两种请求权产生的基础、指向的对象以及法律性质均不同,前者是基于受伤害职工与用人单位之间劳动关系产生的工伤保险待遇请求权,补偿责任是社会保险经办机构或者用人单位,属于行政法调整范畴。而后者是基于受伤害职工与侵权第三人之间侵权关系产生的民事人身损害赔偿请求权,补偿责任是侵害人,属于侵权责任法范畴,两者性质完全不同,不能相互代替。基于工伤事故的存在,无论受伤职工是否获得侵权人的赔偿,都不能剥夺受伤职工享受工伤保险待遇的权利,除第三人已经支付的医疗费外劳动者或者近亲属可以获得两项请求权的双重赔偿(侵权行为人已经支付的医疗费除外),因此被告以原告未提交与交通事故侵权人的民事赔偿等相关材料为由,不予支付工伤保险待遇的行为构成行政不作为。原告要求判令被告给付工伤保险待遇751,294.5元的诉讼请求,因工伤保险待遇的具体支付金额需要被告依职权审核认定,法院不宜直接判决。依据《中华人民共和国行政诉讼法》第七十二条之规定,判决如下:

责令被告白山市社会医疗保险管理局在本判决生效之日起30日内向原告履行支付工伤保险待遇的法定职责。

案件受理费50元,减半收取25元,由白山市社会医疗保险管理局负担。

如不服本判决,可在判决书送达之日起十五日内,向本院递交上诉状,并按对方当事人人数提交副本,上诉于吉林省白山市中级人民法院。

审 判 员 李 丹

二〇一九年三月二十二日

书 记 员 牛晓牧

【推荐意见】

由于第三人侵权导致职工工伤的,根据《工伤保险条例》和《社会保险法》以及《侵权责任法》的相关规定,职工或其近亲属可以向侵权的第三人要求民事侵权赔偿,也可以向工伤保险基金要求享受工伤保险待遇。这两种法律关系的竞合如何处理,有不同意见。有一种意见认为,根据民事侵权赔偿的“填平原则”,受伤害职工或近亲属只能在民事赔偿和工伤保险待遇中选择一项,如果享受了工伤保险待遇,工伤保险基金就取得了对第三人代为追偿权;如果工伤职工追究第三人民事赔偿责任,不能再享受工伤保险待遇。本案依照《社会保险法》第四十二条以及《最高人民法院关于审理工伤保险行政案件若干问题的规定》第八条的规定,在实体上承认了长期争论不休的有限“双赔”,即除工伤医疗费外,职工或近亲属可以同时获得两项请求权,即人身损害赔偿请求权和工伤保险待遇请求权的双重赔偿。

张晓艳

敦化林区基层人民法院

敦化林区基层人民法院党组书记、院长、审委会委员、四级高级法官，从事法院工作35年。近年来，积极带领全院法官审结案件，并取得了连续5年在全州林区法院年度绩效考核评比中名列第一的好成绩。2019年9月被吉林省高级人民法院、吉林省人力资源和社会保障厅授予“全省优秀法院”荣誉称号。个人曾被吉林省政法委、吉林省高级人民法院授予“人民满意法官”，被延边林区中级法院授予“优秀法院院长”等荣誉称号。

【裁判要旨】

行政机关是否履行职责,应明确行政机关依法履职范围,要看违法行为是否停止,还要看行政机关是依法否采取了必要的行政措施,穷尽了所有的法律手段,是否具有不履职的法定理由。

【裁判文书】

吉林省敦化林区基层法院
行政判决书

(2018)吉7504行初1号

公益诉讼人吉林省敦化林区人民检察院。住所地吉林省敦化市。

法定代表人王春明,检察长。

委托代理人王新宇,检察员。

委托代理人刘家学,检察员。

被告延边朝鲜族自治州林业管理局,住所地吉林省延吉市长白山西路99号。

法定代表人王连弟,该局局长。

委托代理人孙宗华,该局法制办主任。

委托代理人徐艳波,吉林衡佳律师事务所律师。

公益诉讼人吉林省敦化林区人民检察院诉被告延边朝鲜族自治州林业管理局不履行法定职责一案,本院于2018年3月23日受理后,于2018年3月27日向被告送达起诉书副本及应诉通知书。本院依法组成合议庭,于2018年4月17日公开开庭审理了本案。公益诉讼人吉林省敦化林区人民检察院检察长王春明、委托代理人王新宇、刘家学,被告延边朝鲜族自治州林业管理局的委托代理人孙宗华、徐艳波到庭参加诉讼。本案现已审理终结。

公益诉讼人诉称,敦化林区人民检察院在开展公益诉讼案件线索排查专项行动中,发现敦化林业局松江林场67林班3小班(原设计小班号为72)内有临时占用林地到期后未恢复林业生产条件的情况,而负有监督管理职责的延边朝鲜族自治州林业管理局存在不依法履行职责的现象。经调查查明:2013 年年初,敦化林业局以灾后恢复水毁道桥建设需要砂石为由,申请临时占用国有林地。2013 年 4 月 27 日,国家林业局以“林资许准[2013]147 号行政许可决定书”批准该局在松江林场 67 林班 3 小班内临时占地 1.34 公顷,期限为两年。敦化林业局与敦化市通利达工程有限公司签订修建道路承揽协议,由敦化市通利达工程有限公司临时使用敦化林业局松江林场 67 林班 3 小班 1.34 公顷林地,使用期限从 2014 年 3 月 12 日至 2016 年 12 月 31 日。2017 年 5 月 16 日,经敦化林业局规划设计处鉴定,被临时占用林地面积为 5749 平方米,至今未能恢复林地原状。

为督促林业管理部门依法履行职责,促进行政机关依法行政,进而实现保护生态环境,维护国家和社会公共利益的目的,2017 年 6 月 13 日,本院向延边朝鲜族自治州林业管理局发出延敦林检行公建(2017)3 号检察建议书。被告于 2017 年 6 月 30 日回复称:“将责令当事人清理非法堆放的砂石,并恢复林业生产条件。”截至起诉前,本院再次到现场进行勘查,发现被临时占用的林地仍未恢复,国家和社会公共利益仍持续处于受侵害状态。现请求:1. 确认被告对敦化林业局临时占用林地到期未恢复林地原状的行为未依法履行监管职责违法;2. 判令被告依法履行职责,恢复被非法侵占的林地原状。

公益诉讼人向本院提交以下证据材料:

第一组证据:关于延边林管局应当履行职责的证据。

1. 阐明相关法律依据。《中华人民共和国森林法》第十三条、《中华人民共和国森林法实施条例》第十七条;

2. 林业行政处罚委托协议书。

该组证据证明:法律有明确规定林业主管部门对侵占林地行为有监管职责及敦化林业局的部分行政执法权是受延边州林业管理局的委托行使,在发生行政违法时,延边州林业管理局应承担相应的法律责任。

第二组证据:关于延边林管局怠于履行职责的证据。

1. 2009 年敦化林业局松江林场 67 林班资源档案;

2. 敦化林业局林政稽查大队大队长孙庆伟的调查笔录;

3. 敦化林业局副局长赵国志的调查笔录;

4. 延边朝鲜族自治州林业管理局资源处处长沈成的调查笔录;

5. 敦化林业局工程设计处外业技术科长徐振才的调查笔录;

6. 敦化市通利达工程有限公司职员汪汝男的调查笔录;

7. 徐明的调查笔录;

8. 国家林业局关于批准敦化林业公司灾后恢复水毁道桥砂场项目临时占用林地的行政许可决定(林资许准[2013]147 号);

9. 敦化林业局修建道路承揽协议;

10. 敦化林业局砂石料场现场示意图;

11. 现场勘查笔录及照片。

该组证据证明:延边林管局对通利达公司临时占用林地采挖砂石,至2015 年4 月27 日临时占用林地期满后,至今没有恢复林业生产条件的违法行为未作出过行政处罚,未依法履行监管职责。

第三组证据:关于延边林管局对敦化林区人民检察院作出检察建议后,怠于履行职责的证据。

检察建议书(延敦林检行公建[2017]3 号)。

该组证据证明:敦化林区人民检察院对延边林管局怠于履职的行为发出了诉前检察建议,督促其依法履职。

第四组证据:关于延边林管局收到检察建议后未履行职责,导致国家和公共利益仍处于受侵害状态的证据。

1. 检察建议复函(包括附件 3 份,林管局资源处关于敦化林业局落实检察建议整改工作情况的报告、敦化林业局关于检察建议整改工作的汇报、敦化林业局关于刘立君违法占地整改方案);

2. 现场勘查笔录及照片。

该组证据证明:延边林管局接到检察建议后怠于履行职责,敦化林业局亦没有按照整改方案,于 2017 年 10 月 30 日前完成整改。

第五组证据:关于被非法占用林地的权属、面积、地类等证据。

1. 鉴定人徐振才的资质复印证明；

2. 敦化林业局松江林场67、68林班石场小班面积测量等司法技术鉴定报告。

该组证据证明：被非法占用林地的权属、面积、地类等。且至今国家和社会公共利益仍然处于受侵害状态。

被告延边朝鲜族自治州林业管理局答辩称，被告在收到延敦林检行公建[2017]3号检察建议书后，于2017年6月16日及时向敦化林业局发出《检察建议整改通知》，要求敦化林业局编制整改方案，明确整改目标，制定恢复计划，落实整改责任。严格按照《中华人民共和国森林法实施条例》等法律法规及有关规定，责令当事人停止非法侵占林地行为，并采取有效措施督促当事人，限期恢复植被。需要采取强制措施的，及时向司法部门提出，依法履行林业局的管理职责。敦化林业局向当事人下达了《责令停止违法行为限期恢复植被通知书》，要求当事人限期清理非法堆放的砂石，并恢复生产条件，现在该地有部分已经清理完毕，尚有2000平方米正在清理当中。

被告提供的证据：

统一社会信用代码证明书、法定代表人身份证明，用以证明延边朝鲜族自治州林业管理局具备主体资格。

被告对公益诉讼人提供的证据真实性及证明的问题均无异议，公益诉讼人提供的证据与本案有关联、来源合法，本院予以确认并作为定案的依据。

公益诉讼人对被告提供的证据无异议，本院予以确认。

经审理查明：2013年初，敦化林业局以灾后恢复水毁道桥建设需要砂石为由，向国家林业局申请临时占用国有林地。2013年4月27日，国家林业局以"林资许准[2013]147号行政许可决定书"批准该局在松江林场67林班3小班(原为72小班)内临时占地1.34公顷，期限为两年。敦化林业局与敦化市通利达工程有限公司签订修建道路承揽协议，由敦化市通利达工程有限公司临时使用敦化林业局松江林场67林班3小班1.34公顷林地，使用期限从2014年3月12日至2016年12月31日。2017年5月16日，经敦化林业局规划设计处鉴定，被临时占用林地面积为5749平方米未恢复。2017年6月13

日,敦化林区人民检察院向延边朝鲜族自治州林业管理局发出延敦林检行公建(2017)3号检察建议书。延边朝鲜族自治州林业管理局于2017年6月16日向敦化林业局发出《检察建议整改通知》,要求敦化林业局编制整改方案,明确整改目标,制定恢复计划,落实整改责任。严格按照《中华人民共和国森林法实施条例》等法律法规及有关规定,责令当事人停止非法侵占林地行为,并采取有效措施督促当事人,限期恢复植被。需要采取强制措施的,及时向司法部门提出,依法履行林业局的管理职责。敦化林业局于2017年3月28日向当事人下达了《责令停止占地行为限期恢复林业生产条件通知书》,责令当事人在2017年6月30日之前清理完非法堆放的砂石,并恢复生产条件。

被告至今未能恢复林地原状。

本院认为,公益诉讼人提起本案诉讼符合《最高人民法院最高人民检察院关于检察公益诉讼案件适用法律若干问题的解释》规定的行政公益诉讼受案范围,符合起诉条件。依据《中华人民共和国森林法》《中华人民共和国行政处罚法》的规定,被告对其辖区内的森林资源具有保护和监管职责。本案中,国家林业局“林资许准[2013]147号行政许可决定书”批准敦化林业局在松江林场67林班3小班内临时占地1.34公顷,期限为两年,敦化林业局与敦化市通利达工程有限公司签订修建道路承揽协议,敦化市通利达工程有限公司在该地施工占用林地采挖砂石,已经超出国家林业局的审批期限。被告在收到检察建议书后,向敦化林业局下达了《检察建议整改通知书》,敦化林业局向当事人下达了《责令停止占地行为限期恢复林业生产条件通知书》,但当事人至今未能完成清理工作、恢复林业生产条件、恢复林地原状。被告未能对违法人作出行政处罚,未能及时有效制止侵占林地的违法行为的持续发生,致使国有林地被违法侵占多年。根据《中华人民共和国行政诉讼法》第七十二条“人民法院经过审理,查明被告不履行法定职责的,判决被告在一定期限内履行。”第七十四条第二款“行政行为有下列情形之一的,不需要撤销或者判决履行的,人民法院判决确认违法……(一)行政行为违法,但不具有可撤销内容的;”之规定,判决如下:

一、确认被告延边朝鲜族自治州林业管理局对敦化林业局临时占用林地到期未恢复林地原状的行为未依法履行监督、管理职责的违法；

二、责令被告延边朝鲜族自治州林业管理局继续履行监督、管理职责，限期恢复林地原状。

如不服本判决，可在判决书送达之日起十五日内，向本院递交上诉状，并按对方当事人的人数提出副本，上诉于吉林省延边林区中级法院。

审 判 长 张晓艳
审 判 员 马延青
审 判 员 段晓君

二〇一八年四月十七日

书 记 员 王笑宇

【推荐意见】

本判决书系一审生效文书，结构完整、格式规范、繁简得当、逻辑严谨，认定事实清楚、证据认证准确，争议焦点突出，说理透彻、论证严密。通过本案的正确审理，明确了林地保护利用规划范围的公共利益属性、责令有关部门继续履行监督职责，限期恢复林地原状行政行为的属性等问题，有助于进一步厘清林业检察公益诉讼中行政责任的范围与界限，依法全面保护林业生态环境安全。

图书在版编目(CIP)数据

吉林法院优秀裁判文书：附裁判要旨和推荐意见／吉林省高级人民法院编. -- 北京：法律出版社，2020
ISBN 978-7-5197-4518-9

Ⅰ. ①吉… Ⅱ. ①吉… Ⅲ. ①审判－法律文书－汇编－吉林 Ⅳ. ①D926.22

中国版本图书馆 CIP 数据核字(2020)第 081644 号

吉林法院优秀裁判文书：
附裁判要旨和推荐意见
JILIN FAYUAN YOUXIU CAIPAN WENSHU：
FU CAIPAN YAOZHI HE TUIJIAN YIJIAN

吉林省高级人民法院 编

责任编辑 李 群 陈 熙
装帧设计 汪奇峰

出版 法律出版社
总发行 中国法律图书有限公司
经销 新华书店
印刷 中煤(北京)印务有限公司
责任校对 王沁陶
责任印制 张建伟

编辑统筹 法规出版分社
开本 710 毫米×1000 毫米 1/16
印张 34.5
字数 525 千
版本 2020 年 8 月第 1 版
印次 2020 年 8 月第 1 次印刷

法律出版社／北京市丰台区莲花池西里 7 号(100073)
网址／www.lawpress.com.cn
投稿邮箱／info@lawpress.com.cn
举报维权邮箱／jbwq@lawpress.com.cn
销售热线／400-660-8393
咨询电话／010-63939796

中国法律图书有限公司／北京市丰台区莲花池西里 7 号(100073)
全国各地中法图分、子公司销售电话：
统一销售客服／400-660-8393/6393
第一法律书店／010-83938432/8433
西安分公司／029-85330678
重庆分公司／023-67453036
上海分公司／021-62071639/1636
深圳分公司／0755-83072995

书号：ISBN 978-7-5197-4518-9
定价：128.00 元
(如有缺页或倒装，中国法律图书有限公司负责退换)